Ullstein

ÜBER DAS BUCH:

»Verissimus« nannte Kaiser Hadrian Marcus Annius Verus, den späteren Marc Aurel, der einem der vornehmsten Geschlechter Roms entstammte. Schon den Knaben zog es mit Macht zur Philosophie, und die besorgte Mutter hatte alle Mühe, ihn auch von der Notwendigkeit des Essens und Schlafens zu überzeugen. Sein Vater starb früh, und das zarte Kind kam in die Obhut des gleichnamigen Großvaters, der es adoptierte. Dort fiel der kleine Marcus Kaiser Hadrian auf, der als gern gesehener Gast häufig im Hause der Annier weilte.
Im Jahre 138 n. Chr. wurde Antonius Pius vom todkranken Hadrian adoptiert und zur Nachfolge im Prinzipat bestimmt. Doch er wurde gleichzeitig verpflichtet, seinerseits den jungen Annier an Sohnes Statt anzunehmen, der, bei Hardrians Tod gerade siebzehnjährig, als endgültiger Thronerbe ausersehen war.
Marc Aurel entwickelte eine strenge Auffassung von staatsmännischer Pflicht, die ihn auch nachfolgenden Generationen als Ideal des Herrschers erscheinen ließ. Inmitten sozialer, wirtschaftlicher und schließlich auch politischer Krisen verfolgte er hartnäckig sein Ziel, wenigstens den Besitzstand des Reiches zu wahren. Daß sein stetes Bemühen nicht beständigeren Erfolg hatte, war nicht seine Schuld. Mit letzter Kraft bäumte sich Marc Aurel gegen den Verfall der antiken Welt auf und vermittelte seinen Zeitgenossen noch einmal das Gefühl von Sicherheit und Geborgenheit, auch wenn dieses nicht mehr von Dauer sein konnte.

DIE AUTORIN:

Ute Schall, geboren 1947 in Buchen/Odenwald, ist Verfasserin zahlreicher Essays über althistorische Themen.
Weitere Veröffentlichungen: *Hadrian. Ein Kaiser für den Frieden* (1986); *Augustus. Kaiser, Rächer, Komödiant* (1990); *Am Anfang war die Wölfin. Frauen im alten Rom* (1994).

Ute Schall

Marc Aurel

Der Philosoph
auf dem Cäsarenthron

Ullstein

Biographie
Ullstein Buch Nr. 35531
im Verlag Ullstein GmbH,
Frankfurt/M – Berlin

Ungekürzte Ausgabe

Umschlagentwurf:
Jutta Schneider
Unter Verwendung einer Abbildung
des Archivs für Kunst und Geschichte, Berlin

Printed in Germany 1995
Druck und Verarbeitung:
Clausen & Bosse, Leck
ISBN 3 548 35531 5

September 1995
Gedruckt auf alterungsbeständigem
Papier mit chlorfrei gebleichtem Zellstoff

Die Deutsche Bibliothek – CIP-Einheitsaufnahme

Schall, Ute:
Marc Aurel: der Philosoph auf dem Cäsarenthron/
Ute Schall. – Ungekürzte Ausg. – Frankfurt/M; Berlin:
Ullstein, 1995
(Ullstein-Buch; Nr. 35531: Biographie)
ISBN 3-548-35531-5
NE: GT

Inhalt

Einleitung

Auf einem der sieben Hügel des klassischen Rom, hoch über dem Verkehrslärm der quirligen Piazza Venezia, wurde in alter Zeit im größten Heiligtum des römischen Staatskults die Götterdreiheit von Jupiter, Juno und Minerva verehrt. Die Spuren des mächtigen Tempels hat der Wind der Jahrhunderte verweht, und auch die Götter von damals leben nur noch in der Erinnerung fort. Ein einziger hat ihre Vielzahl verdrängt.

Heute erstreckt sich auf der Höhe des Kapitols eine Platzanlage von unvergleichlicher Harmonie. Kenner halten sie für die weltweit schönste ihrer Art. Und auch das einfache Gemüt vermag sich dem architektonischen Reiz, den dieser Ort ausstrahlt, nicht zu entziehen.

Hier schlägt seit zweitausend Jahren und mehr das Herz der ewigen Stadt. Nirgendwo sonst auf römischem Boden ist Vergangenheit so gegenwärtig, so erstaunlich lebendig geblieben.

Hier hat sich Michelangelo Buonarroti, einer der kühnsten Baumeister aller Zeiten, ein unvergängliches Denkmal gesetzt. Der hohe künstlerische Rang seines Entwurfs bildet einen würdigen Rahmen, selbst für einen römischen Kaiser. Und tatsächlich stand hier bis zu den Januartagen des Jahres 1981 – als Herz der Anlage gewissermaßen – auf elegantem Sockel die wohl berühmteste römische Statue und zugleich das einzig erhaltene Reiterstandbild der antiken Stadt:

Marc Aurel, auf kraftvoll schreitendem Streitroß.

Der Kaiser, der stets das schlichte Gewand des Philosophen nur widerwillig mit dem purpurnen Mantel des Feldherrn tauschte, hat die Rechte zum Friedensgruß erhoben. So reitet er triumphierend Rom entgegen. Auf seinen Zügen ruht die »aequanimitas«, jene Ausgeglichenheit der Seele, die nicht der Ruhm des rauhen Feldlagers erwirbt, die vielmehr nur erringen kann, wer sich selbst überwunden hat.

Marc Aurel war ein Weiser, wie ihn das Schicksal der Menschheit nur selten vergönnt. Mit ihm schien sich der Traum vom platonischen Idealstaat verwirklicht zu haben. Die Weisheit selbst hatte den mächtigsten Thron der Welt bestiegen. Als Philosoph auf dem Kaiserthron hat die Geschichte sein Andenken bewahrt. »Alsdann werden die Völker glücklich sein, wenn entweder die Weisen im Land Könige oder die Könige weise Leute sind«[1], pflegte er den griechischen Philosophen zu zitieren.

Und doch mußte auch er am Ende seiner Tage resignierend feststellen, daß vieles von dem, was ein Leben ausmacht, nur Schein ist.

»Hoffe nicht auf Platos Staat«, schrieb er im Feldlager an der Grenze zum feindlichen Barbarenland, »sondern sei zufrieden, wenn es im kleinsten vorwärtsgehen wird.«[2]

Das bronzene Standbild, das man jahrhundertelang für eines von Konstantin hielt (womit man es wahrscheinlich vor Schaden bewahrte), zeigt nur noch geringe Spuren der früheren Vergoldung. Glücklicherweise haben dem auch fleißige Restauratoren, die den Kaiser jüngst unter ihre Fittiche nahmen, nicht abgeholfen.

Denn sollte dereinst, warnt seit Jahrhunderten eine alte Sage, alles wieder mit Gold überzogen sein, werde sich eine Stirnlocke des kaiserlichen Konterfeis in einen Singvogel verwandeln.

Bei seinem Lied aber werde die Welt in Trümmer gehen ...

1. KAPITEL

Ein Weltreich

Schon lange herrschte Friede auf dem Erdkreis. Noch einmal hatte sich die als Pax Augusta mit der Person des Kaisers verbundene Pax Romana über das Imperium gebreitet und der menschlichen Gesellschaft ein irdisches Paradies beschert.

Wohlstand lag über den sieben Hügeln Roms, das sich mit Siebenmeilenstiefeln seinem tausendjährigen Bestehen näherte. Niemals zuvor war eine Stadt in solchem Maße mit ihrem Reich identifiziert worden wie hier. Doch die ewige Stadt war mehr als ein Symbol, mehr als eine bloße politische Idee. Rom, das bedeutete die Herrschaft über ein Weltreich, das das Mittelmeer zum Binnensee degradiert hatte, das sich von Schottland bis in den heutigen Sudan erstreckte, dessen westliche Grenze der rauhe Atlantik bildete und das im Osten schließlich Mesopotamien umfaßte.

Dieser »orbis Romanus« war im Bewußtsein des Römers die Welt schlechthin, der »orbis terrarum«, alles, was die Erde bisher an Kulturwelt hervorgebracht hatte. In diesem unermeßlichen Imperium konnte sich jeder römische Bürger frei bewegen. Es gab weder Pässe noch Zollschranken. Das Geld war in Britannien das gleiche wie in Ägypten. Und in jedem Landstrich wurde nach den gleichen Gesetzen Recht gesprochen. Jenseits der römischen Grenzen lebten Barbaren, die es immer wieder zurückzudrängen galt. Vergeblich hatten gewisse Stämme um Aufnahme in diesen Nationenverband ersucht, um teilzuhaben am römischen Glanz. Doch noch immer konnte Rom es sich leisten, ihr Begehren mit dem mitleidigen Lächeln der Überheblichkeit abzutun. Natürlich gab es auch Völker, die ein Leben in Armut und Unabhängigkeit einer zweifelhaften römischen Knechtschaft vorzogen. Doch sollte erst die nahe Zukunft lehren, daß für sie keine Gefahr mehr bestand. »Für das Zeitalter der Antonine, wie wir es nennen, ist besonders ein Bruch in der römischen Außenpolitik kennzeichnend. Während des ganzen Jahrhunderts war diese Politik defensiv, ohne passiv zu sein ...«[1], bemerkte hierzu ein neuzeitlicher Historiker.

Vor wenigen Jahrzehnten erst hatte man »Triumphe gefeiert, die selbst für Rom die Alltäglichkeit der Siege über Reichsfeinde und Barbaren sprengten ...«.[2] Zu Beginn des zweiten nachchristlichen Jahrhunderts (das damals freilich noch nicht so genannt wurde, da die alten Götter noch herrschten) hatte Kaiser Trajan, der letzte Offizier auf dem Caesarenthron, Dakien unterworfen, hatte schließlich in Nachahmung Cäsars mit der knappen Nachricht »Parthia capta«, die er nach Hause telegraphierte, seine politischen Freunde in der Hauptstadt in Freudentaumel versetzt. Dort rätselte man lange über die Art der gerechtesten Ehrung für den Bezwinger des römischen Erbfeindes. Der Senat einigte sich schließlich, ihm den einmaligen Titel »Optimus« (der Beste) zu verleihen. Unter der Vielzahl der kaiserlichen Titel schätzte der glückhafte Eroberer diesen, vor dem selbst der »glückliche Augustus« verblaßte, am meisten. »Wenn später ein Kaiser die Regierung antrat«, überliefert Eutrop, »so wünschte man ihm Glück mit den Worten: ›Sei glücklicher als Augustus, besser als Trajan (felicior Augusto, melior Traiano).‹«[3] Dann wurde darüber hinaus die goldene Urne mit Trajans Asche im Sockel der Ehrensäule beigesetzt, die Senat und Volk von Rom dem großen Mehrer ihres Ruhmes bereits im Jahre 113 n. Chr. errichtet hatten. Das war um so erstaunlicher, als es den Römern nach uralten etruskischen und griechischen Gesetzen verboten war, ihre Toten innerhalb des Pomeriums, der geheiligten Stadtgrenze, zu bestatten. Für die Ausnahmegenehmigung war ein besonderer Senatsbeschluß erforderlich. Sie ist für einen römischen Kaiser ohne vergleichbare Vorbilder und Wiederholungen. Trajan war und blieb die Erinnerung an Roms ruhmreichste Tage, an den Höhepunkt seiner Macht.

Zwar konnten seine unmittelbaren Nachfolger nicht alle Neuerwerbungen behaupten, aber sie bewahrten doch weitgehend die Reichsgrenzen. Auf Trajan folgte Hadrian. Seine Ära war Glanz, nicht Niedergang. Und auch die Antoninen, zu denen Marc Aurel gehörte, herrschten noch über ein Reich, in dem die Sonne nie unterging.

»Wenn man aufgefordert würde«, meint der englische Historiker Edward Gibbon, »diejenige Periode der Weltgeschichte anzugeben, in der die menschliche Gesellschaft sich in dem blühendsten und glücklichsten Zustand befand, so müßte man ohne zu zögern die Zeit von Domitians Tod bis zu Commodus' Antritt der Regierung nennen.«[4]

Mehr als achtzig Jahre dauerte diese glückliche Periode des Menschengeschlechts, in der das Reich von fünf Kaisern regiert wurde, die ihren Herrschaftsgedanken weitgehend an den Lehren der stoischen Ideale orientierten.

Und doch behaupten gerade namhafte Historiker, bereits in jenen Tagen sei der Auflösung des Reiches der Boden geebnet worden, die spätestens unter der severischen Dynastie Rom langsam, aber sicher zersetzte. Mehr noch: Die Bewahrung der Reichsgrenzen, der Verzicht auf weitere Expansionen, habe die fast legendäre Kampf- und Schlagkraft der Legionen gelähmt. Das römische Heer, dem bislang der Ruf der Unbesiegbarkeit vorausgeeilt war, sei zunehmend in den Verdacht der Schwäche geraten. Und nicht zuletzt diese Tatsache habe die Barbaren immer stärker zum Überschreiten der Grenzen ermutigt.

Man wird – mit dem zeitlichen Abstand des heutigen Betrachters – vielleicht noch weiter zurückgreifen dürfen: Spätestens in der zweiten Hälfte des ersten Jahrhunderts christlicher Zeitrechnung zeichnete sich bereits eine Entwicklung ab, die den Untergang der alten Welt gewissermaßen vorprogrammiert, ja geradezu schicksalhaft erscheinen läßt. So gesehen mutet die Zeit, die der englische Geschichtswissenschaftler als die glücklichste Epoche der Menschheit preist, allenfalls als eine Episode an. Man könnte rückblickend das aufgeblähte Imperium mit einem todkranken Körper vergleichen, der noch einmal die letzten Kräfte aufbietet, um das verfallende Leben mit all seiner

Fülle auszukosten – doch nur, damit er hernach um so schmerzlicher zugrunde gehe. Es ist ein geflügeltes Wort, daß Rom nicht an einem Tage erbaut wurde. Ebensowenig ist es an einem Tag gefallen. Sein Todeskampf währte Jahrhunderte. Und man könnte sogar etwas boshaft behaupten, er dauert noch an. Denn Rom steht noch immer stellvertretend für die abendländische Welt, die seine Tradition bis in die Gegenwart bewahrte und fortführte.

Die Veränderung der politischen Vorstellungen war nicht zuletzt auf eine veränderte Haltung der Senatorenklasse zurückzuführen. Hatte noch im ersten nachchristlichen Jahrhundert der römische Senat die Politik manchen Kaisers als Herausforderung betrachtet, ja oft sogar als Einladung zu Verschwörung und gewaltsamer Wiederherstellung der alten Freiheiten angesehen, war diese Widerstandskraft mit der Zeit erlahmt. Das zweite Jahrhundert, dessen Herrscher kaum weniger absolutistische Neigungen verfolgten wie ihre späteren Nachfolger, auch wenn sie ihren Anspruch geschickter tarnten – etwa nach augusteischem Vorbild, wie es Hadrian tat –, rief keine Opposition auf den Plan, die die Grundfesten der Monarchie wirklich hätte erschüttern können. Kleinere stadtrömische Erhebungen blieben zwar weiter in Mode, konnten aber von der Staatsführung immer schnell und ohne größeres Blutvergießen niedergeschlagen werden. So veränderte sich fast unmerklich die Rolle, die Senat und Konsulat spielten, die über Jahrhunderte die wichtigsten Staatsorgane gewesen waren. Die Zugehörigkeit zur Senatorenklasse beinhaltete bald nur noch gewisse Pflichten, die sich allenfalls auf beratende Funktionen oder höchstens doch auf öffentliche Aufgaben untergeordneter Bedeutung beschränkten, deren Erfüllung den Herrschern nicht gefährlich werden konnte. Das Amt des Konsuls war zwar weiterhin begehrt, weil seine Würde traditionsgemäß mit großem Ansehen verbunden blieb. Politische Betätigung bot es aber nicht mehr. Bei dieser Entwicklung erstaunt die Tatsache, daß, vor allem im westlichen Teil des Reiches, der römische Senat als Einrichtung dennoch den Fall der Kaiserherrschaft überlebte.

Das goldene Zeitalter des humanitären Kaisertums des zweiten Jahrhunderts wäre ohne diesen Anspruchswandel der Senatorenschicht sicher nicht möglich gewesen. Der Konflikt zwischen senatorischer Opposition und Alleinherrscher schien beigelegt. Gewiß, keiner der Caesaren hatte je versäumt, dem Gremium der versammelten Väter seine Reverenz zu erweisen. Doch erschöpften sich solche Ehrenbezeugungen in Höflichkeitsfloskeln, die auch sonst in Roms führenden Kreisen üblich waren. Man darf aber nicht vergessen, »daß die Ursachen, welche die früheren Auseinandersetzungen hervorgerufen hatten, noch immer vorhanden waren und daß durchaus nicht von einer sorgfältigen Wahrung der Senatsrechte, geschweige denn von ihrer Steigerung gesprochen werden kann.

Es war die natürliche Entwicklung des cäsarischen Prinzips, daß die Scheinherrschaft des Senats mehr und mehr zurückgedrängt und ein fester Beamtenstand herangezogen wurde ...«[5]

Der innere Friede oder Scheinfriede, wenn man so will, war ausschließlich dem Stillhalten der traditionellen römischen Staatsträger zu verdanken oder einer gewissen Verdrossenheit, die sich allmählich unter ihnen ausgebreitet hatte.

Doch drehen wir das Rad der Geschichte einige Jahrzehnte zurück! Mit dem gewaltsamen Tod Neros im Jahre 69 n. Chr. war das julisch-claudische Kaiserhaus ausgestorben. Es hatte seine Legitimation aus der Verwandtschaft mit Augustus, dem allseits verehrten Schöpfer des Prinzipats, bezogen. Schon dieser letzte Sproß des alten Herrschergeschlechts, das seine Herkunft von Aeneas und der Göttin Venus ableitete, hatte Entartungserscheinungen gezeigt, die Vorausschauende die Katastrophe bereits ahnen ließen. Rom wurde in jener Zeit immer wieder von Herrschern heimgesucht, die das Volk in den Abgrund des Verderbens blicken ließen. Es wurde von Krisen geschüttelt, die jedes andere Reich hätten zusammenbrechen lassen. Daß es ihnen allen mehr oder weniger unbeschadet entging, ist sicherlich nicht der geringste Beweis für die ihm noch immer innewohnende Kraft.

Zeiten größter Unsicherheit folgten gewöhnlich wieder solche unerwarteter Stabilität. Das Jahr nach Neros Tod ist als unrühmliches Dreikaiserjahr in den Annalen der römischen Geschichte vermerkt. Mit den Flavierkaisern, vor allem mit Vater Vespasian, stand jedoch eine Epoche der Erneuerung und Ruhe an. Dem verhältnismäßig einfachen Mann aus Soldatenkreisen, dem ersten Offizier auf dem Thron der Caesaren, gelang es bald, das Vertrauen in die Güte des Prinzipats wiederherzustellen. Auch Sohn und Nachfolger Titus, als Bezwinger der Juden in jedermanns Munde, zeigte eine für die Herrschaft glückliche Hand. Aber »die Liebe und das Entzücken des Menschengeschlechts«, wie Sueton ihn nannte, ward nach nur zweijähriger Herrschaft von einem unbarmherzigen und mißgünstigen Geschick der Welt entrissen, die eine weitere Epoche des Friedens und der inneren Sicherheit dringend gebraucht hätte. Sein Bruder und Erbe Domitian unterbrach die Reihe der gerechten Herrscher. Glaubt man gar den alten Quellen, war er an Titus' frühem Tod nicht ganz frei von Schuld. Er soll nämlich dem fieberkranken Kaiser eine Schneepackung verabreicht haben, angeblich, um die Genesung zu beschleunigen. In Wirklichkeit aber verkürzte er nur die Zeitspanne bis zu seiner eigenen Herrschaft. Wäre Domitian, den nicht nur die antiken Geschichtsschreiber in einem Atemzug mit Nero nennen, der römischen Welt erspart geblieben, neuzeitliche Historiker hätten »diejenige Periode der Weltgeschichte, in der die menschliche Gesellschaft sich in dem ... glücklichsten Zustand befand« (Gibbon), um nahezu eine Generation verlängern müssen.

»Die Darstellungen der Portraitköpfe, die ich gegeben«, urteilt noch zu Beginn unseres Jahrhunderts der Gelehrte Theodor Birt, »betrafen größtenteils so bösartige Geschöpfe wie Nero und Domitian. Es sind, ich sehe es mit Schrekken, eigentlich weit mehr abgeschlagene als Portraitköpfe ...«[6]

Die moderne Geschichtsforschung hat inzwischen das über Jahrhunderte negativ geprägte Geschichtsbild Neros gründlich überdacht und kann ihm mittlerweile überdurchschnittliche Begabung nicht mehr absprechen. Längst schiebt sie die größere Hälfte seiner Schuld den unglückseligen Gestirnen zu und wertet seine Fehler allenfalls als Auswüchse eines kranken Geistes.

Für Domitian hingegen hat sich bislang kein gnädiger Richter gefunden. »Er war rasch und jähzornig«, weiß Cassius Dio zu berichten, »aber auch heimtückisch und hinterlistig. Nie liebte er einen Menschen aufrichtig, einige Frauen ausgenommen. Und tat er so, als liebte er jemanden, so hatte er ihn gewiß als sein nächstes Opfer ausersehen.«[7] Wer immer im Rom jener Tage zu den besseren Kreisen gehörte, lebte gefährlich, lebensgefährlich gar, wer sich der besonderen Aufmerksamkeit der Majestät erfreute. Es hatte sich zu einer Art kaiserlichem Sport entwickelt, geladene Gäste mit sanften, freundlichen Worten zu empfangen. Auf Lob und Anerkennung folgte gewöhnlich jedoch unmittelbar der Todesbefehl. Man hatte bald das grausame Spiel durchschaut und konnte sich schon bei der Begrüßung ausrechnen, wie ein Besuch oder eine Audienz enden würden.

Prozesse wegen Majestätsbeleidigung nach dem Vorbild eines Tiberius kamen wieder auf. Vermögen überführter oder auch nur Beschuldigter verfielen der Beschlagnahme. Der Kaiser lebte verschwenderisch, und seine Genußsucht erfand ständig neue Einnahmequellen. Besonders willkommen war ihm die Judensteuer, die früher jeder Jude an den Tempel von Jerusalem entrichtet hatte, die seit Titus jedoch als eine Art Sühneopfer für die Duldung der jüdischen Religion an den Kaiser abzuführen war.

Die Kirchengeschichte behauptet Christenverfolgungen für jene Zeit. Und der als zuverlässiger Geschichtsschreiber noch heute geschätzte jüngere Plinius, ein Zeitgenosse Domitians, spricht von Vestalinnenprozessen, die damals vermehrt angestrengt wurden. Priesterinnen, die nach Meinung des Kaisers gegen das Keuschheitsgelübde verstoßen hatten, befahl er »nach der Vorfahren Brauch« zu bestrafen. Den unglücklichen Frauen war damit ein langsamer und qualvoller

Tod gewiß. Über die Bestrafung der gefallenen Gottesdienerinnen berichtet Plutarch:

»Die Strafe der Jungfrauen für kleinere Vergehen besteht in Schlägen ... Hat aber eine die Keuschheit verletzt, so wird sie bei dem collinischen Tore lebendig begraben. Nicht weit von diesem Tore, noch innerhalb der Stadt, befindet sich ein langgezogener Hügel, der in der Sprache der Latiner agger heißt. Hier wird ein nicht gar großes unterirdisches Gemach bereitet, in welches man von oben hinuntersteigen muß. Es stehen darin ein bereitetes Bett, eine brennende Lampe und einige Lebensbedürfnisse wie Brot, Wasser, eine Flasche Milch und Öl, gleich als wenn man sich ein Gewissen daraus machte, eine zum heiligen Dienst geweihte Person durch Hunger zu töten. Die verurteilte Vestalin selbst setzt man in eine zugedeckte und mit Riemen fest verschnürte Sänfte, damit niemand ihr Schreien hören soll, und trägt sie über den Markt. Alle, die ihr begegnen, gehen schweigend aus dem Wege und begleiten sie, ohne ein Wort zu sprechen, in tiefster Erschütterung. Es gibt auch in der Tat keinen schauderhafteren Anblick, und ein solcher Tag ist für die Stadt der allertraurigste. Wenn die Sänfte an dem bestimmten Ort angekommen ist, machen die Gerichtsdiener die Bande los; unterdessen verrichtet der Oberpriester vor Vollziehung der Strafe mit gen Himmel erhobenen Händen ein geheimes Gebet, führt dann die Unglückliche ganz verhüllt aus der Sänfte und stellt sie auf die ins Gewölbe führende Leiter. Hierauf wendet er sowie die übrigen Priester das Gesicht weg, und sobald sie hinabgestiegen ist, wird die Leiter herausgezogen und das Gewölbe mit Erde überschüttet, bis der Boden wieder gleich und eben ist ...«[8]

Schon dieser eher sachlich gehaltene Bericht schlägt einen mitleidigen Ton an. Wie groß aber ist die Entrüstung eines Plinius, der weiß, daß die Schuld der von Domitian auf diese grausame Weise bestraften Priesterinnen in keinem Falle erwiesen war!

Den angeblichen Verführern ging es übrigens kaum besser als den Verführten: Sie wurden mit Ruten zu Tode gepeitscht ...

Gewiß, Senat und Volk von Rom hatten sich nun schon über Jahrzehnte in Geduld geübt. Der letzte römische Historiker von Format, Cornelius Tacitus, der ebenfalls in jener Zeit lebte und wirkte, beklagte in seinen Annalen das Schicksal Roms seit den Tagen des Tiberus: »Zu Rom indessen eilen Konsuln, Väter und Ritter der Knechtschaft entgegen.«[9]

Die Unfreiheit des einzelnen unter dem monarchischen Herrscher mochte auch damals noch, mehr als ein Jahrhundert nach der Einführung des Prinzipats, manchen Anhänger der Republik verbittern. Aber man hatte sich doch mit den veränderten Zuständen einigermaßen zurechtgefunden, war sogar bereit, den neuen Herrscher zu tolerieren, mitunter auch anzuerkennen, wenn sich dieser nur ein wenig an die überlieferten Spielregeln hielt. Augustus war in dieser Hinsicht keinen unüberwindlichen Schwierigkeiten begegnet. Das lag sicherlich nicht zuletzt an seiner Auffassung vom Herrschertum und von der Pflicht, die er stets zum Maßstab seines Handelns gemacht hatte. Er wollte wenigstens nach außen hin nie mehr sein als der erste Diener seines Staates. Auch für die Regierungszeit von Vespasian und seinem älteren Sohn hören wir nichts von einer nennenswerten Unzufriedenheit des Volkes. Was aber der jüngere Flaviersproß seinen Untertanen tagtäglich zumutete, hatte bald das Maß alles Erträglichen überschritten. Man mochte noch hinnehmen, daß sich die für den Kaiser gefertigten Skulpturen häuften, für diese nur die edelsten Metalle verwendet wurden oder die Stadt bald mit Triumphzeichen übersät war. Man war es auch gewohnt, verblichene Fürsten in einem Atemzug mit den unsterblichen Göttern zu nennen, obwohl man damals zwischen dem alten »deus« und dem neu geschaffenen »divus« noch sehr fein unterschied. Wenn aber ein Sterblicher, mochte er auch den mächtigsten Thron der abendländischen Welt beherrschen, seinen Zeitgenossen zumutete, ihn schon zu Lebzeiten als »Herr und Gott« anzureden, traf das den empfindlichen römischen Nerv. Der stolze Quirite, der mit seinem Blut die Welt unterworfen hatte, empfand das als Überheblichkeit, als Anmaßung ohnegleichen. Erinnerungen an die mißliebige Herrschaft Neros tauchten wieder auf. Man gedachte der letzten Jahre des Menschenhassers Tiberius. Und man erschauderte vor dem Schreckensregiment eines Caligula, von dem freilich nur noch die Ältesten der Alten zu erzählen wußten. Wieder einmal hatten die Dämonen der Macht einen Römer gehetzt, war er ihrer Verführung erlegen. Erneut hatte sich der Besitz der uneingeschränkten Gewalt eines einzelnen als verhängnisvoll erwiesen, war das Prinzipat in Caesarenwahn umgeschlagen. Und bald mußte der Kaiser, der über so viele Menschen Unglück und Leid gebracht hatte, selbst um sein Leben zittern.

»Der Versuch, sich zum Autokraten nach hellenischem Muster aufzuschwingen«, urteilt der Althistoriker Michael Rostovtzeff, »lief den Hoffnungen und Anschauungen der römischen Gesellschaft zuwider und stieß auf den starken Widerstand aller Schichten ...«[10]

Mag auch die Gelegenheit, bei der Domitian beseitigt wurde, eher zufällig erscheinen, der Plan zu seiner Ermordung gründete doch in der zunehmenden Abneigung gegen seine menschenverachtende Politik.

Im Schutze der Nacht machte sich der angestaute Unmut zuerst Luft, wenn Unzufriedene heimlich auf die kaiserlichen Statuen kritzelten: Es ist genug! Bald jedoch fanden sich Verschwörer auch im Palast. Ihnen soll sich sogar Domitians Gattin Domitia angeschlossen haben. Die erste Dame des Reiches lebte in ständiger Furcht vor den Zornesausbrüchen ihres kaiserlichen Gemahls. Seinem antiken Biographen zufolge war der letzte Flavier am Ende seines Lebens überaus einsam und von Mißtrauen zerfressen. Überall witterte er Verrat. Und sein geplagter Kopf wurde nicht müde, immer neue, immer seltsamere Vorsichtsmaßnahmen zu treffen.

Vielfach hatte sich ihm schon der Tod angekündigt. Da half es nichts, daß er diejenigen, die sein gewaltsames Ende für die nahe Zukunft voraussagten, sogleich hinrichten ließ, so etwa den Astrologen Askletarion, den er befragte. Auch ein römischer Kaiser vermochte das Schicksal nicht zu überlisten.

Es ereilte ihn am 18. September des Jahres 848 nach Gründung der Stadt. Blindlings hatte er stets dem Wandel der Gestirne vertraut (und sich damit ganz im Einklang mit den Gepflogenheiten der Zeit befunden). Doch jetzt, da die Sterne zu besonderer Vorsicht rieten, erwies er sich als auffällig leichtsinnig.

Man wußte, daß sich Domitian vor den Vormittagsstunden besonders fürchtete. Als er an jenem Tag nach der Uhrzeit fragte, sagte man deshalb absichtlich, es sei schon zwölf Uhr. Der Kaiser frohlockte. Er hatte die Gefahr überwunden! Erfreut eilte er ins Bad. Sein Kammerdiener Parthenios aber rief ihn zurück. Jemand wünsche ihn in einer höchst wichtigen Angelegenheit zu sprechen. Sie dulde keinen Aufschub. Domitian zog sich also allein in sein Schlafzimmer zurück – und saß in der Falle. Der Bittsteller, ein gewisser Stephanus, Gutsverwalter der Christin Domitilla, durfte ihm folgen. Der trug den Dolch im Gewande, versteckt unter Wollbinden, mit denen er seit einigen Tagen seinen angeblich verletzten linken Arm verbunden hielt.

Der Haß aller Unterdrückten und unschuldig Verfolgten hatte sich in dem einfachen Mann aufgestaut und machte sich jetzt Luft. Heftig stieß er Domitian die Waffe in den Unterleib, während dieser noch das Schriftstück über die angebliche Verschwörung las. Der schwer verletzte Kaiser setzte sich sogleich zur Wehr, stürzte sich verzweifelt auf den Attentäter, riß ihn zu Boden und versuchte, bald ihm den Dolch zu entwinden, bald mit seinen blutverschmierten Fingern die Augen auszukratzen. Er wurde jedoch überwältigt. Mitverschwörer und Gladiatoren waren herbeigeeilt, um die blutige Tat zu vollenden. Sieben Hiebe streckten den verhaßten Tyrannen nieder. Doch auch Stephanus büßte seine Befreiungstat mit dem Leben. Ihn töteten treue Diener, die ihrem Herrn zu Hilfe geeilt waren.

Domitians Amme Phyllis erwies ihm als einzige die letzte Ehre. Heimlich brachte sie seine Asche in den Tempel des flavischen Geschlechts und mischte sie dort unter die seiner Angehörigen.

Ansonsten war der letzte Flavier der »damnatio memoriae« verfallen. Seine Statuen wurden gestürzt. Sein Name wurde auf allen Inschriften getilgt. Nichts sollte in Zukunft an jene Schreckensherrschaft erinnern. Er, der sich in anmaßender Selbstherrlichkeit schon zu Lebzeiten zur Göttlichkeit aufgeschwungen hatte, hatte als Toter jeden Anspruch auf göttliche Ehren verwirkt.

Für Tacitus, der selbst in späteren Jahren seine Vorbehalte gegen die Monarchie nicht verbarg, war Domitian das Paradebeispiel seiner Theorie für die gewöhnliche Entartung eines Kaisers. Man wird gewisse Wechselwirkungen in den Beziehungen des Herrschers zur römischen Gesellschaftsspitze nicht leugnen können, hält man sich vor Augen, daß sich das Verhältnis von Kaiser zu Senat und umgekehrt in der Regel erst mit zunehmender Regierungszeit verschlechterte. Die römische Senatorenschicht, die einstmals die politische Verantwortung unter sich geteilt hatte, begegnete anfangs der Absicht eines jeden Herrschers, »an der Spitze einer unverhüllt absoluten Monarchie zu stehen«[11], mit berechtigtem Mißtrauen. Domitian hatte unklugerweise nicht einmal unmittelbar nach Regierungsantritt diese Grundeinstellung verhüllt. Sein zweifelhaft überlegener Geist versagte, wo er hätte erkennen müssen, daß für uneingeschränktes Machtstreben die Zeit noch nicht reif war. Erst hundert Jahre später setzte sich allmählich diese Idee von kaiserlicher Macht durch, unter dem unglücklichen Commodus zuerst, unverhohlen dann in der Militärmonarchie eines Septimius Severus und seiner Nachfolger. Nur wenige der Autokraten des dritten Jahrhunderts konnten sich aber über längere Zeit auf dem Thron halten. Nahezu alle wurden heruntergestoßen – wie Domitian. Denn »unverhüllte Alleinherrschaft fordert Vergeltungsmaßnahmen ... heraus.«[12] Domitians Ermordung freilich war noch die Antwort einer über Jahre hin unterdrückten Gesellschaft auf eine ihre angestammten Rechte mißachtende Politik. Ein Usurpator war nicht zugegen. Es sollte sich sogar als schwierig erweisen, einen Nachfolger zu finden, dessen Charakter noch hoffen ließ.

Nach dem gewaltsamen Tod Domitians freilich gab es für Rom einmal wieder Grund zu hoffen. Vor wenigen Monaten erst hatte eine Krähe von der Höhe des Kapitols in griechischen Worten gekrächzt: »Es wird alles gutgehen.« Wagte man dies auch nicht als direktes Omen zu deuten, so fand sich doch bald jemand, der die Aussage folgendermaßen interpretierte: »Neulich die Krähe, die auf dem Tarpeischen Felsen gesessen, konnte nicht sagen: Gut geht's. Sprach nur die Worte: Es wird.«

Weitere Gerüchte tauchten auf, die die Hoffnung auf bessere Zeiten nährten. Man erzählte, Domitian habe geträumt, es sei ihm im Nacken ein goldener Buckel gewachsen. Er selbst habe noch gewußt, was das bedeutete: Nach ihm werde eine glückliche Epoche für den Staat anbrechen – »wie es auch bald geschah durch die Uneigennützigkeit und das Maßhalten der folgenden Kaiser«.[13]

2. KAPITEL

Eine Stadt, die die Welt beherrscht

Nur vier Jahre vor der ersten Jahrhundertwende christlicher Zeitrechnung geschah in Rom etwas revolutionär Neues. Der von vielen so lange ersehnte Tod Domitians zeigte sich bald von zweifachem Nutzen: Zum einen war die römische Gesellschaft dem Schreckensregiment dieses Mannes entronnen, ohne nennenswerten Schaden davonzutragen. Zum anderen hatte der jüngste Flaviersproß keinen Nachkommen hinterlassen, der auch nur halbwegs legitime Ansprüche auf den Thron erheben konnte. Gewiß, die eigentümliche Einrichtung des Prinzipats war ursprünglich nicht als vererblich geplant worden. Die Idee vom Wesen dieser Regierungsform war die Leitung des Staates unter einem Mann, der nach allgemeiner Überzeugung alle anderen an Ansehen übertraf. Doch hatte schon der erste Prinzeps eine hartnäkkige Familienpolitik betrieben, um der eigenen – leiblichen – Nachkommenschaft den Thron zu sichern. Dieses Prinzip der verwandtschaftlichen Thronfolge hatten Augustus' Nachfolger stillschweigend fortgeführt, ja sie gründeten ihre Ansprüche als persönliche Rechte gerade auf Familienbande, ohne erfolgreichen Widerstand oder auch nur nennenswerten Widerspruch hervorzurufen. Und doch wußte jedermann, daß die Stellung des Prinzeps, dieses »Ersten unter Gleichen« (primus inter pares), im Grunde nicht übertragbar war. Nach der stoischen Lehre, die sich auf die schon von den Kynikern aufgestellten Grundsätze stützte, war die Macht ein göttliches Geschenk an den Mann, der die übrigen Angehörigen des Gemeinwesens sittlich und geistig überragte. Schon das Wesen dieser Eigenschaften schloß ihre natürliche Weitergabe aus, wenn man hier nicht der Erziehung eine prägende Kraft einräumen will. Im zweiten Jahrhundert erkannte Hadrian, daß es wesentlich einfacher sei, bestimmte Charakterzüge zu erkennen als solche zu vererben (womit er sich allerdings mehr über den Mangel hinwegtröstete, daß ihm die Natur einen eigenen nachfolgeberechtigten Sohn versagt hatte). Es ist angesichts der schlechten Erfahrungen, die man mit den späten Vertretern des julisch-claudischen Geschlechts gemacht hatte, erstaunlich, daß sich bei Erscheinen des flavischen Kaiserhauses kein Widerstand regte. Nie zuvor hatten sich zur Wiederherstellung der republikanischen Freiheit günstigere Voraussetzungen geboten als nach Neros Tod. Und doch ergriff niemand die Gelegenheit, hoffte ein jeder, »der erneuerte Prinzipat würde der Welt wirklich ein Beispiel der Macht in den Händen der ›Besten‹ zeigen – einer Macht, die mit gebührender Rücksicht auf die feststehenden Verfassungsformen und ohne Vorurteil betreffs der Vorrechte der oberen Schichten ausgeübt wurde ...«[1]

Die zweite und letzte Chance, den Senat in seine altüberlieferten Machtbefugnisse zurückzuführen, bot sich mit Domitians Tod. Auch sie wurde nicht genutzt. Das läßt einerseits auf eine gewisse Gewöhnung an die Staatsform der Monarchie sowie auf erste Ermüdungserscheinungen der Aristokratie schließen. Mangels staatspolitischer Verantwortung begannen wohlhabende und vornehme Familien, sich aus dem politischen Alltag zurückzuziehen und anderen Beschäftigungen nachzugehen. Andererseits durfte auch der Einfluß des Militärs auf politische Entscheidungen nicht mehr unterschätzt werden. Es hatte sich zu einem Machtfaktor entwickelt, dessen Interessen eindeutig beim Despoten lagen. Kaum hätten Roms führende Offiziere, die weitgehend dem Ritterstand entstammten, ein Erstarken der Senatorenklasse kampflos hingenommen.

Tatsächlich trat in den folgenden Jahrzehnten der Senat als stützendes Organ der Staatsführung immer stärker in den Hintergrund. Die Heerführer hingegen erfreuten sich zunehmender Bedeutung. Bald stützte sich kaiserliche Macht nur noch auf die Heere, ja mißbrauchte diese schließlich als Druckmittel gegen den Senat. Als einmal der berühmte Gelehrte Favorinus aus Arles Kaiser Hadrian recht gab, wo dieser ganz offensichtlich irrte, machten ihm seine Freunde Vorhaltungen. »Gestattet mir zu glauben«, soll er darauf erwidert haben, »daß derjenige klüger ist, der über dreißig Legionen gebietet.« – Ein Ausspruch, der sicherlich nicht nur Redensart war.

Im Jahre 96 n. Chr. gab es keinen, der Anspruch auf die erste Stellung im Staat gehabt hätte. Ja, der Senat von Rom, der vorübergehend die Handlungsinitiative ergriff, befand sich in einer gewissen Verlegenheit. Doch erinnerte er sich der Forderung, die schon gegen Vespasians fortwährende Versuche, die Nachfolge auf die eigene Familie zu beschränken, erhoben worden war: Der Thronerbe durfte nur der Beste unter den Besten sein. Es kam nur jemand aus den eigenen, den senatorischen Reihen in Betracht.

Man einigte sich schließlich auf Gaius Cocceius Nerva, einen Mann aus alter vornehmer Familie. Er fand auch die Zustimmung der Armee. Senator Nerva war schon vierundsechzig Jahre alt, als ihn das Schicksal ereilte, den mächtigsten Thron der abendländischen Welt zu besteigen. Ob er dem Ruf freudig folgte, mag dahingestellt bleiben. Er war anfällig. Krankheiten hatten seinen schon verbrauchten Körper geschwächt, und es war ohnedies abzusehen, daß er allenfalls als Übergangslösung in Frage kam, die sich über kurz oder lang auf natürlichem Wege erledigen würde. Diese Gründe mögen auch für seine Wahl ausschlaggebend gewesen sein. Sicherlich erhoffte sich der in seinen angestammten Rechten arg beschnittene Senat unter Nervas Herrschaft ein Erstarken seiner Stellung. Doch er hatte sich gründlich getäuscht.

Einmal auf den Thron gelangt, erkannte der vornehme Greis bald, wie sehr man seine Güte mißbrauchte, ihn im Grunde sogar verachtete. Er galt als zu anständig für die ihm zugedachte Rolle, als zu sittenstreng für das dekadente Rom, das mit seiner ausschweifenden Lebensweise längst dabei war, sich das eigene Grab zu schaufeln. Nervas Regierung war weise und mild, und doch fehlte es nicht an kleinen Verschwörungen, die sein Leben bedrohten. Er entwaffnete seine Feinde buchstäblich, indem er sich unerschrocken in ihre Mitte begab.

In den weniger als zwei Regierungsjahren, die ihm vergönnt waren, verblüffte er seine Zeitgenossen zudem mit einem Entschluß, den Eutropius rückblickend einen Akt »gottähnlicher Voraussicht« nannte und der ihm die Bewunderung der Historiker aller Zeiten sicherte: Er nahm den damaligen Statthalter in Germanien als Sohn an und bestimmte ihn unter Umgehung der eigenen Verwandtschaft zu seinem Nachfolger. Nerva, der oft belächelte Greis, hatte damit ein neues Kapitel der römischen Geschichte aufgeschlagen: Die Herrschaft des Einen, des Besten, sollte sich künftig auf das gute Einvernehmen zwischen der obersten Staatsgewalt und dem Volk stützen. Damit wurde jene Epoche der Menschheitsgeschichte eingeleitet, die Geschichtswissenschaftler noch heute als die letzten Jahre römischen Glanzes, ja als die fruchtbarste Zeit rühmen, seit Menschen überhaupt Geschichte gemacht haben. Und man darf sicherlich, ohne sich dem Verdacht der Übertreibung auszusetzen, noch etwas hinzufügen: Das Adoptivkaisertum, das sich in den folgenden acht Jahrzehnten so segensreich auf Stadt und Imperium auswirkte, konnte den Untergang der alten Welt verzögern. Ihn aufzuhalten vermochten aber auch die Philosophenkaiser nicht. Denn allzu schwer lasteten auf der Zeit der sittliche Verfall und der unglaubliche Siegeszug jenes Nazareners, der gut zwei Menschenalter zuvor eine neue Lehre begründet und dafür mit dem Leben bezahlt hatte. Sie würde schon bald jede Philosophie verdrängen, würde die Menschen von den Büchern der Weisheit zurücklocken zu den Altären Gottes, der eifersüchtig war und keine fremden Götter neben sich duldete. Und seine Herrschaft würde schließlich die Welt von Grund auf verändern und erneuern.

Doch auch das reformierte Prinzipat konnte nur dem flüchtigen Auge als die beste aller Regierungsformen erscheinen. Wer den Dingen auf den Grund sah, erkannte bald die Kehrseite dieser Neuerung. Alle gesellschaftlichen Schichten erklärten sich bereit, das Prinzipat als unentbehrlich anzuerkennen und es nach Kräften zu unterstützen. Der Prinzeps seinerseits verpflichtete sich dafür, gemäß den Forderungen der stoischen Lehre zu herrschen und die Vorrechte der leitenden Schichten zu schützen und zu erhalten. Dieses Prinzip der freiwilligen Zugeständnisse sicherte zwar den inneren Frieden. Im Grunde aber war es eine Farce. Denn die Adoptiv- oder Philosophenkaiser traten nur zum Schein nicht als absolute Herrscher auf. In Wirklichkeit regierten sie unbeschränkter und autokratischer als alle ihre Vorgänger. Die Aussöhnung mit den Untertanen hatte ihre Macht ungeheuer gestärkt und sie bald jeder Kontrolle enthoben. Der getäuschte Senat begnügte sich erstaunlicherweise mit der Wahrung der Privilegien seines Standes. Eingedenk der schlechten Erfahrungen, die man mit Domitian gemacht hatte, wertete man die Befragung und die grundsätzliche Bereitschaft zum Gespräch schon als Fortschritt und war schließlich zufrieden.

Anfangs hatte Rom allerdings mit dieser Variante der Kaiserherrschaft Glück. Dies war am wenigsten sein Verdienst. Man muß es vielmehr einer glückhaften Fügung des Schicksals zuschreiben, daß die Monarchen der folgenden achtzig Jahre allesamt tüchtige, schwer arbeitende Männer waren, die ein hohes moralisches Verantwortungsbewußtsein trug. Es handelte sich um höchst unterschiedliche Charaktere. Und doch ähnelten sie einander in dem einen Grundsatz: der erste Diener des Staates zu sein und alle privaten Belange dem öffentlichen Wohl unterzuordnen. Daß diese Männer die absolute Macht innehatten, ohne sie zu mißbrauchen, ohne daß diese in Caesarenwahn ausgeartet wäre, ist ein Hinweis für die Güte ihrer Charaktereigenschaften und ihre historische Größe.

Die Herrscher, die ab dem dritten Jahrhundert auf den Thron gelangten, wiesen solche Eigenschaften immer weniger auf. Wenn es wahr ist, daß absolute Macht stets die Tendenz aufweist zu korrumpieren, sind die meisten der auf Marc Aurel folgenden Kaiser dafür der beste Beweis. Man könnte allerdings den Bogen noch weiter spannen: Nicht nur die bereits erlangte Macht korrumpierte. Die meisten Thronanwärter waren schon vorher in Versuchung geführt worden, sich die Kaiserwürde irgendwie zu verschaffen. Die Faszination der uneingeschränkten Macht war es, die so viele die erste Stellung im Staat erstrebenswert erscheinen ließ und der fast alle früher oder später erlagen. Schon Nero und Domitian hatten entdeckt, welche »Möglichkeiten hemmungslosen Genusses«[2] sich ihnen mit der Erlangung des Thrones boten. Um wieviel stärker mußte dieser Thron die Menschen in einer Zeit anziehen, als ein geschwächter Senat keine Kontrolle mehr auszuüben vermochte! »Angesichts der erschreckenden Gefahren, die damit verbunden waren, mag es schwerfallen zu verstehen, warum ein Mensch alles daran setzen sollte, Herrscher des römischen Reiches zu werden. Doch Zeiten eines Zögerns sind kaum festzustellen. Selbst im dritten Jahrhundert, als ein potentieller Usurpator kein Statistiker zu sein brauchte, um zu erkennen, daß die Regierung im Durchschnitt rasch und gewaltsam endete, herrschte allenthalben Überfluß an Thronanwärtern – und es war keineswegs so, daß alle von ihnen sich nur dem Willen ihrer Soldaten beugten.«[3]

Roms neuer Kaiser des Jahres 98 n. Chr. hieß Marcus Ulpius Traianus. Er war »Spanier«, der erste »Ausländer« auf dem begehrten Thron der Caesaren. Noch ahnte niemand, daß das künftig die Regel bleiben sollte. Nur wenige Jahre zuvor hätte Rom die derartige Erhöhung eines »Provinzialen« mit Entrüstung zurückgewiesen. Aber die stadtrömischen Familien waren längst nicht mehr in der Lage, geeignete Thronanwärter zu stellen. Bei ihnen zuerst hatten sich jene Anzeichen von Ermüdung, ja Dekadenz gezeigt, die hundert Jahre später den Fall Roms beschleunigen sollten.

Natürlich war Trajan nicht weniger Römer als all die Angehörigen des Stadtadels, die aus den immer noch gültigen Vorrechten ihrer Stadt ebenfalls Ansprüche auf eine bevorrechtigte Stellung erhoben. Seine Vorfahren hatten zur Zeit der Scipionen in Südspanien gesiedelt. Er stammte, wie sein Vetter und Nachfolger Hadrian, aus Italica, einer kleinen Stadt am Guadalquivir in der Nähe von Sevilla, dem Hispalis der Antike. Die Provinz hieß Baetica. Ihre Bewohner, meist römische Veteranen, die nach Beendigung ihres Dienstes für das Vaterland hier eine zweite Heimat gefunden hatten, fühlten sich wahrscheinlich sogar mehr den urrömischen Tugenden verpflichtet, als es die Stadtrömer selbst taten. Denn hier, fernab vom Glanze Roms und dem Trubel der Weltpolitik, war man vom Wellenschlag der Zeit und vom verderblichen Einfluß eines ständig wachsenden Wohlstandes weitgehend verschont geblieben. Man lebte traditionsbewußt. Und die Trajaner gehörten zu den Vornehmen der Provinz. Sie hatten in der jüngsten Vergangenheit dem Imperium schon hervorragende Offiziere gestellt. Marcus Ulpius Traianus etwa, der gleichnamige Vater des jetzigen Kaisers, hatte unter Vespasian in Judäa eine Division befehligt, war danach Konsul und später Statthalter von Asien geworden. Bereits damals begannen die Provinzialen immer stärker in militärisch-politische Schlüsselstellungen vorzudringen. Und damals schon zeichnete sich jenes Erstarken der Provinzen ab, das namhafte Historiker für den Untergang des römischen Reiches zumindest mitverantworlich machen.

Erst die Zukunft sollte lehren, daß die Bestimmung des spanisch-römischen Offiziers als Erbe für die Kaiserwürde tatsächlich ein Akt »gottähnlicher Voraussicht« war, wie sich überhaupt das Adoptivkaisertum als überaus glückliche Einrichtung erwies. Marc Aurel, mit dem vor allem wir uns hier zu beschäftigen haben, gehörte auch noch zur Reihe der sogenannten Adoptivkaiser. Eine gütige Vorsehung hatte die Herrscher von Nerva bis Antoninus Pius mit einem Mangel an Kindern oder Söhnen gesegnet. Und unfähige Nachfolger, wie etwa den von Hadrian ursprünglich erwählten Aelius Caesar oder auch Marc Aurels auffällig blassen Mitkaiser, seinen Adoptivbruder Verus, rief ein gnädiges Schicksal vorzeitig ab.

Wer hätte gedacht, daß jener eigenwillige und ehrgeizige Kriegsmann Rom dennoch zu so großem Nutzen gereichen würde! Er leitete ein Zeitalter der Humanität und Toleranz ein. Er erweiterte die Grenzen des Imperiums und bescherte ihm die größte Ausdehnung aller Zeiten. Er war überhaupt ein Mann so recht nach römischem Geschmack, die Personifikation des Römers schlechthin, fleischgewordene Idee des

Römertums, ein Mensch, der nur dem Krieg lebte oder doch nur im Krieg wirklich leben konnte.

Schon zu Beginn des zweiten Jahrhunderts begann er mit der planmäßigen Unterwerfung Dakiens. Die Aufgabe erwies sich als schwierig, denn die Daker waren ein leidensfähiges, zähes Volk, das verbittert um seine Freiheit rang. Seine Führer zogen schließlich den Tod der römischen Knechtschaft vor. Enttäuscht mußte der siegreiche Trajan feststellen, daß sich der dakische König Decebalus, mit dem er den heimischen Triumph zu krönen hoffte, durch Gift aus dem Leben gestohlen hatte.

Aber der Ehrgeiz des Kaisers reichte weiter als bis zur nahen Donau. Er wollte ein Alexander sein. Der makedonische Held hatte im Bewußtsein der Menschheit längst legendäre Züge angenommen. Nach Parthien zog es ihn ins ferne Barbarenland, dessen Bewohner Rom schon so oft gedemütigt hatten. Schon immer hatte dieses Persien – und man möchte sagen, bis auf den heutigen Tag – seine kulturelle Eigenständigkeit zu wahren verstanden, wenn sich auch hier und dort griechische Kolonien einnisten konnten. Mancher Römer war an dem Eroberungsversuch Parthiens gescheitert. Keinem war es bislang gelungen, dort für längere Zeit Fuß zu fassen, obwohl dies doch in mehr oder weniger regelmäßigen Abständen immer wieder versucht worden war. Andererseits hatte jenes temperamentvolle Kulturvolk, viel älter als sein abendländischer Widerpart, nichts unversucht gelassen, seine Einflußsphäre nach Westen hin zu erweitern. Schon die alten Griechen wußten ein leidvolles Lied davon zu singen. Und der Ruhm der römischen Waffen und der Ruf der Unbesiegbarkeit seiner Soldaten hatten auf die Parther immer eine nahezu magische Anziehungskraft ausgeübt. Doch hatte Rom es stets verstanden, diesem Expansionsstreben im entscheidenden Moment zu begegnen. Weit mehr als allgemein in den Sieg Octavians über den den Orient vorziehenden Marc Anton hineininterpretiert wird, lag wohl in diesem kontinuierlichen Widerstand der Triumph der neuen Welt über den viel älteren Osten. Was gewesen wäre, wenn die Römer damals versagt hätten, bleibt freilich reine Spekulation. Doch darf man zweifellos das alte Rom auch insoweit als Wahrer der noch jungen abendländischen Zivilisation und als Wegbereiter des Christentums betrachten.

Der von Trajan ab dem Jahre 113 n. Chr. unternommene Partherfeldzug war sein letzter großer Krieg, ein in römischen Augen großartiges Unternehmen, das die Römer siegreich an die Wasser des Persischen Golfes führte. Zuerst nahm der Kaiser Armenien wie im Fluge, dann rückte er nach Ctesiphon vor, der Hauptstadt des parthischen Königreiches. Rom jubelte. Jahrhundertealte Träume hatten sich erfüllt. Aber das Glück zeigte sich launenhaft und flüchtig.

Trajan setzte einen Verweser auf den dortigen Thron und eilte weiter, nur noch die Verfolgung seiner ehrgeizigen Ziele vor Augen. Hinter dem Eroberer, den nichts aufzuhalten schien, bäumte sich der Aufstand, fielen die unterworfenen Gebiete reihenweise wieder ab. Denn Trajan hatte in alter Schwäche seine leicht errungenen Siege nicht zu nutzen verstanden. Wie im Rausch war er vorwärts gestürmt, die großen Entfernungen und die klimatischen und geographischen Besonderheiten jener Gebiete unterschätzend. Auch die Menschen unterschieden sich vielfach von denen seiner westlichen Heimat. Aber selbst das blieb seinem von Erfolgen vernebelten Kopf verborgen.

Trajan war kein Alexander. Er vermochte nicht wie einst der glückliche Makedone die Menschen in den Bann einer faszinierenden Persönlichkeit zu ziehen. Er war ein Mensch der Tat, Vertreter des eher nüchternen römischen Wesens. Als er sich im Sommer des Jahres 117 n. Chr. in Selinunt westlich von Cypern zum Sterben niederlegte – viel früher als die meisten gehofft hatten –, war er ein gescheiterter Mann. Im Partherfeldzug hatte er die Reste seiner angegriffenen Gesundheit eingebüßt. Er litt an Wassersucht. Ein Schlaganfall lähmte den ohnehin gebrechlichen Körper. Doch er ignorierte den nahenden Tod, wie er seine Niederlage nicht wahrhaben wollte. Von dem großen Triumph faselte er, der ihn zu Hause in Rom erwartete. Er würde danach zurückkehren, würde noch einmal den Krieg gegen die verhaßten Parther wagen ...

Sein Schicksal hatte es anders bestimmt. Er starb am 8. August des Jahres 117 n. Chr. Und er starb, ohne der Welt einen geeigneten Nachfolger genannt zu haben.

Der Streit, ob er sein Mündel Hadrian noch auf dem Sterbebett adoptierte oder ob diese Adoption von Kaiserin Plotina, der Gattin Trajans, fingiert wurde, um dem von ihr zeitlebens geförderten Verwandten den Thron zu sichern, ist so alt wie die Geschichte des Hadrianus Augustus selbst. Schon die Alten vertraten hierzu sehr gegensätzliche Auffassungen. Und wenn selbst bei den Zeitgenossen Zweifel über eine Adoption laut wurden, in wieviel stärkerem Maße müssen wir uns mit dem Abstand von fast zwei Jahrtausenden vor einer abschließenden Beurteilung hüten.

Wie dem auch sei. Mochte Hadrians Aufstieg zur Macht auch mancher Makel anhaften, durch eine weise und umsichtige Regierung hat er jeden getilgt. Er sollte der fähigste Kaiser Roms werden, Höhepunkt und Glanz der bereits untergehenden antiken Sonne, als großer Griechenfreund letzte Verkörperung panhellenischen Geistes und doch Vertreter der römischen Welt. Mehr als Caesar. Mehr als Augustus. Und er sollte schließlich am Ende eines fruchtbaren Lebens durch die Adoption des Antoninus Pius, die im Grunde eine Adoption Marc Aurels war, der alten Welt noch einen beschaulichen Lebensabend sichern. Nicht zuletzt in dieser planenden Voraussicht lagen seine Verdienste um den römischen Staat.

Das noch immer überlieferten Vorstellungen verhaftete Rom vermochte Hadrian allerdings nie zu folgen. Anfangs nahm der Kaiser noch auf die hauptstädtischen Gefühle, vor allem die des alten Adels, Rücksicht, um seine unsicheren Ansprüche nicht zusätzlich zu gefährden. Sobald er jedoch das Heer hinter sich wußte, trat er die Herrschaft an, ohne auch nur die Bestätigung seiner Thronbesteigung durch den heimischen Senat abzuwarten. Und schon bald mußte Rom erkennen, daß sein neuer Herrscher andere politische Wege einschlagen wollte als seine Vorgänger. Seine Außenpolitik war von Anfang bis Ende nur vom Wunsch nach Frieden beseelt. Nach einem Trajan mag diese Erfahrung für die Römer doppelt bitter gewesen sein, ein Verrat geradezu an urrömischen Grundsätzen und Idealen. Offen zu opponieren wagte man allerdings kaum, sondern begnügte sich mit einer offenkundigen Abneigung.

Durch seine Friedensliebe und den Eindruck seiner Persönlichkeit auf Reichsfeinde konnte sich Hadrian am Ende seiner Regierungszeit mit einer gewissen Berechtigung rühmen, er habe durch Untätigkeit für Rom mehr gewonnen als andere durch Krieg. Seine traditionswidrige Außenpolitik fand übrigens in der Fortführung durch seinen Nachfolger ihre glänzendste Bestätigung. Auch Antoninus Pius wollte »lieber das Leben eines einzigen Bürgers bewahren, als 1000 Feinde töten«[4]. Und gewiß hätte auch ihrer beider Nachfolger, der Philosoph Marc Aurel, nach diesen für Rom ungewohnten Grundsätzen gehandelt, hätten es nur die Zeitumstände erlaubt. Aber der Zustand des Imperiums im ausgehenden zweiten Jahrhundert erwies sich als nicht so günstig. Überall an den Grenzen begann das Reich zu bröckeln. So war Marc Aurel, der ganz der stoischen Lehre lebte und seine beiden Vorgänger an Friedensliebe und Toleranz noch weit übertraf, gezwungen, jahrelange Kriege zu führen. Er trug dieses Schicksal mit der Fassung, die dem wahren Stoiker wohl ansteht. »Tue nichts mit Unwillen«, ermahnte er sich selbst, »vielmehr sei der Gott in dir der Führer eines gesetzten, erfahrenen, staatsklugen Mannes, eines Römers, eines Kaisers, eines Soldaten auf seinem Posten ...«[5] Gerade in diesem ewigen Zwiespalt zwischen staatsmännischer Pflicht und persönlicher Neigung, dem Zwang, fortwährend gegen seine innere Natur zu handeln, liegt ein Großteil seiner persönlichen Tragik. Doch darüber wird noch ausführlich zu berichten sein.

Zu den ersten Taten des neuen Kaisers Hadrian gehörte die Preisgabe aller jenseits von Euphrat und Tigris gelegenen Gebiete. Hadrian hatte rasch erkannt, daß die jüngsten Eroberungen mit den verfügbaren Kräften auf Dauer nicht zu halten waren. Der Rückeroberungsversuch aller Länder jenseits von Euphrat und Tigris hätte das Imperium an den Rand des finanziellen Ruins geführt. Eine weitere Überlegung spielte für Hadrian eine Rolle. Doch sollte ihre weltgeschichtliche Tragweite erst die Zukunft lehren: Seit jeher hatten die beiden asiatischen Flüsse eine der natürlichen Kulturgrenzen der Welt dargestellt. Mochte man auch die in Vorderasien unterworfenen Völker noch einigermaßen romanisieren können, was sich jenseits von Euphrat und Tigris abspielte, würde immer von eigenständiger kultureller Kraft bleiben. Auch in dieser Hinsicht legte Hadrian mit prophetischem Weitblick den Grundstein für unsere heutige Welt. Der römische Nationalist freilich mußte empört sein, daß die »Parther, die einst bei Carrhae den Römern eine der bittersten und unvergessenen Niederlagen ihrer Geschichte beibrachten, nicht in Roms Gewalt bleiben sollten. Die Generäle sahen ihr Werk vernichtet und sich selbst um den größten Teil ihrer Wirkung gebracht. Und gewiß nicht ohne militärische und politische Gefahr räumt eine Armee ein eben erst besetztes Gebiet, für dessen Eroberung seit zwei Jahrhunderten nicht die schlechtesten Legionen eingesetzt worden waren.«[6]

Der Verzicht auf Parthien ist auch für die Lebensbeschreibung Marc Aurels interessant. Mehrere Jahrzehnte verhielten sich die Parther ruhig, ein Hinweis darauf, wie willkommen auch ihnen der Waffenstillstand war. Erst unter Marc Aurels Herrschaft erhoben sie sich erneut, um Rom zu bedrohen und seine Weltstellung in ihren Grundfesten zu erschüttern.

Aber Hadrian war mehr als nur ein friedensliebender Philosoph. Bei aller Abneigung gegen blutige Auseinandersetzungen war er in erster Linie römischer Kaiser und der Führer des römischen Heeres. Von ihm verlangte er strenge Zucht und stellte an seine Soldaten hohe Anforderungen, allerdings nicht, ohne ihnen mit gutem Beispiel voranzugehen. Er teilte nicht nur die Härte ihres Lagerlebens. Er setzte sich mit ihnen Hitze wie Kälte aus. Er bevorzugte ihre einfache Kleidung und Nahrung. Und er marschierte mit ihnen.

Bewundernd bemerkt sein antiker Biograph, daß er sich stets geweigert habe, einen Wagen zu benutzen. Und niemand hätte in ihm den Philosophen und Kaiser vermutet. Als großer Reisender besuchte er alle Reichsteile. Wenn dies hauptsächlich auch persönlicher Neigung, einem eifrigen Interesse an Geschichte zumal, entsprach, so bedachte er doch alle Provinzen mit großen Wohltaten, half seinen Untertanen überall nach Kräften und verließ keine Stadt, ohne sie nicht durch eindrucksvolle Bauwerke verschönert zu haben. Er war der erste Kosmopolit auf dem Kaiserthron, darauf bedacht, die Stellung der Provinzen zu stärken und nationale Eigenarten zu fördern. Doch gerade das trug ihm wieder die Abneigung der Stadtrömer ein, die sich ohne Not jahrhundertealter Vorrechte beraubt sahen.

Doch auch Hadrian gestattete nationale Alleingänge nur, solange sie den Bestand des Imperiums nicht bedrohten. Wie sehr er im Grunde Römer war, verdeutlicht die unnachgiebige Härte, mit der er Aufständische verfolgte. Seine Unerbitterlichkeit im jüdischen Krieg, die bis zur Auslöschung des jüdischen Staates reichte, hat das Bild des Friedenskaisers für alle Zeiten getrübt.

Auf dem Sterbebett konnte Hadrian im Juli 138 in Baiae am Golf von Neapel auf eine fast einundzwanzigjährige Herrschaft zurückblicken. Zwei Drittel dieser langen Regierungszeit hatte er auf Reisen verbracht, hatte er sich vor Ort um das Wohl der Untertanen gesorgt. Daß er es konnte, ohne befürchten zu müssen, in Rom werde sich ein Usurpator inzwischen des verwaisten Thrones bemächtigen, ist sicherlich nicht der geringste Beweis für die Güte seines Reformwerkes.

Am Neujahrstag des Jahres 138 n. Chr. geschah im Kaiserhaus ein Unglück, das sich für das Reich allerdings als besonderer Glücksfall herausstellen sollte. Der von Hadrian erst kurz zuvor an Sohnes Statt angenommene Aelius Verus, der vor seiner Adoption Ceionius Commodus geheißen hatte, erlag einem Blutsturz.

Die Wissenschaft rätselt noch immer, weshalb Hadrians

Wahl gerade auf Aelius Caesar fiel. Zwar stammte der Ausersehene aus hochangesehener Familie, die in Etrurien oder Faventina beheimatet war. Doch galt Ceionius Commodus als Lebemann, dessen übertriebene Genußsucht selbst bei seinen keineswegs prüden Zeitgenossen Anstoß erregte. Mögen sein gepflegtes Äußeres und seine königliche Schönheit eine gewisse Zuneigung des Kaisers begründet haben, wie böse Zungen behaupteten: Man kann doch nur schwer nachvollziehen, daß dies für einen so umsichtigen Herrscher ausgereicht hätte, ihm den Thron der Welt zu hinterlassen. Darüber hinaus ließ Commodus' Gesundheit schon zum Zeitpunkt der Adoption zu wünschen übrig, was Hadrian kaum verborgen geblieben sein kann. Die Geschichtsforschung vermutet deshalb, Verus sei ein natürlicher Sohn Hadrians gewesen. Zu dieser Vermutung tragen auch einige Bemerkungen des Kaisers selbst bei. Sie wird darüber hinaus durch Hadrians Trauer bekräftigt, die in diesem Maße kaum einem Fremden zuteil geworden sein konnte.

Der Verlust war für den römischen Kaiser um so betrüblicher, als seine eigene Gesundheit kaum noch hoffen ließ. »Er starb, wie einst Tiberius, täglich, ohne zu sterben«[7], beklagt sein Biograph. Und ein Übernehmer der Reichslasten war noch nicht gefunden ...

Da empfahl der todkranke Mann am 24. Januar, seinem letzten Geburtstag, der erstaunten Welt den Konsul T. Aurelius Fulvus Boionius Arrius Antoninus als Nachfolger und nahm ihn an Sohnes Statt an. Doch gehörte der hohe Würdenträger offensichtlich zu den wenigen seiner Zeit, die auf die Herrschaft alles andere als versessen waren. Erst nach einer einmonatigen Bedenkzeit konnte er sich zur Annahme der ihm zugedachten Ehre entschließen, wohl wissend, daß er mit dem Thron der Welt auch ihre Sorgen übernahm.

Entzückt über die Aussichten, erste Dame des Reiches zu werden, zeigte sich dagegen seine Gattin Faustina. Sie handelte sich dafür den Tadel ihres Mannes ein. »Dummes Weib, jetzt haben wir auch das noch verloren, was wir vorher hatten.«[8]

Antoninus, der den Beinamen Pius erhielt, war ein Mann

ohne Fehl und Tadel, von makellosem Ruf, gerecht und weise. Hadrian hatte mit dem früheren Statthalter Asiens und dem von ihm selbst ernannten Verwalter eines der vier italischen Gerichtssprengel eine glückliche Wahl getroffen. Er hatte auch bedacht, daß dieser Konsul keinen Sohn hatte, der als Erbe in Betracht gekommen wäre. Und es stand auch nicht zu erwarten, daß sich daran bei dem nun schon einundfünfzigjährigen etwas ändern würde.

So sorgte er weitblickend vor für die Zeit nach Antoninus' Tod. Er machte diesem die Auflage, seinerseits Marcus Annius Verus, den späteren Marc Aurel, zu adoptieren und daneben auch seinen »Enkel« Lucius Verus, den kleinen Sohn des zunächst erwählten Aelius Caesar. »Das Reich soll«, so Hadrian, »doch wenigstens etwas von Verus behalten.«

Lucius hatte, wie sich später herausstellen sollte, viel von den väterlichen Anlagen geerbt. Neben dem hervorragenden Marc Aurel verblaßte der Sproß des Aelius, zumal er, ganz der Vater, eher dem Reich der Sinne als dem Staate diente. Sein politischer Einfluß blieb deshalb gering. Und dennoch schaffte die Teilung der Regierungsgewalt einen »schlechten Präzedenzfall, der später unter Diokletians und Constantins Erben zur Aufteilung und Schwächung des Reiches führte.«[9] Eine Entwicklung, die Hadrian nicht voraussehen konnte, noch weniger gewollt hat.

Was er hingegen beabsichtigte, war, dem Imperium eine weitere Periode des Friedens und der inneren Sicherheit zu gewährleisten. Wie sehr Roms unsterbliche Götter diesen frommen Wunsch des Kaisers erhörten, sollte die Zukunft lehren.

3. KAPITEL

Nicht aller Anfang ist schwer

Marc Aurel ist »der schönste, edelste Name, den das alte Rom zu nennen hat. Alles, was gut war an der Antike, sammelte sich gleichsam in diesem Herzen: ein reines Menschentum, voll männlicher Kraft und voll Geduld, Ausdauer, Umsicht und aufrichtigster Güte. Marc Aurel war Kaiser der Welt; aber er ist auch ein Lehrmeister der Frömmigkeit, ein Tröster der Einsamen geworden, und noch im zweiten Jahrtausend nach seinem Tod haben sich viele Herzen an ihm erbaut und aufgerichtet, Herzen, die Standkraft und Frieden suchen in den Wirren und Enttäuschungen des Lebens ...«[1]

Der April des Jahres 121 n. Chr. war ein denkwürdiger Zeitabschnitt in den Annalen der römischen Geschichte. Wie üblich, gedachte die Stadt auch am 21. diesen Monats ihrer Gründung, die nun schon so manche Jahrhunderte zurücklag. Bereits in augusteischer Zeit hatte der Gelehrte Varro den Geburtstag der Weltbeherrscherin auf den 21. April 753 v. Chr. festgesetzt. Von diesem Zeitpunkt an, »ab urbe condita«, zählte man in Rom das wichtige und weniger wichtige politische Geschehen.

Die Feier der Wiederkehr des Geburtstages wurde diesmal von einem besonderen Ereignis gekrönt. Sein Zeuge setzt noch unser Jahrhundert in Erstaunen. Auf der Velia, dem flachen Hügel, der das alte Forum nordöstlich zum Kolosseum hin begrenzt, legte Hadrian den Grundstein zum Doppeltempel der Venus und Roma. Beispiellos in der bisherigen griechisch-römischen Architekturgeschichte sollte das Heiligtum allen kommenden Geschlechtern künden, was es im Altertum bedeutete, ein Gott zu sein. Roma, das war die Stadt, die eine Welt in die Knie gezwungen hatte, war der römisch befriedete Erdkreis schlechthin. Und Venus, die Göttin der Liebe und der Schönheit, galt seit langem als Schutzherrin des Kaiserhauses, seitdem die ersten Caesaren ihren Stammbaum kühn auf sie zurückgeführt hatten. Roms letzte Prinzipes konnten sich allerdings einer direkten göttlichen Abstammung nicht mehr rühmen. Doch wurde die römische Stammutter, der Sage nach die Mutter des trojanischen Helden Aeneas, von ihnen nicht minder verehrt.

Oben auf dem Palatin, der als »Pfalz« und »Palast« allen künftigen herrschaftlichen Wohn- und Amtssitzen seinen Namen lieh, herrschte Aufbruchsstimmung. Dort residierte seit fast vier Jahren der in Spanien geborene Kaiser Publius Aelius Hadrianus. Er war ein ungewöhnlicher Mann, verloren, melancholisch, fast schwermütig wandelnd zwischen Wirklichkeit und Traum. Gewiß, es war nichts Außergewöhnliches, wenn ein Herrscher für längere Zeit die Hauptstadt verließ. Fast alle seine Vorgänger hatten das getan. Und doch unterschied sich seine »Flucht« wesentlich von der aller anderen: Der Zweck seiner Reise sollte nicht der Erweiterung des Imperiums dienen, sondern seiner Stärkung. Vor Ort wollte sich der Herr der Welt von der Verfassung der einzelnen Reichsteile überzeugen und sich durch eigene Anschauung von ihren Bedürfnissen unterrichten. Und gerade hiermit begründete er einen revolutionären Wandel in der römischen Politik.

Es ist nicht sicher, ob Hadrian die Hauptstadt bereits verlassen hatte, als am 26. April »in der Gartenstadt auf dem Caeliushügel«[2] ein Knabe das Licht der Welt erblickte, dessen Vater die wohlklingenden Namen Annius Verus trug. (Die antiken Biographen berichten, Hadrian sei bald nach der Grundsteinlegung zum Venus- und Romatempel zu seiner ersten Reichsreise aufgebrochen). Niemand hätte an diesem Frühlingstag voraussagen können, daß sich dieses Knäblein schon bald der besonderen Gunst der Majestät erfreuen sollte. Und kein Hellseher hätte dem Kind an der Wiege gesungen, daß es vom Schicksal ausersehen war, dereinst die Krone des mächtigsten Reiches der abendländischen Welt zu tragen, obwohl schon das Neugeborene allseits von Wohlstand und Ruhm umgeben war.

Die Familie, in die Marcus hineingeboren wurde, hatte trotz ihrer gesellschaftlichen Bedeutung in der römischen Politik noch nie für Schlagzeilen gesorgt. Nur ein gewisser T. Annius Milo war in spätrepublikanischen Tagen aufgefallen. Doch hatte er sich weniger durch ehrenwerte Taten ausgezeichnet als vielmehr wegen seiner Brutalität und Gewissenlosigkeit von sich reden gemacht. Wie nahe jener Annius allerdings mit den »Veri« verwandt war, verschweigen die alten Quellen. Die »gens Annia« war eine weitverzweigte Familie, und für die Annahme einer engen Verbindung zum späteren Kaiser sehen auch neuzeitliche Historiker keinen zwingenden Grund. So scheint Annius Milo eher das berüchtigte schwarze Schaf inmitten einer Herde weißer Lämmer gewesen zu sein. Denn schon der Beiname »Verus«, der soviel wie »der Aufrichtige« bedeutet, weist auf eine überragende Charaktereigenschaft eines Vorfahren des späteren Kaisers hin. Im römischen Namensrecht gesellten sich bei den mündigen Bürgern in der Regel zu Vornamen (praenomen) und Geschlechtsnamen (nomen gentile) noch ein oder mehrere Beinamen (cognomen oder agnomen), denen die Aufgabe zukam, die Person näher zu kennzeichnen.

Wie jeder Römer von Stand wird auch Marcus' Vater auf die strengen rituellen Bräuche geachtet haben, die mit der Geburt eines Kindes, zumal eines Sohnes, und seiner Aufnahme in die Familie verbunden waren. Das Neugeborene wurde vor ihm auf den Boden gelegt. Kraft seiner väterlichen Gewalt, der »patria potestas«, konnte er es durch Aufheben anerkennen oder zur Aussetzung oder Tötung bestimmen.

Am neunten Tage, dem Tag der Reinigung, erhielt ein Junge, am achten ein Mädchen seinen Namen. An den Hausaltären wurde den Penaten und Laren geopfert. Das Kind erhielt die ersten Geschenke, Spielzeug zumeist, doch vor allem die »bulla«, eine Goldkapsel, die der neue Erdenbürger fortan um den Hals tragen mußte, damit er vor dem bösen Blick sicher sei. Dieses Amulett wurde erst mit dem Anlegen der »toga virilis«, der Männertoga, wieder abgelegt.

Nach altrömischer Tradition hätte der neugeborene Knabe Marcus Annius Verus heißen müssen, wie vor ihm sein Vater und vor diesem sein Großvater. Denn traditionsbewußte Römer pflegten ihren männlichen Nachkommen stets die Namen ihrer väterlichen Vorfahren zu geben. Die »Veri« jedoch scheinen sich zumindest zu Anfang nicht an diese Überlieferung gehalten zu haben. Ausdrücklich bemerkt Marc Aurels antiker Biograph, das Kind habe »in den ersten Lebensjahren den Namen seines Urgroßvaters mütterlicherseits, Catilius Severus«, getragen, sei nach dem frühen Tod seines leiblichen Vaters von Hadrian »Annius Verissimus« genannt worden und habe erst nach dem Anlegen der Männertoga seinen eigentlichen und den mit der Überlieferung in Einklang stehenden Namen Annius Verus erhalten. Noch war nicht abzusehen, daß weitere Namen im Laufe seines turbulenten Lebens hinzutreten sollten und er der Nachwelt am ehesten unter seinem Vornamen und dem Geschlechtsnamen seines Adoptivvaters in Erinnerung bleiben würde. Wann und wie er diesen erwarb, wird noch ausführlich darzulegen sein.

Marcus' Vorfahren stammten aus Spanien, aus der kleinen Stadt Uccubi in der Nähe von Córdoba. Gleich den Kaisern Trajan und Hadrian kam also auch diese Familie aus der Provinz Baetica. Wie sich aus den alten Quellen ergibt, muß ein verwickeltes Netz verwandtschaftlicher Beziehungen der »Veri« zu diesen beiden Kaisern bestanden haben. Doch war es nicht die Stimme des Blutes, die Hadrians Wunsch, Marc Aurel solle dereinst den Thron besteigen, beeinflußte, wenn auch Cassius Dio behauptet, der Kaiser habe Marcus »wegen seiner Verwandtschaft zu ihm«[3] allen anderen vorgezogen. Hierauf weist schon die Tatsache hin, daß er seinen Großneffen Fuscus, den Enkel seiner Schwester, hinrichten ließ, als der Verdacht aufkam, Fuscus wolle sich der Krone bemächtigen. Zweifellos ließ er sich ausschließlich von den charakterlichen Qualitäten der in Frage kommenden Thronanwärter leiten. An späterer Stelle deutet der griechische Geschichtsschreiber allerdings noch einmal an, Hadrian habe Marcus ausschließlich aus verwandtschaftlicher Rücksicht auserwählt. Schon als Kind habe Marcus »seine vielen mächtigen und reichen Verwandten so entzückt, daß sie ihn alle liebten ...«[4]

Daß die Bedeutung der Familie zu damaliger Zeit Marcus' Aufstieg begünstigte, darf freilich nicht übersehen werden. Denn Hadrian kannte sie gut. Mehr noch. Im Hause des Großvaters Annius war er ein gerngesehener Gast. Die Annii Veri gehörten damals zu den vornehmsten Kreisen der Stadt. Das Geburtsjahr des späteren Kaisers, 121 n. Chr., ist in der römischen Chronik als das Jahr vermerkt, in dem dieser Großvater, der längst die Spitze der sozialen Stufenleiter erklommen hatte, das Konsulat zum zweiten Mal bekleidete. Sein Kollege im Amt war Cn. Arrius Augur.

Schon Urgroßvater Annius hatte sich der Aufmerksamkeit der Staatsführung erfreut. Im Bürgerkrieg des Jahres 69 n. Chr. hatte er sich offensichtlich als Anhänger der flavischen Partei große Verdienste um das neue Kaiserhaus erworben und war dafür von Vespasian mit einer hohen Auszeichnung belohnt worden. Man hatte ihn zum prätorischen Senator ernannt, ihn also in den Rang eines gewesenen Prätors erhoben, jedoch ohne daß er daraus hätte weitere Ansprüche ableiten können. Erst seinem Sohn, Marcus' Großvater, stand dann eine steile Karriere bevor. Er war noch ein Kind, als Kaiser Vespasian ihn unter die römischen Patrizier aufnahm und ihm damit Tür und Tor öffnete. Dieser kaiserliche Gunstbeweis ist für die Nachwelt in zweifacher Hinsicht interessant: Zum einen wird deutlich, daß provinziale Herkunft nicht länger als Hindernis für politischen Aufstieg angesehen wurde. Zum anderen konnte auch damals noch nur derjenige auf eine gewisse Stellung im Staate hoffen, der entweder der römischen Nobilität entstammte oder dem es geglückt war, irgendwie in aristokratische Kreise vorzustoßen. Die strenge Abgeschiedenheit der senatorischen Klasse, deren Privilegien selbst so aufgeklärte Monarchen wie Marc Aurel noch peinlich beachteten, erschwerte auch in der fortgeschrittenen Kaiserzeit das Überschreiten der Standesgrenzen.

Wem es trotz aller Hemmnisse gelungen war, die sozialen Schranken zu brechen, der tat gut daran, seine schwer errungene Stellung zu festigen. Das sicherste Band stellten damals wie heute familiäre Beziehungen dar, die man durch eine entsprechende Heirat erwarb. Neigungsehen sind eine Erfindung der Neuzeit. Keinem Römer von Rang wäre es eingefallen, sich bei der Wahl seiner Gattin Gefühlen zu beugen oder sich auch nur über ein vernünftiges Maß hinaus von solchen leiten zu lassen. Der ehrgeizige junge Patrizier suchte seine Lebensgefährtin in den Kreisen, die seinem Ehrgeiz förderlich sein konnten. Annius Verus' Braut, die Großmutter des künftigen Kaisers, hieß Rupilia Faustina. Beide Namen deuten auf eine Abstammung von Pompeius und Crassus hin. Zwar gehörten diese Männer längst einer fast vergessenen Vergangenheit an, doch hatte sich der Klang ihrer Namen über Revolution und Proskription in die Gegenwart gerettet. Dies war um so erstaunlicher, als auch die römische Oberschicht einem ständigen Wandel unterstand. Jeder Kaiser begünstigte vor allem seine Anhänger. So gelangten stets neue Geschlechter zu Ruhm und Ansehen, während viele der alten Familien mehr und mehr in Vergessenheit gerieten, wenn sie nicht von den jeweiligen Herrschern sogar ausgerottet wurden. Wer trotzdem noch Vertreter der altrömischen Nobilität zu seinen Ahnen zählte, dem war eine glänzende Zukunft gewiß.

Unter Domitians eifersüchtiger und mißtrauischer Regierung jedoch übte man besser Zurückhaltung. Von Annius Verus überliefern die alten Quellen für diese Jahre nichts. Erst nach Domitians Tod taucht er wieder auf, als man die Konsuln für das Jahr 97 n. Chr. wählte. Neben Neratius Priscus, einem Rechtsgelehrten, erhielt Annius Verus dieses Amt. Aber er wurde nicht »consul ordinarius«, sondern nur »consul suffectus« (nachgewählter Konsul), was viel weniger galt. Die Annalen nennen für diese Zeit zwei weitere Namen, die Geschichte machen sollten: Arrius Antoninus und L. Vibius Sabinus. Seine Tochter Vibia Sabina heiratete um 100 n. Chr. den Trajansneffen und späteren Kaiser Hadrian. Und Arrius Antoninus war der Großvater des künftigen Kaisers Antoninus Pius. Er muß gegen Ende des ersten Jahrhunderts christlicher Zeitrechnung bereits ein betagter Mann gewesen sein, denn er hatte das Konsulat schon einmal dreißig Jahre zuvor in dem unruhigen Dreikaiserjahr 69 n. Chr. bekleidet. Mit Kaiser Nerva war er eng befreundet. Der antike Biograph seines bekannteren Enkels schildert ihn als »einen Mann ohne Falsch«[5], der seinem Freund aus Anlaß von dessen Thronbesteigung sein Beileid ausgedrückt habe. Arrius Antoninus, den der junge Plinius sehr verehrte, konnte zwar Senat und Volk von Rom und das gesamte Imperium zur Wahl Nervas beglückwünschen, den Mann aber, dem das Schicksal die abendländische Welt aufgebürdet hatte, vermochte er nur zu bedauern.

Trotz der seit Jahrzehnten rückläufigen Bevölkerungszahl des Reiches und vor allem der Stadt Rom erwies sich manches dieser politischen Zweckbündnisse als erstaunlich fruchtbar. Annius Verus hatte mit seiner Gattin Rupilia Faustina drei Kinder, die Söhne Verus und Libo und die Tochter Annia Galleria Faustina.

Der ältere Verus, der Vater Marc Aurels, heiratete wie sein Vater in Patrizierkreise. Seine Braut Domitia Lucilla gehörte zu den besten Partien der Stadt. Von ihrer gleichnamigen Mutter, der älteren Lucilla, hatte sie ein immenses Vermögen geerbt, das dieser wiederum zum größten Teil von ihrem Großvater zugefallen war.

Die Hauptquelle ihres Reichstums bildeten Ziegeleien am Stadtrand. Zwar war es der aristokratischen Oberschicht nach altüberlieferten Standesregeln untersagt, Handel und Gewerbe zu treiben. Wenn die Regelung auch zunehmend lascher gehandhabt wurde, so haftete dieser Art von Beschäftigung doch noch immer ein Makel an, den man klugerweise zu vertuschen trachtete. Man erklärte deshalb das Gewinnen von Ton, das Herstellen und Vertreiben von Baumaterial zur durchaus standesgemäßen Nutzung von Grund und Boden. Der bodenständige, aus dem Lehm gewonnene Baustoff war besonders seit dem Stadtbrand unter Nero sehr begehrt, hatte sich doch das bisher bevorzugte Baumaterial, der ebenfalls heimische Travertin, als allzu hitzeanfällig erwiesen.

Neros grandioses Aufbauprogramm und die nicht minder rege Bautätigkeit seiner Nachfolger trugen den römischen Ziegeleien riesige Gewinne ein. Trajans Forum und seine gewaltigen Thermen verschlangen die Ziegelproduktion ganzer Jahre. Und Hadrian ist ohnehin als einer der eifrigsten Bauherren der gesamten Kaiserzeit bekannt.

Es finden sich unter den Ziegeln jener Zeit aber nicht nur solche, die den Stempel der Domitii trugen. Auch die weitverzweigte Sippe der Annii besaß große Ziegeleien. »Man hat geschätzt, daß sich die Jahresproduktion der ›Praedia Quintanensia‹, die Verus gehörten, auf über eine Million Ziegel belief. Wenn daher Marcus' Vater Lucilla heiratete, so war das eine Ehe zwischen ebenbürtigen Partnern, und ihr gemeinsames Vermögen muß in Wahrheit kolossal gewesen sein ...«[6] Zum ersten Mal in der nun schon fast tausendjährigen römischen Geschichte erfahren wir, daß durch industrielle Betätigung erworbener Wohlstand auch politischen Erfolg nach sich ziehen konnte ...

Folgt man dem antiken Biographen, läßt sich der Stammbaum der »Veri« gar bis in die Anfänge Roms zurückverfolgen, zu den Königen Numa Pompillius und dem Sallentiner Malemnius. Doch was der Vitenschreiber als erwiesen betrachtet, ist mit äußerster Vorsicht zu genießen. Seit Cäsar, der gleich zu Beginn seines politischen Auftritts seine Herkunft mit Aeneas' Sohn Julus und damit der Göttin Venus verknüpft hatte, war es Mode, seine Wurzeln in legendäre Zeiten zu schlagen. Wer einen König der sagenhaften Vorzeit oder eine mythische oder wenigstens halbmythische Gestalt zu seinen Ahnen zählte, hatte am ehesten Aussicht, einmal selbst göttliche Ehren zu erlangen. Im übrigen schadete eine derartige Behauptung weder Rom noch den Römern, konnte andererseits aber die Stellung dessen, der sich auf sie berief, ungeheuer stärken. Für Marc Aurel mögen derartige Tricks überflüssig gewesen sein, hielt man ihn doch ohnehin für einen Gott, der geruhte, »eine Zeitlang auf Erden zu weilen«[7]. Es ist nicht einmal sicher, ob er sich ihrer je bediente oder ob sich nur die bewundernde Phantasie des Biographen zu ihr hinreißen ließ.

Über König Malemnius oder dessen Vater Dasummius ließe sich vielleicht am ehesten eine verwandtschaftliche Beziehung zu Hadrian herstellen, wenn man auch hier die Phantasie ein wenig zu Hilfe holen muß. Ein römischer Adliger namens Dasummius, ein Zeitgenosse Hadrians, trug wie dieser den Beinamen Hadrianus. Einer seiner Vorfahren hatte eine Frau aus dem Geschlecht der Aelier, dem der Kaiser angehörte, geheiratet.

Sicherlich wäre auch Marcus' Vater, dem Sohn des nun schon zweimaligen Konsuls, eine glänzende Laufbahn gewiß gewesen. Aber er brachte es nur zum Prätor. Dann raffte ihn ein mißgünstiges Geschick schon in jungen Jahren hinweg. Er hinterließ neben seinem Sohn eine Tochter, Annia Cornificia. Sie war etwas jünger als ihr Bruder.

Die Erziehung des Kleinkindes lag nach altrömischer Sitte in den Händen der Mutter. Wie weit man sich aber im zweiten Jahrhundert christlicher Zeitrechnung von diesen überlieferten Grundsätzen schon entfernt hatte, zeigt die Tatsache, daß Marcus von Ammen »gehegt und gepflegt« wurde. Tacitus, der möglicherweise zu Beginn der zwanziger Jahre noch lebte, verurteilte scharf die veränderten Gepflogenheiten des römischen Adels in der Kindererziehung. Lobend erwähnt er hingegen Cornelia, die Mutter der Gracchen, auch Cäsars Mutter, die untadelige Matrone Aurelia, und Atia, die Mutter des Octavian Augustus. Sie »leiteten ... die Erziehung und führten dem Staate in ihren Kindern die ersten Bürger zu ... Jetzt dagegen wird gleich nach der Geburt das Kind einer griechischen Magd überwiesen, der man einen oder den anderen aus der Sklavenmenge, meistens den wertlosesten, der zu keinem anderen Geschäft sich eignet, beigesellt. Mit den Geschwätzen und Liebschaften dieser Menschen werden sogleich die zarten und unerfahrenen Seelen erfüllt; und kein Mensch im ganzen Hause hält es einer Erwägung wert, was er in Gegenwart des jungen Gebieters rede oder tue. Ja, sogar die Eltern selbst gewöhnen die Kleinen weder an Rechtschaffenheit noch Bescheidenheit, sondern Mutwillen und naseweises Wesen, wodurch allmählich Unverschämtheit und Geringschätzung seiner selbst und anderer sich einschleicht ...«[8]

Bereits in augusteischer Zeit war mit dem wachsenden Wohlstand besonders der führenden Schichten und einer allmählichen Emanzipation der Frau Kinderreichtum aus der Mode gekommen. Selbst Gesetze zur Steigerung der Geburtenfreudigkeit, die Augustus erlassen hatte, hatten diesem Mangel nicht abzuhelfen vermocht. Mit der Zeit galt es für eine Frau gehobenen Standes sogar als unschicklich, ihre wenigen Kinder selbst zu nähren. Die Sitte, sich hierzu der Unterstützung von Ammen zu bedienen, bürgerte sich fest ein. Nahm jemand daran Anstoß, mußte er sich entgegenhalten lassen, eine Frau sei durch Schwangerschaft und Geburt schon genügend geschwächt. Man müsse sie nicht zusätzlich durch Stillen und das Aufziehen ihres Nachwuchses beanspruchen. Im übrigen konnte man sich in diesen Kreisen jede Art von Luxus leisten. Mögen griechische Sklavinnen, die man als Milchmütter bevorzugte, wie die meisten Griechen auf den Sklavenmärkten ihren Preis gehabt haben, in der Vorstellung des damaligen Römers nahm der Säugling mit der Milch auch die Eigenschaften ihrer Spenderin in sich auf. Für den gesellschaftlich hochstehenden Menschen aber war es unerläßlich, Latein und Griechisch fließend nebeneinander zu sprechen, war die Kenntnis der griechischen Kultur und Lebensweise Grundbedingung für jeden, der Anspruch auf Bildung erhob. Wie sehr konnte dabei der frühkindliche hautenge Kontakt mit dem Griechentum von Nutzen sein!

Auch Marc Aurel verbrachte also die ersten Lebensjahre in der Obhut von Ammen. Doch die ungünstigen Auswirkungen, die Tacitus einer solchen Erziehung vorhersagte, traten bei ihm nicht ein. Im Gegenteil! Schon in früher Kindheit zeigte sich sein gesetztes Wesen. Und als der Knabe seinen ersten Lehrern überantwortet wurde, war er ein Geschöpf, das feiner und williger keine Mutter hätte bereiten können.

Obwohl nach unserer Kenntnis Domitia Lucilla ihren Sohn nicht allzuoft gesehen haben dürfte, gedenkt er ihrer noch als alternder Mann in kindlicher Dankbarkeit. »Meine Mutter war mir durch ihre Frömmigkeit und Wohltätigkeit ein Vorbild; ich bestrebte mich, ihr gleichzukommen und das Böse weder zu tun noch auch nur zu denken und wie sie einfach und mäßig zu leben, weit entfernt von dem gewöhnlichen Luxus der Großen ...«[9] Domitia Lucilla scheint tatsächlich eine untadelige Frau gewesen zu sein. Sie heiratete nach dem Tode ihres ersten Gatten nicht mehr, sondern lebte ganz seinem Andenken.

Lag die geistige Erziehung in den Händen der Mutter oder eigens dafür ausgesuchter Sklaven, so hatte gewöhnlich der Vater für die körperliche Ertüchtigung des männlichen Nachwuchses zu sorgen. Aber Annius Verus war es nicht vergönnt, seine beiden Kinder heranwachsen zu sehen. Sein genauer Todeszeitpunkt ergibt sich nicht aus den alten Quellen. Die Mehrzahl neuzeitlicher Historiker geht vom Jahr 130 n. Chr. aus. Marcus wäre demnach neun Jahre alt gewesen, als sein Vater starb. Er hätte sich also gut an ihn erinnern müssen. Indessen kann er in seinen Selbstbetrachtungen von seinem Vater nur wiedergeben, was man noch erzählte. »Meinem Vater rühmte man nach, er habe einen echt männlichen und dabei doch bescheidenen Charakter besessen ...«[10] Aus eigener Anschauung wußte Marc Aurel von ihm nichts zu berichten. Er muß ihn also schon an der Grenze zur Erinnerungsfähigkeit verloren haben, mit drei oder allenfalls vier Jahren. Hierfür spricht übrigens auch eine andere Tatsache: der jüngere Bruder des Vaters, Annius Libo, bekleidete 128 n. Chr. das Konsulat, muß daher entsprechend den gesetzlichen Bestimmungen spätestens 126 n. Chr. Prätor gewesen sein. Es ist kaum anzunehmen, daß der ältere Annius, der die gleichen Voraussetzungen mitbrachte, dieses Amt erst nach seinem Bruder erhielt.

Die Familie der Annii bewohnte einen prächtigen Adelspalast auf dem Caelius, einem der sieben Hügel des klassischen Rom. Dieser südöstliche Teil der alten Stadt, wo später die Basilika San Giovanni in Laterano entstand, galt als eine der vornehmsten Wohngegenden Roms. Von hier konnte man bis zu den kaiserlichen Palastanlagen auf dem Palatin hinüberschauen. Forum, Amphitheatrum Flavium, das später Kolosseum genannt werden sollte, und der Circus Maximus lagen nur ein paar Schritte entfernt. Man lebte abgeschieden inmitten weitläufiger Parkanlagen und doch im Herzen der Stadt, unter sich und seinesgleichen und doch im Zentrum der damaligen Welt. Gerne erinnerte sich noch der alternde Kaiser der Stätte, an der er Kindheit und Jugend verbracht hatte. Nach dem Tode seines Vaters allerdings mußte er umziehen. Doch er hatte es nicht weit. Auch Großvater Verus, in dessen Obhut er kam, besaß gleich neben dem Lateran einen repräsentativen Wohnsitz. Irgendwann, vielleicht nach seiner Mündigerklärung, durfte Marcus jedoch für kurze Zeit in sein Elternhaus zurückkehren.

Nach einer kurzen Bemerkung des antiken Biographen wurde der vaterlose Knabe von seinem Großvater adoptiert. Er hätte nach dem Tode seines Vaters ohnehin einen Vormund gebraucht, denn die Mutter war zur Vertretung ihrer Kinder nach römischem Recht nicht befugt. Auf jeden Fall war die Adoption der Bestellung eines Vormundes vorzuziehen, denn damit erhielt der Halbwaise wenigstens einen Ersatzvater, dem obendrein die Stellung eines biologischen Vaters zukam. Die Römer pflegten zwischen natürlicher und gesetzlich begründeter Vaterschaft kaum zu unterscheiden. Jedenfalls wurde der Mangel eines leiblichen Vaters niemals als solcher empfunden, sobald sich ein Adoptivvater gefunden hatte.

Geht man davon aus, daß Marcus noch sehr klein war, als der Prätor Annius Verus starb, kann er den Verlust kaum begriffen, folglich auch nicht besonders gelitten haben. Zudem dürfte der ältere Annius damals noch ein rüstiger Mann gewesen sein, der Muße fand, sich seiner neuen Aufgabe zu widmen.

Wie sehr sich Schicksale gleichen können! Schon Gaius Octavius hatte früh seinen Vater verloren, um von der Vorsehung durch die Adoption Cäsars mehr als entschädigt zu werden. Auch Hadrian hatte seinen leiblichen Vater kaum gekannt und dennoch seinen Weg gemacht. Und schon einmal hatte einer der Großen, wenn nicht der Größte der römischen Geschichte, seine Enkel adoptiert: Augustus, der mangels eigenen männlichen Nachwuchses Gaius und Lucius, die Söhne seiner Tochter Julia, an Sohnes Statt annahm, um sie nach eigenen Vorstellungen zu würdigen Thronerben zu erziehen. Ergreifend schildert Sueton die Idylle vom müde hingestreckten alternden Kaiser. Zu seinen Füßen lagern die Enkel und lauschen aufmerksam, wenn er aus der reichhaltigen Schatzkiste seiner Erfahrungen plaudert ...

In der Familie der Annii Veri wird es kaum anders zugegangen sein.

Zweifellos war es der Großvater, der den Enkel im Ballspiel unterwies, bis dieser selbst »ein recht guter Spieler« (Birley) wurde. In Rom war gerade eine neue Sportart aufgekommen, bei der zwei Spieler ihre Geschicklichkeit mit einer Glaskugel maßen. Großvater Verus muß das neue Spiel meisterhaft beherrscht haben, das zu seinen bevorzugten Freizeitbeschäftigungen zählte. Er war der Patron eines gewissen Ursus, der als Champion der neuen Sportart galt. Jener, der beim Ballspiel alle seine Zeitgenossen an Anmut und Geschicklichkeit übertraf, gab jedoch unumwunden zu, vom »dreifachen Konsul« im Spiel des öfteren besiegt worden zu sein.

Im übrigen war Annius Verus der Ältere ein liebenswürdiger Mann. Marcus stellt ihn, bei dem er seine Kindheit und Jugend verbrachte, an den Beginn des ersten Buches seiner Selbstbetrachtungen. Er rühmt seine edle Gesinnung und Gelassenheit. Mit dem dritten Konsulat im Jahre 126 n. Chr. stand dem Großvater noch eine besonders hohe Auszeichnung bevor, wenn man bedenkt, daß auch der Kaiser dieses Amt nur dreimal bekleidet hatte. Nach allem, was über den untadeligen und hochangesehenen Mann bekannt ist, kann es nur als besonderer Gunstbeweis des Schicksals angesehen werden, daß das Kind ausgerechnet unter seine Fittiche kam.

Andere beeinflußten aber ebenfalls die Erziehung. Kaum weniger angesehen, wenn auch nach unserer Kenntnis zunächst »nur« dem Ritterstand angehörend, war Catilius Severus. Die alten Quellen bezeichnen ihn als »proavus maternus«, was eigentlich Urgroßvater mütterlicherseits hieße. Doch kann Catilius Severus seinen Jahren nach kaum schon Urgroßvater gewesen sein. Kaiser Hadrian hatte ihm unmittelbar nach seiner Thronbesteigung, also nur vier Jahre vor Marcus' Geburt, mit dem syrischen Heer eine Armee anvertraut, auf deren Gefolgstreue er sich besonders stützte. Sicherlich hätte der bedächtige Kaiser den augenblicklich größten konzentrierten Heeresverband nicht einem Mann überlassen, der sich an der Schwelle zum Greisenalter befand.

Eine weit glaubhaftere Deutung des Begriffes »proavus« geben neuzeitliche Historiker. Sie vermuten in Catilius Severus den zweiten Mann von Marcus' Großmutter Lucilla, die diesen wohl nach dem Tode des ersten Gatten geheiratet hatte. Er müßte somit der Stiefgroßvater des künftigen Kaisers gewesen sein. Eine Verbindung mit Roms aristokratischen Kreisen wäre seinen ehrgeizigen Plänen sicher sehr entgegengekommen, zumal wir nirgendwo sonst von verwandtschaftlichen Beziehungen zur römischen Nobilität hören. Catilius Severus genoß tatsächlich das uneingeschränkte Vertrauen des neuen Kaisers, der den Ritter nicht nur als einen seiner wichtigsten Verbündeten schätzte. Jener glich Hadrian vor allem auch in seiner Geisteshaltung und hegte ebenfalls philosophische Neigungen. Damit machte der Kaiser von Anfang an deutlich, mit welcher Art von Männern er sich zu umgeben gedachte. Catilius Severus muß aber schließlich doch den Sprung in die Senatorenklasse geschafft haben. Ausdrücklich bemerkt die Historia Augusta, Marcus' Urgroßvater mütterlicherseits sei zweimaliger Konsul gewesen. Wie ehrgeizig er selbst noch im Alter war, mag die Tatsache verdeutlichen, daß er zu den wenigen gehörte, die die Adoption des Antoninus Pius öffentlich bedauerten. Wahrscheinlich hatte er sich selbst Hoffnungen auf den Thron gemacht.

Stiefgroßvater Catilius mischte sich insofern in die Erziehung, als er dafür eintrat, den Knaben ausgesuchten Privatlehrern anzuvertrauen. Der reife Marc Aurel gedenkt auch seiner und dankt ihm für diesen Rat. Daß man offensichtlich beabsichtigte, das Kind in öffentliche Lehranstalten zu schicken, mag angesichts der Tatsache erstaunen, daß die Vornehmen Roms für ihre Sprößlinge grundsätzlich Privatlehrer verpflichteten. Doch hören wir andererseits, wie wenig standesbewußt sich die Annii Veri gaben und wie bescheiden und »fern vom Gehabe reicher Leute« (Selbstbetrachtungen) sie lebten, obwohl sie doch zu den vornehmsten und wohlhabendsten Familien der Stadt gehörten. Es ist also durchaus denkbar, daß man Marcus' Ausbildung zunächst einer öffentlichen Schule zu überlassen gedachte.

Mag sich die Mutter ihrem Stand entsprechend um den Säugling auch nicht übermäßig gekümmert haben, in seinem weiteren Leben spielte sie eine entscheidende Rolle. Von ihr hatte er alle guten Eigenschaften geerbt und sich ihre einfache Lebensweise angeeignet. So sehr war ihm diese Frau zum Vorbild geworden, daß er noch inmitten der Stürme des Markomannenkrieges im Feldlager am Gran dem Schicksal dankte, daß »meine Mutter, wiewohl sie jung sterben mußte, ihre letzten Jahre bei mir zubringen konnte ...«[11]

Seinen größten Förderer und Gönner allerdings fand der junge Marcus in Kaiser Hadrian selbst. Er, der keine eigenen Nachkommen hatte, überhäufte schon das Kind mit Auszeichnungen und Ehren. Den erst Sechsjährigen nahm er in den Ritterstand auf, ein außergewöhnlicher Gunstbeweis, der dem Kind das Recht gab, die Standeszeichen – den goldenen Ring und den schmalen Purpurstreifen an der Tunika – zu tragen. Ähnliche Auszeichnungen waren zwar schon anderen Nachkommen vornehmer Geschlechter zuteil geworden, doch war Marcus jünger als alle, von denen wir hören. Und den Achtjährigen ernannte der Kaiser zum Salierpriester, obwohl jener eine der Grundvoraussetzungen für diese Mitgliedschaft – beide Elternteile mußten noch am Leben sein – nicht erfüllte. Möglicherweise genügte aber auch die Adoption durch den Großvater den gesetzlichen Bestimmungen. Auffallend ist nur, daß Hadrian seinen Günstling ernannte, dieser nicht in der üblichen Weise gewählt wurde.

Die Salier waren eine Kaste eigener Art. Ihr Name leitete

sich von »salire« (springen) ab. Das weist auf ihre Aufgabe als Kulttänzer hin. Die Bruderschaften von je zwölf unter einem Magister stehenden Priestern dienten dem Kriegsgott Mars und hatten dementsprechend im römischen Kalender zweimal im Jahr ihren festlichen Auftritt: Im März und Oktober, wenn sie in pompösen Kulthandlungen und Prozessionen die Zeit der Feldzüge eröffneten und beendeten. Während im Frühjahr die Waffenweihe anstand (Quinquartus), fand im Herbst die rituelle Reinigung statt (Armilustrium). Bei ihren feierlichen Umzügen durch die Stadt blieben sie von Zeit zu Zeit stehen, um ihre Tänze zu Ehren des Kriegsgottes aufzuführen. Dabei schlugen sie mit ehernen Stäben an den in der Linken getragenen heiligen Schild (ancile) und riefen den Gott in archaischen Formeln um Schutz an. Ihr »carmen saliare« war ein dunkler Gesang, der um so unheimlicher klang, als das uralte Latein mit fortschreitender Zeit niemand mehr verstand.

Marcus nahm seine priesterlichen Pflichten sehr ernst und erklomm rasch die Stufenleiter aller Ämter. Als Oberpriester hatte er schließlich neue Mitglieder zu verpflichten und ausgediente zu entlassen.

Schon dieses kaiserliche Wohlwollen läßt die Absicht vermuten, den begabten Knaben dereinst in eine Schlüsselstellung der Staatsführung zu heben. Marcus ließ schon jetzt viel von seinem Talent erkennen. Er wirkte als Vortänzer und Vorsänger, ohne daß man ihm etwas vorzusprechen brauchte. Er beherrschte die altertümliche Liturgie Wort für Wort. Und niemals, so sehr die Philosophie auch seinen Glauben an die alten Götter erschüttern mochte, unterließ er es später, das anspruchsvolle Ritual peinlich genau zu beachten.

Dem jungen Salierpriester wurde übrigens bald ein Vorzeichen seiner künftigen Herrscherwürde zuteil, wenn dieses auch zweifellos erst von seinen Biographen rückblickend als glückbringendes Omen gewertet wurde: »... von den Kränzen, die alle, wie üblich, nach dem Götterpolster warfen, blieben die einen da, die anderen dort hängen; sein Kranz aber traf das Haupt des Mars so genau, als wäre er ihm regelrecht aufgesetzt ...«[12]

Er wuchs unter der Obhut Hadrians auf, der ihn, wie oben erwähnt, Verissimus nannte.

(Historia Augusta, Vita Marci Antonini Philosophi, 4, 1)

4. KAPITEL

Glückliche Jugend

Nie zuvor und niemals danach in der abendländischen Geschichte ist ein junger Mensch auf seine künftige Aufgabe derart gründlich vorbereitet worden. Marcus Annius Verus genoß eine der nachhaltigsten Erziehungen, von denen wir wissen. Selten wurde schon ein Kind von der elterlichen Fürsorge mit siebzehn Lehrmeistern bedacht: »Vier Grammatiker, ein Rhetor, ein Jurist und acht Philosophen teilten seine Seele unter sich auf.«[1] Doch erstaunlicherweise gereichte die Last so vieler und so unterschiedlicher Erzieher dem zarten Gemüt nicht zum Verderben. Der stets wache und kritische Geist erkannte alle Versuchungen, widerstand ihnen und fand schließlich seinen eigenen Weg.

Marcus mag sechs oder sieben Jahre alt gewesen sein, als er den ersten Unterricht erhielt. Versuche, ihn in die Kunst des Lesens und Schreibens einzuführen, waren sicher schon früher unternommen worden. Marcus' Mutter war, wie wir wissen, eine begabte und sehr gebildete Frau mit einem ausgeprägten Hang zur griechischen Kultur. Diese Vorliebe fürs Griechentum teilte sie zwar mit allen anderen Angehörigen der aristokratischen Schicht. Doch war sie in jungen Jahren in Herodes Atticus einem leibhaftigen Vertreter der griechischen Geisteswelt begegnet. Er, der große athenische Redner, der später auch ihren Sohn unterrichten sollte, hatte einen Teil seiner Jugend im Hause ihres Vaters verbracht, wohl um seinerseits ein wenig die lateinische Sprache und die römische Lebensweise kennenzulernen. Diese Begegnung war es, die ihre Neigung zweifellos begründete. Hatten früher ehrgeizige Väter eine ihrer vornehmsten Aufgaben darin gesehen, den Söhnen vorbereitende Kenntnisse selbst zu vermitteln, sobald diese auch nur zu denken begannen, so war man im Laufe der Zeit dazu übergegangen, auch diese Pflichten auf erfahrene Sklaven zu übertragen. Dies um so mehr, wenn kein Vater mehr vorhanden war. Aus allem, was von Marcus bekannt ist, und aus der Dankbarkeit, die er seiner Mutter selbst im Alter noch zollt, darf man aber schließen, daß sich Lucilla um die Unterweisung ihres Sohnes auch persönlich bemühte.

Damals wie heute galten als Voraussetzung jeder Schulbildung Lesen, Schreiben und Rechnen. Für den Römer gehobenen Standes kamen Grundkenntnisse der griechischen Sprache und Literatur hinzu. Marcus wurde zum Erlernen dieser Grundvoraussetzungen den Elementarlehrern Geminus, Euphorion und Andro überstellt. Man hatte die Wahl sorgfältig getroffen. Der Komödienspieler Geminus, ein Römer, sollte die lateinische Ausdrucksweise in Wort und Schrift überwachen. Euphorion war Grieche und offensichtlich für die Einführung in die griechische Kultur zuständig. Und der Musiker Andro vermittelte schließlich Grundkenntnisse in Geometrie. Aus diesen ersten Schuljahren sind uns leider außer den Namen der Lehrer keine Einzelheiten bekannt. Wir können daher nur von der allgemeinen Praxis auf den besonderen Fall schließen.

Die Kinder lernten das Schreiben auf kleinen Holztäfelchen, den »tabellae«, die mit farbigem Wachs überzogen waren. In dieses wurden mit spitzem Griffel Buchstaben und Worte geritzt. Mit dem spachtelförmigen Ende des Griffels konnte das Geschriebene bei Bedarf wieder geglättet werden. Es war eine rohstoffschonende Methode, die im Hinblick auf die aufwendige Herstellung anderer Schreibmaterialien sicherlich berechtigt war. Das Wissen um das Griechentum wurde zuerst durch Sprachkenntnisse vermittelt. Der römische Schüler lernte die fremde Sprache zunächst an Hand lateinischer Übersetzungen, später an Originaltexten.

Homers Odyssee, die in vieler Hinsicht den Irrfahrten des römischen Stammvaters Aeneas glich, diente dabei als bevorzugtes Lehr- und Lernmittel. Die Beherrschung der griechischen Sprache war Voraussetzung für die Beschäftigung mit griechischer Philosophie und Literatur, war Grundbedingung für einen Aufenthalt im klassischen Land des Geistes, wohin es jeden gebildeten Römer zog. Und mancher Zeitgenosse der Adoptivkaiser erlangte darin eine erstaunliche Vollendung. Hadrians Bewunderung für die griechische Sprache gipfelte schließlich in der Erkenntnis, daß was am besten gesagt ist, auf Griechisch gesagt ist ...

»Nicht im Römertum hatte die Philosophie ihre Geburtsstätte. Dieses Natur- und Bauernvolk war von Anfang an der Scholle und dem Schwert verhaftet, ordnete seit jeher irdisches Zusammenleben nach Recht und Gesetz. Trotzdem oder gerade deshalb bewunderten die Römer das Hellenentum. Die Lehren der Stoa reiften in Rom zu letzter Vollendung. Das Volk der Waffen schmückte heroische Epen. Große Historienschreiber wie Tacitus sollten bleibenden Ruhm erlangen.

Dennoch kannte der Römer die Grenzen seiner Begabung. Er wußte um die nüchterne Schlichtheit seines Wesens. Er hatte längst erfahren, daß er Griechenland zwar mit dem Schwert bezwungen hatte, seiner Kunst und Kultur jedoch nur mit der sprach- und machtlosen Bewunderung des Staunens gegenüberstehen konnte. Und er hatte in weiser Voraussicht diese Kunst nicht zerstört, sie vielmehr übernommen, ›in verzückter Andacht gehegt und als heiliges Erbe weitergegeben an die kommenden Jahrhunderte.‹ So ist uns vieles erhalten, was in den Wirren der Zeiten vielleicht für immer verlorengegangen wäre, wenn auch das Erhaltene eine gröbere Form aufweist ...«[2]

Marcus Annius muß schon früh eine starke Leidenschaft für die Philosophie entwickelt haben. Er mag elf Jahre alt gewesen sein, als er einen weiteren Lehrer erhielt, Diognetus, der den Jungen im Malen unterrichtete. Doch scheint jener Erzieher auf die zarte Seele weit größeren Einfluß ausgeübt zu haben. In seinen Selbstbetrachtungen erinnert sich Marc Aurel dankbar dieses Mannes: Er »lehrte mich das freie Wort dulden und mich ganz der Philosophie ergeben ...«[3] Er war es auch, der das Kind vor dem damals weit verbreiteten und durchaus »gesellschaftsfähigen« Aberglauben und den Wahrsagern bewahrte.

Astrologie und Wundergläubigkeit erlebten im Rom jener Tage gerade ihre Blüte. Nicht einmal die Staatsführung war frei davon. Jeder machte irgendwelche Vorzeichen zum Maßstab seines Handelns, richtete seine Zukunftsplanung nach dem Lauf der Gestirne aus. Kaum eine Entscheidung wurde getroffen, ohne daß zuvor Orakel oder Schicksalsdeuter befragt worden wären. Und nur ab und zu ortete ein vernünftiger Regent die Wahrsager als die eigentliche Ursache vieler Übel und verjagte sie aus Rom. Wie vergeblich allerdings solche Ausweisungen waren, zeigt die Tatsache, daß sie immer häufiger nötig wurden. Die Vertriebenen kehrten stets wieder zurück, und die Zahl ihrer Anhänger wuchs beständig.

Dabei hatte der Hang zum Übersinnlichen im Zeitalter Marc Aurels noch nicht einmal seinen Höhepunkt erreicht. Er sollte noch weiter blühen. In dem Maße, wie es mit der römischen Welt bergab ging, klammerten sich die Menschen immer stärker an rational nicht Faßbares, gleich dem Ertrinkenden, der an dem sprichwörtlich gewordenen Strohhalm festhält. Es war eine Zeiterscheinung, die wohl darin gründete, daß die Menschen in den überkommenen philosophisch-religiösen Denkmustern keine echte Befriedigung mehr fanden.

Keinen hätte es befremdet, hätte sich auch Marc Aurel wie fast jeder seiner Vorgänger an diese Ersatzreligion gehalten. Aber der letzte wirklich große römische Kaiser fand an dieser Verwirrung niemals Geschmack. Zeitlebens sollte er allen Scharlatanen mit Skepsis, ja mit Verachtung begegnen. Und durch eine vorbildliche und ganz an der Philosophie orientierte Lebensweise sollte er niemals müde werden, seinen Zeitgenossen eine sinnvolle Existenz vorzuleben. Daß er in diesem Bemühen letztlich scheiterte, war nicht seine

Schuld. Das Wesen des Römertums war schon zu mürbe, sein Verfall schon zu weit fortgeschritten, als daß er noch hätte aufgehalten werden können. Die Geschichte folgt unbarmherzig ihrem Weg. Und nur selten ist es einem einzelnen vergönnt, in ihren Lauf korrigierend einzugreifen.

Im Gegensatz zu seinen Zeitgenossen aller Stände also sollte der Annier ein Leben lang allem, was jenseits der Vernunft lag, trotzen. Sinn und Ziel des Daseins sollte er ausschließlich in der Philosophie suchen und finden. Sie wurde ihm Hilfe und zuverlässigste Begleiterin auch seiner schwersten Jahre.

Die Lehre der Stoa, Modephilosophie jener Zeit, von der später noch ausführlicher die Rede sein soll, forderte auch die Abhärtung des Körpers, damit er, gestählt, sinnlichen Begierden um so tapferer widerstehe. Soviel vermochte der Lehrer Diognet, daß in Marcus ein heftiges Verlangen entbrannte, ganz das Leben des Philosophen zu führen. Schon in frühester Jugend, als zartes Kind von elf Jahren, übte er strenge Askese. Er studierte im Mantel und nächtigte auf dem bloßen Bretterboden. Und nur schwer konnte ihn die besorgte Mutter dazu bewegen, den zerbrechlichen Körper wenigstens auf ein mit Fellen bedecktes Lager zu betten. Seine »hellenistische« Lebensweise erinnert stark an die Kyniker, die sich in bewußten Gegensatz zu einer verwöhnten und materiell übersättigten Umwelt setzten. »Für den Durchschnittsmenschen jener Zeit verkörperten diese Leute am augenfälligsten den Typus des praktizierenden Philosophen, denn aus dem einfachen Leben machten sie einen Kult, der bis zur Unduldsamkeit ging.«[4] Aber es gab natürlich genügend Kritiker, die derartige Ideale als die Geistesprodukte von Einfaltspinseln mitleidig belächelten.

Gelegentlich scheint auch der noch junge Marcus in seinen Enthaltungsübungen übertrieben zu haben. Der berühmte Redner Fronto wurde dem Prinzen als Rhetoriklehrer zugeteilt. Obwohl der weise Annier gerade die Redekunst dereinst von allen Fähigkeiten am geringsten achten würde, sollte sich zwischen ihm und seinem Lehrer doch ein freundschaftliches, ja geradezu inniges Verhältnis entwickeln. Ihr reger Briefwechsel auch in späteren Jahren ist noch heute eine Fundgrube für Historiker und Biographen. Aus einem dieser Briefe erfahren wir, mit welchem Eifer sich Marcus aufs Lernen stürzte. Fronto unterrichtete ihn zuerst im Aufsetzen von Reden und in der Wahl der Worte, im Grunde banale Dinge, die sich mit der Übung auch von selbst einschärfen. Aber der ehrgeizige Junge nimmt sie so ernst, »daß er die Nächte nicht schläft; er nährt sich auch nicht ordentlich (Brot und eine Handvoll Feigen bauen doch den Körper nicht auf); er schreibt sogar einen Aufsatz, eine Stilübung gegen den Schlaf, der uns betrügt und nur Zeit kostet.«[5] Da sieht sich Fronto genötigt, den jugendlichen Freund zu ermahnen. Der Mensch müsse sich auch einmal Muße gönnen. Er müsse ab und zu gut essen. Der alte Lehrer weist auf den legendären König Numa Pompilius hin, der sich gelegentlich auch ein gutes Priesteressen gegönnt habe. Und er schreibt ein Loblied auf den Schlaf, jenes Gottesgeschenk, aus dem der Mensch stets neue Kraft schöpft.

Jedem seiner Erzieher gedachte der alternde Kaiser in Dankbarkeit, als er das erste Buch seiner Selbstbetrachtungen schrieb. Einen jeden nannte er mit Namen. Selten nur ist derartige Dankbarkeit von einem anderen Schüler verbürgt.

Eine nette Anekdote ist von Apollonius überliefert. Er, der berühmte Stoiker aus Chalcis, wurde Marcus erst in späteren Jahren von seinem Adoptivvater Antoninus Pius bestellt. Marcus wohnte damals schon im kaiserlichen Palast auf dem Palatin, wo Antoninus residierte. Als nun der Philosoph in Rom eingetroffen war, ließ ihn der Kaiser sogleich in die Residenz bitten, damit er dort seinen Schüler in Empfang nähme. Der Gelehrte jedoch bat seinerseits, man möge dem Kaiser ausrichten, es gezieme dem Schüler, sich zum Lehrer zu verfügen, nicht umgekehrt. Hierauf erwiderte Antoninus lachend: »Ich sehe wohl, es kostet den Apollonius mehr Mühe, von seiner Wohnung zu Hofe zu kommen, als von Athen nach Rom zu reisen.« Von da an soll sich der Prinz regelmäßig in das Haus des Lehrers begeben haben.

Bei dieser Geschichte mag ein wenig die Phantasie einer

romantisierenden Nachwelt mitgesponnen haben. In ihrem Kern steckt aber sicher Wahres. Sie ist ein vorzügliches Spiegelbild des Zeitgeistes und zeigt nicht nur, wie unerschütterlich das Selbstbewußtsein der Freunde der Weisheit sein konnte. Sie macht vor allem deutlich, welches Ansehen die Philosophie damals genoß. Sicherlich hätte niemand auf eine kaiserliche Bitte eine solche Antwort gewagt, hätte er andere Reaktionen befürchten müssen.

Apollonius war aber nicht der einzige, dem schon der junge Denker nachzueifern bestrebt war. Das Rüstzeug seiner Ideale vermittelten ihm die hervorragendsten Geister seiner Zeit, die zugleich die berühmtesten Gelehrten ihrer Epoche waren.

Stärker noch als der Mann aus Chalcis dürfte Quintus Iunius Rusticus auf den jungen Prinzen gewirkt haben. Er »machte mir begreiflich, daß ich immer an der Bildung und Besserung meines Charakters zu arbeiten hätte«[6]. Rusticus war es offensichtlich auch, der Marcus von der Rhetorik weglockte und ausschließlich für die Philosophie gewann. Denn er warnte ihn davor, Reden nur des Beifalls wegen zu halten, und ermahnte ihn auch in seinem Stil zur Einfachheit. Gerade dieser Lehrer war ein geachteter Mann. Ein gleichnamiger Philosoph, wahrscheinlich sein Großvater, war Jahrzehnte zuvor Domitians Gewaltherrschaft zum Opfer gefallen. Und gerade die stoische Opposition gegen den ausgearteten Despotismus war es, die das Wesen des antoninischen Prinzipats erheblich beeinflußte.

Auch Rusticus war ein bedeutender Stoiker, Marcus' bevorzugter Lehrer, wie die antike Lebensbeschreibung bemerkt. Ihn verehrte er besonders, machte ihn, »der in Krieg und Frieden etwas galt«[7], später zu seinem Ratgeber und würdigte seine Verdienste schließlich mit einem zweiten Konsulat. Noch als Kaiser soll er diesen Begleiter seiner Jugend vor den Prätorianerpräfekten stets mit einem Kuß begrüßt haben. Was jener Weise seinem Schüler beibrachte, erinnert stark an die christliche Lehre. »... mich leicht versöhnlich zu zeigen, jeden Augenblick zum Verzeihen bereit zu sein …«[8] Daß Marc Aurel auch stets nach diesem Grundsatz handelte, werden wir noch sehen.

Rusticus war es schließlich auch, der Marcus mit der reinen Lehre Epiktets bekanntmachte. Epiktet, der neben Seneca wohl berühmteste Stoiker des klassischen Rom, wurde um 50 n. Chr. als Sohn einer Sklavin geboren. Mit sprichwörtlich stoischer Gelassenheit ertrug der Sklave die Mißhandlungen seines römischen Herrn. Als er einmal von diesem heftig auf den Schenkel geschlagen wurde, gab er ihm zu bedenken: »Du wirst mir das Bein zerschlagen.« Doch sein Herr erteilte ihm gleich einen noch heftigeren Schlag und zerschmetterte ihm tatsächlich das Bein. »Habe ich es dir nicht vorausgesagt?« fragte Epiktet ruhig.

Dieser Philosoph vertrat die auf das praktische Leben bezogene Lehre von der Genügsamkeit und der Unabhängigkeit des Geistes gegenüber den Schwierigkeiten des Lebens. Er selbst hat keine Aufzeichnungen hinterlassen. Doch sind seine Gedanken in den »Diatriben«, den Nachschriften seines Schülers Arrian, überliefert.

Als Rusticus gestorben war, beantragte Marc Aurel beim Senat für den Verstorbenen Standbilder. Er selbst ehrte seine Lehrer in goldenen Bildern, die er in seiner Hauskapelle aufstellte, suchte regelmäßig ihre Gräber auf und schmückte diese mit Blumen und Opfergaben.

Ein bekannter Literat und der maßgebliche Homerexperte des beginnenden zweiten Jahrhunderts war Alexander, ein Gelehrter aus Phrygien. Er wurde der Griechischlehrer des jungen Prinzen, unterrichtete Marcus aber auch in der Redekunst. Noch in den Selbstbetrachtungen erinnern einige homerische Wendungen an die »Handschrift« dieses Erziehers.

Schließlich gehörte Claudius Maximus zu dem gelehrten Kreis erlauchter Philosophen, die zur Erziehung des Kronprinzen herangezogen wurden. Von ihm lernte Marcus besonders die Selbstbeherrschung, die ihn in allen Lebenslagen auszeichnete. Apollonius, Rusticus und Maximus sollten die drei Menschen sein, für deren Bekanntschaft er am Ende seines Lebens den Göttern ganz besonders dankte.

Das hohe Bildungsideal, die »virtus«, jener alle guten Fähigkeiten und Eigenschaften umfassende Begriff, für den keine Sprache der Welt eine auch nur annähernd gerechte Übersetzung kennt, beinhaltete eine unvergleichliche Mischung aus Maß, Gerechtigkeit, Tugend und Tapferkeit. Sie war aber nur durch eine vollkommene Körperbeherrschung, die gleichberechtigt neben der geistigen Bildung stand, zu erlangen. Die Redewendung »mens sana in corpore sano« erinnert noch heute daran.

Auch die Aufzählung von Marc Aurels sportlicher Betätigung hat der antike Biograph nicht vergessen. So soll er Faust- und Ringkämpfe besonders geschätzt haben. Er begeisterte sich für Rennen und sogar Vogelstellen und war angeblich ein hervorragender Ballspieler. Wie sein Adoptivgroßvater Hadrian ging er gern auf die Jagd. »Doch von allen diesen sportlichen Betätigungen zog ihn der Drang zur Philosophie ab und machte ihn ernst und gesetzt.«[9]

Kein Wunder, daß soviel Wissensgier die Aufmerksamkeit des philosophisch gebildeten Kaisers Hadrian erregte. Auch er war der Überlieferung zufolge ein äußerst lernbegieriger und wissensdurstiger Mann mit einer starken Neigung zum Stoizismus. Da der junge Marcus seine Studien mit solcher Hingabe betrieb, ersetzte der Kaiser bald den Namen »Verus« durch »Verissimus«, was soviel wie »der Aufrichtigste« bedeutet. Dies war sicher mehr als nur ein Spitzname. Denn er blieb haften und ist sogar auf Münzen und in einer Inschrift verbürgt. Dio Cassius gibt als Grund die außergewöhnliche Charakterstärke des Anniersprosses an. Wohl kann Hadrian, der den größten Teil seiner Regierungszeit auf Reisen verbrachte und zur Hauptstadt ein ziemlich gespanntes Verhältnis unterhielt, das Kind nicht allzuoft gesehen haben. Und doch muß sein Eindruck so nachhaltig und so dauerhaft gewesen sein, daß er den jungen Philosophen schließlich auf den Thron erhob.

Früher als im üblichen Alter von siebzehn Jahren, schon im fünfzehnten Lebensjahr, legte Marcus Annius Verus die purpurverbrämte Knabentoga ab, um die weiße Männertoga zu empfangen. Althergebrachter Sitte gemäß war der Austritt aus dem Knabenstand mit strengen rituellen Bräuchen verbunden, zumal dem Empfang der »toga virilis« die Mündigkeitserklärung folgte. Traditionsgemäß wurde sie am Festtag der Liberalia (17. März) vollzogen. Sie stellte einen ersten Höhepunkt im Leben des jungen Römers dar, vielleicht vergleichbar dem Fest der Konfirmation oder Kommunion im christlichen Brauchtum. Verwandte und Freunde waren geladen. Zur Weihe des Tages wurde den häuslichen Schutzgöttern, den Laren, geopfert. An ihrem Altar legte der Jüngling die goldene Kapsel nieder, die er seit seiner Geburt um den Hals getragen hatte. Dann begleiteten die Gäste den »iuvenis«, den jungen Erwachsenen, in feierlicher Prozession auf das Forum. Der Zug wurde vom Vater oder vom Vormund angeführt. Doch erst, wenn der junge Mann dort in die Liste der kriegsfähigen Männer eingetragen war, war die Mündigkeitserklärung vollzogen. Von diesem Zeitpunkt an durfte der neue Bürger drei Namen führen.

Auf Hadrians Wunsch verlobte sich der annische Hoffnungsträger kurz nach seiner Volljährigkeitserklärung mit der Tochter des Lucius Ceionius Commodus, den der Kaiser Aelius Caesar genannt und zunächst an Sohnes Statt angenommen und zum Nachfolger im Prinzipat bestimmt hatte. Das Mädchen hieß Ceionia Fabia und hat im übrigen im Leben Marc Aurels keine Rolle mehr gespielt. Der Römer jener Zeit betrachtete Verlobungen und Heiraten als politische Zweckbündnisse, die beliebig aufgelöst werden konnten, sobald es eine veränderte politische Lage erforderlich machte. Aelius Verus' Tochter wurde niemals Kaiserin in Rom. Denn Hadrian, auf dessen Wunsch das Bündnis zustande gekommen war, starb. Und so bestand keine Veranlassung mehr, seinen Vorschlag zu respektieren.

Marc Aurel war mit dieser Lösung vor allen anderen zufrieden. Noch im Alter erinnerte er sich: »Außerdem verdanke ich es den Göttern, daß ich meine Jugendunschuld bewahrte, die Manneskraft nicht vor der Zeit verschwendete, sondern bis in ein reiferes Alter keusch blieb.«[10]

Nur wenige Tage nach dem Anlegen der Männertoga, im April des Jahres 136 n. Chr., wurde Marcus eine weitere hohe Auszeichnung zuteil. Alljährlich feierte man zum Gedenken an die Latiner, jenen Volksstamm, von dem die Römer abstammten (Alba Longa), auf dem Albanerberg ein Fest. Die »feriae Latinae« nahmen im Festkalender der Stadt einen hohen Rang ein. Den genauen Zeitpunkt bestimmten die Konsuln, die auch bei den Feierlichkeiten persönlich anwesend sein mußten. Ihre Stelle war also während der Dauer der »feriae Latinae« verwaist. Sie ernannten deshalb für diese Zeit einen Stadtpräfekten, der sie in ihren Amtsgeschäften vertrat. Obwohl durch die kaiserliche Ernennung eines ständigen Präfekten dieses Amt jede politische Bedeutung eingebüßt hatte, wie ja auch das Konsulat zu einer leeren Würde verkommen war, war es noch immer mit großem Ansehen verbunden. Es bot vor allem den Nachkommen der römischen Nobilität und sogar jungen Angehörigen des Kaiserhauses Gelegenheit, sich der Öffentlichkeit zu zeigen.

Offensichtlich hatte Marcus für die Dauer dieser Präfektur im Palast einige Aufgaben wahrzunehmen. Denn der antike Biograph spart nicht mit Lob. »In diesem Ehrenamt machte er seine Sache ausgezeichnet als Vertreter der ordentlichen Beamten wie bei den von Kaiser Hadrian getroffenen Banketten.«[11]

In diese Zeit muß auch die Hochzeit von Marc Aurels Schwester Annia Cornificia gefallen sein. Das Mädchen heiratete Ummidius Quadratus, einen Mann aus adliger Familie, die schon unter Augustus ins öffentliche Leben Roms getreten war. Der Vater des Bräutigams, ein angesehener Rechtsanwalt, war in jungen Jahren eng mit Plinius befreundet gewesen. Er hatte später aber – das genaue Datum läßt sich nicht mehr ermitteln – das Mißfallen der Staatsführung erregt. Möglicherweise wurde er von Hadrian in dessen letzten Regierungsjahren verfolgt, als der sterbende, kranke und seiner Sinne nicht mehr mächtige Kaiser in vielen Edlen Roms potentielle Attentäter sah. Einzelheiten über den älteren Quadratus sind in diesem Zusammenhang allerdings nicht mehr bekannt.

Cornificias Mann kann, wie sich einem Brief des Plinius entnehmen läßt, nicht vor 107 n. Chr. geboren sein, war also bei seiner Heirat an die 30 Jahre alt. Die junge Frau zählte kaum die Hälfte. Doch war nicht nur der Altersunterschied, sondern auch die Jugend der Braut nicht ungewöhnlich für diese Zeit.

Es mag anläßlich der Hochzeit gewesen sein, als Domitia Lucilla ihrem Sohn nahelegte, sein väterliches Erbgut mit seiner Schwester zu teilen. Marcus überließ Cornificia daraufhin sein gesamtes väterliches Vermögen und gab sogar seiner Mutter zu bedenken, ob sie nicht auch das ihrige der Tochter schenken wolle. Quadratus war ein reicher Mann. Und die Schwester des vom Kaiser so offensichtlich bevorzugten jungen Adligen sollte ihrem Gatten in nichts nachstehen. Er selbst begnügte sich mit Hab und Gut seines Großvaters, der aber damals noch am Leben war.

Diese Haltung läßt eine gewisse Gleichgültigkeit gegenüber materiellen Dingen erkennen, wie sie dem wahren Philosophen geziemt. Den wichtigsten Rang in seinem noch jungen Leben nahm die Philosphie ein. Die üblichen Tierhetzen verabscheute er. Selbst zu Theateraufführungen mußte er genötigt werden. Wie sehr er die Freuden des einfachen Mannes im Grunde verachtete, mag die Tatsache zeigen, daß er später zu den Gladiatorenspielen stets Akten mitnahm, um diese zu studieren. Keine Minute durfte vergeudet werden! Aber das wurde ihm wiederum als Überheblichkeit ausgelegt. Es war fast der einzige Vorwurf, den man ihm gerechterweise machen konnte.

Trotzdem fehlte diesem Jungen, der ganz im Dienste der Wissenschaft stand, keineswegs die Heiterkeit des Gemüts. Er blieb stets freundlich gegen Verwandte, Freunde und selbst solche, die ihm nicht nahestanden. »Er war ordnungsliebend, aber kein Pedant, zurückhaltend, aber nicht schlapp, ernsthaft, aber kein Griesgram«[12], urteilt der antike Biograph.

Kaiser Hadrian konnte sich eigentlich keinen würdigeren Nachfolger wünschen.

5. KAPITEL

Jedem ist sein Weg bestimmt

Kaiser Hadrian, der unstete Wanderer, der in drei großen Reisen die Weiten des Imperiums bis in den entferntesten Winkel durchmessen hatte, kehrte Mitte der dreißiger Jahre des zweiten Jahrhunderts endgültig in die Hauptstadt zurück. Er war gewiß der eigenwilligste Herrscher, den die Welt bislang gesehen hatte, ein Mensch, der alle Höhen und Tiefen des Lebens ausgekostet hatte, vom Taumel der Begeisterung für das Hellenentum über den geheimnisvollen Schauer, den die Mysterienkulte des Ostens bei den Menschen jener Zeit noch immer entfachten, bis zum jähen Tod seines Geliebten Antinoos, den er auf »weibische Art« beweinte und zu den Göttern erhob. Er kam unmittelbar von den blutigen Schauplätzen des jüdischen Krieges, wo sich grausige Szenen in seine Seele geprägt hatten, um seine letzten Lebensjahre zusätzlich zu verdüstern. Die bange Hoffnung über all die Jahre seines Herrschertums, seine Regierungszeit ohne größeres Blutvergießen beenden zu können, war mit einem Mal zunichte geworden, zerronnen der Traum, als Friedenskaiser, der mit den höchsten Ansprüchen angetreten war, in die Annalen der römischen Geschichte einzugehen. Ein ungnädiger Himmel hatte seinen frommen Wunsch vereitelt. Sein Bild würde für alle Zeit getrübt und befleckt sein ...

Er hatte rastlos eine Welt durchforscht, ohne ihren Sinn zu erforschen, hatte ihre Mannigfaltigkeit in sich aufgenommen, ohne daran zu genesen. Der beharrliche Sucher war nie fündig geworden. Jetzt war er erschöpft. Fernab vom weltstädtischen Trubel Roms entstand am Fuße der Albaner Berge beim bezaubernden Bergstädtchen Tibur seit einigen Jahren ein weitläufiges Refugium, wohin er sich nun zurückzog, um seine bewegten Tage noch einmal an sich vorüberziehen zu lassen. Auch sein jüngster Plan, den Adligen Aelius Caesar als Nachfolger auf dem Thron zu sehen, hatte sich zerschlagen. Wieder einmal hatte ein unergründliches Geschick eingegriffen, war der Tod seinen Absichten zuvorgekommen. Nur konnte er über diesen Verlust am wenigsten traurig sein, vermochten doch nur die unsterblichen Götter vorauszusagen, ob jener Adelssproß, der schon die Alterserscheinungen seiner dekadenten Klasse auf dem Rücken trug, der Last überhaupt gewachsen gewesen wäre, die die Verantwortung für das riesige Reich mit sich trug. »Haben wir uns doch gegen eine baufällige Wand gelehnt, die keinesfalls den ganzen Staat, kaum uns selbst zu stützen vermag«, hatte der Kaiser schon früher geklagt.

Mochte Hadrian, dem eine unergründliche Vorsehung den leiblichen Erben versagt hatte, seine Wahl nach Aelius Verus' Tod auch längst getroffen haben, Rom war ahnungslos. Als sich am 24. Januar, seinem letzten Geburtstag, die erlauchten Väter im Hause des Kaisers versammelten – wohl in Form einer Zusammenkunft des »consilium«, jenes von Hadrian ins Leben gerufenen Beraterstabes, der sich aus den angesehensten Männern der Senatorenschicht zusammensetzte –, lag Spannung über dem Kreis. Nur einigen besorgten Freunden gegenüber hatte der launige Greis vage Andeutungen gemacht, ohne jedoch Namen zu nennen: »Schon als Verus noch am Leben war, hatte ich meinen Entschluß gefaßt.« Und jedermann hatte sich gefragt, ob er damit seinen Scharfblick oder seine Sehergabe bekunden wollte.

Sicherlich entsprang die Wahl des Konsuls T. Aurelius Fulvus Boionius Arrius Antoninus als Statthalter für Marc Aurel nicht einer plötzlichen Eingebung, sondern war das Ergebnis gründlicher Überlegung. Die Charakterisierung, die die antiken Biographen von dem frommen Antoninus geben, ist so günstig, daß der Kaiser diesen Mann, der niemals Anspruch auf den Thron erhoben hätte, gar nicht übersehen konnte. Von seinem Reichtum wird berichtet. Von seinem ruhigen und gütigen Wesen ist die Rede. Er war gebildet und ein guter Redner. Seine sparsame und gewissenhafte Gutsverwaltung wird gerühmt. Und es wird besonders lobend hervorgehoben, daß sich Antoninus mit diesen guten Eigenschaften niemals brüstete. Dafür, daß sie, so selten sie im damaligen Rom auch gewesen sein mochten, nicht der Phantasie des bewundernden Biographen entsprangen, sondern durchaus mit der Wirklichkeit im Einklang standen, lieferte der Erwählte in einer dreiundzwanzigjährigen überaus segensreichen Herrschaft den besten Beweis.

Dennoch gab es Neider, und der liebenswürdige und wohlhabende Mann hatte anfangs keinen leichten Stand. Die Adoption des Antoninus bereitete vielen Schmerz, vor allem Catilius Severus, wie bereits angedeutet wurde. Auch Antoninus selbst brachte Hadrians Wahl in Gewissensnot. Nicht umsonst brach er bei Bekanntwerden dieser Ehrung nicht in Freudentaumel aus, ließ ihm Hadrian einen Monat Bedenkzeit, ehe er ihn offiziell an Sohnes Statt annahm. Kaiser dieses Imperiums zu sein, Mittelpunkt der Welt, auf den aller Augen ständig blickten, war keineswegs nach jedermanns Geschmack. Schon Großvater Arrius hatte seinen Freund Nerva bedauert, als diesem vom Schicksal der römische Thron aufgebürdet wurde. Zwar war dank der milden Regierung der Adoptivkaiser seit Jahrzehnten die Lebensgefahr, in der sich die frühen Caesaren befanden, nicht mehr so akut. Verschwörungen aber gab es jederzeit. Mochte ein Herrscher von seiner Umwelt auch als noch so gerecht eingestuft werden, er war stets das Ziel von Unzufriedenheit und Rebellion. Und es gelang kaum einem, sich der ständigen Todesangst zu entziehen. Der sechsundsiebzigjährige Augustus, der nach einem erstaunlich langen Leben sich und seine Zeit überdauert hatte, klagte noch auf dem Sterbebett, vierzig Jünglinge seien gekommen, ihn wegzutragen. Und Domitian bedauerte das Los eines Herrschers, dem man eine Verschwörung erst dann glaube, wenn er ihr zum Opfer gefallen sei.

Dennoch mögen diese Überlegungen für Arrius Antoninus nicht im Vordergrund gestanden haben. Doch gehörte er, wie wir wissen, zu einer Schicht vermögender Großgrundbesitzer, die mit Leidenschaft ihre ausgedehnten Latifundien außerhalb Roms bewirtschafteten und in diesem naturverbundenen Leben fernab jeglicher staatspolitischen Verantwortung ihren eigentlichen Daseinszweck sahen. Das Amt des Kaisers war bei ihnen nicht sonderlich begehrt. Sie wußten um die aufreibende Last, die den ersten Mann im Staate erwartete und diesen gewöhnlich vorzeitig verschliß. Schon Tiberius hatte vorausgesagt, sein Herrschertum werde eine elende und mühselige Knechtschaft sein. Und als alter Mann konnte seine Erfahrung diese Prophezeiung nur bestätigen. Claudius ließ auf Münzen die »constantia«, die beständige Ausdauer, für sich werben. Und Vespasian schließlich verzieh allen Verschwörern. In seinen Augen waren sie Dummköpfe, die nicht bedachten, wonach im Grunde sie strebten.

Dio berichtet, die Staatsgeschäfte hätten zu seiner Zeit einen solchen Umfang angenommen, daß sie sich kaum noch bewältigen ließen. Tatsächlich mußten die Caesaren unablässig arbeiten, um ihrem Auftrag wenigstens einigermaßen gerecht zu werden.

Freilich bestand auch die Möglichkeit, gewisse Aufgaben an zuverlässige Leute zu delegieren. Augustus hätte kaum einen Krieg gewonnen, hätten ihm nicht in Agrippa und später in Tiberius verläßliche Heerführer beigestanden. Nero leistete sich einen »arbiter elegantiae« (Schiedsrichter des guten Geschmacks). Und sicherlich hätte auch Hadrian der Hauptstadt nicht jahrelang den Rücken kehren können, hätten dort nicht vertrauenswürdige Hilfskräfte für den reibungslosen Ablauf der Staatsmaschinerie gesorgt.

Selten war es jedoch für den Herrscher ungefährlich, wichtige Aufgaben aus der Hand zu geben. Mochten Ratgeber und Vertrauensleute auch noch so sorgfältig ausgewählt worden sein, das Bewußtsein der Macht konnte sie schnell verändern. Tiberius hatte in Seianus eine Natter am Busen genährt, und es dauerte lange, bis er sich des groben Vertrauensbruchs bewußt wurde und die Konsequenzen zog. Auch das Verhältnis von Octavian Augustus zu seinem Jugendfreund Agrippa soll nicht immer ungetrübt gewesen sein. Der erste römische Kaiser mußte sich ständig vor Augen halten, in welchem Maße er auf die militärischen Fähigkeiten des Freundes angewiesen war.

Im übrigen aber galt schon im Altertum der Grundsatz von der Unteilbarkeit der Souveränität. So waren die Caesaren gezwungen, sich selbst um Kleinigkeiten zu kümmern, die uns heute lächerlich erscheinen. Es gab ein Meer von Briefen zu beantworten. Es mußte über Gesuche entschieden werden. Die Anhörung von Bittstellern war eine Selbstverständlichkeit. Hadrian wagte einmal, eine bittende Frau mit den Worten abzuweisen: »Ich habe jetzt keine Zeit.« Sie erwiderte: »Dann sei auch nicht Kaiser!« Da drehte er sich um und hörte sie geduldig an.

Vor allem die Richtertätigkeit wurde von der intellektuellen Oberschicht als eine der wesentlichen Aufgaben der Staatsführung angesehen. Es war geheiligte Pflicht eines jeden Herrschers, persönlich in die mannigfachen Rechtshändel der Prozeßparteien einzugreifen. Wegen der Häufung der Rechtsfälle war mancher Kaiser oft bis spät in die Nacht damit beschäftigt, Urteilssprüche zu fällen. Von Augustus weiß man, daß ihn weder körperliches Unbehagen noch Altersschwäche davon abhalten konnten, gerade dieser Pflicht gewissenhaft nachzukommen. Wenn es seine zerbrechliche Gesundheit nicht anders gestattete, übte er seine rechtsprechende Tätigkeit sogar im Liegen aus.

Auch der Kontakt zur Menge mußte ständig gepflegt werden. Die Anwesenheit des Kaisers war nicht nur bei athletischen Wettkämpfen und den Rennen im Circus Maximus erwünscht. Als wären nicht andere Aufgaben schon zeitaufwendig genug gewesen, hatten die Kaiser auch die Spiele zu besuchen. Niemand fragte sie, ob das blutrünstige Gemetzel auch ihren Geschmack traf. Man erwartete vielmehr, daß jeder von ihnen den Darbietungen die gleiche Aufmerksamkeit schenkte, die ihnen auch der Pöbel entgegenbrachte. Wer gegen diese Erwartungshaltung verstieß, sah sich bald heftiger Kritik ausgesetzt. Cäsar mußte sich den Vorwurf des Desinteresses an den üblichen Volksbelustigungen und damit am Volke selbst gefallen lassen, da er während der Aufführungen Briefe und Bittschriften studierte und gelegentlich auch beantwortete. Natürlich gab es auch Herrscher, die Tierhetzen und Gladiatorenkämpfe tatsächlich schätzten. Nero mag zu ihnen gehört haben und auch Caligula, der sogar ein leidenschaftlicher Anhänger der Spiele gewesen sein soll. Mit Commodus, dem mißratenen Sohn des weisen Marc Aurel, sollte schließlich der Kaiser selbst als Gladiator in die Arena steigen. Weniger begeistert zeigten sich wiederum die aufgeklärten Despoten des zweiten nachchristlichen Jahrhunderts. Sie richteten ihre Weltanschauung weitgehend an der Lehre der stoischen Philosophie aus und konnten schon aus humanitären Gründen an dem sinnlosen Morden keinen Gefallen finden. Jeder Herrscher, der sich mit oder ohne Überwindung zu den zahlreichen Spielen begab, konnte indes sicher sein, daß diese Zeit, so sehr es auch nach Verschwendung aussah, gut angelegt war.

»Zwischen der Volksmenge und dem Herrscher entstand so eine heilsame Verbindung. Er wurde davor bewahrt, sich in gefährlicher Absonderung zu halten, und die Menge erkannte, wie bedeutungsvoll die erhabene Gegenwart des Kaisers war. Sobald er den Zirkus, das Theater oder das Amphitheater betrat, erhoben sich alle wie ein Mann. Sie schwenkten die Tücher und grüßten ihn, wie es heute die Gläubigen vor dem Heiligen Vater im Vatikan tun. Der Gruß war feierlich wie eine Hymne und inbrünstig wie ein Gebet. Doch schloß diese Verehrung rein menschliche Gefühle nicht aus. Die Masse hatte nicht nur das Glück, wie Plinius der Jüngere in seinem Panegyricus sagt, den »Herrscher leibhaftig inmitten seines Volkes zu sehen«, sondern ihm auch in den erregenden Augenblicken der Rennen, Kämpfe und Theateraufführungen nahe zu sein und an seiner Spannung und Aufregung teilzunehmen. Auf diese Weise entwickelte sich aus dem Gefühl bloßer Autorität das Bewußtsein gemeinsamer Erlebnisse, das sofort die Wogen der Volksbegeisterung höher aufbranden ließ. In einer Zeit, in der die Volksversammlungen ruhten und der Senat lediglich nachsprach, was ihm aufgetragen war, konnte sich die Volksmeinung nur in der rauschenden Stimmung der munera und ludi äußern ... Die Kaiser waren auf diese Weise über den Volkswillen unterrichtet. Ihrer Geschicklichkeit gelang es, der

Menge die Verantwortung für Maßnahmen zuzuschieben, die zwar in ihren Plan paßten, bei denen sie jedoch lieber den Anschein erwecken wollten, als seien sie ihnen mit Gewalt abverlangt worden. Die Spiele stützen das Gefüge der kaiserlichen Regierung, ohne eigentlich zum System zu gehören ... Und ohne in die kaiserliche Religion einbezogen zu sein, erhielten sie, was von ihr noch lebendig war ... Darüber hinaus aber bildeten sie auf dem Weg zur Autokratie ein Mittel gegen die Revolution ...«[1]

Aus der Vielfalt dieser Aufgaben läßt sich leicht schließen, wie wenig Zeit dem Herrn der Welt für private Dinge oder gar für die eigene Person blieb. Die Bürde des Amtes lastete schwer auf vielen, und manche zeigten sich dem ständigen Druck nicht gewachsen. Bei dem einen schlug er in Caesarenwahn um. Andere wurden krank oder trübsinnig, weil sie erkannten, daß sie mit ihrem Willen ihre Natur überforderten. Mit Ausnahme von vielleicht Antoninus Pius konnte kein Herrscher auf dem Sterbebett zufrieden und im Einklang mit seinem innersten Streben auf sein Leben zurückblicken. Und selbst ihn mag nur die »aequanimitas«, jener Gleichmut der Seele, der den wahren Stoiker auszeichnet, über die Resignation, die zuletzt noch jeden befiel, hinweggetröstet haben.

Angesichts der Verpflichtungen, die ein römischer Aristokrat zu gewärtigen hatte, wenn an ihn die höchste Berufung erging, erstaunt Antoninus' anfängliches Zögern kaum. Stellte Hadrians Wahl doch einen beträchtlichen und keineswegs erstrebenswerten Einschnitt in seinem bislang eher beschaulichen Leben dar. Zudem kann ihm nicht verborgen geblieben sein, daß ihm von Anfang an nur die Rolle des Platzhalters zugedacht war. Hadrian verpflichtete Antoninus nämlich, seinerseits den kleinen Sohn des verstorbenen Aelius Caesar, den erst siebenjährigen Lucius Commodus, zu adoptieren. »Das Reich soll«, so Hadrian, »doch wenigstens etwas von Verus behalten.« Gleichzeitig mußte der Erwählte auch den Neffen seiner Frau, den fast siebzehnjährigen Marcus Annius Verus, des Kaisers geliebten »Verissimus«, an Sohnes Statt annehmen.

Jeder in Roms führenden Kreisen wußte oder ahnte doch, daß er als der eigentliche Thronfolger galt. Aber er war noch jung, zu unerfahren, als daß Hadrian hätte wagen können, ihm die Verantwortung für das Weltreich aufzubürden.

Trotz aller Rückschläge und Enttäuschungen in Hadrians Leben wurde ihm von einem letztlich gnädigen Schicksal Marcus Annius Verus gesandt, der Jüngling, dem man soeben erst die Männertoga angelegt hatte, das Kind mit den traurigen Augen, die den Dingen auf den Grund sahen, der Knabe mit dem wissenden Herzen eines Mannes. »Gemeinsames Blutschicksal, gemeinsamer Aufstieg, gemeinsames Handeln band die Familien, die aus Südspanien kamen, zusammen, und verwandte ... Traditionskräfte, die gleiche Landschaft, ihre gleichen Interessen und ihr gleichaltes Erfassen der Lebensmitte Rom schufen verwandte Menschen. Hadrian lag schon darum an dem Knaben ...«[2] Doch war Marcus für den Kaiser sicher mehr als nur ein zufällig dem gleichen Lebensraum entstammender Mensch. In den letzten Jahren von Hadrians Abwesenheit war er sichtlich gereift. Eine bunte Schar von Erziehern, die aus den unterschiedlichsten Teilen des Imperiums kamen, hatte auf ihn eingewirkt, hatte seine Seele geformt, ohne sie zu verformen. Dieser Knabe war einfach und schlicht, er war ruhig und in sich gekehrt. Konnte man auch ohne große Sehergabe voraussagen, daß hier der Welt kein alles durchdringender Geist heranwuchs, der Menschheit kein tiefgreifender Denker erzogen wurde, der die Gesellschaft einst aus ihren Angeln heben würde, um sie von Grund auf zu erneuern, so war doch abzusehen, daß jener Jüngling nach Ordnung strebte und nach Harmonie, nicht nur der der Welt, sondern auch und vor allem der mit sich selber.

Hadrian erkannte seine Wesensverwandtschaft mit dem jungen Annier und erblickte in ihm seine eigene, verlorene Jugend. »Des Knaben Reinheit bezauberte den Mann, und der einsame Greis hielt dem Jüngling die Treue.«[3] Dadurch aber sollte der Kaiser, der zeitlebens so unerschütterlich wie vergeblich die Wahrheit gesucht hatte, ihr, als sein Leben sich neigte, doch noch begegnen und mit der Adoption Marc Aurels, die er seinem unmittelbaren Nachfolger zur Auflage machte, sein Werk vollenden und krönen.

Just in der Nacht, die der Adoption vorausging, hatte Marcus Annius Verus einen sonderbaren Traum: Ihm war, als bestünden seine zerbrechlichen Schultern aus Elfenbein. Als sie jedoch auf ihre Tragfähigkeit erprobt wurden, erwiesen sie sich als ungewöhnlich stark. Nur Hadrian und die unsterblichen Götter konnten wissen, was jenes Omen bedeutete, daß nämlich Marcus dereinst Kaiser werden sollte.

Sosehr Hadrian Antoninus' Zurückhaltung auch gefallen haben wird – immerhin konnte er davon ausgehen, daß jenen kein unberechenbarer Ehrgeiz trieb –, niemand im damaligen Rom hätte es sich leisten können, eine derartige Ehre auszuschlagen. In einer Zeit, in der Kaiserwort nahezu Gesetzeskraft erlangt hatte, wäre es einem Selbstmord gleichgekommen, sich einem kaiserlichen Wunsch zu entziehen. Auch Antoninus wußte das. Es ist nicht überliefert, wieviel Bedenkzeit er sich erbat und wann er sich mit dem Gedanken seiner neuen, einzigartigen Stellung abgefunden hatte. Jedenfalls fand die feierliche Adoption erst einen Monat später statt, am 25. Februar des Jahres 138 n. Chr. Der kranke Kaiser lag hingestreckt auf seinem Ruhebett und hielt vor dem erlauchten Gremium der versammelten Väter eine kurze Rede. Cassius Dio hat sie uns im wesentlichen überliefert: »Zwar hat mir die Natur, meine Freunde, einen leiblichen Sohn versagt. Aber ihr habt mir die Möglichkeit, einen zu haben, durch die Gesetze gegeben. Und dennoch besteht ein Unterschied zwischen diesen beiden Arten von Söhnen: der, den man selbst gezeugt hat, wächst heran, wie es den Göttern gefällt. Den Adoptivsohn hingegen sucht man sich nach reiflicher Überlegung aus. Der Zufall der Geburt kann uns leicht einen Krüppel oder einen Schwachsinnigen bescheren. Ein gesetzlicher Sohn hingegen ist gesund an Geist und Gliedern. Daher habe ich zunächst den Lucius (Ceionius Commodus) allen anderen vorgezogen. Auch ein eigener Sohn hätte ihn nicht übertreffen können. Doch da der Himmel uns ihn genommen hat, habe ich nun diesen hier zu eurem Kaiser ausersehen. Er ist ein Mann, den edle Geburt, Milde, Nachsicht und Klugheit auszeichnen. Ihn macht weder zu große Jugend unbesonnen noch zu hohes Alter nachlässig. Er ist ein Mensch, der ganz im Geiste unserer Gesetze erzogen wurde, der nach der Väter Brauch Macht ausgeübt hat. Er hat die für die Regierung erforderlichen Kenntnisse und versteht, sie anzuwenden. Die Rede ist von Aurelius Antoninus. Ich weiß zwar, daß er der letzte wäre, der sich nach einem Amt drängte, und daß ihm jeglicher Ehrgeiz fehlt. Dennoch glaube ich, er wird meine und eure Wünsche nicht mißachten, sondern die Herrschaft – auch gegen seinen Willen – übernehmen ...«[4]

Der Adoptivsohn erhielt die Namen T. Aelius Caesar Antoninus. Er erhielt zudem alle Befugnisse, die zu seiner neuen Würde gehörten: die tribunizische Gewalt und das »imperium proconsulare«, Säulen, auf die schon der erste Prinzeps Augustus im wesentlichen seine Macht gestützt hatte. Er war berechtigt, den Titel »Imperator« vor seinen Namen zu setzen. Nur »Augustus« durfte er sich noch nicht nennen. Diese Ehrenbezeichnung blieb den regierenden Herrschern vorbehalten. Seine Adoptivsöhne hießen von diesem Zeitpunkt an L. Aelius Aurelius Commodus (der spätere Lucius Verus) und Marcus Aelius Aurelius Verus. Der junge Annier hatte damit den Namen erhalten, unter dem eine mehr als eintausendachthundertjährige Geschichtsschreibung sein Andenken bewahrte: Marc Aurel.

Altrömischer Tradition entsprechend wurde auch diese Adoption mit einem weiteren Bündnis gefestigt. Auf Hadrians Wunsch wurde Antoninus' einzig noch lebende Tochter Faustina mit Lucius verlobt. Noch konnte niemand voraussehen, daß sie dereinst als Gattin Marc Aurels zur Augusta, zur Kaiserin, aufsteigen sollte.

Da Antoninus' Platzhalterrolle so offensichtlich war, vermochte vor allem Catilius Severus nicht einzusehen, weshalb er dafür nicht wesentlich besser geeignet gewesen wäre. Objektiv betrachtet hatte er recht. Immerhin war er der Stiefgroßvater des Anniersohnes, der als Knabe sogar eine

Zeitlang seinen Namen getragen hatte. Der zweimalige Konsul, Prokonsul von Afrika und Stadtpräfekt von Rom, der auf eine beachtliche militärische und zivile Karriere zurückblickte, verfügte über mannigfache Erfahrungen in den Geschäften des Kriegs und des Friedens. Hadrian hatte ihm bei seiner Thronbesteigung das syrische Heer anvertraut, den damals größten konzentrierten Heeresverband des Imperiums. Dies mochte um so bedeutungsvoller gewesen sein, als die Ansprüche des Kaisers anfangs tatsächlich unsicher waren und kaum abgeschätzt werden konnte, wie sich vor allem die römische Nobilität verhalten würde. Stets hatte Severus das besondere Vertrauen der Staatsführung genossen und sich dieser Ehre immer würdig gezeigt. So mag es als Undankbarkeit, fast schon als Treuebruch angemutet haben, daß Hadrian gerade ihn überging.

Tatsächlich hatte Catilius Severus dem Antoninen an staatspolitischer Erfahrung einiges voraus. Die Verdienste, die sich jener bislang um Rom erworben hatte, muteten gegen die seinigen geradezu bescheiden an. Gewiß, Antoninus war Quästor gewesen, auch Prätor und Konsul. Darüber hinaus aber hatte er nur noch zwei bedeutendere öffentliche Ämter bekleidet: vor Jahren das Prokonsulat der asischen Provinz. Und augenblicklich übte er als Konsular die oberste Gerichtsbarkeit in einem der vier italischen Gerichtssprengel aus, ein Posten, den erst Hadrian ins Leben gerufen hatte. Der Kaiser hatte sich übrigens auch damit den Unmut der Senatorenschicht eingehandelt, die wiederum eines ihrer überlieferten Vorrechte, die Rechtsprechung in Italien, verloren sah.

Besonderen Ehrgeiz hatte Antoninus, der einer der vornehmsten römischen Adelsfamilien entstammte und dessen Großväter beide zweimal Konsuln waren, auch gar nicht nötig. Niemand in seiner Lage, der aus diesen Kreisen kam, mußte sich im Staats- oder Kriegsdienst bewähren, wenn er keine Neigung dazu verspürte. Seiner gesellschaftlichen Stellung tat die Zurückhaltung keinen Abbruch. Weshalb Hadrians Wahl gerade auf ihn fiel, verschweigen die alten Quellen, wenn er dafür, was kaum anzunehmen ist, überhaupt eine Begründung gab. Natürlich brauchte der römische Kaiser seine Entscheidungen vor niemandem zu rechtfertigen. Was ihn zu Antoninus soviel stärker hinzog, wird deshalb wohl für alle Zeiten ein Geheimnis bleiben. Man ist aber geneigt, die Charakterstärke des Nachfolgers als das entscheidende Kriterium anzusehen.

Vielleicht aber wollte Hadrian auch verhindern, daß ein Mann mit militärischen Ambitionen an die Spitze der Staatsführung gelangte. Sicherung und Wahrung der Reichsgrenzen waren die Hauptziele seiner Regierung gewesen. Und die Fortsetzung dieser noch immer unpopulären Friedenspolitik schien durch Antoninus am ehesten gewährleistet. Er nämlich war ein Mann, der in militärischen Dingen keinerlei Ehrgeiz erkennen ließ und unseres Wissens auch nie Heeresaufgaben übernommen hatte. Er hatte sich überhaupt nur einmal außerhalb Italiens aufgehalten, nämlich während seines einjährigen Prokonsulats in Asien. Ansonsten hatte er von den Heeren nie etwas gesehen und wohl auch nie Interesse an ihnen gehabt.

Daß der Blick des Menschenkenners den Kaiser auch diesmal nicht im Stich gelassen hatte, davon konnte sich die Welt überzeugen. Wenn je ein Herrscher den Titel Friedensfürst zu Recht trug, dann war es T. Aelius Aurelius Antoninus, den seine Zeit noch zusätzlich mit dem Prädikat »Pius«, der Fromme, schmückte.

Wie wir die Beweggründe des Kaisers nur vermuten können, so wenig wissen wir, wie Catilius Severus seinen Unmut äußerte. Wie sahen seine Pläne, sich selbst den Thron zu sichern, aus? Hatte er nur gewagt, die kaiserliche Entscheidung öffentlich zu kritisieren? Auch das werden wir nie mehr erfahren. Hadrians Reaktion jedenfalls war hart und läßt erkennen, daß die Gefahr, die von Severus ausging, keineswegs gering geachtet wurde. Ein Mann wie er dürfte über eine mächtige Anhängerschaft im römischen Stadtadel verfügt haben. Er wurde von Hadrian seines verantwortungsvollen Postens enthoben und durch einen unbedeutenden Mann ersetzt. Dies mag für ihn besonders bitter gewesen sein. Sein Nachfolger nämlich hatte außer einem wohlklingenden Namen nichts vorzuweisen. Er hieß Cornelius Scipio Orfius und hat im übrigen in den römischen Annalen keine große Rolle gespielt.

Ist es purer Zufall, daß die alten Quellen die Entlassung des Ummidius Quadratus, des Schwiegervaters von Marcus' Schwester, in einem Atemzug mit der des Stadtpräfekten nennen? War er gar ein Verbündeter des gedemütigten Severus? Auch die Kenntnis hierüber haben die Alten mit ins Grab genommen. Im gleichen Zusammenhang wird übrigens noch ein weiterer Name erwähnt: Q. Marcius Turbo. Er gehörte ebenfalls zu Hadrians ergebensten Gefolgsleuten aus den Anfangsjahren seiner Regierung und hatte früher den Posten des Prätorianerpräfekten innegehabt. Als solcher war er für die persönliche Sicherheit des Kaisers verantwortlich. Er erfüllte seine Aufgabe stets gewissenhaft und pflegte noch um Mitternacht seine Runden durch den Palast zu drehen, so daß sich Hadrian veranlaßt sah, ihn zu ermahnen, er solle sich doch etwas mehr Ruhe gönnen. Turbo fand hierauf eine passende Antwort: »Ein Präfekt sollte stehend sterben.« Über den pflichtbewußten Ritter ist auch sonst nichts Tadelnswertes bekannt, so daß man geneigt ist, die Verbindung seines Namens mit den »Verschwörern« des Jahres 138 dem Zufall zuzuschreiben. Dies um so mehr, als noch ein Jahr zuvor ein junger Verwandter des Präfekten zum Quästor des Konsuls und Thronanwärters Aelius Caesar ernannt worden war und auch das Todesjahr Turbos nicht überliefert ist. Möglicherweise lebte er zu diesem Zeitpunkt nicht mehr.

Wie sein Adoptivvater war auch der junge Marcus über die Adoption wenig erfreut. Der antike Biograph berichtet sogar, er sei »eher bestürzt« gewesen. Auch ihm war natürlich nicht entgangen, welche Last mit dieser Ehre auf seine zerbrechlichen Schultern geladen wurde. Als zweiter Atlas war er aufgerufen, den Globus auf seinen schmächtigen Nacken zu nehmen. Wie sollte der schwächliche Körper diese Last ertragen?

»Als ihn seine Umgebung nach der Ursache der trüben

Stimmung fragte, in der er seine Adoption durch den Kaiser hinnahm, hielt er ihr einen Vortrag über die Nachteile, die mit der Herrschaft verbunden seien ...« Er mußte auf kaiserliche »Weisung aus dem Park seiner Mutter in das von Hadrian vor seiner Thronbesteigung bewohnte Stadthaus«[5] umziehen. Dies weist übrigens darauf hin, daß er nicht seine gesamte Jugendzeit im Hause des gleichnamigen Großvaters verbrachte. Später dankte er in jenem merkwürdigen Zwiegespräch mit seiner Seele den Göttern, »daß ich nicht zu lange meine Erziehung bei der Geliebten meines Großvaters erhielt ...«[6] Auch diese knappe Bemerkung läßt darauf schließen, daß Marcus zu einem unbekannten Zeitpunkt in sein Elternhaus zurückgekehrt ist, vielleicht nach seiner Mündigerklärung, um als Erwachsener einem eigenen Haushalt vorzustehen. Mochte Marcus' Freude auch eher gedämpft gewesen sein, wie Antoninus Pius wußte auch er allzugut, was es bedeutet hätte, sich einer kaiserlichen Anordnung zu widersetzen. So blieb ihm nichts anderes übrig, als sich in sein Schicksal zu fügen. Er wurde von den gesetzlichen Altersbestimmungen befreit und zum Quästor ernannt. Doch selbst sein unerwarteter Aufstieg und sein Umzug in das Herrscherhaus vermochten den edlen Charakter nicht zu verändern. Der designierte Erbe des römischen Thrones erwies seiner Verwandtschaft das gleiche Maß an Ehrerbietung wie vor seiner Adoption. Er verfuhr mit den ihm zur Verfügung stehenden Mitteln ebenso gewissenhaft wie in seinem bisherigen Haushalt. Überhaupt wollte er nach eigenem Bekunden ganz im Sinne seines »Vaters« handeln, reden und denken. Mit »Vater« ist hier der fromme Antoninus gemeint.

Und die Vorsehung hätte ihm keinen besseren Lehrmeister aussuchen können.

6. KAPITEL

Antoninus Pius

»Antoninus hätte ohne Zweifel den Ruf des fähigsten aller Herrscher gehabt, hätte er nicht als seinen Erben einen ihm an Güte und Bescheidenheit vergleichbaren Mann eingesetzt, der diesen Vorzügen noch die Ausstrahlungskraft, die Begabung und den Charme hinzufügte, die sein Bild in der Erinnerung der Menschheit fortleben lassen.«[1] Vor nahezu hundert Jahren hat der französische Gelehrte Ernest Renan diesen Satz geprägt, und selbst ein Jahrhundert weiterer Forschung hat seiner Feststellung nichts hinzuzufügen vermocht. Antoninus Pius war zweifellos der am meisten vom Glück begünstigte Mensch, der je eine Krone trug. Und doch konnte er sich nie auf eine freundliche Vorsehung verlassen, sondern hat stets selbst sein Leben und Wirken zu gestalten versucht. Wenn je ein Mensch seines Glückes Schmied war, so muß man diesen Spruch auf ihn projizieren.

Er konnte sich nicht wie viele Herrscher des ersten Jahrhunderts auf eine lange Reihe bedeutender und in den Annalen der römischen Geschichte berühmter Vorfahren berufen oder seine Wurzeln gar in die mythischen Höhen des Olymp schlagen. Zwei Menschenalter zuvor erst war seine Familie aus Nîmes gekommen, doch hatte sie sich erstaunlich schnell in die römische Führungsschicht emporgedient und ein fast legendäres Vermögen erworben. Antoninus' Vater Aurelius Fulvus war einer der begütertsten Männer der Stadt. Seine Großväter hatten je zweimal das Konsulat bekleidet, wie wir bereits gehört haben. Arrius Antoninus, dem Großvater mütterlicherseits, sind wir als Freund Kaiser Nervas schon begegnet.

Anders als Marc Aurel, war Antoninus nicht in Rom geboren. Er hatte auf einem Landgut bei Lanuvium das Licht der Welt erblickt, am dreizehnten Tag vor den Kalenden des Oktober (19. September) des Jahres 86 n. Chr. unter der Herrschaft und dem Konsulat Domitians. Er wuchs zu Lorium an der berühmten »Via Aurelia« auf, die noch heute von Rom nordwärts an der Westküste Italiens entlangläuft. Später errichtete er an der Stätte seiner Jugend einen Palast. Zu dem ohnehin fast sagenhaften Reichtum, den ihm sein Vater hinterließ, gesellten sich noch Legate seiner Vettern, seines Stiefvaters und vieler anderer Angehöriger. Denn er zeigte schon als Kind ein angenehmes und gewinnendes Wesen und brachte allen Mitgliedern seiner Verwandtschaft stets die schuldige Ehrerbietung entgegen.

Mag seine Sippe auch zu den wohlhabendsten der Stadt und zum inneren Kreis der römischen Nobilität gehört haben, sie hatte dennoch nicht die Bedeutung inne, die einen künftigen Herrscher aus ihren Reihen ahnen ließ. Auch im Rom jener Tage hatte nur der Aussicht auf politischen Erfolg, der diesem Kreis entstammte. Denn noch immer lebte die Aristokratie in strenger Abgeschiedenheit, wenn es auch nicht mehr so schwierig wie hundert oder zweihundert Jahre zuvor war, die starren Standesschranken zu durchbrechen. Die günstigsten Prognosen hätten dem Kind an der Wiege aber allenfalls das Konsulat vorhersagen können, nachdem schon beide Großväter dieses Amt bekleidet hatten und es sich gewissermaßen eingebürgert hatte, mindestens die Anwartschaft hierauf seinen Nachkommen weiterzugeben. Nach mehr strebte die Familie offensichtlich auch nicht. Das Mitleid eines Arrius Antoninus, das dieser mit dem zum Kaiser proklamierten Nerva empfand, entsprang einem aufrecht mitfühlenden Herzen. Und wieviel Aufrichtigkeit steckt schließlich in der Bemerkung des adoptierten Antoninus, der seine Frau, die sich über die unverhoffte Würde hocherfreut zeigte, anherrschte: »Dummes Weib, nun haben wir auch das noch verloren, was wir vorher hatten.«[2] Sicherlich sind damit nicht oder nicht nur die materiellen Güter gemeint, die Antoninus nach seiner Thronbesteigung dem Fiskus einverleibte, da er als Kaiser, wie er betonte, ohnehin kein Privatvermögen brauche. Niemand hatte diesen Verzicht von ihm erwartet, geschweige denn verlangt, zumal Hadrian eine wohlgefüllte Staatskasse hinterlassen hatte.

Auch seine Vorgänger hatten durchweg ihre persönliche Habe behalten und während ihrer Regierungszeit teilweise sogar noch vermehrt. Und die Staatsführer der späteren Republik hatten sich nicht einmal gescheut, sich an der Verwaltung des Imperiums derart zu bereichern, daß viele ein Amt hochverschuldet antraten und es gesundet nach Ablauf der dafür vorgesehenen Zeit zurückgaben. Wahrscheinlich ging es ihm auch am wenigsten um die finanziellen Aufwendungen, die mit seiner neuen Würde verbunden waren. Das verwöhnte Volk von Rom erwartete selbstverständlich anläßlich der Adoption ein Geldgeschenk und zum Zeitvertreib öffentliche Spiele, wie sie immer geboten wurden, wenn ein neuer Herrscher an die Macht kam. Auch Antoninus wußte, wie unklug es gewesen wäre, sich diesem Begehren zu verschließen. Sein tiefempfundenes Bedauern über sein Los entsprang wohl einzig dem Bewußtsein, mit seiner Stellung als Kaiser ein Stück dessen verloren zu haben, was er als Lebensqualität kennen und schätzen gelernt hatte.

Da niemand in ihm den künftigen Kaiser Roms vermutete und er selbst als Inhaber der höchsten zu vergebenden Macht wohl niemals Wert darauf legte, beschränken sich die Ausführungen des antiken Biographen zu Kindheit und Jugend auf einige unklare Bemerkungen. So läßt sich etwa dem Hinweis, der Kaiser sei zunächst beim Großvater väterlicherseits, dann beim Vater seiner Mutter erzogen worden, entnehmen, daß sein Vater, ebenfalls Konsul und ein strenger Ehrenmann, wie die Vita betont, bereits früh verstarb. Dieser Schluß wird durch die Anmerkung bekräftigt, sein Stiefvater sei der Konsular Iulius Lupus gewesen. Ansonsten läßt der Lebensbericht für die Anfangsjahre des späteren Kaisers nichts erkennen, was unsere Aufmerksamkeit verdiente. Man wird deshalb davon auszugehen haben, daß diese in den überlieferten Erziehungsmustern eines aristokratischen Sprößlings verliefen.

Auch das Leben des reifen Mannes floß gleichmäßig in den üblichen Bahnen dahin. Auf Quästur und Prätur folgte das Konsulat. In Asien leistete er, wahrscheinlich von 134 bis 135 n. Chr., sein erstes und einziges Prokonsulat ab. Ihm lag nicht an großen Reisen durch das Reich. Das vor allem unterschied ihn wesentlich von seinem Vorgänger und Adoptivvater und sicherte ihm gleichzeitig die Sympathien aller Quiriten. Er hielt sich am liebsten auf einem seiner weitläufigen Landgüter auf, die vor der Haustür Roms lagen. »Pflegte er doch zu erklären, das kaiserliche Gefolge bedeute für die Untertanen in den Provinzen eine drückende Last, auch wenn der Kaiser für seine Person noch so wenig beanspruche.«[3] Hadrian war Antoninus' Neigung zum ländlichen Leben dadurch entgegengekommen, daß er ihm die Rechtspflege in dem Gerichtssprengel übertrug, in dem seine größten Besitzungen lagen – »in qua plurimum possidebat«[4] –, wie die Vita bemerkt. Auch das ein ganz besonderer Gunstbeweis des Kaisers.

Es wird in der knappen Lebensbeschreibung der Historia Augusta nicht einmal eine Bildungsreise nach Griechenland erwähnt, die doch für einen römischen Aristokraten nahezu geheiligte Pflicht war, überhaupt scheint dieser Adlige über keinen überragenden Intellekt verfügt und Gelehrte und Philosophen eher mit der Nachsicht des gesellschaftlich Überlegenen betrachtet zu haben. Gemessen an seinem interessierten Vorgänger war Antoninus ein einfacher Mann, der die Religion der Philosophie vorzog. Und doch hatte er für Künstler, Literaten und Philosophen eine stets offene Hand. Er bemühte sich vor allem, dem lernbegierigen Adoptivsohn Marcus immer nur die besten Lehrer des Imperiums zuzuführen. Seine Bildung war mäßig, mag ihn auch der antike Biograph als hervorragenden Redner und Literaturkenner rühmen. Diese Eigenschaften paßten zu gut in das landläufige Bild eines Herrschers, als daß man auf ihre Erwähnung, mochten sie nun der Wahrheit entsprechen oder nicht, verzichten konnte. Dennoch wird man auch ihm zugestehen müssen, sich gewisse Fertigkeiten im Reden angeeignet zu haben. Gerade auf die Beredsamkeit legte ja der damalige Römer größten Wert. Und es ist eigentlich kein Konsul vorstellbar, der über diese Gabe nicht verfügte. Er hätte gewiß keinen leichten Stand gehabt.

Was ihm die Natur an geistigen Tugenden möglicherweise

vorenthielt, versuchte sie um so stärker durch äußere Erscheinung und einen makellosen Charakter auszugleichen. Noch heute zeigen die von ihm erhaltenen Bildnisse ein Gesicht von ebenmäßiger Schönheit mit aristokratischen edlen Zügen. Der lockig gepflegte Vollbart erinnert an seinen Adoptivvater Hadrian und an alle Freunde der griechischen Philosophie. Antoninus soll von hochgewachsener Gestalt gewesen sein. Der geadelten Erscheinung mangelte es jedoch auch nicht an Eitelkeit. Als das Alter den Körper allmählich beugte, »ließ er sich die Brust mit Brettchen aus Lindenholz bandagieren, um einen aufrechten Gang zu erzielen ...«[5] Ansonsten aber war Antoninus jeglichem Schein abhold. Er zog einfache, in Lanuvium hergestellte Kleidung dem Luxus ausländischer Gewänder vor. Einmal mußte er sogar in Tusculum wegen seines Anzugs die Gäste um Entschuldigung bitten. Er bemühte sich, stets zu tun, was die Pflicht gebot, und war niemals darauf bedacht, welche Ehre ihm sein Handeln einbringen würde.

Nicht nur den Privatmann und Träger ehrenhafter, wenn auch nicht überragender öffentlicher Ämter zog es zu einem beschaulichen Leben. In mehreren Briefen an seinen Lehrer Fronto berichtet Marc Aurel, der Kaiser habe höchstpersönlich bei der Traubenernte auf seinem Landsitz geholfen, sich auch nicht gescheut, an Arbeiter und Bauern das Wort zu richten und sogar mit ihnen zu essen. Auch der Staatsmann und Kaiser legte auf große Reisen keinen Wert. Während seiner langen Regierungszeit – einer der längsten eines römischen Staatsoberhauptes überhaupt – war er nie auch nur einen Tag von Rom oder der näheren Umgebung entfernt. Anders als Hadrian begnügte er sich damit, die Reichsverwaltung fähigen Leuten zu überlassen. Die Statthalterschaft über die Provinzen übertrug er Männern, die ihrer Ehrenhaftigkeit und Sachkenntnis wegen bekannt waren. Wenn er auch gern die Öffentlichkeit mied und sich dem Trubel der Stadt entzog, kannte und schätzte man ihn doch allerorten.

Denn er hatte ein heiteres und freundliches Gemüt und ein gütiges Wesen, war bescheiden, volkstümlich und dabei jeglicher Schmeichelei abhold. Die Vita lobt seine Gewissenhaftigkeit als Landwirt, seine Freigebigkeit und Uneigennützigkeit und hält ihn schließlich »in jeder Hinsicht lobenswert und nach dem Urteil der Gutgesinnten würdig, mit Numa Pompilius verglichen zu werden ...«[6], ein Lob, das keinem anderen römischen Kaiser zuteil wurde. Ein ganzes Kapitel des ersten Buches seiner Selbstbetrachtungen hat Marc Aurel seinem »Vater« gewidmet. Dies ist mit Sicherheit die verläßlichste Quelle über den Menschen Antoninus, hatte doch der Adoptivsohn Gelegenheit, dessen gesamte Regierungszeit an der Seite des ungewöhnlich friedliebenden Mannes zu verbringen. Während der dreiundzwanzig Jahre nach Hadrians Tod waren die beiden überhaupt nur für zwei Nächte voneinander getrennt. So konnte der junge Mann seinen verordneten Vater in allen Lebenslagen aus nächster Nähe beobachten. Er wurde niemals enttäuscht. Immer bewahrte Antoninus die ihm eigene Gleichmut. »In ihm war nichts Hartes, nichts Unehrerbietiges, keine Heftigkeit und nichts, wie man sagt, bis aufs Blut, sondern alles war wohl und gleichsam bei guter Muße überlegt, unerschütterlich geordnet, fest und mit sich selbst übereinstimmend ...«[7]

Natürlich erntete der Kaiser für seine Neigung zu intensivem Durchdenken und zur Perfektion auch Kritik: »Eines der wenigen erhaltenen Bruchstücke (der Römischen Geschichte) des Cassius Dio vermerkt naserümpfend: Übrigens soll Antoninus ein arger Grübler gewesen und bei den geringfügigsten und unbedeutendsten Dingen mit der größten Genauigkeit zu Werke gegangen sein, weshalb ihn Spötter auch einen Kümmelspalter nannten ...«[8]

Marc Aurel lobt weiter seine Pünktlichkeit und Zuverlässigkeit, zu der er übrigens auch den eigenen Körper erzogen hatte: So habe er niemals zur Unzeit gebadet und jeden Tag zur selben Stunde die Toilette aufgesucht. Der Sohn mochte die Verläßlichkeit seines Vaters besonders hervorheben, weil sie keineswegs mehr zu den römischen Kardinaltugenden gehörte. Zusammenfassend stellte er fest: »Auf ihn ließ sich trefflich anwenden, was man von Sokrates berichtet, daß er entbehren und genießen konnte, wo viele zum Entbehren zu schwach und im Genusse zu unmäßig gewesen sein würden.

Dort aber mutig zu ertragen, hier nüchtern zu bleiben, ist das Kennzeichen eines Mannes von einer starken und unbesiegbaren Seele ...«[9]

Und doch blieb dem vom Glück so offensichtlich Begünstigten das menschliche Leid nicht fremd. Mit seiner schönen und, wie man sagte, untreuen Gattin hatte er vier Kinder, zwei Söhne und zwei Töchter. Die beiden Söhne M. Aurelius Fulvus Antoninus und M. Galerius Aurelius Antoninus sowie die ältere Tochter Fadilla starben noch vor seiner Adoption, Aurelia Fadilla, als er gerade im Begriffe stand, als Prokonsul in seine Provinz abzureisen. Geblieben war ihm Annia Galeria Faustina (minor), die später mit Marc Aurel vermählt werden und an seiner Seite zur Kaiserin aufsteigen sollte. Sie stand ihrer Mutter an Schönheit und leichtem Lebenswandel angeblich nicht nach und nährte damit, sehr zum Leidwesen von Gatten und Vater, die stets beutegierige Klatschküche Roms.

In wunderlichen Vorzeichen hatte sich Antoninus die künftige Herrschaft angekündigt. Sie wurden freilich erst rückblickend als günstige Omina gewertet oder von einer bewundernden Nachwelt sogar erfunden. Als er einmal während seiner rechtsprechenden Tätigkeit in einem der vier italischen Gerichtsbezirke den Richterstuhl bestieg, vernahm man den Zuruf: »Die Götter mögen dich behüten, Augustus!« Während seines Prokonsulats empfing er ein ähnliches Zeichen. Die Priesterin zu Tralles, die die Prokonsuln zu begrüßen hatte und dabei die übliche Formel: »Sei gegrüßt, Prokonsul!« gebrauchte, versprach sich und empfing ihn als »Imperator«. In Cysicos, einer anderen Stadt der asischen Provinz, wurde sein Standbild mit dem Kranz der Statue einer Gottheit geschmückt. Dies alles mag freilich nicht nur purer Zufall gewesen sein, sondern bewußt provoziert, um dem römischen Repräsentanten zu schmeicheln. Anders indessen verhielt es sich mit jenen Omina, die außerhalb der menschlichen Einflußsphäre lagen.

Man erinnerte sich später eines Vorzeichens aus Antoninus' erstem Konsulat im Jahre 120 n. Chr. Damals hatte das wachsende Geäst eines Baumes in seinem Garten einen marmornen Stier emporgehoben. Auch wurde sein Haus aus heiterem Himmel vom Blitz getroffen, ohne Schaden zu erleiden. Nahezu unglaubliche Wunderdinge geschahen, die eigentlich nichts anderes bedeuten konnten, als daß die Natur schwanger gehe mit diesem neuen König für das römische Volk. In Etrurien fanden sich eingegrabene Fässer plötzlich über der Erde wieder. Bienenschwärme ließen sich auf Antoninus Bildnisstatuen nieder. Und schließlich erging an ihn im Traum wiederholt die Weisung, das Standbild Hadrians unter seine Hausgötter aufzunehmen. Dies war wohl der eindeutigste Hinweis auf seine Auserwähltheit. Denn die Penaten, die im Innern des Hauses wohnten, beschützten das Heim und wachten über Wohlstand und Gesundheit seiner Bewohner. Ihr Name deutete ursprünglich auf den Schutz der lebenswichtigen Vorräte hin (penus). Es waren die Götter, die zur Sippe gehörten und die daher auch bei jedem Umzug mitgenommen wurden, wie schon Urvater Aeneas seine Hausgötter von Troja mitgeführt hatte. Ihnen war ein besonderer Kult am heimischen Herd gewidmet. Auch der römische Staat hatte als »Großfamilie« seine eigenen Penaten. Ihr Kult wurde in einer Kapelle der Velia, dem Vestatempel in Rom und einem kleinen Heiligtum in Lanuvium ausgeübt.

Dieser liebenswürdige Antoninus, ein ehrenwerter Mann von sittlicher Reife, dessen selten gewordene Tugenden viele im Reich schätzten, war der Mann, den der vom Tode gezeichnete Hadrian zu Beginn des Jahres 138 der Öffentlichkeit als seinen Nachfolger vorstellte. Nachdem sich der Erbe mit der Unbeugsamkeit seines Geschicks abgefunden hatte, machte er sich sogleich daran, sich auf die vielfachen Aufgaben, die seiner als Kaiser harrten, vorzubereiten. Da Hadrians Kräfte von Tag zu Tag schwanden, mußte Antoninus bald selbst die Regierungsgeschäfte übernehmen. Er erwies jedoch seinem Adoptivvater den schuldigen Gehorsam, soweit Hadrians Bestimmungen, die einem kranken Geist entsprangen, mit dem Gewissen des Ehrenmannes zu vereinbaren waren. Er griff auch versöhnend und begnadigend ein, wo der Kaiser in geistiger Umnachtung das Recht des absoluten Herrschers mißbraucht hatte. Todesurteile etwa, die Hadrian verhängt hatte, wurden nicht vollstreckt, verfügte Beschlagnahmen nicht vollzogen.

Auch Hadrian selbst macht es seinem Adoptivsohn nicht leicht. Täglich erreichten seine die Krankheit begleitenden Schmerzen einen neuen Höhepunkt. Bevor der greise Servianus, Hadrians Schwager, den der Kaiser verdächtigt hatte, er wolle sich des Thrones bemächtigen, hingerichtet wurde, hatte er sich eine kupferne Schale kommen lassen. Weihrauch darauf geworfen, die unsterblichen Götter angerufen und seinem Widersacher geflucht: »Daß ich unschuldig bin, seid ihr mir Zeugen, ihr Götter! Ich sehe Hadrian. Er wünscht zu sterben und wird nicht sterben können.« Schrecklich begann sich bald der Fluch des alten Mannes auszuwirken. Nichts wünschte der Kaiser sehnlicher als den Tod. Der aber weigerte sich hartnäckig, bei ihm einzukehren.

Ein Opfer völligen Lebensüberdrusses, befahl der Kaiser dem donauländischen Sklaven Mastor, ihn zu töten. Er bezeichnete ihm die Stelle unter der Brust, an der seinem Arzt Hermogenes zufolge der Todesstoß unfehlbar sein mußte. Er flehte ihn an, er sicherte ihm Straffreiheit und sogar eine hohe Belohnung zu. Aber der Sklave floh. Er beschwor unter Tränen den Arzt, diesem unerträglichen Zustand ein Ende zu bereiten. Aber dieser zog den Selbstmord vor. Schließlich versuchte er selbst, sich das Leben zu nehmen. Doch war er dazu zu schwach, und die Waffe wurde ihm mühelos entwunden. Da beklagte er sein Los, das ihm beschied, andere noch töten zu können, nicht aber sich selbst.

Antoninus kam und verlangte von ihm, mit stoischer Gelassenheit seinem Ende entgegenzusehen. Wolle er der Welt nicht als Vatermörder erscheinen, dürfe er nicht zulassen, daß man Hadrian töte oder dieser selbst Hand an sich lege. So raffte sich Hadrian noch einmal zu seinen Herrscherpflichten auf: Zusammen mit seinem Nachfolger besprach er die Staatsgeschäfte und designierte die Beamten für das kommende Jahr, wie das Gesetz es befahl. Zum zweiten Mal sollte Antoninus Konsul sein. Daneben nahm Hadrian absichtlich Speisen und Getränke zu sich, die das Ende beschleunigen mußten. Aber sein Schicksal hatte sich noch nicht erfüllt.

Längst war der römische Sommer heraufgezogen. Feuchtheiße Schwüle brütete über der Gegend von Tivoli, dem Tibur der Antike. Dorthin hatte sich der römische Kaiser zurückgezogen, beseelt von dem Wunsch, seine letzten Tage in beschaulicher Abgeschiedenheit zu verbringen. Doch konnte es der ruhelose Wanderer auch hier nicht lange aushalten. Kaum vermochte ein Gesunder, die stickige Luft zu atmen, die an Hochsommertagen über der dunstigen Ebene lastete. Viele Angehörige der römischen Nobilität, die in kaiserlicher Nachbarschaft ebenfalls prunkvolle Landsitze besaßen, flüchteten in dieser Zeit ans Meer, wo eine frische Brise stets für Abkühlung sorgte.

Auch Hadrian beschloß, seine Villa in Tibur mit einem Palast an der Küste zu vertauschen. Er verfaßte sein Testament und verständigte seinen Nachfolger. Er wollte, wie es hieß, noch einmal das Meer schauen. Sein letztes Ziel war Baiae, der damals vornehmste Bade- und Villenort Italiens.

Malerisch liegen die antiken Reste von Baiae am Golf von Neapel. Teile des Kaiserpalastes haben inzwischen die Fluten verschlungen. Schon seit spätrepublikanischen Tagen war dieser Kurort seiner heilkräftigen heißen Quellen wegen berühmt. Stets hatte der Zauber des lieblichen Golfes vornehme Römer angelockt und Dichter zu poetischen Versen inspiriert. Tiberius hatte die letzten Tage seines von Mißtrauen und Überdruß vergifteten Lebens hier verbracht. Nördlich von Neapel lag Vergil begraben. Und selbst Cicero, der eher nüchterne Vater der Republik, hatte der Märchenlandschaft nicht widerstehen können. Sein Landsitz lag unweit in Puteoli. In den Grotten hauste noch immer die geheimnisvolle Sibylle, die einst der größte römische Dichter besungen hatte. Das geflügelte Wort »Neapel sehen und sterben« mag auch damals schon seine Gültigkeit gehabt haben.

Für Hadrian wurde die sprichwörtliche Redewendung nun

bittere Wahrheit. Nicht lange konnte er die malerische Idylle schauen. Hatte er sich von einem Klimawechsel anfangs wenn nicht Genesung, so doch Linderung seiner vielfachen Leiden versprochen, mußte er bald erkennen, daß seine Tage gezählt waren. Er ließ Antoninus kommen. In den Armen dieses Mannes, der ein aufrichtiger Freund seines späten Lebens geworden war, entschlief er, nach christlicher Zeitrechnung am 10. Juli 138 n. Chr. Und mit seinem Tod begann Antoninus' erste Bewährungsprobe als römischer Kaiser.

Die Verbitterung des Senats über einen der fähigsten Herrscher, die Rom je gesehen hatte, wurzelte tief. Man hatte in aristokratischen Kreisen nie nachzuvollziehen vermocht, wie der Kaiser der Römer aus seiner Bevorzugung des Griechentums nie ein Hehl machen konnte und der Hauptstadt des weltbeherrschenden Imperiums eher stets mit Kühle begegnete, wo es sich doch jeder Quirite zur Ehre gereichen ließ, seine Roma als den Mittelpunkt des Erdkreises, als die Welt schlechthin, zu betrachten. Mag sein, daß schon Hadrians Abkehr von der gröberen römischen Auffassung mediterraner Lebensart und seine Hinwendung zur verfeinerten Sitte griechischen Geistes jenes Spannungsverhältnis begründet hatte, das sich jetzt über den Toten entlud. Vordergründig freilich gedachte man der Grausamkeiten in Hadrians letzten Lebensjahren, die in manchem die Erinnerung an Domitians unselige Herrschaft wachriefen und eingefleischte, lange verdrängte Ängste schürten. Antoninus stieß anfangs auf harten Widerstand. Er mußte die Reste des mit Hilfe des hadrianischen Sekretärs verbrannten Leichnams zunächst in Ciceros puteolanischer Villa beisetzen. An eine Überführung nach Rom war vorerst nicht zu denken. Der rachesüchtige Senat beabsichtigte vielmehr, die »damnatio memoriae« (Tilgung des Andenkens) über den Unglücklichen zu verhängen, wohl weil er sich nun nahezu aller Privilegien beraubt sah. Den »absolutesten der absoluten Herrscher« hat Theodor Birt zu Beginn dieses Jahrhunderts Kaiser Hadrian genannt. Und tatsächlich hatte es gerade dieser Mann – nicht zuletzt auf Grund seines überragenden Intellekts – verstanden, nach und nach Aufgaben an sich zu ziehen und Staatsorgane zu kontrollieren, bis schließlich alle Fäden in seiner Hand zusammenliefen. Wie dem auch sei. Antoninus brauchte ein gehöriges Maß an Überredungskunst, bis die Senatoren von ihrem Vorhaben abließen. Er gab vor allem zu bedenken, daß bei Verwirklichung dieses Planes alle kaiserlichen Verfügungen der letzten Jahre ungültig würden, auch seine Adoption.

Und gerade dieser Einwand, der fast wie eine Drohung wirkte, stimmte die Stadtväter um. Auf Antoninus, mit dem man längst einverstanden war und auf den man die größten Hoffnungen setzte, wollte man nun doch nicht mehr verzichten. So ließ man dem Verstorbenen endlich alle Beisetzungsehren zukommen, die für einen römischen Kaiser üblich waren. Der edle Sohn brachte die sterblichen Überreste eines nicht weniger edlen, aber verkannten Vaters nach Rom, wo sie bis zur Fertigstellung des Grabmals am Tiber in den Gärten der Domitia eine vorübergehende Bleibe fanden. Dann, vielleicht Anfang 139, wurden sie am Tiberufer in Hadrians Grabmal feierlich beigesetzt. Antoninus hatte seinen Wegbereiter, der die Hauptstadt zeitlebens geflohen hatte, endgültig heimgeholt.

Aber er wollte sich noch nicht begnügen. Niemand vermag zu sagen, welche Druckmittel den Senat dazu bringen konnten, Hadrian auch unter die Götter Roms zu erheben. Und man wird auch nicht annehmen dürfen, daß bloßer Eigennutz die Hartnäckigkeit des Nachfolgers stützte. Sicherlich stellte das »divi filius« (Sohn des Göttlichen) einen unübersehbaren Schmuck eines eher schlichten Namens dar und vermochte das Ansehen seines Trägers beträchtlich zu stärken. Doch kann man bei allem, was von Antoninus' Charakter bekannt ist, davon ausgehen, daß ihn hauptsächlich die geheiligte Sohnespflicht trieb, jene »pietas« gegenüber den Vorfahren, die seit urdenklichen Zeiten zu den römischen Kardinaltugenden gehörte. Hadrian hätte sich keinen besseren Nachfolger und keinen unerschrockeneren Verfechter seiner Ideale wünschen können. Und es ist kaum vorstellbar, daß der noch jugendliche Marcus Annius, wäre er sofort mit der Thronfolge bedacht worden, ebenfalls die nötige Kraft aufgebracht hätte, für Hadrian auf diese Weise einzutreten.

Antoninus ließ in Puteoli, dem provisorischen Bestattungsort des Verstorbenen, einen Tempel errichten. Er stiftete Wettkämpfe und ließ das Andenken des ersten Friedenskaisers von eigenen Priestern und Brüdern, den »sodales Hadrianales«, feiern. Schon sieben Jahre nach Hadrians Tod wurde in Rom selbst für ihn ein großer Tempel geweiht, der später »Hadrianeum« genannt wurde. Symbolische Figuren, die das Kultbild des vergöttlichten Kaisers flankierten, stellten die Provinzen dar. Hadrians Nachfolger war einer der wenigen Römer seiner Zeit, die erkannten, daß es nicht zuletzt die Provinzen waren, auf denen die Macht des Römertums beruhte. Noch heute sind beachtliche Reste dieses Bauwerks an der Piazza di Pietra erhalten, Teile der Cellawand und elf Marmorsäulen mit korinthischen Kapitellen. Sie bilden einen Teil der Außenwand der römischen Börse.

Mehr als irgendein anderes Monument jedoch ist Hadrians Grabmal für alle Zeiten zum Symbol der »Roma Aeterna« geworden, eindrucksvolles Zeugnis des Heidentums und zugleich Bollwerk der christlichen Welt, Wächter der Antike und dabei lebendige und allgegenwärtige Vergangenheit.

Seine unvergängliche Bedeutung verdankt es nicht zuletzt jenem Mann, der vor mehr als eintausendachthundert Jahren vom römischen Senat mit dem seltenen Prädikat »Pius«, der Fromme, ausgezeichnet wurde. Die Nachwelt ist sich nicht sicher, was Antoninus' Zeitgenossen veranlaßte, ihn derart zu ehren. Er hatte einmal seinen gebrechlichen Schwiegervater am Arm aus dem Senat geleitet. Und viele glauben, diese liebevolle Geste habe ihm zu diesem Titel verholfen. Andere hingegen wollen genau wissen, es sei sein selbstloser Einsatz für Hadrian gewesen, dem er ihn verdankte ... Wahrscheinlich aber erkannte Rom in einem seltenen Augenblick geistiger Klarheit die Makellosigkeit seines Charakters. Niemals zuvor und nie wieder danach durfte sich der »civis Romanus« eines derartigen Wohlstands und eines so sicheren Friedens erfreuen wie unter der Herrschaft des Antoninus Pius, der sich nun anschickte, für mehr als zwei Jahrzehnte die Zügel dieses Reiches in die Hand zu nehmen. Noch einmal stand die alte abendländische Welt in hoher Blüte. Doch hinter dem glutroten Feuerball der untergehenden antiken Sonne gähnte bereits der Abgrund. Und ferne schimmerte schon die Morgenröte einer neuen Zeit.

7. KAPITEL

Die Zeit des Wartens – Marcus' Lehr- und »Wanderjahre«

Gleich zu Beginn des ersten Buches seiner Selbstbetrachtungen hat Marc Aurel dankbar all jener Menschen gedacht, die sein frühes Leben – Kindheit und Jugend – in irgendeiner Weise günstig beeinflußten. Dem aufmerksamen Leser fällt auf, daß Kaiser Hadrian nicht genannt wird, also offensichtlich nicht zu dem Personenkreis gehört, dem er Dank zu schulden glaubt. Wenn vom »Großvater« die Rede ist, meint Marcus stets seinen gleichnamigen Ahnen, den römischen Senator und dreifachen Konsul. Man muß davon ausgehen, daß der Verfasser jener Lebenserinnerungen seinen Adoptiv-Großvater Publius Aelius Hadrianus, dem er nach dem Gesetz ebenso nahestand wie dem natürlichen Vorfahren, nicht einfach vergessen, sondern bewußt übergangen hat. Marc Aurel kann für den römischen Kaiser, unter dessen Herrschaft er geboren und erzogen wurde und der letztlich ihm den begehrten Thron sicherte, nicht allzuviel empfunden haben.

Das allerdings verwundert kaum. Was hatte er von Hadrian erfahren? Welcher Eindruck mußte sich dem jungen Menschen, dem zur eigenen Urteilsfähigkeit die geistige Reife noch fehlte, zwangsläufig aufdrängen? Als Hadrian in den Augen seiner stadtrömischen Zeitgenossen wenn nicht als guter, so doch als Herrscher galt, mit dem man sich eingerichtet hatte, war Marcus Annius Verus ein Knabe, der vom Wellenschlag der Politik unberührt blieb. Es folgten Hadrians lange Jahre der Abwesenheit von Rom. Und als er endlich heimgekehrt und der Anniersohn herangewachsen war, hatte sich das im Grunde gütige Wesen des alternden Mannes unter dem Einfluß einer lebensbedrohenden Krankheit derart verändert, daß er selbst alten Freunden gegenüber argwöhnisch und mißtrauisch wurde. Damals behauptete man in den führenden Kreisen Roms, der Kaiser sei seiner charakterlichen Veranlagung nach grausam und habe bislang durch geschickte Taktik seinen angeborenen Jähzorn überspielt, um nicht am Ende das gleiche Schicksal zu erleiden wie Domitian. Dieses Gerücht wurde von Nachrichten aus Judäa genährt, wo Hadrian die Aufständischen tatsächlich mit unnachgiebiger Härte bis in den Tod verfolgte. Doch hatte sich die jüdische Unzufriedenheit mit rasender Geschwindigkeit ausgebreitet, wie ein Lauffeuer den gesamten Orient überzogen und schließlich den Bestand des Imperiums bedroht. Diesen zu erhalten, galt noch jedem römischen Staatsmann als oberste Herrscherpflicht. Damit wird Hadrians Zorn rückblickend zwar nicht entschuldbar, aber doch verständlich. Wozu eine weniger brutale Unterdrückung von Volksaufständen führen konnte, hatte sich gerade in Judäa gezeigt. Schon zwei Menschenalter zuvor war es von Vespasian und Titus unterworfen, dabei jedoch so sehr geschont worden, daß sich die Juden erneut zu einer Demonstration gegen Rom aufraffen konnten. Einer Wiederholung wollte Hadrian diesmal mit aller Strenge vorbeugen.

Sein Lebenswandel und die Auffassung von seinem Herrscherauftrag rechtfertigten den Vorwurf der Grausamkeit nicht. Selbst der griechische Historiker Cassius Dio konnte nicht umhin zuzugeben, daß der Kaiser »mit größter Milde«[1] regierte. Ein Lob, das doppelt wiegt, da der Grieche nach unserer Kenntnis Hadrian nicht sonderlich gewogen war.

Wie Antoninus Pius kann auch dem reifen Marc Aurel nicht verborgen geblieben sein, was sein »Großvater« durch die Aufwertung der Provinzen für das Imperium geleistet hatte. Er konnte vor allem selbst erfahren, wie schwierig es mitunter war, die Einheit des Reiches zu erhalten. Daß er für Hadrian dennoch nichts empfinden konnte und diese Tatsache in seinen Lebenserinnerungen einer wißbegierigen Nachwelt nicht einmal zu verschleiern suchte, muß deshalb andere, in der Persönlichkeit des Herrschers begründete Ursachen haben.

Tatsächlich war Hadrians Charakter schwer zu lesen. Der Lebensbericht des antiken Biographen überschüttet ihn geradezu mit widersprüchlichen Eigenschaften, die schließlich in der Erkenntnis gipfeln: »semper in omnibus varius« – immer und in jeder Hinsicht wandelbar. Er wurde deshalb gepriesen und gefürchtet, ge- und verachtet. Die Menschen faßten kein Vertrauen zu ihm, wie nahe sie ihm auch gestanden haben mochten, wie sehr er sie auch beschenkt haben mochte. Es muß etwas an ihm gewesen sein, das wirkliches Zutrauen erschwerte. Eine gewisse distanzierende Kühle umgab ihn. Der römische Kaiser hatte sicher schon etwas Abstandgebietendes durch seine einzigartige Stellung. Hadrian war einsamer noch durch sein Wesen. Ein Brief Frontos, seines Zeitgenossen und Wegbegleiters, an den Schüler Marc Aurel spricht klar aus, was viele damals nur dachten: »Den vergöttlichten Hadrian«, schreibt er, »deinen Großvater, habe ich im Senat oft und mit großem Eifer und auch mit großer Beredsamkeit gepriesen ... Doch ohne deinen Familiensinn zu verletzen, möchte ich sagen: Ich verehrte Hadrian wie einen Gott, aber ich wagte nicht, ihn zu lieben. Antoninus liebe ich ... und ich spüre, daß auch ich von ihm geliebt werde ...«[2] Er vergleicht in diesem Brief den Kaiser darüber hinaus mit dem unheilträchtigen Mars oder auch einem Gott der Unterwelt. Marc Aurel mochte ebenso empfunden haben. Formuliert hat er seine Gefühle aber nie.

Freilich kann auch nicht ausgeschlossen werden, daß Marcus gegen Hadrian einen geheimen, vielleicht nicht einmal eingestandenen Groll hegte. Die Nachricht von der Adoption und seiner schicksalhaften Bestimmung hatte ihn gerade zu einem Zeitpunkt erreicht, als er sich ganz einem zurückgezogenen, auf innere Werte gerichteten Leben zuwenden wollte. Sicherlich erschien dem jungen Mann seine Berufung nicht nur als bedeutsamer, sondern mehr noch als störender Einschnitt in einem ganz der Philosophie ergebenen Dasein. Der bekannte Althistoriker Michael Rostovtzeff sieht in ihm den echtesten Vertreter der stoischen Lehre, für den »der königliche Rang eine Pflicht, ja gleichsam ein Martyrium ist ...«[3] Aus seinem Unmut über die Gewißheit, dereinst den römischen Thron zu erben, machte Marcus nie ein Hehl. Es ist also durchaus denkbar, daß er noch im Alter an dem Bewußtsein litt, sein Leben wäre ohne diese Bestimmung in ganz anderen, für einen Freund der Weisheit erstrebenswerteren Bahnen verlaufen. Wer in den Selbstbetrachtungen zwischen den Zeilen zu lesen vermag, wird an vielen Stellen auf verborgenes Selbstmitleid stoßen, über das sich der mächtigste Mann der Welt in einsamen Nächten mit schönen Worten hinwegzutrösten suchte ...

So bestand in Marcus' noch jungem Leben die einzige Denkwürdigkeit jenes Todes im fernen Baiae darin, daß ihn nun neue Pflichten im öffentlichen Leben Roms erwarteten. Er hatte seinen Adoptivvater nicht nach Kampanien begleitet, hatte sich nicht beeilt, dem kaiserlichen Großvater in der Sterbestunde beizustehen. Er war in Rom zurückgeblieben, um dort nach dem Rechten zu sehen und Hadrian »die ihm gebührenden Ehren«[4] zu erweisen. Worin diese bestanden, hält der antike Biograph nicht erschöpfend fest. Es ist lediglich von einem Gladiatorenspiel die Rede, das Marcus »wie ein gewöhnlicher Quästor«[5] gab. Möglicherweise war er zu diesem Zeitpunkt für das Amt nur designiert und trat es erst im Dezember 138 an. Wer anläßlich der Begräbnisfeierlichkeiten die Laudatio hielt, hat die Vita ebenfalls nicht überliefert. Man wird aber davon auszugehen haben, daß sich der nunmehr amtierende Kaiser die Leichenrede für seinen Vorgänger vorbehielt.

Wieder mußte Marcus umziehen. Diesmal wechselte er auf Anordnung seines Adoptivvaters in den Tiberiuspalast, die kaiserliche Residenz auf dem Palatin. Fortan soll er nie mehr von Antoninus' Seite gewichen sein. Er erhielt auch alle äußeren Zeichen seiner Würde und wurde von Antoninus mit dem Pomp einer Hofhaltung ausgestattet, obwohl sich der Philosoph in ihm dagegen sträubte. Offensichtlich hatte der Bücherwurm die Verse des Dichters Lukan gelesen, der jeden, der nach Frömmigkeit strebt, vor dem verderblichen

Einfluß des Hoflebens warnt. Wie sehr ihn die Bedenken dieses Mahners beschäftigten, zeigen wiederum seine Selbstbetrachtungen. Gleich an drei Stellen versucht er sich zu beruhigen: »... von den Gedanken nimmt die Seele ihre Farbe an. Gib ihr also die Färbung durch eine Reihe von Vorstellungen der Art wie: Wo man leben muß, da kann man auch glücklich sein. Am Hofe aber mußt du leben; mithin kannst du auch am Hofe glücklich sein.«[6] An anderer Stelle heißt es: »Außerdem verdanke ich es den Göttern, ... daß ich unter einem Fürsten und Vater stand, der jeden Keim des Hochmuts in mir unterdrückte und mich überzeugte, daß man selbst am Hof ohne Leibgarde, ohne Prachtkleider, ohne Fackeln und Ehrensäulen und sonstigen Aufwand leben und sich fast wie ein einfacher Privatmann einschränken kann, ohne darum in seinen Verrichtungen als Staatsoberhaupt weniger Würde und Kraft zu beweisen ...«[7] Und schließlich ermahnt er sich selbst: »Niemand höre von dir eine Beschwerde über das Hofleben oder über dein eigenes Leben!«[8]

Der Umzug in den Kaiserpalast blieb indessen nicht die einzige Veränderung, die Hadrians Tod für den jungen Marcus mit sich brachte. Die Asche auf dem Scheiterhaufen war noch nicht verglüht, da ließ der Kaiser durch seine Gattin Faustina Marcus ausforschen, ob er nicht auch die Braut tauschen wolle. Antoninus Pius hatte Marcus liebgewonnen und muß noch zu Lebzeiten Hadrians den Plan gefaßt haben, ihn stärker an seine Person und an sein Haus zu ketten, als es die Bande einer gesetzlichen Vaterschaft vermochten. Marcus wurde nahegelegt, sein Verlöbnis mit der Tochter des Lucius Ceionius Commodus zu lösen und dafür Pius' Tochter Faustina zu heiraten. Er erbat sich Bedenkzeit. Weshalb er zögerte, verrät die antike Lebensbeschreibung nicht. Faustina war noch ein Kind. An den Vollzug einer Ehe mit ihr war allenfalls in Jahren zu denken. Wahrscheinlich war Ceionia Fabia älter als die nunmehr vorgesehene Braut, so daß Marcus nicht so lange hätte warten müssen. Er besaß nämlich – was für einen jungen Römer seiner Zeit sehr ungewöhnlich war – noch keinerlei Erfahrungen auf sexuellem

Gebiet. Auch das bekannte er frei, als er an der Schwelle des Todes auf sein bewegtes Leben zurückblickte. Und er dankte auch hierfür den Göttern.

Wie sehr er überhaupt in der Lage war, seinen Geschlechtstrieb zu beherrschen, und wie sehr er damit von den gängigen römischen Maßstäben abwich, zeigt wiederum seine noch im Alter empfundene Dankbarkeit. »Der göttlichen Güte schreibe ich es auch zu, ... daß ich keine Gemeinschaft mit der Benedicta oder dem Theodorus gehabt, sondern unreine Leidenschaften überwunden habe.«[9] Sehr viel triebhafter sollte sich hingegen seine Faustina erweisen, die zu heiraten er sich endlich entschloß. Doch davon wird an anderer Stelle noch zu berichten sein.

Noch Hadrian hatte Marcus' Verlöbnis mit Ceionia Fabia bestimmt, das jetzt aufgelöst wurde. Fabia wurde mit einem jungen Mann namens Plautius Quintillus vermählt, der als Angehöriger der Nobilität im Jahre 159 n. Chr. das Konsulat bekleiden wird. Der Sohn aus dieser Verbindung sollte 177 n. Chr. ebenfalls Konsul werden. Es ist nicht bekannt, wie Fabia die Veränderung ihrer Zukunft aufnahm. Vielleicht hatte sie sich tatsächlich schon Hoffnung gemacht, an Marcus' Seite dereinst Kaiserin zu sein. Offener Widerstand aber wäre zwecklos gewesen, da Verlobungen keinen bindenden Charakter hatten, ja selbst Ehen ohne Schwierigkeiten annulliert werden konnten, wenn es die Staatsräson gebot. Wahrscheinlich fügte sich die junge Frau gehorsam in ihr Geschick, wie man es eine Römerin von Kindesbeinen an gelehrt hatte, und räumte widerspruchslos ihren Platz für die Tochter des Kaisers.

Die Verlobung der jüngeren Faustina mußte ebenfalls aufgelöst werden. Ohnehin paßte sie schlecht zu dem ihr verordneten Bräutigam, der wahrscheinlich sogar jünger war als sie, während doch der Mann nach römischen Vorstellungen beträchtlich älter zu sein hatte. Nur für Lucius Ceionius Aelius Commodus Verus Antoninus, den zweiten Adoptivsohn, fand sich vorläufig kein angemessener Ersatz.

Wie mit dem Thron mußte sich Marcus nun auch wegen der Jugend der Braut mit der Hochzeit aufs Warten verlegen.

Das eine wie das andere ertrug er mit stoischer Geduld. Er nutzte die ihm verbleibende Junggesellenzeit zu weiteren philosophischen Studien. Er hörte überhaupt, solange ihn die Staatsgeschäfte nicht über Gebühr beanspruchten, niemals auf, seinen Neigungen nachzugehen. Doch als die Zeit gekommen war, da ihm die Bürde des Thrones zufallen sollte, legte er pflichtgemäß die Bücher beiseite, um das Schwert des Feldherrn in die Hand zu nehmen. Er fand sich auch damit ab: »Jegliche Tätigkeit, die zur bestimmten Zeit ihr Ende erreicht, erleidet durch das Aufhören keinen Schaden. Ebensowenig erleidet der, der sich hierbei tätig gezeigt hat, durch diese Beendigung einen Nachteil.«[10]

Inzwischen war das Jahr 139 n. Chr. angebrochen, das für Marcus weitere Würden vorsah. Sein Vater verlieh ihm den Titel »Caesar«, der den Thronanwärtern vorbehalten war. Entgegen Hadrians Wunsch wurde nur er damit ausgezeichnet. Seinem Bruder Verus sollte diese Ehre noch nicht zukommen. Er sollte nur vor der Zeit zum Quästor ernannt werden, wohl mit zweiundzwanzig Jahren, während doch das gesetzlich vorgeschriebene Mindestalter fünfundzwanzig Jahre betrug. Marcus' offizieller Name lautete nun: Marcus Aelius Aurelius Verus Caesar. Marcus wurde für das folgende Jahr zum Konsul designiert und sollte damit einer der jüngsten römischen Konsuln werden, jünger noch als ehedem Octavian Augustus. Der Kaiser selbst wollte sein Kollege sein. Er wurde, wie es einem Nachkommen aus dem vornehmsten römischen Haus wohl anstand, auch »princeps iuventutis«, der Führer der Ritterjugend. Und Antoninus ernannte ihn außerdem zu einem der sechs Geschwaderführer der römischen Ritterschaft, der »seviri equitum Romanorum«. Sie wechselten jährlich und richteten am 12. Mai jeden Jahres im Zirkus die Kampfspiele der Ritter aus. Die »ludi sevirales« waren als Teil der Mars-Ultor-Spiele im römischen Festkalender fest verankert. Für dieses Amt suchte die Staatsführung stets nur junge Senatoren aus den angesehensten Familien aus. Sie mußten vor allem gute Reiter sein.

Marcus' erste Auftritte in der Öffentlichkeit beschränkten sich aber nicht auf weltliche Ämter. Sein konservativen Werten und der altrömischen Religion verpflichteter Vater nahm ihn auf Beschluß des Senats auch in die Priesterkollegien auf. Ohne daß es die Vita ausdrücklich erwähnt, trat der junge Prinz wohl allen Priesterschaften bei, während doch jeder gewöhnliche Sterbliche froh sein konnte, wenigstens einer von ihnen angehören zu dürfen.

Auch bei den römischen Gottesdienern gab es eine strenge Hierarchie. Oberste Kultusbehöre war das Collegium Pontificum, Oberpriester der Pontifex Maximus. Er führte mit seinen Kollegen, deren Zahl schwankte, die Aufsicht über den gesamten Gottesdienst. Sein Amtssitz war die Regia auf dem Forum, jene erlauchte Königsburg, die nach dem Glauben der Alten der sagenhafte König Numa Pompilius bewohnt hatte. Den Pontifices folgte das Collegium Augurum, das aus verschiedenen Anzeichen den Willen der Götter erforschte. Bei der Zukunftsdeutung spielten Himmelszeichen, der Vogelflug und die Freßlust der Hühner eine bedeutende Rolle. Das Priesterkollegium der zwanzig Fetialen hütete das Völkerrecht und achtete bei Kriegserklärung und Friedensschluß auf die Einhaltung strenger überlieferter Rituale. Die Viri Sacrorum, seit Sulla eine Priesterschaft von fünfzehn Mitgliedern, befragten die von ihnen streng bewachten Sibyllinischen Bücher, die in geheimnisvollen, uralten Orakeln alles über die Zukunft Roms enthielten. Der letzte römische König, Tarquinius Superbus, hatte sie der Sage nach von der Cumäischen Sibylle gekauft. Allerdings waren die Originale schon 83 v. Chr. beim Brand des Jupitertempels untergegangen und konnten nur teilweise aus Abschriften wiederhergestellt werden. Zu den weniger angesehenen Gremien zählten die Arvalbrüder oder auch die Sodales des Kaiserkultes. Beide waren mit den Gelübden und Opfern für den Kaiser betraut.

Dem von Kindesbeinen an mit dem Gottesdienst vertrauten Kaisersohn dürften auch diese Aufgaben keine Schwierigkeiten bereitet haben.

Für Antoninus war die Zeit ebenfalls nicht stehengeblieben. Schon die einem Kaiser gebührende Beisetzung seines Vorgängers hatte die ganze Kraft eines unerschrockenen Mannes gefordert. Doch blieben die Ereignisse unmittelbar nach Hadrians Tod glücklicherweise Antoninus' einzige Konfrontation mit dem heimischen Senat. Im übrigen ging die Thronfolge ohne Schwierigkeiten und vor allem ohne das bei solchen Anlässen fast schon übliche Blutvergießen vor sich, sehr zur Erleichterung der Senatorenschaft, die sich schneller als sonst mit der neuen Herrschaft zurechtfand. Das lag sicherlich nicht zuletzt an der konservativen Haltung des neuen Staatsoberhauptes, das nicht gewaltsam eigene Regierungsvorstellungen verfolgte, sondern die Politik seines Vorgängers, die der Senat schließlich bewilligt hatte, fortsetzte, ohne nennenswerte Änderungen einzuführen. Man wird dies Antoninus nicht als Bequemlichkeit anlasten dürfen, vielmehr davon auszugehen haben, daß er Personen und Einrichtungen der römischen Verwaltung gründlich prüfte, für gut befand und folglich jede Neuerung für überflüssig hielt.

Roms Würdenträger waren nicht nur einverstanden, sondern dankbar. Drohte ihrer Stellung auf diese Weise doch keinerlei Gefahr. Gute Statthalter erhielten jetzt sogar Gelegenheit, sieben und neun Jahre in ihren jeweiligen Provinzen zu bleiben. Dies war für eine nach einheitlichen Grundsätzen ausgerichtete Provinzialverwaltung überaus nützlich. Nicht selten nämlich hatte der rasche Wechsel der Prokonsuln, Proprätoren und Legaten Unzufriedenheit ausgelöst, da viele von ihnen wegen der kurzen Amtsdauer, in der Regel nur ein Jahr, die Einwohner durch Erpressungen bis aufs Blut auslaugten.

Umgekehrt weist die Verlängerung der Amtszeit darauf hin, wie sicher sich Antoninus des ihm entgegengebrachten Vertrauens sein konnte. Hatte man früher durch die zeitliche Beschränkung dem übermäßigen Machtzuwachs eines Statthalters entgegenzuwirken versucht, so hatte der jetzige Kaiser nichts zu befürchten. Ein besserer Reichsverwalter hätte sich augenblicklich nicht finden lassen. Und jedermann wußte das.

So trat Antoninus, der den Beinamen Pius annahm, am 1. Januar 139 n. Chr. sein zweites Konsulat an. Sein Kollege wurde C. Bruttius Praesens, der damit ebenfalls zum zweitenmal Konsul wurde. Auch er, ein Freund schon von Kaiser Hadrian, gehörte zu den einflußreichen Persönlichkeiten der Stadt. Mehr als ein Menschenalter später sollte seine Enkelin Crispina als Gattin von Marcus' Sohn Commodus seine Familie mit der Kaiserdynastie verbinden.

139 n. Chr. war es auch, als Roms neuer Kaiser den Titel »Pater patriae«, Vater des Vaterlandes, annahm. Dies war eine bei allen Kaisern besonders begehrte Auszeichnung, die üblicherweise jedoch erst nach einer längeren Bewährungszeit verliehen oder doch erst Jahre nach dem Regierungsantritt von einem pflichtbewußten Herrscher angenommen wurde. Hadrian etwa hielt sich erst elf Jahre nach der Thronbesteigung ihrer für würdig. Und von Augustus weiß man, daß er sich sogar – trotz aller inständigen Bitten des Senats – ein Vierteljahrhundert damit Zeit ließ. Weshalb Pius gleich zugriff, nachdem er sich nur ein wenig geziert hatte, ist nicht überliefert. Jedenfalls zeigte er sich für alle Aufmerksamkeiten dankbar, hielt im Senat eine feierliche Rede und ließ sich auch gern weitere Ehrungen gefallen: Standbilder für seine verstorbenen Verwandten etwa oder auch den Titel Augusta, den man für seine Gemahlin bereithielt. Nicht einmal die anläßlich seines Geburtstages gestifteten Zirkusspiele lehnte er ab. Bei allem, was über den ansonsten eher zurückhaltenden Charakter bekannt ist, erstaunt doch die Empfänglichkeit für solche Äußerlichkeiten.

Dennoch konnte sich auch dieser Machtwechsel nicht ganz ohne Änderungen vollziehen. Antoninus schaffte die vier von Hadrian in Italien ins Leben gerufenen Gerichtsbezirke wieder ab und entzog damit die Gerichtsbarkeit der unmittelbaren Kontrolle der Staatsführung. Vor allem der Senat dürfte diese Maßnahme sehr begrüßt haben, da alte Vorrechte wiederhergestellt wurden. Und es muß ebenfalls gleich nach Antoninus' Thronbesteigung gewesen sein, als der Stadtpräfekt Scipio Orfius um seine Entlassung bat. Der antike Biograph nennt weder den genauen Zeitpunkt noch die Gründe für das Rücktrittsgesuch. Doch erscheint Orfius nicht in der Liste der Konsuln der folgenden Jahre, so daß sich die Vermutung aufdrängt, er wollte mit seiner Bitte einer ohnehin beabsichtigten Entlassung zuvorkommen. Zu einem abschließenden Urteil vermag man aber nicht zu gelangen, da die Vorgänge um diese Angelegenheit im dunkeln liegen. Der Prätorianerpräfekt Gavius Maximus hingegen erreichte unter Antoninus eine nahezu zwanzigjährige Dienstzeit, gewiß nicht zu jedermanns Freude, da Maximus ein Mann von außergewöhnlicher Strenge, andererseits aber auch so tüchtig war, daß Antoninus keine Veranlassung sah, ihn abzuberufen.

139 n. Chr. setzte der Kaiser auch einen neuen Statthalter in Britannien ein. Sein Name war Quintus Lollius Urbicus. Er war der Sohn eines Ritters, stammte aus Afrika und vertrat als erster seiner Sippe diese im Senat. Schon unter Hadrian hatte er sich im letzten jüdischen Krieg große Verdienste erworben, war daraufhin zum Konsul ernannt und später zum Statthalter Untergermaniens bestellt worden. Er wurde für die römische Außenpolitik insofern wichtig, als er in Britannien von Hadrians Entscheidungen – sicherlich nicht ohne Einverständnis der Staatsführung – erheblich abwich.

Von Anfang an wurde Marcus zu den Regierungsgeschäften seines Adoptivvaters herangezogen, vor allem aber zu den Sitzungen des Kronrats, in denen die wichtigsten innen- wie außenpolitischen Angelegenheiten besprochen wurden. »Weder über die Provinzen noch über irgendwelche Staatsgeschäfte traf er jemals eine Verfügung ohne vorherige Beratung mit seinen Freunden; auf Grund ihres Gutachtens formulierte er seine Erlasse ...«[11], heißt es von Antoninus Pius.

Den sicherlich wichtigsten Rang der damaligen Provinzialpolitik nahm die Verwaltung des wilden und stets aufmüpfigen Britannien ein. Offensichtlich hatten die britischen Stämme den Regierungswechsel in Rom zu einer erneuten

Erhebung genutzt. Das aber erforderte die Ablösung des alten und die Einberufung eines neuen Statthalters und zugleich ein gründliches Überdenken der bisherigen Provinzialpolitik. Unter Platorius Nepos hatte Hadrian die Grenze zu den unruhigen Pikten durch den nach ihm – und nach ihnen – benannten Wall befestigen lassen, den nördlichsten »limes Imperii«, dem wie seinem germanischen Bruder Kontrollfunktion zukam. Die einhundertzwanzig Kilometer lange Steinmauer durchzog die Insel von Westen nach Osten. Ihr war ein zweieinhalb Meter tiefer und bis zu zehn Meter breiter Graben vorgelagert. Dieser war gegen das Feindesland mit einer Palisadenreihe zusätzlich geschützt. Von ihr weiß die Lokaltradition noch heute zu berichten. Hinter der Mauer lagen in Abständen von sechs bis sieben Kilometern die Kohortenlager. Sie wurden durch kleinere Kastelle und Wachtürme ergänzt. Wie die germanische »Grenzbefestigung« war auch der Hadrians- oder Piktenwall keine unüberwindliche Barriere, als militärische Einrichtung vielmehr ein Annäherungshindernis, das einem einzigen Zwecke diente: der Sicherung des Friedens, was immer Rom darunter verstehen mochte. Zahlreiche Durchgänge, überwachte Tore, ermöglichten eine reibungslose Kontrolle der Wanderungen von Norden nach Süden, die unter seinem Schutz bald einsetzten. Die Höhenlage des Walls bot einen weiten Ausblick. Und auf Grund eines ausgeklügelten Zeichen- und Leuchtsprachesystems konnten geheime Nachrichten von Kastell zu Kastell und in nur sieben Minuten von einer Küste zur anderen weitergegeben werden. Die entlang des Walls verlaufende Straße sicherte die rasche Truppenbewegung und die ungehinderte Versorgung der an der Grenze stationierten Auxilia.

Trotzdem muß sich dieses Grenzsicherungssystem im Laufe der Zeit nicht als die glücklichste aller Lösungen erwiesen haben. Jedenfalls erschien es Antoninus unerläßlich, ein Gremium erfahrener Männer, früherer Statthalter Britanniens zumal, einzuberufen. Er selbst verfügte über keinerlei militärische Erfahrungen und vertraute in diesen Dingen stets auf den Rat von Fachkräften. Von ihnen gab es eine ganze Anzahl, und viele hatten sogar in Britannien gedient und kannten Land und Leute aus eigener Erfahrung. Darunter befanden sich die beiden Prätorianerpräfekten Gavius Maximus und Petronius Mamertinus. Maximus vor allem galt als überaus tüchtiger Soldat und war trotz seiner Strenge und Unbeliebtheit – oder gerade deswegen – einer der einflußreichsten Ratgeber des Hofes. Es ist nicht überliefert, welcher Art die Provokation durch einheimische Stämme war, die Rom veranlaßte, die Grenzpolitik gerade in dieser Ecke des Imperiums neu zu regeln. Der Statthalter Lollius Urbicus wurde angewiesen, den unter Hadrian errichteten Grenzwall aufzugeben. Ob diese Maßnahme unbedingt nötig war, mag dahingestellt bleiben. Man darf aber nicht vergessen, daß die Unterhaltung der Steinmauer laufend hohe Kosten verursachte und sich andererseits die Erschöpfung der römischen Geldmittel allmählich abzeichnete. Vielleicht aber erstrebte man auch nur eine kürzere und damit leichter zu verteidigende Grenze. Nach 150 n. Chr. schob Rom ja auch den germanischen Limes vom Odenwald etwa dreißig Kilometer in das östlicher gelegene Bauland vor, ohne daß sich die Wissenschaft bis heute einen Reim darauf machen konnte.

Der neue Statthalter Britanniens jedenfalls drängte die Barbaren zurück und befestigte im Jahre 142 n. Chr. die Clyde-Forth-Linie, die schon von Tacitus' Schwiegervater Agricola 80 n. Chr. begonnen, doch danach wieder aufgegeben worden war. Die errichtete Mauer reichte von Glasgow bis zur Forthmündung, bestand aus Rasenstücken und war dadurch billiger als ein Steinwall, dafür allerdings aber auch weniger sicher. Der Erfolg in Britannien blieb Antoninus' einzige »Heldentat«, die ihn berechtigte, die Akklamation durch die dort stationierten Truppen entgegenzunehmen. Ein Jahr später, 143 n. Chr., kündeten Münzen aller Welt vom »Imperator Antoninus«. Wie sehr die britannische Frage die Gemüter beschäftigte, mag ein Ausflug von Kaiser und Sohn im Jahre 140 n. Chr. verdeutlichen. Marcus selbst hat davon in einem Brief an seinen Lehrer und Freund Fronto berichtet:

»Wir bogen von der Straße zu den Gütern des Pompeius Falco ab. Dort fiel mir ein Baum mit vielen Zweigen auf. Falco nannte ihn ›Catachanna‹. Ich bewunderte die ungewöhnliche neue Baumart. Denn aus dem Stamm wuchsen Triebe vieler Arten von Bäumen ...«[12] Leider ist die Fortsetzung nicht erhalten. Falco war sicher einer jener römischen Aussteiger, die das beschauliche Landleben dem aufreibenden Dienst am Staate vorzogen. Früher jedoch, noch vor Platorius Nepos, hatte er sich Verdienste als Statthalter Britanniens erworben und im Umgang mit den wilden Briten nützliche Erfahrungen gesammelt. Der römische Kaiser wird sich kaum die Mühe gemacht haben, ihn wegen seiner Veredelungskünste an Bäumen und Pflanzen aufzusuchen. Sicherlich wollte Antoninus Pius fachkundigen Rat für seine Britannienpolitik einholen.

Es gab indessen noch andere, wenn auch weniger gefährliche Kriegsschauplätze während Marcus' Wartezeit. Wieder einmal waren die Mauren unruhig geworden und vom Kaiser gezwungen worden, um Frieden nachzusuchen. Er warf durch seine Statthalter und Legaten auch Erhebungen von Germanen und Dakern nieder. Dakien gehörte zu den jüngsten Provinzen des Imperiums. Es war erst von Trajan nach zwei verlustreichen Kriegen dem Reich einverleibt und unter Hadrian endgültig befriedet worden. Man hatte es in drei Verwaltungsbezirke eingeteilt. Zwei davon unterstanden der Aufsicht von Prokuratoren, die über keine Legionstruppen verfügten. Die Unruhen hatten in einem Teil Dakiens nun ein so gefährliches Ausmaß angenommen, daß sich die Staatsführung genötigt sah, Legionen an den Unruheherd zu entsenden. Die Lage muß ernst gewesen sein. Denn normalerweise durften Legionen nur einem Senator unterstellt werden. Doch wollte oder konnte Antoninus den Prokurator nicht entmachten und verlieh ihm deshalb besondere Vollmachten als »pro legato«. Damit aber mußte er zwangsläufig die Privilegien der Senatorenschicht beschneiden. Das tat er nur selten und nur äußerst ungern. Übrigens war der Prokurator ein naher Verwandter von Q. Marcius Turbo, dem pflichtbewußten Prätorianerpräfekten Hadrians, den dieser schon 118 n. Chr., ebenfalls mit Sondervollmachten ausgestattet, nach Dakien entsandt hatte, um gegen Aufständische einzuschreiten. Die Historia Augusta spricht noch kurz von aufrührerischen Juden und von Unruhen in Achaia und in Ägypten. Doch bereitete es Rom keine Schwierigkeiten, auch diese zu unterdrücken. Ansonsten aber erfreuten sich Römer und Nichtrömer eines so anhaltenden Friedens, wie ihn das Reich nie zuvor erlebt hatte.

Freilich widersprach diese Art Friedenspolitik den großen römischen Traditionen, unter denen kriegerische Ereignisse immer den ersten Rang eingenommen hatten. Und die stets im Rückblick schreibende Geschichtswissenschaft würde dereinst diese Epoche beinahe mit Schweigen übergehen. Ja es sollten Gelehrte sogar von einer geschichtslosen Zeit sprechen.

8. KAPITEL

Schüler des Antoninus

Noch hatten die römischen Waffen ihren erschreckenden Klang nicht verloren. Der erneute Ausbruch eines Krieges mit Parthien, dem alten, noch immer unbezwungenen Erbfeind Roms, wurde wohl nur durch eine Demonstration der Stärke – einen Truppenaufmarsch entlang der Grenze des Partherreiches – vermieden. Doch weitaus größere Triumphe als Mars feierte in jenen Tagen die Diplomatie. Hierin übertraf der weise Monarch womöglich noch seinen Vorgänger. Glaubt man der antiken Überlieferung, brachte der König der kaukasischen Iberer, Pharasmanes, anläßlich eines Staatsbesuches im Jahre 140 n. Chr. in Rom Kaiser Antoninus größere Achtung entgegen als vormals dem wegen seines Verhandlungsgeschicks vielgerühmten Hadrian. Tatsächlich scheint auch der neue Kaiser durch den Eindruck einer versöhnlichen, dafür aber nicht weniger unnachgiebigen Persönlichkeit das Imperium vor manchem Blutvergießen bewahrt zu haben.

Münzen kamen in Umlauf, die die denkwürdige Aufschrift »Rex Armenis datus« trugen. Die stets unruhigen Armenier erkannten demnach einen römischen Kandidaten auf ihrem Thron an. Sie waren aber nicht die einzigen, die einem kaiserlichen Vorschlag widerspruchslos folgten. Auch die Quaden gaben sich fürs erste mit dem von Rom bestimmten Throninhaber zufrieden (doch nur, um unter Marc Aurel um so heftiger ihrem Widerwillen gegen die Unterdrücker Luft zu machen). Und auch dieses Ereignis wurde auf den Reichsmünzen entsprechend gefeiert.

Welch nachhaltigen Eindruck die ungewohnte Friedensliebe der auf Trajan folgenden Adoptivkaiser auch bei späteren Generationen hinterließ, mag das hohe Lob verdeutlichen, das Iulius Capitolinus, einer der Vitenschreiber der Historia Augusta, noch an der Wende vom dritten zum vierten

Jahrhundert der kaiserlichen Diplomatie zollte. Er rühmt Antoninus Pius als Schlichter von Streitigkeiten auswärtiger Könige. Er spricht von Antoninus' Ansehen, das auch im Ausland dasjenige aller anderen Römer übertroffen habe. Dabei kann der antike Biograph die Verwunderung darüber nicht verhehlen, daß dieses Ansehen durch ein unbedingtes Bekenntnis zur Friedensidee begründet worden war: »... wiewohl er allezeit von solcher Friedensliebe beseelt war, daß er Scipios Ausspruch, ihm liege mehr am Leben eines einzigen Bürgers als am Tod von tausend Feinden, im Munde führte ...«[1]

Seinen vorbehaltlosesten Bewunderer aber fand Antoninus in seinem Sohn, der noch im Alter der glücklichen Tage am Hofe des Fürsten und Vaters gedachte. Wenn je eine gesetzlich begründete Vaterschaft auch ein herzliches Vater-Sohn-Verhältnis einleitete, so geschah dies damals zwischen Marcus und Hadrians Sohn, dem ursprünglich nur die Rolle des Platzhalters zugekommen war, der sich seiner untergeordneten Bedeutung auch stets bewußt blieb und dennoch den, der ihm nachfolgen sollte, nicht haßte.

Marcus seinerseits unterließ alles, was die guten Beziehungen zu dem ihm verordneten Vater hätte trüben können. Selten nur durfte sich ein Lehrmeister eines so gelehrigen und aufmerksamen Schülers, ein Vater eines so bedingungslos gehorsamen Sohnes erfreuen. Und es ist nur allzu verständlich, daß dieses ungetrübte Einvernehmen manchem mißfiel. Die Vita weiß von »Ohrenbläsern« zu berichten, die gegen Marcus zu intrigieren versuchten. Namentlich wird ein gewisser Valerius Homullus genannt, der einmal Marcus' Mutter Lucilla im Park vor dem Apollonheiligtum knien sah. Er wollte dem Kaiser einreden: »Jetzt betet sie um deinen Tod, damit der Platz für ihren Sohn frei wird.« Homullus war wegen seiner spitzen Zunge berüchtigt, die nicht einmal den Kaiser respektierte. Als dieser einmal in seinem Hause zu Besuch weilte und die Säulen aus Porphyr bewunderte, erkundigte er sich, woher sie stammten. »Kommst du in ein fremdes Haus, dann sollst du stumm und taub sein«, lautete die freche Antwort. Der Gastgeber hatte Glück, daß er an Antoninus geraten war, denn der nahm die Dreistigkeit gelassen hin. Ebensowenig Erfolg hatte Homullus aber auch mit seiner Äußerung über Domitia Lucilla, die angeblich um Antoninus' Tod betete. Marcus' Zurückhaltung ließ keinen Argwohn aufkommen. In den dreiundzwanzig Jahren, die er mit Antoninus zubrachte, gewann ihn dieser immer lieber. Antoninus Pius hat in einem Brief an Fronto einmal geäußert, er zöge ein Leben auf Gyara (einer Insel der Ägäis, auf die man gelegentlich Verbannte schickte) mit seiner Tochter Faustina einem ohne sie im Kaiserpalast vor. Ebenso wollte er auch auf diesen ihm vom Schicksal gesandten Sohn nicht mehr verzichten. Der Tod hatte in den Reihen seiner leiblichen Kinder reiche Ernte gehalten und schließlich nur Faustina zur Freude seines Alters übriggelassen. Doch dann hatte ihm ein gnädiger Himmel diesen Jungen gesandt, der ihm Sohn und Freund und zugleich die stärkste und verläßlichste Stütze seines Alters wurde.

Man hätte Antoninus tatsächlich den glücklichsten aller Menschen nennen können, die je eine Krone trugen, wären nicht auch sein Leben und seine Herrschaft von Leid überschattet worden.

Schon im dritten Jahr seiner Regierung – der genaue Zeitpunkt ist allerdings unbekannt – starb seine Gattin Faustina. Nur kurz hatte die Kaiserin ihre neue Würde genießen dürfen. Der römische Klatsch sagte ihr nicht viel Gutes nach, lobte ihre Schönheit und stieß sich an ihrer mangelnden Treue. Aber der weise Monarch überging das Gerede stillschweigend und ehrte ihr Andenken, wie kaum das einer ihrer Vorgängerinnen geehrt worden war. In Faustinas Namen und zu ihrem Gedächtnis wurde ein Fonds zur Unterstützung und Ausbildung armer Mädchen gegründet. Zirkusspiele sollten an sie ebenso erinnern wie Standbilder aus Gold und aus Silber. Der Witwer selbst gestattete, daß ihr Bild künftig bei allen Zirkusspielen aufgeführt wurde. Die Tote wurde unter die Götter Roms erhoben, während an der Nordseite des Forums einer der schönsten Tempel der sich neigenden Römerzeit entstand. Noch heute trägt sein Architrav aus weißem Marmor die Inschrift: DIVAE FAUSTINAE EX S(enatus) C(onsulto), stehen auf hohem Unterbau die aus mächtigen Steinquadern errichteten Seitenwände der Cella. Schlanke Marmorsäulen mit korinthischen Kapitellen sind durch Architrav und Fries miteinander verbunden. Greifen, Kandelaber und Pflanzenornamente schmückten einst reich den Fries. An der Vorderfront wurde er aber noch im Altertum abgeschlagen. Man brauchte Platz für den Namen des Antoninus Pius, »damit er über dem auf dem Architrav verewigten Namen der Faustina stehe«.[2] Genau zwanzig Jahre später folgte der göttlichen Faustina der kaiserliche Gemahl. Und der Senat beeilte sich, diesem besten aller Herrscher das Heiligtum ebenfalls zu weihen. Seither trägt es beider Namen. Faustina erhielt auch Eigenpriesterinnen, und Konsekrationsmünzen zeigen die Verstorbene, die ein Adler auf ausladenden Schwingen in himmlische Sphären entführt.

Nur den Vorschlag des Senats, die Monate September und Oktober in Antoninus und Faustinus umzubenennen, lehnte der Kaiser ab. Dies schien ihm denn doch zuviel der Ehre. Vielleicht aber wollte er auch nicht mit Caesar und Augustus, dem Begründer des Prinzipats, gemessen werden. Zweifellos hatten sie beide für Rom fast mehr als Menschenmögliches getan. Aber er, der erklärte Kriegsgegner, hatte nie beansprucht, mit ihnen zu wetteifern. Welten trennten jene Eroberer von ihm, dem Monarchen im Bürgergewande, dem Privatmann auf dem mächtigsten Thron der zivilisierten Welt.

Antoninus heiratete nicht mehr, sondern begnügte sich fortan mit den Diensten und der Gesellschaft einer Konkubine. Sie war eine Freigelassene seiner Frau, namens Galeria Lysistrate. Er scheint jedoch auf eine weitere Eheschließung nicht nur aus Achtung der verstorbenen Augusta gegenüber verzichtet zu haben. Der hochgewachsene und gutaussehende Mann war zwar kein Jüngling mehr, dem Alter nach und vor allem nach römischem Verständnis eher ein Greis. Dennoch dürfte er gewesen sein, was wir heute einen Mann in den besten Jahren nennen würden. (Tatsächlich sollte er ein für damalige Zeit ungewöhnlich hohes Alter erreichen.)

Aus einer neuen ehelichen Verbindung wären womöglich Kinder hervorgegangen, und das hätte leicht zu Verwirrungen und Mißverständnissen in der Thronfolge führen können. Antoninus Pius war durch die Anordnungen Hadrians gebunden. Und er fühlte sich nicht weniger seinem von den Göttern gesandten Sohn verpflichtet. Schon zu seinen Gunsten und im Interesse der Staatsräson empfahl es sich, alle privaten Belange zurückzustellen.

Gegen Ende seiner Regierungszeit soll Lysistrate den Kaiser bei der Besetzung wichtiger Posten übrigens sehr beeinflußt haben. Vielleicht war sie eine kluge und gebildete Frau. Oder zeigte sich Antoninus im Alter Einflüsterungen zugänglicher als in jüngeren Jahren? Jedenfalls verursachte seine Hörigkeit einen Skandal, wenn man sich auch sonst über sein Liebesleben nicht beklagen konnte. Es ist weder von weiteren Beziehungen noch von homosexuellen Neigungen des Kaisers etwas bekannt. Wenn er sich überhaupt Lustknaben hielt – was im Altertum als griechisches »Kulturgut« im Grunde nicht als unschicklich galt –, so verstand er es doch ausgezeichnet, sie vor den neugierigen Blicken der Welt zu verbergen. Wahrscheinlich aber war er ein ganz normal veranlagter Bürger, der sich auch sexuell keine Ausschweifungen gestattete und mit dem, was ihm das Schicksal Tag für Tag zugedachte, durchaus zufrieden war.

Indessen blieb auch der Herrscher Antoninus von Unheil nicht verschont. Böse Vorzeichen wiesen zudem auf eine wenig hoffnungsvolle Zukunft hin. Erdbeben vernichteten Städte auf Rhodos und in Kleinasien, der Deus Tiberinus trat wieder einmal erzürnt über die Ufer. Hungersnöte quälten Rom und forderten Geduld und Geschick der Staatsführung heraus. Und wie so oft wurde die Stadt von einer Feuersbrunst heimgesucht, die dreihundertvierzig Wohnhäuser in Schutt und Asche legte. Großbrände gab es auch anderswo. In Antiochien etwa oder in Karthago, wo sogar das Forum ein Raub der Flammen wurde.

Doch verbreiteten solche Katastrophen keinen lähmenden Schrecken, denn sie kehrten in mehr oder weniger regelmäßigen Abständen wieder, und man könnte fast vermuten, der Mensch des Altertums habe ihnen weit weniger hilflos gegenüber gestanden, als das heute bisweilen der Fall ist.

Weitaus mehr fürchtete man sich dagegen vor jenen ungewissen Omina, die nahes Unheil ankündigten. Ein Komet galt beispielsweise als untrügliches Zeichen für bevorstehenden Krieg. Auch unter Antoninus' Regierung erschien einer am Himmel. Denkt man an die zahlreichen Prüfungen, die Marc Aurel zu bestehen hatte, ist man geneigt, dem alten Aberglauben recht zu geben. Es wurde ein Kind mit zwei Köpfen geboren, eine andere Frau brachte Fünflinge zur Welt. Rasch verbreitete sich auch das Gerücht von einer ungewöhnlich großen, mit einem Kamm versehenen Schlange, die jemand in Arabien gesehen haben wollte, und die sich, beim Schwanz beginnend, angeblich selbst auffraß. Dort gab es übrigens auch eine Seuche. Und in Mösien schließlich wuchs Gerste in den Baumwipfeln. Nur die unsterblichen Götter konnten wissen, was solche Launen der Natur zu bedeuten hatten.

Mochten die Staatsführung und auch der Kaiser persönlich von solchem Gerede nichts halten, Wunderzeichen waren als glück- oder unglückbringende Omina im Bewußtsein des Volkes doch so tief verwurzelt, daß mancher bang in die Zukunft blickte. Die römische Welt hatte sich einer einzigartig langen Friedensepoche erfreut. Die geschichtliche Erfahrung jedoch hatte gelehrt, daß der Preis für solches Glück stets unermeßlich hoch war. Rom würde sogar mit seinem Untergang dafür bezahlen müssen. Doch damit rechnete im Augenblick noch niemand.

Es muß ebenfalls um jene Zeit, nämlich zwischen 140 und 143 n. Chr., gewesen sein, als einer von Marcus' Lieblingslehrern, Herodes Atticus, in eine peinliche Situation geriet. Einige seiner athenischen Mitbürger hatten ihn der Habgier, der Grausamkeit, der Pietätlosigkeit gegenüber seinem Vater und sogar des Mordes angeschuldigt. Atticus, immer noch einer der reichsten und angesehensten Männer des Imperiums, sollte sich nun vor einem römischen Gericht verteidigen. Mit Bedacht hatten die Ankläger Fronto, den besten Anwalt Roms, zu ihrem Wortführer gewählt. Hierdurch allerdings sah sich Marc Aurel in eine schreckliche Lage gebracht. Ausgerechnet die beiden Männer, denen er ein Gutteil seines Wissens und seiner Erziehung verdankte und denen er beiden gleichermaßen freundschaftlich verbunden war, als Gegner vor Gericht, den Blicken und der Kritik einer neugierigen Öffentlichkeit schutzlos preisgegeben! Gewiß wäre es für Marcus eine Kleinigkeit gewesen, sich an seinen kaiserlichen Vater zu wenden und ein Verbot dieser Anklage zu erwirken. Doch er wählte einen anderen Weg. Man durfte den rechtsempfindlichen Römer nicht verprellen. Kaum hätte er Verständnis dafür aufgebracht, daß sich ein Freund des Kronprinzen den Gesetzen entziehen konnte, wo sich doch jeder normale Quirite zu verantworten gehabt hätte. Da die Anschuldigungen aber in wesentlichen Punkten offensichtlich aus der Luft gegriffen waren, wie der Ausgang des folgenden Prozesses bewies, durfte er nichts unversucht lassen, wenigstens auf Fronto mäßigend einzuwirken. Diesen hatte wohl irgend etwas im Zusammenhang mit der Anklage verärgert, und es bestand Gefahr, daß er hier mehr persönlichen Gefühlen ihren freien Lauf lassen als der Gerechtigkeit dienen würde. Zwischen Fronto und ihm bestand seit langem ein reger Briefwechsel, und es verband beide eine innige und herzliche Freundschaft. Um so mehr muß es erstaunen, daß der Lehrer nicht mit allen Einzelheiten aus Marcus' Leben vertraut war. Er wußte jedenfalls nicht – oder gab doch zumindest vor, es nicht zu wissen –, daß Marcus mit Herodes Atticus ebenfalls freundschaftliche Bande geknüpft hatte.

Höflich und für einen Prinzen und den designierten Thronfolger des römischen Reiches fast ein wenig zu untertänig, wo doch ein einfacher Befehl genügt hätte, bat Marcus »seinen lieben Fronto« um den bisher vielleicht »größten Gefallen«: »Die Verhandlung, bei der die Leute nicht nur deiner Rede wohlwollend zuhören, sondern auch jeden

Ausdruck des Unmuts übel vermerken werden«, schreibt er in einem ausführlichen Brief, »rückt immer näher.«[3] Zwar gäbe es keinen, der dem Staranwalt Roms einen Rat geben dürfe. Und doch! Wer ihm weniger wohl gesinnt sei, warte nur darauf, daß sich Fronto selbst untreu würde. Seine Freunde aber müßten sich dem Verdacht aussetzen, den Gegner zu begünstigen, wenn sie ihm abrieten, die Anklage so zu führen, wie es das Recht verlange. Dennoch wage er, Marcus – und man möge ihn deshalb für einen unbedachten Ratgeber oder gar einen Grünschnabel halten –, seinem Freund zu raten. Doch nein, es sei eine Gunst, die er sich erbitte, dringend erbitte. Und selbstverständlich könne der Gebetene, würde er sie gewähren, seinerseits über den Bittsteller verfügen.

Was der Schüler seinem Lehrer schließlich zu bedenken gibt, mag einmal mehr auf die ausgleichende Art seines Charakters hinweisen. Der nach dem Kaiser erste Mann im Staate ging Konflikten gerne aus dem Wege, wenn sie sich denn vermeiden ließen. Niemals beharrte er auf seinem Recht. Ihm zugefügtes Unrecht ertrug er mit Schweigen, oder er sah darüber hinweg, auch hierin ganz gelehriger Sohn eines weisen Vaters und bedingungsloser Anhänger der stoischen Philosophie.

»Aber du wirst sagen: Soll ich denn nicht, wenn mich jemand angreift, ihm mit gleicher Münze heimzahlen? Nur noch größeren Ruhm wird es dir bringen, wenn du auf die Angriffe nicht eingehst.« Er selbst habe Herodes Atticus gebeten, damit nicht zu beginnen, und er glaube, daß seine Bitte erfüllt werde. »Denn ich liebe euch beide«, bekennt er, eingedenk der Verdienste, die sie sich beide um ihn erworben hätten. »... und ich vergesse nicht, daß er im Hause meines Großvaters Publius Calvisius aufgewachsen ist und ich bei dir erzogen wurde.« Viel läge ihm deshalb daran, die peinliche Angelegenheit aus der Welt zu schaffen. »Ich hoffe, du billigst meinen Rat, denn meinen guten Willen wirst du sicher gutheißen.« Auf jeden Fall wolle er lieber Mangel an Klugheit zeigen, indem er sich ausspreche, als Mangel an Freundschaft, indem er schweige. »Leb wohl, mein Fronto, mein teuerster und liebevollster Freund«, schmeichelt er zum Abschied.

Man sollte meinen, daß sich Fronto beeilte, der Bitte des kaiserlichen Freundes so rasch wie möglich nachzukommen. Der Ton des Briefes hatte dem großen Redner sicherlich geschmeichelt. Und doch antwortete er zunächst geschickt ausweichend, um am Ende seines Schreibens festzustellen, daß ihm im Interesse der Gerechtigkeit gar nichts anderes übrigbliebe, als gegen Atticus vorzugehen, wie es dessen Verbrechen geboten.

»Fronto an Caesar, meinen Herrn«, beginnt er und versucht gleich, auch seinerseits dem künftigen Kaiser zu gefallen. Marcus habe mehr Verstand als mancher viel ältere Mensch. Es sei unangebracht, wenn er sich für einen Grünschnabel oder einen unbedachten Ratgeber halte. Davon könne keine Rede sein. Er selbst sei übrigens ebenfalls der Auffassung, daß es keinen Sinn habe, um diese Sache allzuviel Wind zu machen. Er jedenfalls habe nicht gewußt, daß Marcus auch Herodes zu seinen Freunden zähle. Und er würde selbstverständlich niemals wagen, auch nur ein Wort gegen einen Freund des Prinzen zu sagen ...

Dennoch erlaube er sich, auf die Schwierigkeit seiner Lage hinzuweisen. Wie solle er sich verhalten, wo doch die Fakten des Falles – »und sie sind wirklich ganz furchtbar!« – geradezu nach Aufklärung schrien? Solle man etwa verschweigen, »daß freie Menschen brutal niedergeschlagen und ausgeplündert worden sind und daß einer sogar umgebracht wurde. Es muß von einem lieblosen Sohn gesprochen werden, der die Bitten seines Vaters mißachtet. Grausamkeit und Habgier sind anzuprangern. In der Verhandlung muß ein Mann des Mordes überführt werden ...« Marcus solle ihm raten, ob er dem Angeklagten nach Kräften zusetzen oder die Anklagepunkte nur in abgeschwächter Form vorbringen solle. Er könne jedoch jetzt schon versprechen, daß er nichts über Herodes Atticus' Charakter und seinen sonstigen Lebenswandel vorbringen, sondern sich auf das beschränken werde, was unmittelbar zur Rechtsfindung beitrage. »Wenn du jedoch glaubst, ich sollte meiner eigenen Partei dienen, so mache ich dich jetzt schon darauf aufmerksam, daß ich die Gelegenheit, die mir der Prozeß bietet, nicht einmal rücksichtslos auszunutzen brauche, denn die Verbrechen sind gräßlich und müssen gräßlich dargestellt werden. Besonders die Sache mit den Leuten, die man niedergeschlagen und ausgeraubt hat, werde ich so schildern, daß sie nach Gift und Galle schmeckt.« Es würde Herodes Atticus schließlich nicht gleich umbringen, wenn man ihn ein ungebildetes Griechlein schimpfe ...

Gleich darauf folgte ein weiterer Brief, weil Fronto eingefallen war, in dem Prozeß könnten auch andere wenig Erfreuliches über den Angeklagten berichten. Er nennt in diesem Zusammenhang drei weiter nicht bekannte Männer, die ebenfalls beauftragt seien, vor Gericht auszusagen. »Sieh dich daher vor und denke nicht, daß ich der einzige bin, der damit zu tun hat.« Obwohl Fronto eigentlich auf seinem Standpunkt beharrte, unbeeinflußt und ohne Rücksicht seiner Pflicht als Anwalt nachzukommen, gab sich Marcus dennoch erleichtert. Vor allem freute es ihn, von dem angesehenen Lehrer nicht als Besserwisser und aufdringlicher Jüngling abgefertigt zu werden. Man betrachtete ihn als Mann, dessen Rat gutgeheißen wurde (wenn man auch nicht geneigt war, diesen zu befolgen). Marcus erlaubte sich daher, weiter zu empfehlen: »Alles, was zu der Sache gehört, die du vertrittst, muß natürlich vorgebracht werden. Alles, was deine privaten Gefühle angeht, sollte, auch wenn du recht hast und gereizt worden bist, dennoch ungesagt bleiben.« So werde Fronto seine Selbstachtung nicht verlieren. Die anderen aber könnten reden, was sie wollten.

Wieder ist Frontos Antwort recht eindeutig. Vordergründig zeigte er sich mit Marcus' Vorschlag einverstanden, erklärte aber, sein Blick werde trotzdem streng sein, seine Stimme werde grollen, »und es werden harte Worte fallen; und um meinen Zorn zu zeigen, werde ich mit dem Finger dahin und dorthin deuten«.

Der lange Briefwechsel hatte also in der Sache nichts bewirkt, wie es schien. Der Prozeß nahm seinen Lauf. Einzelheiten darüber sind leider nicht überliefert. Eine Zeitlang wurde die Angelegenheit zwischen Marcus und Fronto nicht mehr erwähnt. Doch scheint der Vertreter der Ankläger in der Verhandlung dann doch sehr fair vorgegangen zu sein, denn einmal noch kommt Marcus in einem seiner Briefe kurz darauf zurück. »Was deine Rede gegen Herodes betrifft, so fahre fort wie bisher, ich bitte dich darum; wie unser Quintus (Ennius) sagt, beharre in hartnäckiger Beharrlichkeit!« Was Frontos Sinneswandel auslöste, ist allerdings nicht bekannt.

Offensichtlich hatte Marcus versucht, die beiden Kontrahenten einander näher zu bringen. »Herodes liebt dich«, schrieb er später an Fronto. »Und ich tue mein Bestes in dieser Beziehung, und überhaupt, wer dich nicht liebt, der begreift weder mit dem Herzen noch sieht er mit den Augen ...« Fronto hingegen vergleicht seinen kaiserlichen Schüler mit dem versöhnlichen Orpheus, der wilde Tiere und Löwen mit der Leier bändigte. Marcus übertreffe sogar den thrakischen Sänger. Denn weitaus schwieriger, als das Wild zu zähmen, sei es, alle seine Freunde in Eintracht zu vereinen. Allerdings sei Marcus auch das nicht allzu schwer gefallen. Schließlich habe er schon von Geburt an alle Tugenden besessen, in denen andere erst unterwiesen werden mußten. »... schon bevor du alt genug für einen Unterricht warst, warst du vollkommen in allen Künsten, warst ein guter Mann noch vor deiner Jugendzeit, im Reden geübt noch vor dem Mannesalter.« Tatsächlich war die Kunst des Menschenfanges dem angehenden Kaiser Roms niemals fremd. Schon dem Kind war es mühelos gelungen, eine staunende Verwandtschaft in seinen Bann zu ziehen. Und noch fast einhundertfünfzig Jahre nach seinem Tod gedachte seiner der bewundernde Biograph: Bislang habe »anscheinend nicht einmal die Phantasie von Schmeichlern einen Herrscher seinesgleichen zu schauen vermocht ...«[4]

Es kann natürlich auch nicht ausgeschlossen werden, daß sich viele der gegen Atticus erhobenen Vorwürfe nicht halten ließen und Fronto erkannte, daß er weitgehend seinem eigenen Unwillen erlegen war. Kein weiterer Brief aus jener Zeit geht nochmals auf die leidige Angelegenheit ein. Erst viel später wird sie von Fronto wieder kurz erwähnt. Wir wissen daher nicht, wie das Verfahren ausging, ob Atticus einen Freispruch erwirkte oder mindestens in einigen Punkten nicht im Sinne der Anklage überführt werden konnte. Was den Vorwurf der Pietätlosigkeit gegen seinen Vater betrifft, glaubt die Wissenschaft, man habe den reichen Griechen zwingen wollen, ein von seinem Vater dem Volk von Athen ausgesetztes Legat zu erfüllen, das er aber offenbar einbehalten wollte. »Wenn er wegen einer derartigen Sache verurteilt wurde, so konnte ihn das zwar finanziell schädigen, ihm sonst jedoch nicht viel anhaben. Aber die Anklage wegen Mordes muß erfolglos gewesen sein ...«[5]

Warum sonst hätte man Herodes Atticus in der Folgezeit mit Ehrungen geradezu überhäuft? Man wollte offensichtlich sein angeschlagenes Ansehen wiederherstellen, als man ihn für das Jahr 143 n. Chr. zum Konsul ernannte. Übrigens wurde auch Fronto in diesem Jahr Konsul, allerdings nur »consul suffectus« (nachgewählter Konsul). (Fronto erscheint deshalb in den Annalen nicht. Das Jahr 143 n. Chr. ist als das Jahr, da Torquatus und Herodes Konsuln waren, vermerkt.) Dennoch wirkte Roms größter Redner über diese Zurücksetzung keineswegs verbittert. Vielleicht hatte er erkannt, daß man dem Griechen in vieler Hinsicht Unrecht zugefügt hatte und wollte nun auch sein Scherflein dazu beitragen, den Freund des künftigen Kaisers für die erlittene Schmach zu entschädigen. Im Gegensatz zu Herodes Atticus, der als Sohn eines Konsulars sozusagen über ein ererbtes Vorrecht auf diese Würde verfügte, lag Frontos einziger Verdienst um den römischen Staat darin, daß er die Prinzen Marcus und Verus erzogen und in der in Rom allerdings hochgeachteten Redekunst unterwiesen hatte. Niemals hatte er an der Spitze eines Heeres gestanden, keine Provinz verwaltet oder auch nur zur Mehrung von Roms Ansehen sein Leben gewagt. Im Grunde war er nach der tradierten, aber immer noch gültigen Auffassung viel weniger Römer als der gemeinste Legionär, der doch immerhin auf den feindlichen

Schlachtfeldern für Rom dem Tod ins Auge sah. Er erkannte wohl selbst, daß für seinen Einsatz das Konsulat vielleicht zuviel der Ehre war, und schob seine Hervorhebung der übergroßen Liebe zu, die Marcus für ihn empfand und die einem neuzeitlichen Menschen fast ein wenig sonderbar anmutet: »Was hat denn dein Fronto so Großes getan, daß du ihn so liebst?« fragte er in einem Brief. »Hat er etwa für dich oder deine Eltern sein Leben gewagt? Hat er an eurer Stelle Gefahren durchgemacht?« Marcus' Mutter sage bisweilen scherzhaft, sie sei auf Fronto eifersüchtig, weil er von ihrem Sohn gar so sehr verehrt werde.

Auch Marcus kann darauf kaum eine Antwort gefunden haben. Er ließ sich einfach von seinen Gefühlen treiben. Das allerdings verwundert um so mehr, als er – etwa im Alter von fünfundzwanzig Jahren – beschloß, sich ganz der Philosophie hinzugeben und allen anderen Wissenschaften, besonders aber der Redekunst, für die doch sein Freund als wandelndes Symbol galt, als eitlen Beschäftigungen den Rücken zu kehren.

Consul ordinarius oder consul suffectus? Was spielte es letzten Endes für eine Rolle? »Mein Fronto, erlauchtester Konsul!« konnte der designierte Erbe des römischen Reiches nun seinen Lehrer anreden. Und ihm, der nicht frei von Eitelkeit war, sich aber längst an »mein innigstgeliebter Freund« oder auch an »mein süßester Herr« gewöhnt hatte, wird der neue Gruß besonders gefallen haben. Fronto war auch für die zweimonatige Amtszeit dankbar und drückte seinen Stolz und seine Zufriedenheit in einer Rede aus, die er vor dem Senat hielt und die wahre Begeisterungsstürme ausgelöst haben muß. Denn er hatte nichts übereilt, vielmehr alles wohl bedacht, »weil ich mich einer feierlichen Pflicht niemals bei der ersten Gelegenheit und aufs Geratewohl entledigen möchte«.[6] Er hatte jedes Wort erwogen und konnte deshalb erst an den Iden des August vor das erlauchte Gremium der versammelten Väter treten. Als bevorzugter und vielbeschäftigter Anwalt Roms hatte es stets zu seinem Pflichtenkreis gehört, für andere zu reden. Nun bot sich einmal die Gelegenheit, in eigener Sache zu plädieren. Und Fronto scheint dieser Pflicht mit Genuß nachgekommen zu sein.

Entsprechendes Lob war ihm auch gewiß, nicht nur von Marcus, der eingestand: »Diese Rede von dir ist schauderhaft – gut geschrieben!« Der Kaiser selbst bekannte in einem Brief:

»Du hast eine großartige Leistung vollbracht, da es dir gelungen ist, diesem abgedroschenen und immer wieder behandelten Thema eine neue Seite abzugewinnen ... Ich möchte nicht in den Fehler verfallen, dir dein wohlverdientes Lob vorzuenthalten, nur weil ich fürchte, das Lob, mit dem du mich bedacht hast, übermäßig zu loben. Kurz, du hast dich deiner Aufgabe mit Anstand und in sehr passender Weise entledigt, und dafür gebührt dir – vom Thema deiner Rede ganz abgesehen – alle Ehre. Doch dazu, mir deine Gesinnung zu zeigen – dazu hat sie wenig beigetragen. Denn daß du alle meine Taten und Worte aufs günstigste auslegst, war mir bereits wohl bekannt. Leb wohl, mein liebster Fronto!«[7]

Größere Anerkennung wurde kaum einem anderen Zeitgenossen zuteil.

Der vielbewunderte Redner sollte übrigens bald erfahren, daß Würde auch Bürde mit sich bringt. Er, der wegen seiner geschwächten Gesundheit ein Gutteil seines Lebens auf dem Lande verbracht hatte, begann sich alsbald von der Hauptstadt wieder fortzusehnen. Sein Amt verlangte aber die Anwesenheit in Rom. So konnte er nicht einmal zu Domitias Geburtstag reisen, der gerade in seine kurze Amtszeit fiel und den die kaiserliche Familie fernab der Staatsgeschäfte im mondänen Neapel feierte. Frontos Bruder hingegen folgte der Einladung, und auch Gratia, Frontos Gattin, versäumte nicht, der geachteten Mutter des künftigen römischen Kaisers ihre Aufwartung zu machen. Fronto beklagte sich bei seinem Schützling: »... Ich sitze in Rom fest, mit goldenen Fesseln gebunden! Ich warte auf die Kalenden des September wie die Abergläubischen auf den Stern, bei dessen Erscheinen sie ihre Fasten beenden dürfen ...« Er meinte damit die Juden und ihre Bräuche.

Wieviel lieber wäre Marcus' Redelehrer ans kühlende Meer geeilt! Doch er mußte sich mit einem Geburtstagsbrief begnügen. Er schrieb ihn auf griechisch und sparte nicht mit Komplimenten, für die er die gefälligsten Worte wählte. »Von überall her«, meinte er, »hätten Frauen kommen müssen, um deinen Geburtstag festlich zu begehen. Zuerst die Frauen, die ihre Männer und Kinder lieben und tugendhaft sind, dann die, die ohne Lug und Trug sind, darauf alle, die gütig und freundlich und leutselig und bescheiden sind, und viele andere mehr ... da du alle diese Tugenden in dir vereinst.«[8]

Das hohe Lob mag vordergründig berechnend erscheinen, Domitia Lucilla gehörte nach unserer Kenntnis aber tatsächlich zu den untadeligsten Frauen ihrer Zeit.

9. KAPITEL

Marcus Cornelius Fronto

Viel war inzwischen von Fronto die Rede, dem hervorragenden römischen Rechtsgelehrten und Redekünstler, Erzieher des Prinzen und innigen Freund des Kaiserhauses. Es lohnt sich sicherlich, bei ihm ein wenig zu verweilen. Denn wie kaum einer seiner Mitbürger gilt er noch heute als Sohn seiner Zeit, jener sich neigenden Glanzepoche, die durch Beschwörung des Althergebrachten römische Wesensart noch einmal erneuern und für die Zukunft bewahren wollte.

In nahezu tausend Jahren hatte Rom einen einzigartigen Wandel durchgemacht. Es hatte sich vom bescheidenen Mittelpunkt eines winzigen Bauernstaates zur stolzen Beherrscherin der zivilisierten Welt entwickelt, doch dabei gleichzeitig eine sittliche und kulturelle Veränderung erfahren, die bei manchem Ängste auslöste.

Sehnsüchtig blickten die Weisen des zweiten nachchristlichen Jahrhunderts auf Cato zurück, den strengen Mahner, den schon Cicero idealisiert hatte und den sich nun auch dessen »Urenkel« Marc Aurel zum Vorbild nahm. Jahrhunderte sahen in Cato nun schon den Römer der Republik schlechthin, den tiefen Wirker auf die römische Geschichte, der freilich erst in der Verklärung des Vergangenen seine historische Größe errang. Denn sein einzig wirklicher Erfolg lag in der Zerstörung Karthagos, die er selbst nicht einmal hatte erleben dürfen: »Ceterum censeo Carthaginem esse delendam«, »Im übrigen bin ich der Meinung, daß Karthago zerstört werden muß«, schloß jede seiner Reden im Senat. Sein womöglich noch erbitterter geführter Kampf gegen die verderblichen Einflüsse des Griechentums, vornehmlich die Philosophie, war zum Scheitern verurteilt. Es mochte manchen Griechen mit Genugtuung erfüllen, daß die römischen Waffen, die eine Welt in die Knie gezwungen hatten, vor den Errungenschaften griechischen Geistes kapitulieren mußten.

Langsam, aber stetig hatte griechische Literatur, Philosophie, Kunst, Wissenschaft und Religion das römische Wesen durchdrungen, bis es in Rom schließlich als untrügliches Zeichen für Bildung galt, sich griechisch zu geben. Das vulgäre Latein wurde die Sprache des gemeinen Quiriten, und die Angehörigen der Nobilität setzten alles daran, ihre Gedanken griechisch auszudrücken. Und manches im Osten nur Vorgedachte reifte in Rom zu letzter Vollendung. Cato hatte weitblickend diese verhängnisvolle Entwicklung geahnt. Ihr Einhalt zu gebieten, hatte auch er nicht vermocht. Jetzt war es zu spät. Rückblickend rief nun Fronto die Literaten seiner Zeit auf, zu Einfachheit und Klarheit von Catos Stil zurückzukehren. Andere hatten es längst vor ihm und nicht weniger vergeblich versucht. »An den von Cicero bekämpften Attizismus knüpfte sich eine an sich begreifliche Reaktion gegen die Unnatur des senecaischen Stiles an. Aber man erblickte jetzt das Heil in gesuchter Altertümelei ...«[1]

Schon der tiefsinnige Hadrian hatte diese Bewegung gefördert und seinem antiken Biographen zufolge stets den Ennius dem Vergil, den Cato dem Cicero vorgezogen. Man wurde nicht müde, Zitate alter Dichter, Historiker und Rhetoriker zu sammeln. »... und mit diesen fremdartigen Federn putzte man die Rede heraus, deren Ton und Wesen im übrigen soweit wie möglich von der Einfalt der Alten entfernt war.«[2] Wohl nicht zuletzt deshalb muten manche Reden des zweiten nachchristlichen Jahrhunderts unnatürlich, da gekünstelt und deshalb fast ein wenig lächerlich an.

Wie sehr allerdings auch Fronto jener höheren Bildung frönte, die nach allgemeiner Auffassung die Beherrschung der griechischen Sprache ausdrückte, beweist ein Brief, den er an Marcus' Mutter Domitia Lucilla schrieb. Er verfaßte ihn auf griechisch, denn er wußte, daß die Mutter des künftigen Kaisers eine sehr gebildete Frau war. Sein Schreiben wird gemeinhin als hervorragende literarische Arbeit gewertet, doch ist sie für uns nicht nur als Stilübung interessant. Weitaus tiefer läßt blicken, was zwischen den Zeilen steht. Fronto nämlich entschuldigt sich für das »barbarische Griechisch«. Aber er sei eben ein Libyer ...

In einem Brief des jungen Prinzen an Fronto wird ebenfalls deutlich, wieviel auch diesem Verfechter altrömischer Ideale im Grunde an den Feinheiten des griechischen Geistes lag. »... Du sagst, du habest etwas auf griechisch verfaßt, das dir so gut gefällt wie kaum etwas anderes, das du geschrieben hast ... Aber warst nicht du es, der mich erst vor kurzem scharf getadelt hat, weil ich auf griechisch schrieb?« wundert sich der junge Marcus. Frontos heimliche, vielleicht nicht einmal eingestandene Neigung für das Griechische ist ein weiteres Zeugnis für das Schwinden des römischen Lebensideals. Daß er dennoch so beharrlich für die urrömischen verlorenen Tugenden eintrat, ehrte ihn und gab ihm gleichzeitig das Recht, sich als Römer zu fühlen. In seinem und seiner Zeitgenossen Bewußtsein – und nur darauf kommt es entscheidend an – lebte das alte Rom noch einmal auf. Und doch war überall zu spüren, daß man an der Schwelle einer neuen Zeit angelangt war. Bald würden andere Menschen kommen, die nur noch dem Namen nach Römer wären ...

Einen einzigartigen Glücksfall nicht nur für die Wissenschaft, sondern für jeden am Altertum Interessierten stellt der umfangreiche Briefwechsel zwischen Marc Aurel und Fronto dar. Die Briefe schlummerten lange unerkannt in der Vatikanischen Bibliothek, ehe sie von Kardinal Angelo Mai zu Beginn des 19. Jahrhunderts wiederentdeckt wurden. Sie enthalten nicht nur das »Tagebuch« eines Musterschülers, dessen ungestüme Zuneigung für seinen Lehrer manchen lerngestreßten Pennäler des ausgehenden 20. Jahrhunderts fast ein wenig peinlich berührt. Sie zeugen darüber hinaus von einem pedantischen, wenn auch geduldigen Erzieher, der nach unserer Kenntnis gleichzeitig einer der begabtesten Redner seiner Zeit war.

Kaum vermag ein neuzeitlicher Geist den Stellenwert zu erfassen, den eine gründliche Ausbildung in der Redekunst im öffentlichen Leben des alten Rom einnahm. In einer Zeit, die – abgesehen von der oft propagandistisch gefärbten Münzprägung – über keinerlei Kommunikationsmittel verfügte, stellten Ansprachen oft die einzige Kontaktmöglichkeit zu einer breiteren Öffentlichkeit dar. Die Erziehung zum »orator«, dem »guten Mann, im Reden geübt«, wie schon der ältere Cato den Begriff definiert hatte, sollte den Zögling aber nicht nur in die Lage versetzen, seine Gedanken dereinst in geschliffener Rede vor einem kritischen Publikum auszudrücken. Es handelt sich vielmehr um eine umfassende Schulung, die gleichzeitig auch Charakterbildung und sittliche Reifung beinhaltete. Da die einzelnen Wissenschaftsbereiche niemals klar voneinander abgegrenzt werden können, kam der Redeschüler zwangsläufig auch mit anderen Wissenschaften in Berührung. War seine Ausbildung abgeschlossen, durfte er sich auch rühmen, in Literatur, Geschichte und vor allem Philosophie umfassende Kenntnisse erworben zu haben. Er hatte zudem gelernt, logisch zu denken, sich zu konzentrieren und seine Gedanken in klare Worte zu fassen – Fähigkeiten, die dem nüchternen, nahezu leidenschaftslosen Wesen der Römer sehr entgegenkamen.

Freilich kann auch führenden Vertretern der Rhetorik kaum verborgen geblieben sein, daß der praktische Nutzen dieses Studiums oft gering war. Im Gerichtssaal hatte die Redekunst zweifellos ihre Berechtigung. Denn hier hatten die Römer mit ihrem fast angeborenen sensiblen Rechtsempfinden tatsächlich Vorbildliches geleistet. Und doch soll es schon damals Anwälte gegeben haben, die die Gerichte vornehmlich als Foren für ihre eigenen Auftritte mißbrauchten. Mancher römische Richter tat bei gewissen Rechtsvertretern gut daran, sich auf stundenlange Plädoyers einzurichten. Mehr noch wurde in den Senatssitzungen übertrieben. Es geschah nicht selten, daß sich viele Redner zu einem einzigen Thema zu Wort meldeten und ein jeder mit schönen Phrasen seinen Standpunkt vertrat, ohne daß in der Sache selbst Fortschritte erzielt worden wären. Der Senat war überhaupt für jeden rhetorisch geschulten Römer die Anlaufstelle, an der er seine Kunst erproben und ihre Wirkung auf den Zuhörer feststellen konnte. Wer immer im Rom der Antike Karriere machen wollte oder die eine oder andere Stufe des Erfolges bereits erklommen hatte, war gewissermaßen verpflichtet, dem erlauchten Gremium der versammelten Väter Lob und Dank auszusprechen. Hiervon waren auch die Mitglieder des Herrscherhauses, war nicht einmal der Kaiser selbst befreit.

Marcus Cornelius Fronto, der führende Vertreter der Rhetorik seiner Zeit, mag ein ehrenwerter, rechtschaffener Mann gewesen sein. Von sprühendem Geist war er aber sicher nicht. Der Briefwechsel zwischen ihm und seinem Schüler fließt von Liebeserklärungen über, zeugt »zugleich aber von der Gedankenarmut und Geschmacklosigkeit dieses Mannes und seiner bornierten Schwärmerei für die allmächtige Redekunst«.[3] Die Wissenschaft bedauert vor allem Frontos Einfluß auf den Literaturbetrieb auch der nachfolgenden Generationen. Bildungswütig griffen allen voran Apuleius und Aulus Gellius Frontos Stil auf und ahmten ihr vielbewundertes Vorbild bis in Einzelheiten nach.

Apuleius kam wie Fronto aus dem nördlichen Afrika. Weit weniger als in der weltoffenen Hauptstadt hatte sich dort in der Provinz das geschriebene Latein von der Umgangssprache des gemeinen Mannes entfernt. Die lebendig gesprochene Sprache aber trug noch vielfach die Züge der republikanischen Zeit. Die verderblichen Einflüsse des Orient hatten hier viel langsamer gewirkt. Fronto glaubte nun, das volkstümliche Latein sei geeignet, der Literatur zu neuem Auftrieb zu verhelfen, »so wie eine Pflanze frische Kraft erhält, wenn das Erdreich um sie aufgelockert wird ...«[4] Aber die Eroberung Roms durch östlich-hellenistische Strömungen war schon zu weit fortgeschritten. Keiner Kultur ist eine zweite Jugend vergönnt. Bald schon hatte die gemeingriechische Sprache das alte Latein aus der Literaturszene verdrängt. Appian, ein in Rom lebender Grieche aus Alexandria, bediente sich ihrer für seine lebendigen Geschichten. Claudius Aelianus hinterließ seine Werke auf griechisch, obwohl er von Geburt Römer war. Nur wenig später legte auch der römische Senator Cassius Dio seine umfangreiche römische Geschichte in griechischer Sprache vor. Daß sogar Marc Aurel für seine Selbstbetrachtungen das Griechische wählte, muß seinem strengen Lehrer deutlich vor Augen geführt haben, wie sehr er in seinem Bemühen, dem alten Latein zu einer Renaissance zu verhelfen, gescheitert war. Der Verfall der römischen Literatur war nicht mehr aufzuhalten. Rom, das vor allem unter Augustus die führende Stellung in der literarischen Welt gehalten hatte, gab diesen Rang nun wieder an den hellenistischen Osten zurück.

Aber das Lateinische war noch nicht völlig aus dem Bewußtsein der abendländischen Welt geschwunden. Es schlummerte fort, um Jahrhunderte später in bedeutenden Geistern wieder zu erwachen. Die alten Kirchenväter und christliche Heilige bedienten sich der klaren und logischen Sprache. Und bis in neueste Zeit blieb Latein das Kommunikationsmittel der gelehrten Welt.

Die Wissenschaft ist sich bis heute nicht einig, wann Marcus' Rhetorikstudium bei Fronto begann. Geht der eine Historiker davon aus, der Unterricht habe unmittelbar nach dem Anlegen der »toga virilis« (135 n. Chr.) begonnen, will der andere genau wissen, der junge Prinz sei erstmals nach seiner Adoption durch Antoninus Pius dem Lehrer Fronto vorgestellt worden. Dem Freund des Kaiserhauses Fronto dürfte Marcus jedoch schon viel früher begegnet sein.

Es kann für den Verfechter von Catos Stil kaum erfreulich gewesen sein, mitansehen zu müssen, wie sich sein begabtester und zugleich gesellschaftlich ranghöchster Schüler gerade der von ihm vertretenen Wissenschaft allenfalls halbherzig widmete, um ihr schließlich ganz zu entsagen. Früh, vielleicht in allzu jungen Jahren schon, hatte es zum Pflichtenkreis des Prinzen gehört, vor dem heimischen Senat seine Gedanken zu vertreten. Freude kann ihm das kaum bereitet haben. Wie schon mehrfach angedeutet wurde, betrachtete Marcus das für ihn vorgesehene Herrscheramt mit eher gemischten Gefühlen. Besonders bei seiner Antrittsrede als Caesar im Jahre 139 n. Chr. oder bei seinem ersten Konsulat, als er den versammelten Vätern Dank abstatten mußte, mag es ihm schwergefallen sein, überzeugend dafür einzutreten, was nicht den Empfindungen seines Herzens entsprach. In seinen Reden war zudem jeder Satz von der Sorge belastet, die Würde des hohen Hauses und seiner Zuhörer nicht gebührend zu achten. Hieran erinnert Jahre später ein Brief Frontos an den Kaiser: Als Marcus kaum den Kinderschuhen entwachsen gewesen sei, habe er im Senat eine Rede gehalten und dabei ständig befürchtet, seine Worte nicht sorgfältig genug gewählt zu haben. Er, Fronto, habe sich daraufhin erlaubt, den Knaben zu trösten: »... Da schrieb ich dir ... daß du durch dein eigenes Bemühen und mit Unterstützung durch mich alles, was dir noch fehlte, erreichen würdest, nämlich die Beherrschung einer klaren Sprache ...«[5]

Von Anfang an ließ Fronto keinen Zweifel darüber aufkommen, was er von seinem Schüler erwartete. »Was ich von dir verlange, ist nicht einfach. Aber was mir selbst, wie ich mich erinnere, so sehr genützt hat, das muß ich auch von dir verlangen ...«[6] Er warnt eindringlich vor Halbbildung und Halbwisserei. Ihnen sei völlige Unbildung vorzuziehen. »Denn wem klar ist, daß er von einer Kunst nichts versteht, der wird sich weniger vornehmen und folglich weniger leicht zu Fall kommen – in der Tat, Mangel an Selbstvertrauen bewahrt vor vorschnellem Handeln. Doch wenn jemand seine oberflächlichen Kenntnisse prahlerisch als Meisterschaft ausgibt, so macht er aus falschem Selbstvertrauen vielerlei Fehler.« In anderen Künsten mögen mangelnde Kenntnisse weniger schaden, »aber bei der Wortwahl und im Satzbau verrät sich der Unwissende sofort ...«[7] Es folgt eine Kritik der großen römischen Literaten, in der nur Cato und Ennius Gerechtigkeit widerfährt. Selbst ein Marcus Tullius Cicero, »von dem man sagt, er sei das Haupt und die Quelle der römischen Beredsamkeit«, muß sich den Vorwurf gefallen lassen, er sei »weit davon entfernt, mit besonderer Sorgfalt nach Wörtern zu suchen, sei es aus eigener Souveränität, sei es, weil er die Anstrengung scheute oder weil er darauf vertraute, ihm werde das, worauf andere nur mit Mühe und nach langem Suchen kommen, auch ohne Suchen immer zur Verfügung stehen ... In allen seinen Reden wirst du nur auf sehr wenige Wörter stoßen, die überraschend und unerwartet kommen, Wörter, wie sie sich nur durch sorgfältiges Studium, durch Wachsamkeit und eine umfassende Kenntnis der klassischen Dichtung aufspüren lassen ...«[8] Dennoch mußte auch Fronto diesem überragenden römischen Geist zuerkennen, »daß er immer in den schönsten Worten gesprochen hat und daß er es großartig verstanden hat – besser als alle anderen Redner –, das, was er ausdrücken wollte, prächtig auszuschmücken.«[9] Wie groß Frontos Angst gewesen sein muß, gerade seinen Lieblingsschüler an die von ihm nicht sonderlich geschätzte Philosophie zu verlieren, macht eine andere Stelle dieses Briefes aus den Anfangstagen einer lebenslangen Freundschaft deutlich: »Auch sagt man, es sei besser, mit den Lehren der Philosophie niemals in Berührung gekommen zu sein, als daran nur oberflächlich und – wie es heißt – mit gespitzten Lippen genippt zu haben ...« Die schlimmsten Verräter nämlich seien diejenigen, die nur die Vorhalle einer Kunst betreten und sich dann wieder von ihr abwenden, ohne tiefer in sie einzudringen. Wie wenig hat hier der Lehrer seinen Schüler erkannt!

Der umfangreiche Briefwechsel beleuchtet auch die Lehrmethoden der damaligen Zeit. Marcus wurden von Fronto literarische Aufgaben gestellt, die der Schüler zu fertigen und seinem Lehrer zur Beurteilung vorzulegen hatte. Es handelte sich vorwiegend um Übersetzungen aus dem Griechischen oder um das Aufsetzen von Reden. Fronto sparte übrigens nicht mit Lob. Seine Freude sei groß gewesen, bemerkte er einmal, als er gelesen habe, wie gut Marcus seine griechischen Sätze übersetzt habe. »Besonders der, den ich heute erhielt, war nahezu vollkommen, so daß man ihn in ein Buch Sallusts setzen könnte, ohne daß er irgendwie störte oder auch nur dagegen abfiele. Ich werde glücklich, fröhlich, gesund, ja sogar wieder jung, wenn du solche Fortschritte machst ...«[10]

Diese Textstelle ist übrigens zugleich ein Hinweis darauf, daß Fronto zeitlebens von äußerst schwächlicher Gesundheit war. Offensichtlich litt er, dem das Schicksal auch sonst hart zugesetzt hatte, an einer Reihe unheilbarer Krankheiten, die ihn wohl dennoch ein erstaunliches Alter erreichen ließen. Seine Lebensdaten sind zwar historisch nicht gesichert. Doch geht ein Teil der Wissenschaft von 110 n. Chr. als Geburtsjahr und 180 n. Chr. als Todesjahr aus.

Alle Schutzgeister der alten Welt beschwört Marcus, sie mögen seinem geliebten Lehrer Gesundheit verleihen: »Daher rufe ich alle Götter an, die irgendwo auf der Welt den Menschen mit ihrer gegenwärtigen und bereiten Macht beistehen, die durch Träume oder Mysterien, durch Heilungen oder Orakel irgendwo Hilfe leisten und ihre Macht erweisen – jeden einzelnen dieser Götter rufe ich mit meinen Bitten an und versetze mich je nach der Art des betreffenden Wunsches an den Ort, von wo mich der Gott, der über diese Macht verfügt, leichter hören kann. Daher steige ich nun zuerst auf die Burg von Pergamum und bitte den Äskulap, er möge die Gesundheit meines Lehrers gut lenken und machtvoll beschützen ...«[11]

Frontos Gattin hieß, wie ebenfalls aus zahlreichen Briefen ersichtlich ist, Gratia. Er hatte mit ihr sechs Kinder, die mit Ausnahme der nach der Mutter benannten Tochter – offensichtlich dem jüngsten Kind – alle schon in jungen Jahren starben. Die jüngere Gratia heiratete Gaius Aufidius. Auch er war ein Schüler des großen Rhetors und einer der Lieblingsfreunde des jungen Prinzen, wie die Biographie vermerkt. Fronto scheint viel Zeit auf seinen Gütern verbracht zu haben, wenn ihn sein Beruf als Anwalt nicht zur Anwesenheit in Rom zwang. Die reine Landluft war seiner angegriffenen Gesundheit gewiß zuträglicher als der stickige Dunst, der oft auf dem übervölkerten Rom lag. Kein vornehmer Römer, der es sich leisten konnte, verbrachte ohne Not längere Zeit in der Hauptstadt. Besonders während der schwülen Sommermonate entfloh die römische Nobilität diesem Hexenkessel, der als gesundheitsgefährdend galt. Dies hatte natürlich für Marcus den Nachteil, daß er seinen Lehrer nicht immer sehen konnte. Die Nachwelt allerdings müßte dieser Fügung des Schicksals dankbar sein. Denn hätten sich Lehrer und Schüler täglich persönlich austauschen können, wäre womöglich der gewiß zeitraubende Briefwechsel überflüssig geworden. Auch Marcus hielt sich im übrigen nicht immer in Rom auf. Aber er blieb doch in der Nähe. Zusammen mit dem kaiserlichen Vater weilte er gerne auf einem der Landgüter, die Antoninus vor den Toren der Stadt besaß.

Auch draußen vergaß er aber seine Pflichten nie. Studienbücher gehörten ebenso zum Reisegepäck wie Schreibzeug. Denn auch auf dem Lande wollte er nicht versäumen, seinem Lehrer von allem zu berichten, was sich im Laufe der Tage ereignet hatte. Diese Briefe bestätigen auch den Teil der Antoninus-Biographie, der von den Aufenthalten des Kaisers auf dem Lande spricht. Er »ergötzte sich oftmals am Fischfang und Weidwerk sowie an Spaziergängen und Gesprächen mit seinen Freunden. Die Weinlese beging er auf bürgerliche Art ...«

Mögen sich die zahlreich zwischen Lehrer und Schüler hin- und hergeschickten Briefe auch in alltäglichen Begebenheiten erschöpfen, sie geben doch ein anschauliches Bild vom Leben volkstümlicher Herrscher, die Antoninus Pius und Marc Aurel darstellten. Darüber hinaus sind sie aufschlußreich auch über jenen, dem nicht nur die Erziehung des Kronprinzen Marcus, sondern auch die seines jüngeren Bruders Verus oblag.

Mag der Redner Fronto getreu den Gepflogenheiten eines römischen Rhetors gelegentlich auch übertrieben und seinen kaiserlichen Schülern allzusehr geschmeichelt haben – wozu der Abhängige und Untergebene oft verpflichtet zu sein glaubt –, er spart auch nicht mit Tadel und zugleich heftiger Kritik. Der rege Briefwechsel zeugt nicht weniger von einem freien Geist. »Er sprach die Wahrheit unerschrocken aus, selbst wenn sie nicht genehm war.« Denn er gehörte nicht zu jener diensteifrigen Schar von Speichelleckern, »die allmorgendlich zum Palast kam, um den Stern beim Erwachen anzubeten«[12], wie der französische Gelehrte Boissier bemerkt.

Fronto, der einerseits von salonhafter Eitelkeit war, hat andererseits doch seine guten Beziehungen zum Kaiserhaus nicht für eigene Zwecke mißbraucht. Dies vor allen ehrt und berechtigt ihn, in seiner Selbstcharakteristik »De Nepote Amisso« auf seine untadelige Haltung hinzuweisen.

Der große römische Redner war ungeheuer belesen und wegen seiner literarischen Bildung in den vornehmen Häusern der Stadt ein gerngesehener Gast. In nahezu allen erhaltenen Briefen zitiert er unentwegt berühmte Historiker und Dichter, deren Werke er alle erstaunlich gut kannte. Auch seinen Schüler Marcus hielt er von Anfang an dazu an, die alten Stilisten zu lesen und nachzuahmen, um seine Reden mit altertümlichen, längst verschollenen Wörtern zu verzieren. »Es war die Tragödie seines Lebens, daß gerade sein Schüler Marc Aurel sich nicht mit sprachlicher Schönheit und Farbigkeit allein zufrieden geben wollte, sondern sich ausgerechnet der Rivalin Philosophie und den Möglichkeiten eines freieren, nicht schematisierten Denkens zuwandte – dies in einer Zeit, in der die Redekunst zum Mittelpunkt des geistigen Lebens geworden und jener Archaismus in Rom auch nicht frei von nationalistischen Momenten geblieben war ...«[13]

Fähige Herrscher sind selten, und die Heiligen unter ihnen sind die Ausnahme.

10. KAPITEL

Die antoninische Herrschaft

Wie bei seinen beiden Vorgängern Trajan und Hadrian stand auch bei dem ersten Antoninen der Gedanke im Vordergrund, »die ihm von der höchsten göttlichen Macht übertragenen Aufgaben erfüllen zu müssen«[1]. Leider wissen wir von Antoninus' Epoche wenig, da der Bericht des Cassius Dio für diese Zeit fehlt und sich das mit ihm beschäftigende Kapitel der Historia Augusta auf den üblichen Klatsch beschränkt, wenn diesem auch die ansonsten gewohnte Skandalträchtigkeit fehlt. Doch sicherlich hätte der Autor schon aus Effekthascherei auch über Negatives berichtet, hätte es nur etwas zu berichten gegeben. Auch andere Quellen, vornehmlich die frühen Kirchenväter, hüllen sich weitgehend in Schweigen. Verwunderlich ist das allerdings nicht. Unter Antoninus ist keine größere Christenverfolgung bekannt. Nur das Martyrium Polykarps, des hochbetagten Bischofs von Smyrna, wird von einigen Historikern in seine Zeit verlegt. (Andere hingegen glauben, der überzeugte Christ sei erst unter Marc Aurel für seinen Glauben gestorben. Das Sterben des Greises muß grausam gewesen sein. Man hatte zunächst versucht, ihn in der Arena von Smyrna zu verbrennen. Da aber das Feuer angeblich seinen Dienst versagte, wurde er erstochen, wie Eusebius in seiner Kirchengeschichte bemerkt.) Im übrigen aber scheint Antoninus gegenüber der neuen jüdischen Sekte, wofür man das Christentum hielt, weitgehend die Duldungspolitik seiner Vorgänger fortgeführt zu haben. Ihr oberster Grundsatz lautete: Conquirendi non sunt – aufzusuchen sind sie nicht.

Diese Anweisung hatte schon Trajan zu Beginn des Jahrhunderts an Plinius, den Statthalter von Bithynien, gegeben, als dieser anfragte, wie mit den Christen zu verfahren sei. Freilich konnte nur der auf Nachsicht hoffen, der selbst gegen die staatlich-religiösen Institutionen Toleranz übte und diese auch öffentlich zu beweisen bereit war. So gab es offensichtlich unter Antoninus Pius nichts, was den damaligen Historiographen für eine wissensbegierige Nachwelt erhaltenswert erschien. Seine Epoche wird daher gern als »geschichtslos« bezeichnet. »Denn er hatte fast keine Mängel und beging keine Verbrechen.«[2]

Indes steht zweifelsfrei fest, daß auch er, obwohl kein Intellektueller im eigentlichen Sinn und philosophischen Gedankengängen eher abhold, ganz von dem stoischen Ideal beseelt war, das die Herrschaft dem besten Manne übertrug. Die gesamte Reichsbevölkerung schätzte ihn, und es ist anzunehmen, daß er sich wie kaum ein anderer der Wohlfahrt seiner Untertanen widmete. Ein neuzeitlicher Historiker beurteilt ihn als »äußerst gewissenhaften Menschen von strengster Pflichterfüllung« (Heuß). Und auch die antike Lebensbeschreibung spart nicht mit Lob. »Mit solcher Gewissenhaftigkeit regierte er seine Reichsuntertanen, daß er alles und alle so betreute, als handle es sich um seine eigenen Angelegenheiten.«[3]

Über den Herrschaftsgedanken seines Vorgängers hinaus, wandte Antoninus stoische Grundsätze auch auf die Untertanen an. Hadrian hatte lediglich versucht, mit Hilfe der stoischen Philosophie die Stellung des Herrschers, der noch immer die verfassungsrechtliche Grundlage fehlte, zu rechtfertigen. Sein Nachfolger verlangte nun auch von den Bürgern, die ja aus dem Staate Nutzen zogen, diesem nach Kräften zu dienen, und sei es durch ihrer Hände Arbeit. »Vielen notorischen Nichtstuern«, heißt es in der Vita Antonini, »entzog er ihr Gehalt mit dem Bemerken, es sei die größte Schande, ja geradezu ein Verbrechen, wenn jemand sich an der Staatskrippe mäste, ohne durch seine Tätigkeit etwas für den Staat zu leisten.«[4] Namentlich wird hier der Lyriker Mesomedes genannt, dem seine Bezüge herabgesetzt wurden, weil er nach Auffassung des Herrschers zuwenig für das öffentliche Wohl tat. Der in der Pflichterfüllung des einzelnen ruhende Konsens zwischen Staatsführung und Untertan sollte in erster Linie den inneren Frieden festigen.

Antoninus versuchte seinerseits, dem Volk alle Wohltaten zu erweisen, die ein Kaiser nur erweisen konnte. Die antiken Schriftsteller überschlagen sich geradezu in der Aufzählung kaiserlicher Gunstbeweise. Er stellte beispielsweise den Stadtrömern das Bad zur Verfügung, das er zuvor selbst benutzt hatte. Er verschönerte die so beliebten Spiele durch die Vorführung exotischer Tiere, die er aus der ganzen Welt herbeischaffen ließ und die selbst für den verwöhnten römischen Geschmack Seltenheitswert besaßen. Zu ihnen gehörten Tiger, Löwen, Nashörner, Krokodile und Flußpferde. In Zeiten der Knappheit kaufte er Weizen, Öl und Wein zu Lasten der kaiserlichen Schatulle und verteilte diese unentgeltlich an das Volk. Er förderte mit größter Umsicht die Fahrpost. Wie bei seinem Vorgänger Hadrian erstreckte sich seine Fürsorge aber nicht nur auf die Hauptstadt. Sie galt ebenso den Provinzen, wo er in Katastrophenfällen eine stets offene Hand zeigte. In allen Teilen des Reiches bewilligte er Lehrern der Redekunst und Philosophen sowohl Ehrenstellen als auch feste Gehälter.

Insgesamt neunmal während seiner Regierungszeit erhielt das Volk großzügige Spenden, wie aufgefundene Münzen belegen. Auch die Soldaten, die noch niemals so wenig zu tun gehabt hatten, durften sich über Geldgeschenke freuen.

Doch sehr im Gegensatz zu dieser Großzügigkeit gegenüber anderen verfuhr Antoninus mit der eigenen Person. Zwar sei seine Lebenshaltung nicht kleinlich gewesen, wie wir hören, so daß sie niemand Grund zum Tadel bot. Doch war der römische Kaiser vorbildlich sparsam und bestrebt, durch den eigenen Bedarf den Staatssäckel so wenig wie möglich zu belasten. Er verkaufte deshalb alle für die Hofhaltung entbehrlichen Mobilien und Immobilien und bevorzugte den Aufenthalt auf einem seiner nahen Landgüter. In

Rom selbst schlug er seine Residenz auf, damit ihn alle Nachrichten, die das Imperium betrafen, so schnell wie möglich erreichen konnten.

Beispielhaft war auch seine Milde. Es ist erstaunlich, daß ihm diese nicht als Schwäche ausgelegt und entsprechend ausgenützt wurde. Kaum hatte jemand, und hätte er sich auch des verabscheuungswürdigsten Verbrechens schuldig gemacht gehabt, von ihm Schlimmeres als die Verbannung zu gewärtigen, die als Höchststrafe selbst den Vatermörder traf. Nur ein gewisser Atilius Titianus, der hochverräterischer Absichten bezichtigt wurde, wurde mit dem Tode bestraft, wobei der antike Biograph jedoch ausdrücklich festhält, daß die Bestrafung durch den Senat erfolgte. Ein anderer Senator namens Priscianus, ebenfalls des Hochverrats bezichtigt, starb durch eigene Hand. In beiden Fällen verbot Antoninus jedoch, Nachforschungen über eventuelle Mitschuldige anzustellen, und den Sohn des Titianus förderte er sogar nach Kräften.

So wenig sich Antoninus mit Menschenblut besudeln wollte, so wenig wollte er sich auch durch das Vermögen anderer bereichern. Beschlagnahmen waren seltener denn je. Ihm zugedachte Vermächtnisse schlug er dankend aus. Und den Kindern der wegen Erpressung Verurteilten erstattete er das väterliche Vermögen zurück, allerdings mit der Auflage, den Provinzialen zurückzugeben, was sich die Väter rechtswidrig angeeignet hatten. »Niemals hatte die Monarchie die Menschen so frei gelassen, niemals die Rechte der Untertanen so geachtet. Die Welt schien den Idealzustand erreicht zu haben. Die Weisheit führte das Szepter, und dreiundzwanzig Jahre lang wurde die Welt wie von einem Vater regiert.«[5]

Es ist gewiß kein Zufall, daß die noch heute bekannte Rede des griechischen Schriftstellers Aelius Aristides, der als Zeitgenosse der Antoninen wichtige Ereignisse für die Nachwelt beschrieb, gerade in die Epoche von Antoninus Pius' Regierungszeit fiel. Der Rhetor aus Smyrna kam auf kaiserliche Einladung in die Hauptstadt, um dort das Lob der »Pax Romana« zu singen. Sein Panegyricus ist von Schmeicheleien gebläht, doch scheint er dennoch die Lage des Imperiums in wesentlichen Punkten wirklichkeitsgetreu wiedergegeben zu haben. Noch heute stützt sich das günstige Urteil der Geschichte über jenes goldene Zeitalter weitgehend auf seine berühmten Worte.

Er vergleicht die römische Herrschaft mit der der Perser, wobei sich Rom in jeder Hinsicht überlegen erweist. Denn worin bestand das Persertum? »Man suchte sich darin zu überbieten, möglichst viele Menschen dahinzuschlachten, möglichst viele Familien, die Einwohner ganzer Dörfer zu vertreiben und möglichst viele Eide zu brechen. Wie anders dagegen ist Rom! Besser sogar als die alten griechischen Stadtstaaten.« Denn sie verstanden es allenfalls, Angriffe abzuwehren, den Persern zu widerstehen, eingetriebene Steuern gerecht zu verteilen oder Not und Entbehrung zu ertragen. Aber sie versagten im Regieren. In diesem gewaltigen römischen Imperium aber, das größer ist als jedes andere zuvor, »sind weder Meere noch die dazwischenliegenden Länder Hindernisse für gleiches Bürgerrecht. Hierin trennt Asien nichts von Europa. In eurem Reich steht die Straße des Erfolges jedermann offen. Niemand, der ein Amt oder eine Verantwortung verdient, bleibt ein Fremder. Vielmehr ist eine gemeinsame Volksherrschaft über die Erde hin entstanden, wobei der Beste der einzige Herrscher und Hüter der Ordnung ist ... Rom, das Zentrum der Welt, verbreitet Sicherheit im Imperium und eine unaufdringliche Macht, im Vergleich zu der die Mauern von Babylon bloß Kinderspiel und Weiberwerk waren ... Um das Imperium recht zu preisen, würde man die ganze Lebensdauer des Imperiums brauchen, das heißt die Ewigkeit«.[6]

Diese von Aristides aufgegriffene Idee der Ewigkeit Roms war allerdings nicht neu. Schon nahezu hundert Jahre zuvor, in Vespasians Tagen, hatte man begonnen, von der »Roma aeterna« zu sprechen, und hatte diesem Schlagwort sogar auf dem unvergänglichen Metall der Münzen Unsterblichkeit verliehen. Jetzt hatte die römische Gesellschaft einen heiteren Lebensabend erreicht. Wer vom Glück begünstigt war, durfte sich einer nie erhofften Sicherheit erfreuen. Das Denken der gebildeten Schichten hatte sich in die philosophischen Lehren, vornehmlich den Stoizismus, geflüchtet. Die vom Schicksal Benachteiligten suchten ihr Heil in der Religion, in ihren mannigfachen Strömungen vom frommen Isiskult bis zum neuen christlichen Glauben, in dem alle Menschen eine unerhörte Gleichheit errangen und der schließlich die Befreiung der Seele vom Grab des Körpers verhieß.

Die vierziger Jahre des zweiten nachchristlichen Jahrhunderts und hier besonders das Jahr 145 n. Chr. waren für Marcus' noch junges Leben von sicherlich ausschlaggebender Bedeutung. Am 1. Januar 145 wurde er mit dem zweiten Konsulat betraut, eine ungewöhnliche Ehre für den erst Dreiundzwanzigjährigen, die er nur seiner Stellung als designierter Thronerbe verdankte. Wenn ein senatorischer Römer diese Würde überhaupt zweimal erhielt, konnte er darauf allenfalls in fortgeschrittenen Mannesjahren hoffen. Doch gönnte dem künftigen römischen Kaiser ein jeder die Bevorzugung, wußte man doch, daß dieser junge Mann sie vor allen anderen verdiente. Man hätte sich keinen besseren Wahrer von Sicherheit und Ordnung und von Frieden und Wohlstand auch für die Zukunft vorstellen können.

Gerade im beginnenden zweiten Konsulat beeinträchtigte den Kronprinzen wieder seine zarte Gesundheit. Schmerzen in der Brust, die offensichtlich von einem Magengeschwür herrührten, quälten ihn. Die Art der Erkrankung läßt sich jedoch nicht eindeutig festlegen, da genaue Angaben hierüber fehlen. Zeitlebens aber würde, wie bei so manchem seiner Vorgänger, die Seele den Körper wie ein Kreuz zu tragen haben, würde dieses Leiden seine ohnehin von Unglück überschatteten Tage zusätzlich verdüstern. Der Philosoph Apollonius hatte ihn jedoch schon früh gelehrt, jede Laune des Schicksals mit Gleichmut zu ertragen und auch bei langwierigen Erkrankungen den Mut niemals sinken zu lassen. Marcus selbst war allen voran stets an einer raschen Genesung interessiert. Sollte etwa »eine Krankheit des Körpers länger dauern als die geistige Entschlossenheit, wieder gesund zu werden?«[7] fragte er seinen Vertrauten Fronto in einem Brief. Und jener riet angesichts der eigenen Ratlosigkeit gegenüber den unergründlichen Ratschlüssen des Geschicks doch wenigstens zu ausreichend Schlaf, damit Marcus vor dem Senat mit gesunder Farbe auftreten und seine Konsulatsrede mit kräftiger Stimme halten könne. Auch dies wieder ein Hinweis darauf, was diesem Mann die Redekunst bedeutete.

Bei allem, was uns von Marcus' stets schwächlichem Körper bekannt ist, muß seine aufopfernde Pflichterfüllung um so mehr erstaunen. Zu Recht wird ihm dafür die Anerkennung selbst so kritischer Geschichtsschreiber wie eines Cassius Dio zuteil.

Inzwischen war der Adoptivbruder Lucius Verus herangewachsen, von dem man bislang in der römischen Geschichte wenig hört. Vielleicht fiel seine Mündigerklärung auf die Liberalien (17. März) des Jahres 145 n. Chr. Auszuschließen ist es nicht, obwohl sein antiker Biograph nicht ausdrücklich festhält, wann Lucius die Männertoga anlegte. Er berichtet aber, Antoninus habe anläßlich des festlichen Ereignisses einen zu Ehren seines Vaters errichteten Tempel geweiht und dem Volk eine Spende gegeben. Bei dem erwähnten Heiligtum kann es sich nur um das später so genannte »Hadrianeum« handeln, jenen Tempel für den vergöttlichten Hadrian, in dem, anspielend auf Hadrians Verdienste um die Provinzen, diese als Allegorien sein Kultbild flankierten. Es handelte sich um ein beachtliches Bauwerk, dessen eindrucksvolle Reste noch heute einen Teil der Mauer der römischen Börse stützen. Seine Weihe fiel in dieses Jahr.

Auch die Volljährigkeitserklärung des jüngeren Adoptivsohnes vermochte Marcus' Stellung als von seinem Vater einzig anerkannter Thronerbe nicht zu schwächen. Weiterhin lebte Lucius in Marcus' Schatten, blieb ihm die väterliche Zuneigung versagt, der sich jener in um so höherem Maße erfreute. Überhaupt scheint Antoninus den etwas genußsüchtigen Sproß aus altadeliger römischer Familie nur aus Pflichtgefühl gegenüber Hadrian angenommen und nur insoweit gefördert zu haben, als ein Angehöriger des Kaiserhauses Anspruch auf Fürsorge und Beachtung genoß. Geliebt hat er diesen ihm aufgezwungenen Sohn nie. Allerdings konnte auch er nicht umhin, Lucius' schlichtes Gemüt und seine unverfälschte Natürlichkeit zu bewundern und diese dem leicht überspannten Bruder sogar als Vorbild vor Augen zu stellen. Aber er durfte keine Ehrennamen führen, sondern erhielt lediglich den schmückenden Titel »Sohn des Augustus«. Er scheint jedoch glücklicherweise unter der Zurücksetzung niemals besonders gelitten zu haben. Über seine Erziehung und sein Wohlergehen wachte der Freigelassene Nicomedes, der bei dem Knaben Vaterstelle vertrat. Er hatte schon Lucius' leiblichem Vater Aelius Verus Caesar treu gedient und war vom jetzigen Kaiser in den Ritterstand erhoben worden, eine ganz besondere Auszeichnung, die Freigelassenen gewöhnlich versagt blieb. Mag sein, daß sich der Jüngling zum Begleiter seiner Kindheit weit stärker hingezogen fühlte als zu dem fremden Mann, den ihm ein launiger Zufall als Vater zugespielt hatte, und deshalb die Vaterliebe nie wirklich vermißte.

Durfte sich Marcus also nach wie vor der uneingeschränkten väterlichen Aufmerksamkeit erfreuen, so mußte er bald die Zuneigung seiner Lehrer, vor allem von Apollonius, Herodes Atticus und Fronto, mit dem Bruder teilen. Es war nämlich der Beginn des Mannesalters, in dem der junge Patrizier aus der Obhut der »grammatici« entlassen und den Philosophen und Rhetorikern zur Erlangung jenes Wissens überantwortet wurde, das im Bewußtsein der herrschenden Römer als höhere Bildung galt. Ähnlich wie Marcus, den Lucius wohl in vieler Hinsicht als Leitbild erkor, liebte auch er seine Erzieher auf fast abgöttische Weise, erwiderten diese seine Zuneigung, wie sie sie seit langem schon dem älteren Bruder entgegenbrachten. Dies erstaunt um so mehr, als Lucius nach unserer Kenntnis von der Begabung eines Marcus weit entfernt war. Dennoch muß mindestens Fronto viel Freude mit ihm gehabt haben. Denn schon der Knabe schmiedete gerne Verse, und der Jugendliche verfaßte mit Vorliebe Reden. Auch zwischen Fronto und ihm entwickelte sich ein reger Briefwechsel, der für Lucius' oft zu abfällig beurteilten Charakter sehr aufschlußreich ist. Davon wird später noch ausführlich zu berichten sein. Im übrigen hatte auch dieser

Sohn des Kaisers ein gütiges und gewinnendes Wesen und scheint überdies von lebhafter Natur gewesen zu sein. Er war »ausgelassen und für alle Genüsse, für Kurzweil und Scherze in den Grenzen des Anstands immer zu haben«[8], bemerkt über ihn die Historia Augusta.

Der April des Jahres 145 n. Chr. stellte schließlich einen Höhepunkt in Marcus' Leben dar, dem des Privatmannes, nicht dem des künftigen römischen Kaisers. Er durfte endlich Faustina heiraten, ein Mädchen »von gefälligem, hingebendem und einfachem Charakter«[9], wie Marcus selbst sie später beurteilte. Die leibliche Tocher seines Vaters war kraft Gesetzes seine Adoptivschwester. Es war deshalb die Entlassung eines der beiden aus der väterlichen Gewalt, der »patria potestas«, erforderlich. Wen Antoninus seiner Eigenverantwortung überließ, damit den gesetzlichen Bestimmungen Genüge geschehe, verraten die alten Quellen nicht. Auch über die Hochzeitsfeierlichkeiten erfahren wir wenig. Die antike Lebensbeschreibung begnügt sich mit dem knappen Hinweis, Antoninus habe die Hochzeit seiner Tochter aufs glänzendste ausgerichtet, eine Feststellung, zu der es auch ohne diese Bemerkung keiner sonderlichen Phantasie bedurft hätte. Faustina war die Tocher des Kaisers, das einzig im verbliebene Kind, das seinem Nachfolger im Prinzipat vermählt werden sollte. Jeder römische Patrizier geringeren Standes hätte es sich zur Ehre gereichen lassen, dieses Ereignis gebührend zu feiern. Für den Kaiser war es eine Selbstverständlichkeit. Schon der Hochzeitstag wurde sorgfältig ausgewählt, denn es galt, jeden ungünstigen Zeitpunkt, der für die Verbindung ein schlechtes Omen bedeutet hätte, von vornherein auszuschließen. Da die Hochzeit gerade im April stattfand, wäre es durchaus denkbar, daß man entweder den Geburtstag Roms, den 21. April, der alljährlich festlich begangen wurde, als besonders günstigen Tag festgestellt hatte oder sogar Marcus' Geburtstag, den 26. April. Die Trauungszeremonie muß nach altrömischen streng rituellen Bräuchen abgelaufen sein. Sie begleiteten jedes wichtige Familienereignis. Und das konservative Kaiserhaus, auf das sich gerade bei solchen Anlässen alle Blicke richteten, wird sie sicherlich peinlich beachtet haben. Leider wissen wir über die sogenannte »confarreatio«, die Trauungsform für Angehörige des Patriziats, wenig, da sich auch darüber die alten Quellen in Schweigen hüllen. Man kann nicht einmal mit Bestimmtheit sagen, ob sie damals noch üblich war. Antoninus Pius, der als Kaiser zugleich Oberpriester, Pontifex Maximus, war, leitete wahrscheinlich selbst die feierliche Handlung. Nach dem Opfer der Auguren »folgte die Unterzeichnung des Heiratsvertrages, und die Brautleute legten ihre Hände ineinander. Nachher setzte man sich im Hause der Braut zum Festmahl ... Über die Schwelle wurde die Braut getragen, wohl um ein Straucheln zu vermeiden, das als böses Omen galt ...«[10] So jedenfalls war es der Vorfahren Brauch gewesen. Es ist aber anzunehmen, daß sich auch die römische Nobilität des zweiten Jahrhunderts noch an diese überlieferten Spielregeln hielt.

Damit auch Außenstehende kräftig mitfeiern konnten, erhielten die Soldaten ein Geldgeschenk. Und schließlich verkündeten Münzen mit den Köpfen des jungen Paares allen Reichsbewohnern von der Vermählung des Kronprinzen mit Faustina, der Tochter des Kaisers, die nun bald Augusta werden sollte. Eigenartigerweise erwähnt Marcus in seine Briefen an Fronto seine junge Gemahlin nur selten. Von der Hochzeitsfeier ist überhaupt nie die Rede. Möglicherweise ist die entsprechende Korrespondenz verloren gegangen, denn es ist kaum anzunehmen, daß Marcus ausgerechnet dieses wohl wichtigste Ereignis seines Privatlebens fast gleichgültig überging. Aus einem Brief, der bald nach der Hochzeit abgeschickt wurde, erfahren wir nur, daß Faustina krank geworden war. Die Art ihrer Erkrankung wird aber nicht erwähnt. Sie hatte hohes Fieber, das wohl längere Zeit anhielt. Ein weiterer Brief aus jener Zeit berichtet nämlich, sie habe immer noch Temperatur, sei aber ein geduldiger und folgsamer Patient. Möglicherweise gab ihre Erkrankung schon Anlaß zu der Befürchtung, sie könne keine Kinder bekommen. Denn erst zweieinhalb Jahre nach der Hochzeit, Ende November 147 n. Chr., kam das erste Kind zur Welt, eine Tochter, die nach der Mutter die wohlklingenden Namen Annia Galeria Faustina erhielt. Alle Sorgen aber, sollten sie je bestanden haben, erwiesen sich mit der Zeit als unbegründet. Die Ehe entwickelte sich erstaunlich fruchtbar. Die Wissenschaft geht von mindestens elf Schwangerschaften mit über einem Dutzend Kinder aus (wenigstens zwei Geschwister waren Zwillinge), wobei diese Zahl jedoch nicht gesichert ist und der Klatsch wissen wollte, daß zumindest Nachfolger Commodus, der einzig überlebende männliche Nachkomme, einem Abenteuer der Kaiserin mit einem Gladiator entstammte.

Wie kaum ein anderer Vater hat sich Marc Aurel für seine Nachkommen dankbar gezeigt. »Den Göttern verdanke ich auch ... daß mir Kinder geboren wurden, deren Geist nicht stumpf und deren Körper nicht verkrüppelt war«[11], bekennt er freudig im Alter.

Noch vor der Geburt von Tochter Galeria Faustina, vielleicht gleich nach Bekanntwerden der Schwangerschaft, als feststand, daß die Gattin des künftigen Kaisers der Römer nicht unfruchtbar war, entschied Pius, Marcus mit weiteren Vollmachten auszustatten. Schon einen Tag nach dem freudigen Ereignis erhielt er die tribunizische Gewalt, dazu das »Imperium«, die Befehlsgewalt über Heere und Provinzen. Beides waren wesentliche Säulen, auf die schon der erste Prinzeps seine Macht gestützt hatte. Damit war Marcus Teilhaber der Kaiserwürde geworden. Auch dies war übrigens kein Novum in der römischen Geschichte. Auch Octavian Augustus hatte seinen Adoptivsohn Tiberius noch zu Lebzeiten mit diesen Vollmachten ausgestattet, um die Last der Regierungsverantwortung ein wenig zu verteilen. Nur neun Tage später, am 10. Dezember, wurde Marcus' tribunizische Gewalt zusammen mit der seines Adoptiv- und Schwiegervaters erneuert.

Auch Faustina wurde anläßlich der glücklichen Geburt geehrt. Ihr nämlich wurde am 1. Dezember der offizielle Titel »Augusta« verliehen.

Bestimmt hatte jedermann erwartet, Antoninus würde nun seinen Teilhaber in die Provinzen und zu den dort stationierten Heeren entlassen, damit dieser Erfahrungen in der Grenzverteidigung sammle. So jedenfalls hatte es Augustus gehalten, der in seinem Stiefsohn Tiberius die wesentliche Stütze in der Reichsverteidigung sah. Doch nichts dergleichen geschah. Dem Herrscher, der selbst nur ein Jahr lang als Prokonsul in der Provinz Asien gedient hatte, erschien die Entsendung seines geliebten Sohnes an potentielle Unruheherde entbehrlich. Es herrschte Frieden auf dem Erdkreis. Daß dieser das Geschenk eines wechselhaften Schicksals und jederzeit widerruflich war, dazu fehlte der römischen Staatsführung der Weitblick. Entschuldigend muß allerdings angeführt werden, daß nicht einmal die pessimistischsten Schwarzmaler hätten voraussagen können, mit welcher gewaltigen Sturmflut schon bald die Barbaren versuchen sollten, das größte Reich der abendländischen Welt von seinen Grenzen her aufzurollen. Hätte der Sohn, Schwiegersohn und Mitregent schließlich bei den Neunhundert-Jahr-Feiern fehlen dürfen, die Rom 148 n. Chr. beging? Schon zehn Jahre zuvor war dieses Ereignis auf den Reichsmünzen angekündigt worden. Geheimnisvoll zuerst, mit Anspielung auf die Anfänge Roms, die in dunkel legendäre Vorzeit zurückreichten. Dann rückblickend auf jenen halbmythischen König Numa Pompilius, der im Bewußtsein der religiösen und altüberlieferten Riten verhafteten Römer fast wie ein Heiliger verehrt wurde und mit dem man längst den »Nachfolger« Antoninus verglich.

Und nicht nur der Geburtstag der Stadt jährte sich in diesem Jahr auf denkwürdige Weise. Auch der Kaiser konnte stolz auf einen runden Abschnitt seiner Herrschaft zurückblicken. Zehn Jahre waren bereits vergangen, seit Hadrian im fernen Baiae für immer die Augen geschlossen und ihm die alleinige Verantwortung für die Welt überlassen hatte. Die »Decennalien« hatte noch jeder Herrscher feierlich begangen, kam doch in Anbetracht der damaligen Lebenserwartung nicht jeder in ihren Genuß. Im Vergleich zu den üppigen Festen, mit denen viele seiner Vorgänger ähnlicher Jahrestage gedacht hatten, mutet jedoch bescheiden an, was Antoninus seinen Zeitgenossen bot. Anstatt der üblichen propagandistisch ausgeschlachteten Säkularfeiern, begnügte er sich mit – allerdings großartigen, wie der antike Biograph betont – Zirkusspielen, bei denen ganze Heere wilder Tiere hingeschlachtet wurden. Gerade Antoninus wird an solchen sinnlosen Metzeleien kaum Geschmack gefunden haben. Doch wußte er wohl, was der römische Mob von seinem Herrscher erwartete. Nicht einmal der Herr über die Welt war mächtig genug, die alteingefahrenen Vergnügungen abzuschaffen, auf die der Römer wie auf ein ererbtes Vorrecht pochte.

Mehr als dreizehn Jahre lang sollte Marcus nun als Mitkaiser teilhaben an der Macht, sollte neben seinem Vater die Geschicke des Reiches lenken. Daß er es konnte, ohne jemals den Verdacht zu erregen, er strebe nach der Alleinherrschaft, ist sicherlich nicht der geringste Beweis für das gute Einvernehmen, das auch weiterhin zwischen Vater und Sohn herrschte. Mit der Zeit wurde der noch jugendlich unverbrauchte Teilhaber dem Kaiser unentbehrlich. »Und soviel galt er bei Pius, daß dieser kaum je eine Beförderung vornahm, ohne ihn zu hören.«[12]

Blätter,
die einen verwehet der Wind zur Erde ...
so der Menschen Geschlecht ...

(Ilias 4, 146–149)

11. KAPITEL

Die letzten Jahre eines Kaisers

Auch das im Mai 149 geborene zweite Kind des jungen Paares war wieder ein Mädchen, Annia Aurelia Galeria Lucilla. Der Kindersegen strömte in den fünfziger Jahren fort, doch war es zunächst wiederum nur eine Tochter, mit der Marcus und Faustina beschenkt wurden. Als dann endlich der ersehnte Sohn und potentielle Thronerbe das Licht der Welt erblickte, freute sich mit dem Kaiserhaus das gesamte Imperium. Selbst die Synode des Dionysostempels in Smyrna übersandte Glückwünsche. Aber die Freude war übereilt. Denn der Knabe starb schon bald nach der Geburt. Und Marcus blieb nichts, als in seinem Dankesschreiben das Unglück zu bedauern.

»Wenn du dein Kind küssest«, sagte Epiktet, »mußt du dir innerlich zurufen: Morgen ist es vielleicht tot.« »Das sind Worte übler Vorbedeutung«, wird ihm darauf entgegnet. »Nichts«, versetzte er, »ist ein Unglückswort, was eine Wirkung der Natur bezeichnet.« So versuchte sich Marc Aurel in seinen Lebensbetrachtungen zu trösten. Eine andere Stelle dieses bemerkenswerten Rückblicks läßt aber Schmerz und Trauer ahnen, die auch ihn, den angeblich so Vernunftbegabten, befielen:

»Blätter sind auch deine Kinder ... Die Zeit des Frühlings bringt sie hervor, ein Windstoß wirft sie zu Boden, und hierauf treibt der Stamm wieder anderes an seiner Stelle hervor. Kurze Lebensdauer ist allen Dingen gemeinsam; du aber fliehst sie alle oder rennst ihnen nach, als ob sie ewig dauerten. Über ein kleines, und auch deine Augen werden sich schließen. Und den, der dich zu Grabe getragen hat, wird ein anderer beweinen.«[1]

Noch blühte sein Geschlecht. Doch wie schon im Hause seines Vorgängers sollte auch in dem seinigen der Tod umgehen und reiche Ernte halten. Ein weiterer Sohn wurde ihm 152 n. Chr. geboren. Es folgten noch zwei Söhne und mehrere Töchter, doch war nur wenigen von ihnen ein längeres Leben beschieden. Einige der Verstorbenen wurden im Grabmal Hadrians am Ufer des Tiber beigesetzt. Über die Todesdaten und das Schicksal der anderen ist wenig bekannt.

Indes hatte Marcus nicht nur den Verlust seiner Kinder zu beklagen, wenn ihn dieser auch am schwersten getroffen haben mag. Schon 152 verlor er seine Schwester Cornificia. Woran sie, allenfalls dreißigjährig, starb, ist ungewiß. Vielleicht erlag sie einer Schwangerschaft oder Geburt, die die häufigsten Todesursachen junger Frauen im Altertum darstellten. Sie hinterließ zwei Kinder: den Sohn Marcus Ummidius Quadratus und die Tochter Ummidia Cornificia Faustina.

Auch Domitia Lucillas Tage waren gezählt. Nach 155 n. Chr. hören wir von ihr nichts mehr, und man nimmt an, daß sie 156 oder 157 starb, zumal Marcus in seinen Selbstbetrachtungen bedauert, daß ihr kein langes Leben vergönnt war. Die Thronbesteigung ihres Sohnes durfte sie jedenfalls nicht mehr erleben. Marcus hatte damit zwei nahe Angehörige verloren, die sein frühes Leben wesentlich mitgeprägt hatten und für die er sich, der vaterlose Jüngling, als Familienoberhaupt stets verantwortlich gefühlt hatte. Besonders schmerzlich wird ihn der Tod der Mutter getroffen haben, hatte sie doch unsichtbar und zugleich allgegenwärtig seine Kindheit und Jugend begleitet und dem Heranwachsenden stets als unerschütterliches Vorbild gedient.

Auch Frontos Gesundheit ließ in jenen Tagen wieder zu wünschen übrig. 155 n. Chr. lag sein Konsulat schon zwölf Jahre zurück, und es war ihm nun erlaubt, als Kandidat für das Amt des Prokonsuls in Asien oder Afrika aufzutreten. Vielleicht wollte er, da er für das Imperium noch so wenig geleistet hatte, nachträglich das Vertrauen rechtfertigen, das man damals mit der Übertragung des Konsulats in ihn gesetzt hatte. In einem der folgenden drei Jahre fiel jedenfalls das Los auf ihn und bestimmte ihn zum Prokonsul der Provinz Asien. Fronto machte sich sogleich mit ungestümem Eifer an die Vorbereitungen. Der große römische Redner nutzte dabei die zahlreichen Verbindungen, die er im Laufe seines Lebens als Anwalt der angesehensten Persönlichkeiten des ganzen Reiches geknüpft hatte. Asien war eine militärische Provinz, und Fronto kannte nur zu gut seine minderen militärischen Fähigkeiten. So wollte er die erfahrensten Männer seines Bekanntenkreises zusammenrufen, um sich als Statthalter in schwierigen Situationen auf ihren fachkundigen Rat zu verlassen. Ihr Kommen war jedoch nicht nötig, und auch Marcus' Bitte an den geliebten Lehrer, er solle sich in Asien sogleich eines seiner einstigen Mitschüler namens Themistocles annehmen, erwies sich als überflüssig. Fronto erlitt einen so schlimmen Anfall, daß an einen Aufbruch gar nicht mehr zu denken war. Er mußte um seine Entlassung bitten. Welches Leiden ihn diesmal heimsuchte, ist nicht bekannt. Doch scheint es sich wieder um jene von ihm selbst »cholera« genannte Erkrankung gehandelt zu haben, von der er in einem Brief jener Tage an seinen Schüler und Freund berichtet. Die von Fronto geschilderten Symptome lassen jedoch eher einen Schlaganfall vermuten und zeigen, daß der Begriff »cholera« im Altertum etwas anderes bedeutete, als wir heute darunter verstehen. Er schreibt, er habe seine Stimme verloren, nur noch geröchelt und nach Atem gerungen. Sein Kreislauf sei zusammengebrochen, das Herz habe aufgehört zu schlagen, bis er schließlich bewußtlos geworden sei. Da aber habe seine Familie bereits mit der Totenklage begonnen ...

Nur mit Mühe sei es seinen Ärzten gelungen, ihn ins Leben zurückzuholen. Jedoch falle ihm das Gehen noch schwer. Dessen ungeachtet gedenke er, bald wieder mit dem

Wagen auszufahren und auch Marcus, so schnell er könne, zu besuchen: »... denn erst wenn ich dich gesehen habe, werde ich wirklich leben ...«[2]

Offensichtlich hatte sich Fronto alle Mühe gegeben, das begehrte Amt des Prokonsuls für sich zu erringen und muß dabei wohl einige Jahre zurückgesetzt worden sein. Er hatte eine einzige Tochter, Gratia. Ein Senator aber, der nur ein Kind aufweisen konnte, durfte nicht sonderlich gefördert werden, sobald es Mitbewerber mit mehreren Nachkommen gab. So jedenfalls verlangten es die gesetzlichen Bestimmungen, die noch auf Erlasse des ersten Prinzeps zurückgingen. Der hatte nämlich gehofft, auf diese Weise die Geburtenfreudigkeit der römischen Aristokratie zu steigern. Jetzt, da es Fronto trotz dieses Hemmnisses gelungen war, Gelegenheit zu bekommen, auch sein Können als Staatsmann und Verwalter zu beweisen, mag er sein körperliches Versagen um so peinlicher empfunden haben. In einem Brief an den Kaiser versuchte er, sich für seine mißliche Lage zu entschuldigen: »Fronto an Antoninus Pius Augustus. Erhabener Kaiser, die Tatsachen selbst bezeugen, daß ich mir alle Mühe gegeben und mir von Herzen gewünscht habe, das Amt eines Prokonsuls zu übernehmen. Denn solange die Sache noch nicht entschieden war, beanspruchte ich, an der Verlosung teilzunehmen, und als mir ein anderer vorgezogen wurde, weil er mehr Kinder hatte, war ich mit dieser herrlichen Provinz ... so zufrieden, als hätte ich sie mir selbst ausgesucht.«[3]

War es auch in jener unheilträchtigen Zeit, als Marcus, zerrüttet vom Unglück der vergangenen Jahre, einen verstorbenen Erzieher so sehr beweinte, daß die Hofschranzen an dem Gefühlsausbruch des Philosophen Anstoß nahmen? Nur der kaiserliche Vater setzte sich damals für ihn ein. »Verwehrt ihm nicht, sich menschlich zu gebärden«, gebot er. »Denn weder die philosophische Lehre noch die Nähe des Thrones erstickt die Regungen des Herzens.«[4]

Allmählich rückte auch der Zeitpunkt näher, da Marcus die volle Regierungsverantwortung übernehmen sollte. Pius war zwar noch immer rüstig, doch brauchte man keine große Sehergabe, um vorauszusagen, daß sein Tod allenfalls noch eine Frage von wenigen Jahren war. Er hatte Mühe, den hochgewachsenen Körper aufrechtzuhalten. Ein künstliches Korsett konnte diesen Mangel zwar vorübergehend ausgleichen. Aus dem Greis wurde aber kein Jüngling mehr. Auch eine ausgewogene Diät, das Stückchen trockene Brot etwa, das ihn für die Morgenstunden stärken sollte, vermochte den Alterungsprozeß allenfalls zu verzögern. So spielte Marcus auch als Mitregent eine immer wichtigere Rolle. Obwohl sein antiker Biograph betont, er habe auch jetzt noch seine philosophischen Studien mit Leidenschaft fortgesetzt, ist kaum vorstellbar, daß ihm bei seinen vielfältigen Pflichten als Staats- und Familienoberhaupt allzuviel Zeit dafür blieb.

Rom selbst befand sich in jenen Jahren in einem fast phlegmatischen Zustand und genoß die Früchte des Friedens, Sicherheit und Wohlstand, die die gnädigen Götter in so reichem Maße aus dem Füllhorn ihrer Gaben über ihm ausgeschüttet hatten. Es gab nur wenige, die den Neid des Schicksals fürchteten, die bedachten, daß nichts die Feinde so sehr ermutigt wie allzu große und zu offen zur Schau gestellte Sorglosigkeit.

Die eigenwilligen Briten waren die ersten, die sich erneut gegen die römische Herrschaft empörten. Im Grunde war man von ihnen nichts anderes gewohnt. In mehr oder weniger regelmäßigen Abständen hatten sie immer wieder versucht, das fremde Joch abzuschütteln, seit Cäsar als erster römischer Eroberer seinen Fuß auf die wenig einladende Insel gesetzt und Claudius sie dann endgültig als wertvolle Rohstoffquelle erkannt und für Rom eingenommen hatte. Noch vermochte Rom der Herausforderung nach alter Gewohnheit zu begegnen, und für eine Weile noch hielten die römischen Staatsgötter ihre schützende Hand über ihm. Man entsandte Gnaeus Iulius Verus nach Norden. Dem Mann mit dem ruhmreichen Namen – sein Vater oder Großvater war Sextus Iulius Verus, jener frühere Statthalter von Britannien und hervorragende General, den schon Hadrian mit der Niederwerfung des jüdischen Aufstands betraut hatte – gelang es bald, auch diesen Aufruhr unter Kontrolle zu bringen. Münzen tauchten auf, die noch einmal den Imperator Pius feierten. Aber es war einer der letzten römischen Siege. Bald schon verfiel die Stadt wieder in lethargische Gleichgültigkeit, die nur durch kleine Affären in der obersten Gesellschaftsschicht vorübergehend aus dem Gleichgewicht gebracht wurde.

Zu den Persönlichkeiten, die gegen Ende von Antoninus' Regierungszeit in die Schlagzeilen des Tagesgeschehens gerieten, gehörte erneut Herodes Atticus. Seine Frau Regilla war plötzlich – hochschwanger – gestorben, und ihre italische Sippschaft, die dem griechischen Gatten stets mißtrauisch begegnet war, nutzte die Gelegenheit, gegen ihn schwerste Vorwürfe zu erheben. Er wurde sogar vom Bruder der Verstorbenen, Bradua, dem Konsul des Jahres 160 n. Chr., beschuldigt, Regilla ermordet zu haben. Es gab für diesen ungeheuerlichen Vorwurf keinen Beweis, obwohl allseits bekannt war, daß der Grieche die Römerin nie sonderlich feinfühlig behandelt hatte. Herodes wurde von der Anklage des Mordes freigesprochen und trauerte – allen Verdächtigungen zum Trotz – mindestens scheinbar gebrochenen Herzens um die Verstorbene. Diesem Trauerfall verdankt die Welt übrigens eines der eindrucksvollsten antiken Theater, das noch heute seine Besucher erfreut. Es ist das große »Odeion des Herodes Atticus« am Südhang der Akropolis von Athen. »Der Athener Herodes hat es zum Andenken an seine verstorbene Frau errichten lassen«[5], hält der Reisende Pausanias in seiner Beschreibung Griechenlands fest.

Es gab noch weitere Skandale, in die auch Fronto wenigstens am Rande verwickelt war.

Nach ungewöhnlich langer Dienstzeit war 157 n. Chr. Cavius Maximus von seinem Amt als Prätorianerpräfekt zurückgetreten. Ihm war für kurze Zeit Tatius Maximus gefolgt, der seinerseits wohl schon 159 n. Chr. von Fabius Repentinus und Cornelius Victorinus abgelöst wurde. Nach dem Bericht des antiken Biographen war Tatius Maximus bald nach Amtsantritt gestorben. Besonders die Ernennung des Repentinus, der ein Freund Frontos war, erregte heftig die Gemüter, denn es ging das Gerücht, er verdanke die Präfektur der Mätresse des Kaisers.

Ein anderer Freund Frontos namens Censorius Niger segnete in jenen Tagen das Zeitliche. Er starb verbittert, denn er war aus nicht näher erwähnten Gründen beim Kaiser in Ungnade gefallen und hatte auch Cavius Maximus' Freundschaft eingebüßt. Besonders deswegen, bemerkt Fronto, habe er den Freund oft weinen sehen. Erstaunlich war nur, daß weder der Verlust der einen noch der anderen Beziehung das Verhältnis zu Fronto trübte, im Gegenteil. Censorius Niger hatte ihm letztwillig nicht nur ein Gutteil seiner Hinterlassenschaft vermacht, sondern sich in dem Testament auch auf üble Weise über Cavius Maximus ausgelassen. Sicherlich gehörte der römische Kaiser Antoninus Pius nicht zu den Herrschern, die auf die Freunde ihrer Freunde achteten. Aber es sah keinesfalls gut aus, eine innige Beziehung zu jemandem zu pflegen, der sich die Gunst der Staatsführung so gründlich verscherzt hatte. So blieb Fronto, der offensichtlich auf das ihm unverhofft zugefallene Vermögen nicht verzichten wollte, nichts übrig, als sich sowohl beim Kaiser als auch beim früheren Präfekten für das ungebührliche Benehmen Nigers zu entschuldigen.

Das Jahr 161 n. Chr. ist in den römischen Annalen als dasjenige vermerkt, in dem die beiden Kaisersöhne Konsuln waren. Schon 160 hatte man sie dafür designiert, für Marcus sollte es das dritte, für seinen Bruder das zweite Konsulat sein. Pius muß schon zu diesem Zeitpunkt kränklich gewesen sein und eine Vorahnung seines nahen Todes gehabt haben, so daß man die Benennung seiner Söhne nur als besondere Vorsichtsmaßnahme ansehen kann. Tatsächlich schloß der alte Mann dann am 7. März 161 für immer die Augen. Cassius Dio sagt, der Tod sei »sehr sanft und wie der leiseste Schlummer«[6] über ihn gekommen. Etwas mehr erfahren wir aus der Historia Augusta. Demnach hatte sich der greise Kaiser angeblich mit dem Genuß von Alpenkase ubernommen und sich übergeben. Anderntags habe er dann hohes Fieber bekommen. Als er am dritten Tag den Tod nahen fühlte, habe er Marcus an sein Lager gerufen und ihm in Gegenwart des Präfekten den Staat und seine Tochter anvertraut. Seine Diener aber wies er an, die goldene Statue der Fortuna, die so viele Jahre sein Schlafgemach geschmückt hatte, in Marcus' Zimmer zu tragen. Im Fieber phantasierte er noch vom Staat und von den feindlichen Königen, denen er grollte. Zuletzt gab er dem diensthabenden Offizier die Tagesparole »aequanimitas«, Gleichmut. Er wandte sich zur Seite, als ob er schlafen wollte, und verschied. Er starb friedlich, wie er gelebt hatte. Und er starb hochbetagt, aber »sein Tod wurde wie der eines Jünglings betrauert«[7].

Alle Städte und Stände des Imperiums wetteiferten miteinander, sein Andenken zu ehren, »da alle seinen frommen Sinn, seine Güte, seinen Geist und sein ganzes untadeliges Wesen priesen«. Der Senat aber erklärte ihn zum Gott und gestand ihm in seltener Einmütigkeit alle Ehren zu, die ein guter Kaiser nach allgemeiner Auffassung beanspruchen konnte. Noch viele Jahrzehnte später war sein Ruhm nicht verblaßt, konnte der antike Berichterstatter in den Lobgesang einstimmen: »... er war fast der einzige von allen Kaisern, der ganz ohne Bürger- oder Feindesblut zu vergießen – soweit es an ihm lag – regiert hat und der zu Recht dem Numa an die Seite gestellt wird ...«[8]

Die schönste Würdigung aber erfuhr Antoninus der Fromme in den Selbstbetrachtungen seines Sohnes:

»Sei in allem ein Schüler des Antoninus«, mahnte er, »so beharrlich wie er im Gehorsam gegen die Gebote der Vernunft, ... so freundlich und frei von Ruhmbegierde, so eifrig bemüht um die Erkenntnis der Dinge! Wie fern war er von Schmähsucht, Ängstlichkeit, argwöhnischem und klügelndem Wesen! Wie arbeitsam und langmütig war er! In seinen freundschaftlichen Verbindungen treu und sich immer gleich bleibend, duldsam gegen die, die seinen Ansichten freimütig entgegentraten, und sogar erfreut, wenn jemand ihn eines Besseren belehrte, gottesfürchtig ohne Aberglauben – so war er. Möchtest doch auch du, wie er, der letzten Stunde mit so gutem Gewissen entgegensehen!«[9]

»Lebhaft angezogen von den Lehren der stoischen Schule – jener Philosophie, die nach Tacitus' Worten ›für Güter achtet, nur was tugendhaft, für übel, nur was schändlich ist, Macht, Adel, alles, was nicht geistiger Art ist, zu den indifferenten Dingen zählt‹ – nahm er die Grundsätze der stoischen Moral zum Leitstern bei allen Geschäften.«

(Oskar Jäger, Geschichte der Römer, S. 583)

12. KAPITEL

Der Kaiser, ein Philosoph

Selten nur in der turbulenten römischen Geschichte hatte sich ein Machtwechsel unblutiger vollzogen, war der Thron von einem auf den anderen Herrscher übergegangen wie die Fortuna-Statue, die die Diener des Antoninus von seinem in das Zimmer des Nachfolgers getragen hatten.

Und niemals zuvor in der über neunhundertjährigen Geschichte Roms war ein Mann an die Spitze der Staatsführung gelangt, der auf seine künftige Herrscheraufgabe derart lange und gründlich vorbereitet worden war. Jedermann kannte und schätzte den ernsten Menschen, der allen Gefühlen abgeschworen hatte, um allein dem Verstande zu gehorchen. Doch spürte auch ein jeder den Abstand, der weniger dem römischen Kaiser als den weltverachtenden Philosophen von der Masse der Sterblichen trennte. Bei aller Popularität, die Marc Aurel bei seinen Zeitgenossen besaß, und trotz der übereinstimmenden Verehrung, die ihm Nachgeborene entgegenbrachten, entzog und entzieht sich sein Charakter einer genauen Beurteilung. Schon die Rolle des tiefsinnig feinen Knaben, der die Kaiserwürde niemals ersehnte, war ungewöhnlich. Ein Sproß der hadrianischen Friedensepoche und Nutznießer jener Verachtung gegenüber aller Gewalt, die seinen Vater ausgezeichnet hatte, betrachtete auch er den Krieg nur als äußerste Notwendigkeit der historischen Verpflichtung, die Einheit des Reiches zu wahren. Die Atmosphäre, in der er aufwuchs – tiefe Religiosität und strenge Pflichterfüllung –, prägte ihn zu sehr, als daß er die tradierte und, wie es schien, nur kurzfristig unterbrochene Idee von der Mehrung des römischen Einflusses in der Welt hätte aufgreifen können. Er, dem ein übelwollendes Geschick so früh schon die Last auferlegt hatte, dereinst Kaiser zu sein, Herrscher an der Schwelle zweier Zeiten, verspürte niemals Ehrgeiz. Auch während seiner Regentschaft verachtete er unverhohlen das höchste Amt, das die alte Welt zu vergeben hatte. »Paß auf, daß du nicht auch Kaiser wirst!«[1] warnte er noch, als der Tod ihn schon gezeichnet hatte.

Mehr als jedes andere war das Haus des Antoninus bürgerlich bestellt. Kaum unterschied man sich von anderen Senatorenfamilien, die nahezu alle üppigen Wohlstand genossen, sich aber dennoch in Bescheidenheit übten und mit nostalgisch getrübtem Blick auf die gute alte Zeit, auf Roms verlorene Tugenden zurücksahen. Man hatte Grundbesitz vor den Toren der Stadt. Man liebte das Landleben. Auch Marcus hätte sich vorstellen können, seine Tage in beschaulicher Abgeschiedenheit zu verbringen, durchdrungen »von der Einsicht in die Eitelkeit des Daseins«. (Rostovtzeff) Ein unergründliches Geschick hatte es jedoch anders bestimmt.

Wir werden niemals erfahren, welche Macht schon den einfühlsamen Jüngling in die Arme einer so spröden Lehre zwang, die alle menschlichen Gefühle, Mitleid, Liebe, Haß und Trauer, dem Verstande opferte. Die stoische Philosophie war zu Marc Aurels Zeiten keine aufrüttelnd neue Idee mehr. Nahezu fünf Jahrhunderte alt, trug sie vielmehr die ersten Alterserscheinungen auf dem Rücken.

Schon dreihundert Jahre vor der Zeitenwende war sie gezündet worden in einer jener Sternstunden der Menschheit, die, wie viele vor und nach ihr, die Gesellschaftsgeschichte so grundlegend verändern sollten.

Durch schicksalhafte Fügung hatte der reiche Kaufmann Zeno mit einem Schlage sein Vermögen verloren, als er an der Küste Attikas Schiffbruch erlitt. Arm und arbeitslos geworden, irrte er nun trostlos und Trost suchend in den Straßen Athens umher. Eine unergründliche Vorsehung stieß ihn auf die Kyniker, die damals in der Hauptstadt des griechischen Geistes lehrten. Wie ihr berühmtes Vorbild Diogenes in der Tonne forderten sie den freiwilligen Verzicht auf irdische Güter. Denn nur durch Bedürfnislosigkeit erlange der Mensch die absolute Freiheit und nähere sich damit der Gottheit, die ebenfalls nichts bedürfe. Begeistert griff der verarmte Zeno diese Gedanken, die seinem Schicksal so gelegen kamen, auf, spann sie fort, erweiterte sie und fand schließlich in ihnen einen weit größeren Reichtum als den, den er verloren hatte.

Zeno war kein Athener, und es ist nicht einmal gesichert, ob er überhaupt griechischer Abstammung war. Seine Vorfahren kamen aus Zypern und waren vielleicht Phöniker oder Semiten, wie viele Bewohner dieses Eilands zu damaliger Zeit. Doch brachte er reichlich orientalisch gefärbtes Gedankengut mit und verband es mit den gereiften Produkten des griechischen. Seine anfängliche Zuneigung zu den Verzicht predigenden Kynikern wich bald einer wachen Sympathie für die Lehren Platons. Und tatsächlich wurde Sokrates die Quelle, aus der die Stoa über Jahrhunderte Kraft schöpfte.

An den nördlichen Ausläufern der Agora von Athen, unweit des ehrwürdigen Hephaistostempels, stand in alter Zeit eine bunte Säulenhalle, von den Griechen liebevoll »Stoa poikile« genannt. Ihre Ruinen hat der Schutt der Jahrhunderte bedeckt. Die Erinnerung an sie haben die Alten mit ins Grab genommen. Von ihren Geheimnissen jedoch weiß noch heute die Lokaltradition zu berichten. Als fluchbeladen galt dieser Ort, an dem unter der Herrschaft der dreißig Tyrannen eintausendvierhundert Bürger durch Henkershand gefallen waren. Mit scheuem Blick mieden die Athener ein Jahrhundert lang die blutgetränkte Stätte, die an das Grauen erinnerte. Es muß um 300 v. Chr. gewesen sein, als jener mittellose Kaufmann-Philosoph kam, den Fluch zu bannen und die verlassenen Räume erneut mit Leben zu füllen. Hier versammelte Zeno seine Schüler um sich, wenige zuerst. Doch bald schon strömten Freunde der Weisheit aus allen Ecken der Welt zusammen, ihn zu hören. Seine Anhängerschaft wuchs ins Unermeßliche. Gekrönte Häupter gehörten ihr ebenso an wie elende Sklaven. Herr und Diener waren gleichermaßen aufgerufen, sich seine Gedanken zu eigen zu machen. Seine Lehre gedieh über Jahrhunderte fort, fand schließlich Einlaß am römischen Hof und wurde die Modephilosophie der kaiserlichen Zeit.

Längst hatte die Stelle, von der sie einst ausgegangen war, ihren Namen, »Stoa«, geprägt. Und ihr Ursprungsort »charakterisierte sie auch von vornherein als Freundin der verfolgten Tugend«.[2]

Ihren berühmtesten Anhänger und beflissensten Diener fand sie jedoch in Marc Aurel, der seinerseits seinen Platz in der Geschichte gerade dem Stoizismus verdankt.

Die stoische Philosophie war für den praktischen Sinn der Römer wie geschaffen. Niemals hatten sie beansprucht, als überragende Denker oder hochbegabte Künstler zu gelten, sich zu ihrer musischen Minderbegabung vielmehr offen bekannt: »Andere mögen Gebilde aus Erz in weicherem Gusse formen ... und lebendige Züge dem Marmor verleihen ...«, hatte schon Vergil in seiner Aeneis gesungen.

Um so mehr fühlte sich der Römer zur Tat berufen. Nicht von ungefähr kamen die bedeutendsten Feldherrn, Juristen und Verwalter aus Rom. Die Besonderheit dieser Lehre, die aus rein spekulativer Betrachtung der Dinge eine praktische Lebensgrundlage gemacht hatte, zog jeden denkenden Römer in ihren Bann. Mehr als andere Geisteshaltungen, die weitgehend individualistische, ja egoistische Ziele verfolgten, war sie eine Philosophie der Tat, in der das Individuum nur dann seinen Zweck erfüllt, wenn es seinen Mitmenschen dient. »Bin ich tätig, so bin ich es mit Rücksicht auf Menschenwohlfahrt«[3], forderte Marc Aurel.

Das Hauptanliegen der Stoa ist die ständige Schulung der Tugendhaftigkeit. Die Tugend, das höchste Gut, nach dem der Weise immer streben sollte (das im übrigen auch so vollkommen den ererbten Vätersitten der Römer entsprach), ist aber nur durch Übereinstimmung mit der Natur zu erreichen. Jene zu erlangen, hängt vom freien Willen des einzelnen ab. Freilich ist es nicht immer einfach, an die – allerdings gütige – Vorsehung und den freien Willen gleichermaßen und gleichzeitig zu glauben, und es ist den Vertretern und Interpreten dieser Lehre auch niemals gelungen, hierin eine befriedigende Lösung zu finden. Man muß sich indes nur daran gewöhnen, daß alles einer natürlichen Ordnung der Dinge entstammt: das Gute wie das Böse, Anfang und Ende, Geburt, Krankheit und Tod. Dann wird auch das armselige Menschengehirn den Sinn des Leides erkennen und mit einer guten Vorsehung in Einklang bringen können. Kann denn sinnlos sein, was naturgemäß ist? Alles Natürliche aber erscheint schließlich demjenigen gut, der versteht. »Alles, was sich ereignet, geschieht gerecht. Wenn du sorgfältig alles beobachtest, wirst du das erkennen.«[4] Und was hieße »Gleichmut« schließlich anderes, als »willig anzunehmen, was dir von der Allnatur zugeteilt wird.«[5]

Es ist möglich, sinnliche Wahrnehmung in geistige Erkenntnis umzusetzen. Es gab Stoiker, die diesen Wahrnehmungs- und Erkennungsprozeß bildlich darzustellen versuchten: Ein Siegel wird in Wachs gedrückt und hinterläßt dort seine Spuren. Ebenso erzeugen sinnliche Eindrücke eine Vorstellung, und es gilt nur noch, diese auf ihren Wahrheitsgehalt zu überprüfen. Man kann nicht sagen, daß die Erkennungs- und Prüfungstheorie der Stoiker mehr Neuerungen gebracht hätte als andere geistige Strömungen vor ihr, zumal die Begriffe Wahrheit und Irrtum auf den rein sprachlichen Bereich eingeschränkt wurden. Dennoch diente sie ihren Anhängern als Grundlage, von der aus sich weitere Lehrsätze und grundsätzliche Verhaltensregeln aufstellen ließen.

Nach der Auffassung der Stoiker war das gesamte Weltall ein einheitlicher Körper, der ganz von »logoi spermatikoi«, von Samenteilchen göttlicher Vernunft, erfüllt ist. Man stellte sich die Welt als riesige Raumkugel vor, dem Symbol der Vollkommenheit. In seinem Pantheon, das als Sinnbild des Kosmos gedacht war, hatte Hadrian dieser Vorstellung lebendigen Ausdruck verliehen. Der Innenraum des Tempels war Träger der göttlichen Vernunft. Denn »die verschiedenen Gottheiten galten bei den Stoikern als Personifikation des alldurchwaltenden Geistes.«[6]

»Logoi spermatikoi« sind es also, die die Welt formen und leiten. Deshalb die stoische Forderung, in Einklang mit der Natur zu leben. Nur wer sich selbst überwunden hat, äußere Güter gering achtet, sich durch nichts erschüttern läßt und selbst das eigene Leben gleichgültig ansieht, kann befreit jene wahre Weisheit erlangen, durch die sich der Mensch der Gottähnlichkeit nähert. Und schließlich konnte sich aus der Vorstellung eines ewigen, absolut gültigen Weltgesetzes auch eine umfassende Staats- und Rechtslehre entwickeln, die die Rechtstheorie und die Theologie für Jahrhunderte nachhaltig beeinflußte.

Wie andere Geistesströmungen war auch die Stoa einem stetigen Wandel unterworfen. Bereits vorhandene Lehrsätze wurden umgebaut, neue aufgestellt und von der nächsten Generation wieder verworfen. Unterschiedlich wurden ihre Prinzipien von verschiedenen Anhängern interpretiert und oft dem Zeitgeschmack angepaßt. Dennoch hatte diese Lehre in Marc Aurels Tagen, immerhin mehr als vierhundert Jahre nach ihrer Entstehung, in ihren Grundzügen keine wesentliche Veränderung erfahren, war ihr Gründer Zeno im Bewußtsein seiner Bewunderer lebendig geblieben. Um so erstaunlicher ist es, daß Marc Aurel, der letzte bedeutende Stoiker, jenen Mann niemals namentlich erwähnte, öfter hingegen Chrysippos im Munde führte, das dritte Haupt der athenischen Schule. Dieser war ein eifriger Schriftsteller und hervorragender Interpret der Lehre seiner Vordenker und wurde noch im zweiten nachchristlichen Jahrhundert als beispielhafter Stoiker gerühmt. Wie Zeno stammte auch er aus dem östlichen Mittelmeerraum, aus Kilikien, wo sich über Generationen Elemente des Hellenismus mit semitischen gemischt hatten. Ähnlichkeiten zwischen der jüdischen Religion und der stoischen Lehre sind augenfällig. Und wie der Talmudismus für die Juden ist die Stoa für die Philosophen ein Glaubensbekenntnis geworden.

Marc Aurel war indes nicht das erste gekrönte Haupt, das sich mit dieser Philosophie auseinandersetzte. Fast jeder seiner Vorgänger hatte sich an ihr versucht, hatte wie Hadrian mit ihrer Hilfe seine Gedanken vertieft oder sich wie Nero enttäuscht von ihr wieder abgewandt. Für den Römer von Stand gehörte es gewissermaßen zum guten Ton, sich an den Erzeugnissen des griechischen Geistes zu messen, seit diese um die Mitte des zweiten vorchristlichen Jahrhunderts ihren Siegeszug über das ionisch-adriatische Meer angetreten hatten. Schon damals galt Rom als Führungsmacht der westlichen Welt. Es wurde den römischen Staatslenkern gleichsam zur moralischen Verpflichtung, den Siegen der Waffen auch Erfolge des Geistes hinzuzufügen. Freilich erreichten diese niemals jenen Schliff, den sich die griechische Kultur in einem jahrhundertelangen Reifungsprozeß erworben hatte.

Schon zur Zeit der Gracchen verfügte die Stoa in Rom über eine ansehnliche Anhängerschaft. Die Reformbewegung des Tiberius Gracchus war von stoischen Grundsätzen ganz durchdrungen. Der Cäsar-Mörder Brutus und sein Onkel, der jüngere Cato, setzten die Reihe berühmter Stoiker fort, scheiterten in ihren politischen Versuchen, büßten für ihr Fortschrittsdenken mit dem Leben und verhalfen vielleicht nicht zuletzt dadurch der Lehre zu einer unerwarteten Blüte. Als Augustus die neue Staatsform des Prinzipats begründet hatte und diese unter seinen Nachfolgern zum Despotismus schlimmster Prägung ausgeartet war, erwies sich die stoische Philosophie als Hort der Zuflucht wider die Feindlichkeiten eines verhaßten Regimes. Seneca ist es, der noch heute als führender Interpret der römischen Auffassung des

Stoizismus gilt. Unter ihm reifte die Lehre in Rom zu letzter Vollendung. Mit ihm hatte sie aber auch ihren Höhepunkt überschritten. Nie mehr sollte sie so anregend und tröstend, so einnehmend und verheißungsvoll sein.

Zu seiner Zeit galt Seneca als hervorragender Gelehrter und genoß als führender Philosoph weltweites Ansehen. Das nächste Jahrhundert warf ihm jedoch bereits Verrat an der Stoa vor. Die enge Verbindung zu Nero ließ ihn seinen Kritikern unglaubwürdig erscheinen. Man hatte offensichtlich zu wenig bedacht, daß der einst einflußreiche Erzieher des Prinzen Nero Claudius Augustus Germanicus und der spätere Minister des Kaisers dessen Argwohn selbst zum Opfer gefallen war. In die Verschwörung des Jahres 65 n. Chr. und in ihr Scheitern verwickelt, wurde Seneca zum Selbstmord gezwungen. Seinem Tod sah er mit stoischer Gelassenheit entgegen. Anders sein Neffe, der Dichter Lukan, der auch im Jahre 65 n. Chr. starb. Er, ebenfalls an der Verschwörung gegen den Kaiser beteiligt, wurde gefaßt und verriet in einem Anflug von Schwäche seine Komplizen. Erst das gegen ihn verhängte Todesurteil ließ ihn die Fassung wiederfinden. Er lud seine Freunde zu üppigem Mahle, öffnete sich die Pulsadern, sprach ein letztes Mal seine Verse und verschied. Er war erst sechsundzwanzig Jahre alt. Vor allen anderen hatte er den jüngeren Cato verehrt, den Gegner Cäsars, der wie er von Anfang an auf verlorenem Posten gestanden hatte: »Victrix causa deis placuit, sed victa Catoni – die siegreiche Sache gefiel den Göttern, die verlorene Cato«, schrieb er in dem rhetorischen Epos »Pharsalia«, das den Bürgerkrieg aus der Sicht des pompejanischen Adels betrachtet. Lukan erging es dennoch kaum anders als dem berühmten Onkel. Von den Zeitgenossen insgeheim als Widerstandskämpfer gegen die verhaßte Tyrannenherrschaft verehrt, machte ihn die Nähe zum Kaiserhaus den Stoikern des zweiten nachchristlichen Jahrhunderts verdächtig.

Zur Zeit der Antonine durfte sich der Geist griechischer Philosophie noch einmal machtvoll entfalten, beschränkte sich aber nur noch auf die Ethik. Man bedurfte keines politischen und geistigen Zufluchtsorts mehr, denn das humanitäre System des aufgeklärten Despotismus garantierte jedem eine individuelle Entfaltungsmöglichkeit, die der Römer selbst in den verherrlichten Tagen republikanischer Freiheit niemals erfahren hatte. Nach wie vor verlangte die Zeit aber einen sittlichen Halt, »und so gab man der Menschheit praktische Lebensregeln gleich einem Katechismus. Das Gewerbe der Wanderprediger stand in seiner höchsten Blüte. In den vornehmen Häusern wurde es Mode, sich Hausphilosophen zu halten, die das Amt von Seelenführern und geistlichen Beratern versahen«[7]. Auf Dauer jedoch konnte sich stoisches Gedankengut nur in der Rechtswissenschaft behaupten. Hier griffen die römischen Juristen unter dem Einfluß des Stoizismus beispielhaft für Jahrhunderte das Naturrecht auf und sicherten auf diese Weise »einen Rest griechischen Geistes« (Wolf) für unsere Zeit. Ansonsten aber geriet die Philosophie mehr und mehr in Vergessenheit, je stärker sich die Menschen der Religion zuwandten. Erst die Renaissance verschaffte Seneca wieder das Ansehen, das seiner einstigen Stellung entsprach. Und seitdem spukt sein Geist erneut durch die Lehrbücher der abendländischen Welt.

Nicht nur Neros Gewaltherrschaft verfolgte die Freunde der Weisheit bis in den Tod. Auch der Nero in vielem so ähnliche Domitian erkannte in der stoischen Lehre instinktiv eine Gefahr für seine Macht. Er verbannte alle Philosophen aus Rom. Erst nach seiner Ermordung 96 n. Chr. konnten sie sich wieder an die Öffentlichkeit wagen.

Der ungekrönte König des Stoizismus im beginnenden zweiten Jahrhundert war jener lahme phrygische Sklave, von dem schon die Rede war: Epiktet. Auch er war ein Opfer der domitianischen Vertreibung geworden. Das Schicksal hatte ihn nach Nikopolis an die griechische Westküste verschlagen, wo er einen großen Kreis von Schülern aus allen Bevölkerungsschichten um sich sammelte. Er kehrte auch nach Domitians Tod nicht nach Italien zurück, sondern zog es vor, den Rest seines Lebens in der Heimat seiner Philosophie zu bleiben, die längst auch seine geistige Heimat geworden war. Er ließ die naturwissenschaftlichen und metaphysischen Aspekte der Stoa hinter sich und beschäftigte sich vor allem mit ihrer moralischen Seite. Als einem, der früh schon die Knechtschaft gekannt hatte, kam es ihm darauf an, die innere Freiheit zu erlangen, Herr seiner selbst zu werden. Gegen Ende seines Lebens hatte er, den schon Nero freigelassen hatte, auch die äußere Unabhängigkeit erlangt. Aus dem verachteten Sklaven war ein angesehener Mann geworden, der sich sogar der Freundschaft Kaiser Hadrians rühmen durfte.

Als Epiktet starb (wohl 138 n. Chr.), hatte Marcus gerade die ersten philosophischen Versuche unternommen. Die beiden Männer hatten sich nie persönlich kennengelernt. Und doch sollten Epiktets Gedanken mehr als die aller anderen Vertreter des Stoizismus zu Triebfedern von Marcus' eigener Lebensanschauung werden. Noch in den Selbstbetrachtungen, die der Kaiser erst gegen Ende seines Lebens schrieb, tritt jener Einfluß zutage, wenn auch Marcus' philosophische Bekenntnisse düsterer wirken und gewissermaßen eine Endzeitstimmung ausdrücken, deren Lektüre noch heute den Leser in Schwermut versetzt.

Ist es nicht eigenartig? Die beiden letzten großen Vertreter stoischen Geistes waren so grundverschiedene Gestalten wie ein heimatloser phrygischer Sklave und der souveräne Herrscher über ein Weltreich. Gerade das erscheint fast wie Ironie des Schicksals, als ob es daran erinnern wollte, daß vor einer, der höchsten Instanz alle Menschen gleich sind und nur Menschengesetz den einzelnen in eine bestimmte Rolle zwingt.

Seitdem sich führende Persönlichkeiten Roms zu philosophischen Idealen bekannten, gab es auch Kritiker, die die Auffassung vertraten, eine eingehende Beschäftigung mit der Philosophie vertrage sich nicht mit den Pflichten eines Herrschers. Wie die Mutter des großen Alexander hatte auch die jüngere Agrippina ihren Sohn Nero vor den schädlichen Einflüssen der Freunde der Weisheit gewarnt. Wer immer Interesse an Roms bestehender Ordnung und seinem historischen, da angeblich göttlichem Auftrag hatte, betrachtete nicht ohne Grund die Lehre als Gefahr. Cassius Dio läßt Maecenas vor Augustus in einer Rede die Grundzüge der prinzipalen Politik entwickeln und warnt eindringlich vor den Philosophen, die revolutionäre Ansichten verbreiteten: »Der Kaiser möge nicht glauben, daß alle wirklichen oder angeblichen Philosophen gute und rechtschaffene Männer seien ... vielmehr bedienen sich viele dieser Maske, um Staaten und einzelnen unzählige Übel zuzufügen.«[8] Tatsächlich waren es ja die hervorragenden Führer der senatorischen Opposition des ersten Jahrhunderts, die sich zu den Lehren der stoischen Schule bekannten.

Selbst Tacitus erweist sich an manchen Stellen seiner Werke als Verächter der Philosophie. Der Mutter seines Schwiegervaters Agricola spendet er höchstes Lob. Sie hatte nämlich ihren Sohn getadelt, er habe sich in seinen ersten Jünglingsjahren in das Studium der Philosphie mehr vertieft, als es dem Römer und Senator gezieme.

Kritik kam indes nicht weniger aus den Reihen des Militärs. Hohe Offiziere vermochten nicht zu verstehen, wie ein Staatsführer »Untersuchungen über die Elemente und über die Sachen und über Tugend und Gerechtigkeit«[9] anstellen kann, anstatt seine ungeteilte Aufmerksamkeit ausschließlich dem Staate zu widmen. Das warf beispielsweise General Avidius Cassius Kaiser Marc Aurel vor, nannte ihn darüber hinaus bald den »Disputierer«, bald das »philosophische alte Weib«. Als Kaiser Alexander Severus das Studium der Philosophie und Musik aufgab, folgte er damit nicht nur dem Rat seiner Mutter Mammaea. Er wurde in seinem Entschluß auch vom Vergilischen Orakel bestärkt. Er traf auf die Stelle des sechsten Gesangs, die den Römer zu den Waffen ruft und anderen Völkern die Beschäftigung mit Kunst und Wissenschaft zuweist.

Schließlich hatte auch Fronto seinen Unmut über Marcus' Abkehr von der Redekunst nicht verhohlen, wenn er auch eingestehen mußte, daß eine gewisse philosophische Bildung zu einem Mann von Welt gehört. Mindestens war für ihn auch die geschliffene Sprache als Rüstzeug des Denkers unerläßlich, und er verteidigte leidenschaftlich die Rhetorik, deren Unnatürlichkeit Marcus offensichtlich angegriffen hatte: »Ich halte jede Rede ohne diese Konventionen für mißtönend ... ja wirkungslos und unnütz«, schrieb Fronto. »Und ich glaube nicht, daß Philosophen diese Kunstgriffe weniger nötig haben als Redner.«[10] Er führte dabei Sokrates' souveräne Beherrschung der Sprache als rühmendes Beispiel an.

Der Philosoph ein Kaiser, der Kaiser ein Philosoph! Was war das für ein Mensch, auf den mit Antoninus' Tod die Herrschaft so lautlos überging? Was hatte Rom, was hatte die Welt von ihm zu erwarten? Würde er alle Hoffnungen erfüllen, die die Menschheit in vielen Jahren auf ihn gesetzt hatte? Und würde er sich vor allem als würdiger Nachfolger jenes Mannes erweisen, den man so sehr lieben gelernt hatte, daß man seinen späten Heimgang wie den Tod eines Jünglings betrauern zu müssen glaubte?

Seiner streng konservativen Erziehung und seinem Charakter entsprechend, trat Marc Aurel das verantwortungsvolle Erbe mit den besten Vorsätzen an und betrachtete es als Aufgabe und Verpflichtung, die er nach stoischen Grundsätzen zu erfüllen gedachte. Zeitlebens würde er sich bemühen, einfach und gerecht zu regieren, rein und gut zu sein, fromm und prunklos zu leben, kurz in allem die Pflicht des ersten Bürgers peinlich zu achten, damit er stets ruhigen Gewissens seiner letzten Stunde entgegensehen könne. Die lange Zeit der Vorbereitung hatte ihn reich an Erfahrung werden lassen, an Menschenkenntnis und gleichermaßen Menschenverachtung, hatte seine Gedanken über den ewigen Fluß alles Geschehens vertieft. Was ihm im Laufe der Jahre an Antoninus' Seite begegnet war, die Erkenntnis über »irdische Herrschaft und göttliches Weltregiment« (Weber), hatte er willig aufgenommen und in empfindsamer Seele bewahrt. Von Zeit zu Zeit überprüfte er dieses »Geschenk der Götter, das seine Vorfahren und Lehrer, seine Nächsten und Pius und die bunte Welt der Erfahrung, eigene Arbeit und Selbstzucht«[11] ihm vermittelt hatten.

Das Schicksal war seinen lauteren Absichten jedoch nicht

günstig gestimmt. Seine Herrschaft stand von Anfang an unter keinem guten Stern.

Zudem war er selbst von widersprüchlicher Natur – politisch der reaktionäre Kaiser, menschlich der fortschrittliche Philosoph. Zu seinen bewunderten Vorbildern gehörten so gegensätzliche Gestalten wie der Sklavenhasser Cato und der Sklave Epiktet. Und selbst seine Charakterzüge muten dem neuzeitlichen Betrachter widerstreitend an.

Er war der letzte Stoiker, der diese Bezeichnung verdient. Die Idee von der Vergänglichkeit des menschlichen Seins erfüllte ihn, und ein ungewöhnliches Geschick legte ihm gleichzeitig die Herrschaft über ein Weltreich auf, das von Krisen erschüttert wurde und allmählich zu bröckeln begann. Die in der Macht begründete Verantwortung vor dem Amt und vor seinen Mitmenschen, das regierte Elend, unzählige Enttäuschungen, das alles mußte ihn aufreiben, mehr als jeden seiner Vorgänger, stärker als jeden seiner Nachfolger. Sein Bild schwankt in der Geschichte. Bei den einen ist er der fühlende Idealist, der die Welt nach seinen Vorstellungen ein wenig zu bessern bestrebt war. Andere schmähen ihn hochnäsig als unrühmliches Schlußlicht jener Glanzepoche, als kraftlosen Philosophen, der nicht in der Lage gewesen sei, seinen Gedanken lebendigen Ausdruck zu verleihen, das heißt sie in die Tat umzusetzen. Ihm, gerade ihm, lasten sie das Ende des goldenen Zeitalters an, weil er, der allen Gefühlen abgeschworen hatte, bei der Bestimmung seines untauglichen Sohnes zum Nachfolger ein bedauerliches Opfer eben jener unterdrückten Emotionen geworden war.

Trotz allem scheint ein genereller Zweifel an seinen Fähigkeiten als Staatsmann nicht erlaubt. Selten nur hat ein Herrscher auf dem Felde der Reichsverwaltung und Reichsverteidigung Ähnliches geleistet. Und selten nur sind staatsmännische Klugheit und philosophisches Streben eine ähnliche Symbiose eingegangen.

Die alte Welt durfte noch einmal aufatmen, bevor sich der Abgrund vor ihr öffnete, um sie endgültig zu verschlingen.

13. KAPITEL

Die ersten Herrscherjahre

Schon das Kind hatte ernst auf das vor ihm liegende Leben geblickt, dann der Jüngling, sehnsüchtig, schwermütig, traumverloren, allem Irdischen entrückt. Was den jugendlichen Zügen anhaftet, kehrt wieder in den Bildnissen des reifen Mannes, wirkt asketisch, ja morbid. Es ist kein Idealbild Marc Aurels, das von der alten Welt auf uns überkommen ist. Selten nur ließ sich ein Kaiser so schonungslos ehrlich porträtieren: Ein dünner Hals, der nur mit Mühe den schmalen, länglichen Kopf trägt. Unruhig der Kranz dichter Locken über hoch gewölbter Stirn. Stark hervortretende mandelförmige Augen, überschattet von wulstigen Lidern. Darüber nur sanft geschwungene Brauen. Eher gerade, doch ausdrucksstark der Mund unter breit ausladenden Nasenflügeln. Ein Vollbart geringelter Löckchen um das spitz zulaufende Kinn. Ausgezehrt die schmächtige Gestalt, erschöpft von Enttäuschungen und Rückschlägen. Eine gebrochene, müde Erscheinung, aus der uns Sorgen und Schlaflosigkeit entgegenblicken ...

Die Eigentümlichkeit dieses Gesichts mit dem verhängten Blick kehrt in den Porträts des Sohnes Commodus wieder, scheint ein unverwechselbares Merkmal der Familie der Annier gewesen zu sein. Nirgendwo sonst in der griechisch-römischen Welt sah man ähnliche Züge. »Spanisches« Blut floß in diesen Adern. Solche entrückten, überirdisch verklärten Gesichter brachte erst das Schönheitsideal des Mittelalters wieder hervor, schenkten Holzschnitzer und vorwiegend spanische Maler ihren Madonnen- und Heiligenfiguren. Melancholie und Resignation liegen auf diesen Zügen, die ein seltsames Spiegelbild ihrer Zeit sind, Ausdruck einer altersschwachen Gesellschaft, die sich überlebt hat, einer ausgemergelten Welt am Rande sozialer, wirtschaftlicher und politischer Krisen.

Fast vierzig Jahre war Marc Aurel alt, als der von so vielen begehrte Thron, den er für sich jedoch niemals ersehnt hatte, auf ihn überging. Aus dem zarten Jüngling war längst ein reifer, wissender Mann geworden. Mehr als dreiundzwanzig Jahre hatte ihm das Schicksal eingeräumt, sich an den Gedanken seiner künftigen Würde zu gewöhnen. Aber selbst diese lange Zeitspanne hatte seine jugendlich ablehnende Haltung nicht zu versöhnen vermocht. Emotionale Vorbehalte hatten alle Überzeugungsversuche des Verstandes besiegt. Ein letztes Mal noch sträubte er sich vergeblich gegen die Last, die sein Leben fortan beschweren sollte. Widerstrebend nur ergriff er die Zügel der Regierung, die der Senat ihm aufnötigen mußte.

Doch auch dieses Spielchen kannte man schon und nahm es nicht sonderlich ernst. Wie viele Generationen waren herangewachsen, seit es Tiberius, der ungeliebte Adoptivsohn und Nachfolger des Augustus, ebenso getrieben hatte? Mit Bitten habe man sich an ihn gewandt, weiß Tacitus zu berichten, daß er die Herrschaft übernehme. Doch hätte er geschickt auf seine Bescheidenheit verwiesen. Nur ein Geist wie der des göttlichen Augustus sei einer so ungeheuren Herausforderung gewachsen gewesen. Während seiner Mitregentschaft habe er erfahren, wie sehr das lästige Amt dem Glück unterworfen sei. Mehrere könnten mit vereinten Kräften leichter der Republik Geschäfte führen. Fußfällig habe sich der Senat schließlich zu den niedrigsten Beschwörungen herabgelassen, damit er die Nachfolge antrete. Doch sah schon der Geschichtsschreiber in Tiberius' Worten mehr Ziererei als Aufrichtigkeit. Man muß dem düsteren Claudiersohn allerdings zugute halten, daß er als republikanischer Adelssproß tatsächlich traditionelle Vorbehalte gegen die Monarchie gehabt haben muß.

Marc Aurels Zögern kam zweifelsfrei aus ehrlichem Herzen. Es war die Monarchie, der seine Familie, eine der angesehensten ihrer Zeit, ihre überragende Stellung verdankte. Für den Sohn des Kaisers wurde der Amtsantritt eine Zerreißprobe zwischen natürlicher Neigung und Bekenntnis zur Pflicht. Er war sich jedoch darüber im klaren, daß das Reich eines starken Lenkers bedurfte, und er wußte auch, daß es keine Möglichkeit gab, sich der ihm vom Schicksal übertragenen Aufgabe zu entziehen. Das mag auch für die römischen Senatoren, die überlieferungsgemäß die kaiserlichen Machtbefugnisse noch immer zu bestätigen hatten, beruhigend gewesen sein. Längst nämlich wäre der Senat, der sich in zwei Jahrhunderten jeglicher Verantwortung entwöhnt hatte, nicht mehr in der Lage, die umfangreichen Staatsgeschäfte zu führen. Und ein anderer verläßlicher Kandidat für den Thron war nicht vorhanden. Letztlich fügte sich Marcus also in sein Geschick und nahm zu Ehren seines Vorgängers den Namen Antoninus an. Als Imperator Caesar Marcus Aurelius Antoninus Augustus sollte er fortan Geschichte schreiben, den kommenden Jahrhunderten aber, sofern sie überhaupt jener weit zurückliegenden Zeit gedachten, schlicht als Marc Aurel in Erinnerung bleiben.

Immerhin hatte Marcus einen Trumpf in der Hand, den er jetzt ausspielte. Dem Vermächtnis des kaiserlichen Großvaters Hadrian entsprechend, sollte Lucius dereinst mit ihm gemeinsam die Regentschaft antreten. Antoninus hatte nichts getan, diesem Wunsch seines Vorgängers zu entsprechen und den designierten Miterben des Thrones in die Regierungsgeschäfte einzuweihen. Als Privatmann mußte Lucius bis zum Ableben des Adoptivvaters in dessen Haus leben. Mit Antoninus' Tod aber war auch seine große Stunde gekommen. Er erhielt auf Marcus' Drängen durch Senatsbeschluß das Imperium und die tribunizische Gewalt, die wesentlichen Stützen der prinzipalen Macht, die seinem Bruder schon vierzehn Jahre zuvor übertragen worden waren. Zusammen mit Marcus durfte er von nun auch den Titel »Imperator« führen und sich Augustus nennen. Er legte den Namen Commodus ab und fügte seinem Vornamen aus Achtung vor dem verstorbenen Vater »Aurelius« hinzu. So hieß er seit seiner Thronbesteigung offiziell Imperator Caesar Lucius Aurelius Verus. Und Verus nannte ihn auch Iulius Capitolinus, sein Biograph in der Historia Augusta.

Die Bestimmung des Bruders zum Mitkaiser sollte aber auch ein Novum in der römischen Staatsführung sein. Zwar hatte es seit den Tagen, als die Könige gestürzt worden waren und die in der Stadt ansässigen Geschlechter des grundbesitzenden Adels die Herrschaft übernommen hatten, Beamte gegeben, die gemeinsam die Staatsgewalt der früheren Könige ausübten. Seit der Mitte des fünften Jahrhunderts vor der Zeitenwende wurden sie »consules« genannt. »Die Beschränkung der Amtstätigkeit auf ein Jahr und die gleichzeitige Ernennung eines zweiten Beamten mit gleicher Vollmacht (also die Annuität und die Kollegialität) waren die Hauptkennzeichen des republikanischen Magistrats.«[1] Hierin aber eine der späteren Kaiserzeit vergleichbare Gewaltenteilung zu sehen, scheint nicht angebracht. Die Kollegialität in der Republik sollte vielmehr ein Streben nach der Alleinherrschaft verhindern und damit ein Zurückfallen des Staates in die verhaßte Tyrannis vermeiden. Als im ausgehenden zweiten Jahrhundert erstmals zwei gleichberechtigte Kaiser dem Gemeinwesen voranstanden, hatte sich das Prinzip der Alleinherrschaft bereits über zwei Jahrhunderte bewährt. Man kann in dieser Machtaufteilung folglich keine Nachahmung der alten Doppelmagistratur des Konsulats sehen, sondern wird davon auszugehen haben, daß Marcus seinem Bruder – einem angeborenen Gerechtigkeitssinn entsprechend – die zugedachte Stellung verschaffen wollte, andererseits aber auch an eine eigene Entlastung dachte. Denn noch immer bestand das Imperium Romanum in jenen Grenzen, die Kaiser Trajan fünfzig Jahre zuvor in lebenslangen Eroberungszügen gesteckt hatte. Es war ein Reich, in dem die Sonne nie unterging. Es ist nur allzuleicht verständlich, daß seine Verwaltung die Natur eines einzigen, zudem gebrechlichen Mannes überfordern mußte.

Hatten auch schon frühere Herrscher Mitregenten bestimmt, um die Regierungslast ein wenig zu verteilen – Augustus etwa, indem er Tiberius teilhaben ließ, oder zuletzt Antoninus, der seinen Adoptivsohn zu Rate zog –, so konnte man bislang doch nie von gemeinsamer Regierung sprechen. Immer hatte der eigentliche Herrscher die Richtlinien der Politik bestimmt. Stets hatte es sich bei dem Gehilfen zudem um denjenigen gehandelt, auf den nach dem Ableben des Herrschers die Staatsgeschäfte ohnehin übergehen sollten. Man hatte damit gleichzeitig einen praktischen Zweck verfolgt. Der Nachfolger erhielt Gelegenheit, Erfahrung im Regieren zu sammeln. Und eine reibungslose und unblutige Thronfolge sollte gewährleistet sein. An all das kann Marcus, der vierzigjährig den Thron der Caesaren bestieg, kaum gedacht haben. Er war nur zehn Jahre älter als Lucius Verus, und es schien nicht ausgeschlossen, daß er diesen überleben würde, wie es dann auch tatsächlich geschah. Die Teilung der Regierungsgewalt in dieser Form war eine Neuerung und schaffte, mochte auch Verus' politischer Einfluß gering bleiben, einen »schlechten Präzedenzfall, der später unter Diokletians und Constantins Erben zur Aufteilung und Schwächung des Reiches führte«[2].

Trotz der Mitregentschaft aber wird man ohne Zögern sagen dürfen, daß Marcus die überragende Persönlichkeit blieb. Seine »auctoritas«, jene kaum meßbare Eigenschaft, durch die schon Octavian alle Zeitgenossen überragt und die ihn schließlich zu dem Titel »Augustus – der Erhabene und der in Ehrfurcht zu Verehrende« – befördert hatte, stellte die des Bruders weit in den Schatten. Dies mag nicht nur daran gelegen haben, daß Marcus einmal öfter Konsul gewesen war, und vielleicht nicht einmal daran, daß er dem Thron all die Jahre über soviel näher gestanden hatte. Es müssen charakterliche Eigenschaften gewesen sein, die den Älteren in der öffentlichen Gunst förderten. Gewiß gehörte sein untadeliger Lebenswandel dazu, der so sehr an die alten Vätersitten erinnerte. Lucius hingegen muß ein leidenschaftlicher, geradezu barocker Mann gewesen sein. Die Schilderung seines Charakters in den alten Quellen ist es, die neuzeitliche Historiker zu einem weitgehend negativen Urteil über ihn bestimmte. Erst in jüngster Zeit mehren sich die Stimmen zu seinen Gunsten. »Nemo est principum quem non gravis fama perstringat – es gibt kein Staatsoberhaupt, das die üble Nachrede ungeschoren ließe«[3], bemerkt schon der antike Biograph. Und eben jene »gravis fama« war es, unter der der Kaiserbruder mehr als andere zu leiden hatte, die ihm über

Jahrhunderte wie Pech anhaftete und von der er erst allmählich von kritischen Geistern reingewaschen wird. In den letzten Jahren haben Historiker, die nicht unbedacht übernehmen wollten, was seit Jahrhunderten vorgegeben ist, und auch zwischen den Zeilen zu lesen verstehen, den Versuch einer Rehabilitation dieser Persönlichkeit unternommen. Doch davon soll an anderer Stelle noch ausführlich die Rede sein.

Marcus also dürfte dem Zeitgeschmack viel eher entsprochen haben. Die intellektuelle Oberschicht Roms hatte sich weitgehend dem stoischen Ideal verschrieben. Durch Beschwörung des Vergangenen wollte sie noch einmal römische Wesensart erneuern und erhalten. Und hierzu paßte eben kein Mensch, der sich dem Rausch der Sinne überlassen hatte.

So wurde Marcus auch allein Pontifex Maximus, da die höchste Priesterwürde unteilbar und zudem lebenslänglich vergeben war. Und Lucius Verus mußte sich mit einem gewöhnlichen Priesteramt begnügen. Auch das mußte das öffentliche Ansehen des Älteren natürlich steigern.

Und dennoch sollte dieses Gespann zweier so ungleicher Menschen noch einmal zum Wohle des Imperiums zusammenwirken, sollten schon 161 n. Chr. Münzen, die die »Concordia Augustorum« feierten, alle Zweifel zerstreuen.

Die erste einträchtige Amtshandlung führte die beiden Augusti in das Prätorianerlager im Norden der Stadt. Wie es Brauch war, hielt Lucius – in beider Namen – eine Ansprache an die Truppen. Hierauf erfolgte die Proklamation beider zum Imperator. Auch das entsprach den üblichen Gepflogenheiten. Die Rolle des Militärs und vor allem der in der Stadt stationierten Prätorianergarde, der einzigen Streitmacht auf städtischem Gebiet, war nicht zu unterschätzen. Es wäre kaum einem Kaiser gelungen, sich über längere Zeit auf dem heißbegehrten Thron zu behaupten, wären seine Ansprüche nicht durch die Soldaten gestützt worden. Andererseits hatten Machtkämpfe stets Bürgerblut gefordert. Deshalb taten auch Herrscher wie Antoninus oder Marc Aurel, denen ihr

Amt gewissermaßen aufgezwungen worden war, gut daran, es sich mit ihren Militärs nicht zu verscherzen. Das Versprechen eines fürstlichen Geldgeschenks, das wohl mehreren Jahreslöhnen entsprach, sollte sowohl Söldner als auch Offiziere bei Laune halten. Vielleicht ahnte die römische Staatsführung, daß sie schon bald auf die Hilfe ihrer Truppen angewiesen sein würde. Denn die Geschichte hatte gelehrt, daß sich Krieg und Frieden in unregelmäßigen Abständen abzulösen pflegen und daß auf ungewöhnlich lange und fruchtbare Friedensepochen um so heftigere Auseinandersetzungen folgen. Wann sie Rom erneut heimsuchen würden, war nur noch eine Frage der Zeit. Zum anderen aber mußte eine doppelte Thronbesteigung auch auf gebührende Weise gefeiert werden. Die neuen Kaiser Roms konnten also sicher sein, ihr Geld nicht verschwendet zu haben.

Was die Welt als nächstes von ihren Staatsoberhäuptern erwartete, war ein angemessenes Begräbnis und die Vergöttlichung des allseits verehrten Antoninus Pius. Anders als es jenem bei seiner Thronbesteigung ergangen war, begegneten Marcus und Lucius keinem Widerstand. Im Gegenteil! Die antike Kaisergeschichte spricht von einem großartigen Trauergeleit, das dem Verstorbenen die letzte Ehre erwies. Leider sind von den Totenfeiern keine Einzelheiten überliefert. Wir können daher nur von der allgemeinen Praxis auf den besonderen Fall schließen.

Es war Aufgabe des Festordners, am Begräbnistag den mit großem Gepränge ausgestatteten Trauerzug (pompa) zusammenzustellen. Dem Zug schritten Fackelträger und Flötenspieler voran. Es folgten Frauen mit gelöstem Haar, die Klagelieder anstimmten. Ihnen schlossen sich die Träger der wächsernen Ahnenmasken an. Auch die Maske des Verstorbenen gehörte dazu. »In ihr verdichtete sich noch einmal das geistige Profil des Toten, was er sein Leben lang gewesen ist und getan hat, zu sinnbildlicher, dauernder Bedeutung.«[4]

Der mit prächtigen Decken geschmückten Bahre, auf der die Leiche offen lag, folgten die nahen Angehörigen ohne Schmuck und Abzeichen ihrer Würde, alle in Trauerkleidung gehüllt, die Frauen mit entknotetem Haar. Vor der Rostra auf dem Forum, der Rednertribüne, blieb der Zug stehen. Söhne oder Verwandte hielten die Leichenrede, die »laudatio funebris«, und rühmten darin, nicht selten auf Kosten der Wahrheit, Charakter und Verdienste des Verschiedenen. Dann zog die Prozession weiter auf das Marsfeld, wo die Beisetzung oder Verbrennung stattfand. Denn nach dem Gesetz der Zwölf Tafeln durfte niemals eine Bestattung oder Einäscherung innerhalb der geheiligten Stadtgrenze erfolgen: »Hominem mortuum in urbe ne sepelito neve urito«, stand dort geschrieben. Noch heute erinnern zahlreiche Grabanlagen, die sich an den Ausfallstraßen Roms entlangziehen, an diesen schon von Etruskern und Griechen geübten Brauch.

Anfangs waren auch die verstorbenen Kaiser eingeäschert worden. Doch hatte man sich im Laufe der Zeit mit einem Wachsbild des Toten begnügt, das an Stelle des Leichnams den Flammen des Scheiterhaufens übergeben wurde. Hadrian war noch von Antoninus mit Hilfe des kaiserlichen Sekretärs Celer verbrannt worden. Was aber mit seinem Nachfolger geschah, ist ungewiß. Der antike Biograph bemerkt allerdings, die beiden Söhne hätten die Leiche ihres Vaters zum hadrianischen Familiengrabmal überführt.[5] Das könnte darauf hinweisen, daß man diesmal von der Verbrennung des Leichnams absah. Immer hatte es auch der Brauch verlangt, einen Adler aus den Flammen emporsteigen zu lassen. Er verkörperte die Seele des Toten, die zu den Wohnungen der Götter zurückkehrte, von wo sie einst, stoischem Gedankengut folgend, zur Erde herabgestiegen war. »Also ziemt es sich nicht, ihn zu betrauern«, hatte vor langer Zeit Tiberius seine laudatio auf Augustus geschlossen, »sondern seinen Leib der Natur zurückzugeben, die Seele aber wie die eines, der auch Gott geworden, immerdar zu preisen ...«[6] Und bereitwillig hatte damals der frühere Prätor Numerius Atticus eidlich bezeugt, er habe das Bild des Verbrannten zum Himmel auffahren sehen (und von der Kaiserwitwe Livia dafür eine entsprechende Belohnung erhalten). Es ist nicht bekannt, ob ein solches Zeugnis in antoninischer Zeit noch für erforderlich gehalten wurde.

Beide Söhne hielten von der Rednerbühne aus Gedächtnisreden auf den Vater, der nun »Divus Antoninus« geworden war und jeden von ihnen zum »Divi Antonini filius«, zum Sohn des Vergöttlichten, gemacht hatte. Landestrauer wurde angeordnet. Der Verstorbene erhielt einen Eigenpriester (flamen) aus der Verwandtschaft und eine Brüderschaft der Aurelianer, die »sodales Antoniniani«, aus dem engsten Freundeskreis des Kaiserhauses. Sie hatten das Andenken der neuen Gottheit zu pflegen. An bestimmten Tagen, die im Leben des Verstorbenen eine wichtige Rolle gespielt hatten, traten sie zusammen, um zu opfern und zu feiern. Und schließlich wurde noch der Tempel auf dem Forum, der nahezu zwanzig Jahre zuvor zu Ehren der früh verstorbenen Faustina errichtet worden war, auch dem vergöttlichten Kaiser geweiht. Damit hatte Antoninus, der in vorbildlicher Rechtschaffenheit gelebt und gewirkt hatte, alles erreicht, was ein Mensch im alten Rom nur erreichen konnte. Und noch die Geschlechter der folgenden Jahrhunderte sangen bereitwillig sein Lob.

Mit Freuden hatten sich die beiden Kaiser der Pflichten entledigt, die ihre Stellung von ihnen verlangte. Sie wollten ganz im Sinne ihres Vaters weiterregieren. Und tatsächlich hatte auch in den nächsten zwei Jahrzehnten niemand Grund zur Klage. Die beiden Regenten verhielten sich »so leutselig, daß niemand die von Pius geübte Milde vermißte«[7]. Ungestraft durfte sogar der zeitgenössische Mimendichter Marullus beide zur Zielscheibe seines Spotts machen. Es herrschte Redefreiheit, wie man es von Antoninus' Tagen gewohnt war. Und zu Recht verkündeten Münzen die »felicitas temporum«. Zu den glücklichsten Menschen jener Zeit gehörte zweifellos Fronto, der mindestens seinen Marcus am Ziel allen Wartens sah. »Die junge Saat, die damals in Blüte stand«, spielte er auf sein fast zwanzig Jahre zurückliegendes Konsulat an, »ist jetzt herangereift; die Ernte ist in die Scheuer eingebracht. Was ich mir damals erhoffte, besitze ich jetzt. Meine Hoffnung ist Wirklichkeit geworden.«[8] Aber Fronto war nicht weniger Lucius' Lehrer, und auch an ihn schrieb er, um ihn seiner Ergebenheit zu versichern. Gleichzeitig bedankte er sich für die Zuneigung, die ihm weiterhin zuteil wurde, wo doch seine beiden Schützlinge jetzt an so hoher Stelle saßen.

Als Antoninus starb, hatte sich dieser Freund der kaiserlichen Familie gerade nicht in der Hauptstadt aufgehalten. Da er erst Ende März von seinem Landgut nach Rom zurückkehrte, nimmt man an, er habe zuvor vielleicht seine nordafrikanische Heimatstadt Cirta besucht und sei auf die Nachricht von Antoninus' Tod hin sofort aufgebrochen. Einmal angekommen, wagte er jedoch nicht, sich direkt an seine Schüler zu wenden, die jetzt Kaiser waren. Also fühlte er erst bei einem Freigelassenen vor, ob sein Besuch auch genehm sei. Später allerdings mochte er sich vielleicht über seine Schüchternheit wundern. Er traf im Palast nur Marcus an, der Bruder war gerade ausgegangen. In der überschwenglichen Freude des Wiedersehens vergaßen beide, jenen zurückzurufen. Die Tatsache, daß Fronto und Marcus den jüngeren Lucius nicht an ihrer Widersehensfeier teilhaben ließen, wird oft als Hinweis darauf angesehen, daß Frontos größere Zuneigung dem Älteren galt. Er selbst hat sich hierzu niemals geäußert. Welchen von beiden er vorzog, muß deshalb reine Spekulation bleiben. Gibt man Marcus den Vorzug, weil seine Interessen zweifellos höher als die des Bruders standen, darf man auf der anderen Seite nicht vergessen, daß der Redner gerade von ihm bitter enttäuscht worden war, weil er sich endgültig für die Philosophie entschieden und damit Frontos Wissenschaft in gewisser Weise verraten hatte. Lucius hingegen blieb ein Leben lang auf dem Boden der Tatsachen. Er war gewiß kein überragender Geist, was im übrigen von Fronto auch behauptet wird. Aber er blieb der Redekunst stets in dem Maße zugetan, wie es der Zeitgeschmack und seine politische Stellung verlangten, mochte er dabei auch von minderer Begabung sein.

Familienereignisse standen an, die gleichermaßen die Öffentlichkeit betrafen. Marcus' zweitälteste Tochter Annia

Lucilla wurde gerade zwölf Jahre alt und mit dem achtzehn Jahre älteren Adoptivonkel verlobt. Die Lage entbehrte nicht einer gewissen Komik. Nahezu ein Menschenalter zuvor war die Mutter der Braut dem jetzt dreißigjährigen Bräutigam versprochen worden, als dieser sieben oder acht Jahre alt gewesen war. Niemand vermag zu sagen, weshalb sich für Lucius Verus, der nach römischer Vorstellung für die erste Ehe alles andere als jung war, in der Zwischenzeit keine andere Braut gefunden hatte. Möglicherweise war das Mädchen schon lange für ihn vorgesehen, und es handelte sich um Familienabmachungen, die im alten Rom nicht unüblich und oft schwer zu durchschauen waren. In diesem Zusammenhang verwundert es auch, daß die Wahl nicht auf Marcus' älteste Tochter Faustina fiel. Sie heiratete bald darauf Cn. Claudius Severus, den Sohn von Marcus' gleichnamigem Freund. Vielleicht spielten hier emotionale Faktoren eine Rolle, und Lucilla hatte dem reifen Mann von jeher besser gefallen.

Schon Antoninus Pius hatte beim Tod seiner Frau einen Unterstützungsfonds für Mädchen gegründet, die sogenannte »weibliche Faustinajugend«. Diese Maßnahme erweiterte man jetzt insofern, als bedürftige Knaben und Mädchen in die Liste der Getreideempfänger eingetragen wurden. Es war eine Anordnung, die die Kaiser anläßlich der Verlobung gemeinsam trafen, um auch die Öffentlichkeit am Glück des Kaiserhauses teilhaben zu lassen.

Als Marcus den Thron der Caesaren bestieg, war seine Gattin erneut schwanger. Während der Schwangerschaft träumte ihr, sie komme mit zwei Schlangen nieder, von denen die eine besonders bösartig war. Am 31. August des Jahres, in dem Marcus und Lucius Konsuln waren (161 n. Chr.), schenkte die Kaiserin Zwillingssöhnen das Leben, Commodus und Antoninus. Trotz des merkwürdigen Traumes, der zu den wildesten Deutungen Anlaß gegeben hätte, beeilten sich die Astrologen, den Neugeborenen aus dem Lauf der Gestirne eine glückliche Zukunft und beiden ein gleich langes

Leben vorauszusagen. Aber Antoninus – sein Name läßt vermuten, daß er der ältere war – mußte schon im Alter von vier Jahren zu Grabe getragen werden. Und Commodus, auf den sich nach dem Tod des Bruders die ganze elterliche Fürsorge konzentrierte, zeigte von Kindesbeinen an einen boshaften Charakter und einen ausgeprägten Hang zur Grausamkeit.

Dennoch konnte niemand ahnen, welch düsteres Kapitel der römischen Geschichte mit ihm dereinst aufgeschlagen werden sollte. Taktvoll hatten die eifrigen Sterndeuter übersehen, daß dieser Sohn den gleichen Geburtstag hatte wie der einhundertzwanzig Jahre zuvor ermordete geisteskranke Caligula. Und wie jener sollte auch dieser Kaiserssproß, wenn er denn einer war, durch Mörderhand enden.

Sein ruchloser Lebenswandel nämlich gab zu der Vermutung Anlaß, er sei nicht im kaiserlichen Ehebett gezeugt worden, sondern die Frucht eines Ehebruchs, über den die römische Fama eine seltsame Geschichte verbreitete: »Eines Tages sei Faustina, die Tochter des Pius und Gattin des Marcus, beim Anblick vorbeimarschierender Gladiatoren zu einem von ihnen in heftiger Liebe entbrannt; da sie sich in lange anhaltendem Kummer verzehrte, habe sie ihrem Mann diese ihre Leidenschaft eingestanden. Marcus habe den Fall den Chaldäern vorgelegt; deren Rat sei es gewesen, den Gladiator zu töten; dann möge Faustina den Unterleib in dessen Blut baden und sich in diesem Zustand zu ihrem Gatten legen. Als dies geschehen war, sei zwar der Liebesbann gebrochen gewesen, aber auch ein Commodus geboren worden, ein Gladiator, kein Fürst, der als Kaiser öffentlich unter den Augen des Volkes an die tausend Gladiatorenkämpfe austrug ...«

So absurd dieses Gerücht auch klang, die Nachwelt glaubte fest daran. Denn man vermochte sich einfach nicht zu erklären, wie ein so untadeliger Fürst einen solchen Sohn hervorgebracht haben sollte, einen Nachkommen seines Fleisches, der sich schlimmer benahm als jeder Gladiatorenhalter, Schmierenheld und »Ausbund aller erdenklichen Schändlichkeiten und Verbrechen«[9].

Man hat Faustina damals sicherlich zu Unrecht verdächtigt. Die zahlreichen Schwangerschaften und das Aufziehen ihrer Kinder werden ihr für ausschweifende Abenteuer keine Zeit gelassen haben, und die Eheleute wohnten immer zusammen, so daß sich für Seitensprünge kaum Gelegenheit geboten haben dürfte. In späteren Jahren allerdings muß Roms Kaiserin ihre Liebhaber tatsächlich unter Gladiatoren und Schiffsleuten gesucht und gefunden haben. Und sicherlich blieb auch dem Kaiser der leichtfertige Lebenswandel seiner Frau nicht verborgen. Denn als man ihn einmal aufforderte, seine untreue Gattin zu verstoßen, wozu er im übrigen nach den immer noch gültigen augusteischen Sittengesetzen verpflichtet gewesen wäre, vermochte er die Ankläger nicht einmal Lügen zu strafen. Er gab nur zu bedenken, daß er in diesem Falle auch ihre Mitgift zurückerstatten müßte. Er meinte damit die Herrschaft, die er aus den Händen des sterbenden Adoptiv- und Schwiegervaters empfangen hatte. Seine Bemerkung erstaunt, wußte er doch genau, daß Antoninus damit nur einer Anordnung Hadrians nachgekommen war.

Die Wahrheit werden wir nie erfahren. Faustina hat das Geheimnis um die Vaterschaft ihres mißratenen Sohnes mit ins Grab genommen, und Marcus tat nichts, die öffentlichen Zweifel zu bestätigen oder zu widerlegen.

Doch bei Commodus allzu lange verweilen, hieße der Zeit voraneilen. Augenblicklich gab es nichts im alten Rom, das die Aufmerksamkeit der Staatsführung in besonderem Maße beansprucht hätte. Marcus konnte sich daher noch einmal seinem Lieblingszeitvertreib hingeben. Er las nochmals die alten Klassiker, Gracchus, Cato, Cicero und Sallust, und bat seinen Lehrer, ihm weitere Lektüre zu schicken. Er fuhr fort, philosophische Vorlesungen zu besuchen, insbesondere Sextus von Chaeronea zu hören, und handelte sich damit den Spott gewisser Sophisten ein. Noch immer war er voll Verachtung für das Amt, das die Laune des Zufalls ihm zugespielt hatte. Im Alter erinnerte er sich jener ersten Herrscherjahre: »Wenn du zugleich eine Stiefmutter und eine leibliche Mutter hättest, so würdest du zwar jene ehren, aber doch bei deiner rechten Mutter beständig deine Zuflucht suchen.

Ebenso steht es bei dir mit dem Hofe und mit der Philosophie. Weile immer wieder bei der letzteren und erhole dich bei ihr. Um ihretwillen wird dir auch das dortige Leben erträglich, wirst du selbst an deinem Hofe erträglich werden.«[10]

Das Reich wenigstens war ruhig. Vorläufig. Doch es war nur die Ruhe vor dem Sturm.

Jene »felicitas temporum«, die noch 161 n. Chr. die Münzen beschworen hatten, sollte sich schon bald als Trugbild erweisen, als launige Scheme, mit der das Schicksal ein letztes Mal die alte Welt narrte.

Die Zeichen der Zeit standen schlecht. Roms Schatten wurden allmählich länger.

... imminebat et Parthicum bellum et Britannicum ...

(Vita Marci, 22,1)

14. KAPITEL

Der Anfang vom Ende

Marcus hatte sich noch nicht recht auf dem verantwortungsvollen Thron eingerichtet, als er jäh aus der gelösten »hilaritas« gerissen wurde, jener glückhaften Gemütsruhe, die den Beginn seines Prinzipats gekennzeichnet hatte.

Eine Tiberüberschwemmung galt zwar im allgemeinen nicht als unüberwindlicher Schicksalsschlag. Mehrere sollten Stadt und Umkreis während der Herrschaft der Antoninen noch heimsuchen. Aber diesmal, wohl im Herbst 161 n. Chr., schlug das Unglück kräftig zu und traf nicht nur Rom, sondern, wie es scheint, auch zahlreiche italische Gemeinden, die sich selbst nicht mehr zu helfen vermochten. Hauptstädtische Gebäude stürzten ein. Die ungebändigten Fluten verschlangen Menschen und Tiere. Eine große Hungersnot war die Folge.

Schon 15 n. Chr. hatte man eine Tiberaufsichtsbehörde mit ständiger Beamtenschaft eingerichtet. An ihrer Spitze stand der »Curator alvei Tiberis et riparum et cloacarum urbis«, gewöhnlich ein früherer Konsul, der in dieser Beschäftigung noch eine späte verantwortungsvolle Aufgabe fand. Der für 161 n. Chr. bestimmte Curator hieß Platorius Nepos und mag ein Enkel des Erbauers des Hadrianswalles gewesen sein. Nicht weniger als bei seinem berühmten Vorfahren wird es sich auch bei ihm um einen pflichtbewußten Mann gehandelt haben. Aber das Ausmaß der Katastrohe überstieg seine Kräfte. Und beide Kaiser mußten sich persönlich der allgemeinen Not annehmen. So wurden nicht nur stadtrömische Bürger, sondern auch die anderer italischer Gemeinden, soweit sie von dem Unglück betroffen waren, aus dem hauptstädtischen Getreidevorrat versorgt.

Diese Tiberüberschwemmung, die »schlimmste« während der gemeinsamen Regierung, von der der antike Historiker zu berichten weiß, mag die Staatsführung wachgerüttelt haben. Doch war sie nur ein Fingerzeig des Schicksals, Vorbote jener Apokalypse, die alsbald über das Reich hinwegfegen sollte.

Schon lange herrschte Friede auf dem Erdkreis. Seit im Jahre 117 n. Chr. Hadrian die Herrschaft angetreten hatte, hatte die Welt keine blutigen Auseinandersetzungen mehr gesehen mit Ausnahme des jüdischen Krieges in den beginnenden dreißiger Jahren, der sich jedoch fernab der großen Reichszentren abspielte. »Nachdem die römischen Kaiser ohnehin im Besitz der besten Länder und Inseln sind, wollen sie diese lieber durch Weisheit bewahren, als ihre Herrschaft ins Unendliche bis zu den barbarischen Völkern ausdehnen, die infolge ihrer Armut keinen Gewinn brächten ...«[1] Das erklärte in antoninischer Zeit Appian von Alexandria, freilich nicht, ohne der Staatsführung schmeicheln zu wollen. Denn Hadrian hatte bekanntermaßen die traditionelle römische Eroberungspolitik nicht zuletzt deshalb aufgegeben, weil er an die Grenze römischer Belastbarkeit gestoßen war. Appian bezeugt allerdings weiter, er habe mit eigenen Augen in Rom Gesandte fremder Völker gesehen, die sich freiwillig unterwerfen wollten, die der Kaiser jedoch nicht angenommen habe, weil sie ihm keinen Nutzen gebracht hätten.

Die für Rom einzigartig neue hadrianische Friedenspolitik, die keineswegs ungeteilte Zustimmung fand, wurde auch von Antoninus fortgesetzt und wäre gewiß auch von seinem Nachfolger geübt worden, hätten es die Zeitumstände nur erlaubt. Es gereichte Marc Aurel zum Unglück, »daß der Ruf eines Philosophen, den er genoß, und die lange Friedenszeit unter Hadrian und Antoninus im Innern die Aufständischen und außerhalb der Grenzen die Barbaren ermunterten ...«[2]

Aber nicht nur diese eher abstrakten Vorstellungen können Reichsfeinden als Legitimation gedient haben, die bestehende Ordnung zu stören. Noch immer hatten sie sich einen Regierungswechsel zunutze gemacht und in oft viel bedrohlicherem Ausmaß. Daß diesmal das Reich bis auf die Grundfesten erschüttert werden und sich von diesem Schlag nie mehr richtig erholen sollte, kann nur an seinem labilen Zustand gelegen haben. Noch hundert Jahre zuvor hätten mit einem Machtwechsel verbundene innere wie äußere Unruhen das festgefügte Imperium in seinem Bestand kaum beeinträchtigen können. Aber das gewaltige römische Herrschaftsgebiet war schon zu morsch, als daß es heftigeren Angriffen noch hätte standhalten können. Doch ist in dieser ausweglosen Lage Marc Aurel, nicht zuletzt wegen des Idealismus seiner meditativen Jugend- und Lehrjahre, zweifellos ein letzter Glücksfall für die antike Welt geworden.

Schon 162 n. Chr. brach in Britannien erneut der Aufruhr aus. Chatten drangen kühn ins römische Germanien ein. Und schließlich meldete sich wieder der römische Erbfeind, erklärten die Parther, gegen die man so oft wie vergeblich gezogen war, unter ihrem König Vologeses III. Rom den Krieg.

Allen diesen und noch weiteren, womöglich gefährlicheren Herausforderungen zeigte sich der Freund der Weisheit gewachsen und rettete in selbstlosem Einsatz das Imperium noch einmal vor dem drohenden Untergang. Jeder andere wäre an der Größe der Aufgabe gewiß gescheitert. Denn »nur ein Mann«, mutmaßen neuzeitliche Historiker, »der an dem römischen und stoischen Pflichtgefühl geschult war, konnte sich so vollständig aus einem ursprünglichen Philosophen in einen fähigen und erfolgreichen Feldherrn verwandeln«.[3]

Dabei traf die militärische Aufgabe Marcus und auch seinen Mitregenten Lucius Verus unvorbereitet und damit doppelt schwer. Niemals zuvor in der nun zweihundertjährigen Kaisergeschichte Roms war ein Thronfolger auf Kriegshandlungen mangelhafter vorbereitet worden, mochte auch Marcus' Vorbereitung auf das Kaiseramt vorbildlich gewesen sein. Außer der Prätorianergarde hatten die beiden Kronprinzen nie eine Heereseinheit gesehen, geschweige denn Kriegserfahrung gesammelt. Der von Friedensliebe vernebelte Kopf des Antoninus war nie auf die Idee gekommen, daß auch eine militärische Ausbildung nötig und dereinst von Nutzen sein könnte. Selbst Hadrian, der erste Friedenskaiser, der diesen anspruchsvollen Titel verdient, hatte Lucius Aelius Caesar, den zunächst als Erben vorgesehenen Vater des Mitkaisers, gleich nach dessen Berufung nach Pannonien gesandt, damit er Erfahrung auf dem Gebiet der Reichsverteidigung sammle. Pius hatte das bei seinen Söhnen versäumt, das einzige, dafür aber ein um so schwereres Versäumnis seiner sonst tadellosen Amtszeit.

Immerhin war den beiden unerfahrenen Befehlshabern doch bewußt, daß ihrer beider Ausbildung eine empfindliche Lücke aufwies und sie keineswegs über diejenige Erfahrung verfügten, die die größtmögliche Sicherheit des Imperiums gewährleistete. Es mußten deshalb fähige Leute gefunden werden, die diese Aufgabe übernehmen konnten. Vor allem aber mußten Männer ausgewechselt werden, mit denen sich ihre Vorgänger nur allzu gerne umgeben hatten, nicht zuletzt, um vor aller Welt ihre friedliche Gesinnung zu bekunden: Leute mit literarischen Neigungen, denen das Kriegshandwerk fremd war.

Als erster wurde einer der kaiserlichen Geheimsekretäre, der »ab epistulis«, entlassen und durch einen kriegstüchtigen Mann ersetzt. Der »ab epistulis« hatte nämlich dem Kaiser auch beratend beizustehen, wenn es galt, die Fähigkeiten von Offizieren und Statthaltern und damit ihre Eignung für militärische Aufgaben zu beurteilen. Da ihm die kaiserliche Korrespondenz oblag, vor allem der umfangreiche Schriftverkehr mit den Repräsentanten Roms in den Provinzen, kannte er wie kein anderer die Militärs, wußte, welcher Mann an welchem Platz in Krisenzeiten erfolgversprechend eingesetzt werden konnte.

Auch der Stadtpräfekt mußte gehen. An seine Stelle berief Marcus seinen früheren Lehrer Q. Iunius Rufus. Er hatte damit einen hervorragenden Verwaltungsbeamten gewonnen. Schließlich gelang es Marcus noch, einen anderen jener Erzieher, die sein frühes Leben und ihn fürs Leben geprägt hatten, in seine Nähe zu bekommen: L. Volusius Maecianus, der 161 n. Chr. noch Präfekt von Ägypten war. Als er ein Jahr später nach Rom zurückkehrte, wurde er in den Senatorenstand erhoben und zum Konsul designiert. Er stand der Staatsführung fortan mit seinen überragenden Rechtskenntnissen zur Verfügung.

Die Barbaren mögen gehofft haben, die neuen Machthaber würden es an Wachsamkeit fehlen lassen. Sie aber begegneten dieser Hoffnung, indem sie Calpurnius Agricola nach Britannien und Aufidius Victorinus, den Schwiegersohn Frontos, gegen die Chatten sandten.

Am bedrohlichsten freilich hatte sich die Lage an der Ostgrenze entwickelt. Auf dem Sterbebett noch hatten fremde Könige Antoninus verfolgt, hatte er ihnen in seinen Fieberträumen gegrollt. Dabei kann es sich nur um Regenten jener Königreiche gehandelt haben, die seit Jahrhunderten schon die östlichen Provinzen bedrängten. Der Truppenaufmarsch an der Grenze zum Partherreich, den noch Antoninus angeordnet hatte, hatte den Ausbruch des Krieges nur verzögert. Verhindern konnte er ihn nicht. Jedenfalls müssen gerade die Parther noch zu Antoninus' Lebzeiten große Kriegsvorbereitungen getroffen haben.

Was aber bewog sie, den römischen Frieden so nachhaltig zu stören?

Es konnte kaum nur der Ärger über Antoninus Pius sein, der hartnäckig die Rückgabe des von Trajan erbeuteten heiligen Thrones verweigerte, auch wenn schon Hadrian diese in Aussicht gestellt hatte. In der ungewöhnlich langen Ruhepause, die der Antonine und sein Vorgänger Parthien eingeräumt hatten, hatte man dort keine Gelegenheit ausgelassen, die längst verloren geglaubten urtümlichen Kräfte wiederzubeleben.

Gleich nach der Freigabe des Landes durch Hadrian hatte man mit der Zentralisierung der Provinzialverwaltung zwischen Euphrat und Tigris begonnen, eine Maßnahme, die sich als überaus vorteilhaft erwies. Durch bewußte Rückbesinnung auf die alten »Vätersitten« hatte man parallel der in der westlichen Welt, wenn auch erfolgreicher, eine Befreiung von fremden Einflüssen gewagt. Die über Jahrhunderte herrschenden Lebensformen griechischen Geistes, die weitverbreitete jüdische Religion und das stark keimende Christentum hatten die charakteristischen Eigenarten Asiens nur verdeckt. Ersticken konnten sie sie nie. »... unter der Hülle der Zivilisation des Reichs waren die alten Kräfte, die Sonderart der Menschen lebendig. Man hielt auch hier an den uralten Göttern fest ...« Und bald schon gelang es der parthischen Staatsführung, die griechische Vormundschaft abzuschütteln und aus der Selbstbesinnung einen dauerhaften inneren Wandel zu bewirken, der zu gestärktem Selbstbewußtsein führte. Deutlich setzte sich diese Veränderung von der des Westens ab und fasziniert noch heute durch ihre Geschlossenheit. Dem »vielhundertjährigen Ringen der Gegensätze« war »endlich ein neuer Ausdruck« entstiegen, »der dem iranischen Triebe mit dem neuen Unendlichkeitsgefühl der Religiosität Vorderasiens«[4] sich vermählte.

Im übrigen läßt sich »in den Beziehungen zwischen Rom und seinem gefährlichen, wenn auch etwas schwerfälligem Nachbarn im Osten eine gewisse Gesetzmäßigkeit erkennen – mußte doch Rom in ziemlich regelmäßigen Abständen schwere Kämpfe bestehen, um seinen Einfluß in den lebenswichtigen Klientelstaaten aufrecht zu erhalten, deren größter Armenien war.«[5]

Mit dem Regierungswechsel sahen die Parther offensichtlich ihre Sternstunde gekommen. Es war fast schon Tradition, daß sie sich zunächst auf das Klientelkönigreich Armenien stürzten, eine der verwundbarsten Stellen des Imperiums, wie die Geschichte gelehrt hatte. Sie verjagten den von Rom dort eingesetzten König, um einen eigenen, parthischen Kandidaten auf den Thron zu heben.

Rom hatte gerade diese Schwierigkeiten vorausgesehen und das Kommando des syrischen Statthalters, das 161 n. Chr. eigentlich abgelaufen gewesen wäre, verlängert. Man wollte verhindern, daß ein mit den örtlichen Gepflogenheiten nicht vertrauter Mann ausgerechnet in einen Krisenherd kam. Aber die Überwachung Armeniens fiel zunächst in die Zuständigkeit des Statthalters der benachbarten Provinz Kappadokien. Er hieß M. Sedatius Severianus und war ein in römischen Diensten stehender Rheinländer oder Gallier. Man kann der römischen Staatsführung sicherlich nicht den Vorwurf machen, mit ihm einen unzuverlässigen Mann gewählt zu haben. Severianus verfügte über mannigfache Erfahrung und hatte zahlreiche Bewährungsproben bestanden. Und gerade bei denjenigen Statthaltern, die man in den leicht entflammbaren Osten entließ, wurde die Wahl besonders sorgfältig getroffen.

Severianus indes war nicht der erste, der den Verlockungen des Orients erlag. Er geriet an einen Scharlatan, der ihm großen Kriegsruhm verhieß und ihm riet, alleine gegen die Parther zu ziehen. Mit einer einzigen Legion, einer viel zu kleinen Streitmacht, wie sich bald herausstellte, schlug sich der »törichte Gallier« – so nannte ihn Lukian – nach Armenien. Im Quellgebiet des Euphrat geriet er, wie Varus im Teutoburger Wald, in einen Hinterhalt des Feindes. Und gleich jenem fand auch er ein unrühmliches Ende: Als er erkannt hatte, daß weiterer Widerstand zwecklos war, nahm er sich selbst das Leben. Seine Soldaten jedoch fielen allesamt unter den feindlichen Waffen. Die Ironie des Schicksals wollte, daß sich auch dieses Unternehmen wie einst das gegen den Cherusker drei Tage lang hinzog. Die romantisierende Nachwelt allerdings hat seinen Tod zu verklären versucht. Man erzählte, er habe einer ausgedehnten Belagerung tapfer widerstanden, sei aber schließlich Hungers gestorben. Einer seiner Centurionen habe noch in unerschütterlicher Treue die laudatio gehalten und sich anschließend selbst entleibt ...

Nutznießer dieses Mißgeschicks waren auf jeden Fall die Parther, und Rom mußte sich beeilen, für den gefallenen Statthalter Ersatz zu finden. Die Kaiser sahen sich unter den wenigen fähigen Offizieren des Imperiums um und trafen eine gewissenhafte Wahl: Statius Priscus, der Statthalter von

Britannien, wurde in den unruhigen Osten versetzt. (Für ihn sandte man den in der Vita genannten Calpurnius Agricola auf die Insel.) Wie schon des öfteren mußte man auch angesichts dieser Gefahr die Grenzen im Norden gefährlich entblößen, um Verstärkung für die im Osten stationierten Truppen zu erhalten. Große Truppenbewegungen waren im Gange. Aus Untergermanien wurde die Legio I Minerva abgezogen, aus Budapest, dem alten Aquincum, kam die »Adiutrix« hinzu. Die Legion V Macedonica marschierte ebenfalls in östlicher Richtung. Auch mehrere Abteilungen der in Wien (Vindobona) stationierten Zehnten eilten zu Hilfe.

Der Truppenabzug ermunterte nördlich der Imperiumsgrenzen siedelnde Barbaren zu Einfällen in römisches Gebiet. Zweifellos schätzte Rom diese Gefahr richtig ein. Aber was sollte man tun? Die Lage im Osten spitzte sich dramatisch zu. Über eine Reservearmee verfügte man nicht. Die Aushebung eines stehenden Reserveheeres, das in Bedarfsfällen überall hätte eingesetzt werden können, hatten sowohl die senatorische als auch die monarchische Staatsführung stets abgelehnt. Denn seine Anführer wären immer auch potentielle Rivalen der amtierenden Machthaber gewesen. Mit der Zeit hatte sich dieses Problem auf »natürliche« Weise gelöst. Schon die augusteische Zeit hatte über Menschenschwund geklagt, und ebenso streng wie vergeblich hatte Augustus seine Zeitgenossen durch Gesetze zu einer größeren Geburtenfreudigkeit zu bestimmen versucht. Man hatte Mühe, die bestehenden Heere, etwa dreißig Legionen (eine Legion bestand aus vier- bis sechstausend Fußsoldaten und ca. dreihundert Reitern), mit Soldaten zu füllen.

Mit wachsendem Wohlstand hatte sich die Kinderfeindlichkeit immer stärker ausgebreitet. In Marc Aurels Amtszeit schließlich nahm der schicksalhafte Bevölkerungsrückgang durch Krieg und Krankheit ein so gefährliches Ausmaß an, daß er, um sich der später von germanischen Stämmen ausgehenden Bedrohung überhaupt erwehren zu können, sogar Gladiatoren und Sklaven zu den Waffen rufen mußte. Ein unerhörter Vorgang und für manchen sicherlich der Vorgeschmack auf ein bitteres Ende.

Rom erkannte die Gefahr, die das Entblößen von Grenzen für das Reich mit sich brachte. Aber es hatte keine andere Wahl. Man wies vorsorglich die Statthalter der nördlichen Provinzen an, offene Konflikte zu vermeiden und die feindlichen Volksstämme wenigstens so lange hinzuhalten, bis die Partherfrage gelöst war. Und tatsächlich hatte man die Gunst des Schicksals noch einmal auf seiner Seite. Was aber wäre geschehen, hätten die vereinten Barbaren ihre unverbrauchte Kraft schon genutzt, als Rom im Osten noch gebunden war? – Die Antwort hierauf bedarf wohl keiner sonderlichen Phantasie.

Als es im Winter 161/62 auch noch in Syrien zu Unruhen kam und der dortige Statthalter von den Parthern in die Flucht geschlagen wurde, hielten es die beiden Kaiser für das beste, daß einer von ihnen persönlich ins Feldlager zog. Die Wahl fiel auf Lucius, nicht nur, weil er jünger und noch bar aller familiären Verpflichtungen war. Er war auch, wie Cassius Dio bemerkt, von körperlich guter Verfassung und taugte eher für den Kriegsdienst. »Marcus selbst blieb in Rom, weil die Lage in der Hauptstadt die Anwesenheit eines Kaisers erforderte«[6], berichtet die Historia Augusta. Diese Begründung ist nicht ganz triftig. Schon früher waren Kaiser Rom mitunter jahrelang ferngeblieben, ohne daß Stadt und Reich dadurch einen Schaden erlitten hätten. Zudem ist von hauptstädtischen Erhebungen im Zusammenhang mit der Thronfolge nichts bekannt. Daß Lucius, übrigens im Einvernehmen mit dem Senat, in den Osten geschickt wurde, kann deshalb nur an Marcus' schwächlichem Gesundheitszustand gelegen haben. Die Vita des Lucius Verus freilich nennt noch einen anderen Grund: Marcus habe, so der antike Klatschkolumnist, seinen Bruder in den Partherkrieg gesandt, »entweder, um zu verhindern, daß er in der Hauptstadt unter aller Augen sein Sündenleben führe, oder, um zu bewirken, daß er in der Fremde sich bescheiden lerne ... oder daß er sich auf seinen Herrscherberuf besinne ...«[7]

Lucius verließ Rom nicht allein. Marcus selbst gab ihm bis Capua das Geleit, und für den Krieg wurde ihm überdies ein

Gefolge von senatorischen Freunden beigestellt. Zweifellos wird es sich dabei um militärisch erfahrene Leute gehandelt haben, Männer jedenfalls, die an Kriegstüchtigkeit ausgleichen konnten, was dem jungen Kaiser fehlte. Zu ihnen gehörte auch ein Prätorianerpräfekt mit einem Teil seiner Garde. Eine besondere Rolle spielten von dieser Zeit an auch die sogenannten »comites Augustorum«, die Begleiter der Kaiser, denen dieser Titel als offizieller Ehrentitel verliehen wurde. Schon früher hatten solche »comites« die Kaiser auf ihren Feldzügen oder auch Reisen begleitet, und der Brauch, sie beizuziehen, hat sich eigentlich bis in die Gegenwart bewahrt.

In Brundisium, dem heutigen Brindisi, dem größten antiken Kriegshafen für Unternehmungen in die östliche Reichshälfte, wollte sich der Mitregent einschiffen. Aber es kam nicht soweit. Er erkrankte in Canusium (Canossa) so schwer, daß an einen Aufbruch vorläufig nicht zu denken war. Der bestürzte Bruder legte daheim im Senat ein Gelübde für Verus' Genesung ab und eilte, ihn zu besuchen. Was hatte den robusten Mitregenten befallen? Wir können es nur vermuten. Es handelte sich wohl um einen leichten Schlaganfall, denn nach einer mehrtägigen Fastenkur und einem Aderlaß, dem Allheilmittel jener Zeit, genas der junge Herrscher nur langsam. Endlich aber konnte er sich in Brundisium einschiffen. Und Marcus erfüllte erleichtert das Versprechen, das er zuvor den unsterblichen Göttern gegeben hatte.

Der antike Biograph verfolgt Lucius Verus weiter mit bissigem Haß. Er führt das plötzliche Unbehagen auf einen ausschweifenden Lebenswandel in Süditalien zurück. Verus habe sich nämlich auf allen Gütern, die auf seinem Wege lagen, vollgeschlagen und sei in Apulien sogar auf die Jagd gegangen. Doch scheint der Vorwurf diesmal tatsächlich nicht ganz aus der Luft gegriffen. Denn auch Fronto, der in Ehren ergraute Erzieher, fühlte sich zu mindestens verstecktem Tadeln seines einstigen Schützlings genötigt: Er möge doch, bitteschön, jetzt um so mehr die Gelüste seines außerordentlichen Charakters beherrschen, sich zurückhalten und mäßigen. Denn nach erzwungener Enthaltsamkeit pflegten diese gewöhnlich heftiger und ungestümer aufzutreten als sonst. Immerhin hatte der junge Kaiser den treuen Alten sehr erschreckt, und der konnte erst wieder aufatmen, als er einen Brief des Genesenen in Händen hielt.

Die Reise des jungen Kaisers führte zunächst über Korinth nach Athen. Zweifellos wurde zum Übersetzen in den Saronischen Golf der alte Schleppfad (Diolkos) benutzt, der ihn mit dem Korinthischen Golf verband. Der vielbestaunte Kanal, der die Schiffahrt erleichtert, ist bekanntlich eine Meisterleistung der Neuzeit. Im Altertum mußten die Seefahrer stets ihre Schiffe entladen und über Land schleifen lassen, um möglichst schnell und gefahrlos von der einen Seite des Isthmos zur anderen zu gelangen. Trotz dieser Mühe pflegte man das Umfahren der Peloponnes zu vermeiden, nicht nur weil es gefährlicher, auch weil es zeitraubender war.

In Athen gab es ein Wiedersehen mit Herodes Atticus. Überhaupt scheint es Lucius nicht besonders eilig gehabt zu haben, nach Persien zu gelangen. Wie schon sein Großvater Hadrian ließ auch er sich in die Eleusinischen Mysterien einweihen, opferte den Göttern und genoß sein Leben, das ihm bislang noch nicht allzuviel Abwechslung geboten, ja ihn vor allem kaum aus Rom weggeführt hatte. Sein Verhalten erweckt den Eindruck, als habe er in wenigen Wochen nachholen wollen, was ihm das Schicksal so lange vorenthalten hatte. Musik und Gesang begleiteten ihn, und nach Art reicher Nichtstuer gondelte er in den athenischen Gewässern umher, gewiß zur Freude mancher Griechen, die vielleicht weniger an Neros lächerliche Auftritte (mit dem Verus übrigens den Geburtstag gemein hatte) als eher an jene erst ein Menschenalter zurückliegende Epoche dachten, da Hadrian, der Griechenfreund, durch seine Anwesenheit und Fürsorge ihrem Land noch einmal zu einer gewissen Beachtung verholfen hatte.

Es ist nicht überliefert, wann Verus von Athen aufbrach. Doch scheint dies erst im Frühjahr 163 n. Chr. gewesen zu sein (ein früherer Aufbruch ist unwahrscheinlich, da man im

Winter die Seefahrt mied). Der römische Schriftsteller Cassidor berichtet von einer Sternschnuppe, die das Firmament von Westen nach Osten kreuzte, während der Kaiser in Athen opferte. Er verlegt dieses für die abergläubische antike Welt bedeutsame Ereignis in das Jahr 162 n. Chr.

Nach seiner Ankunft an der kleinasiatischen Küste sah sich Lucius zunächst in Kilikien und Pamphylien um und suchte dort die weltbekannten Vergnügungsstätten auf. Dann bezog er in Antiochia Quartier, jedoch, wie es scheint, ohne die Absicht, selbst an den Kampfhandlungen teilzunehmen.

Auch in Asien läßt ihn die vernichtende Kritik seines Biographen nicht in Ruhe. Lucius habe sich in Antiochia ganz der Genußsucht hingegeben, tadelt er. Er habe dort seine Leidenschaft für das Würfelspiel entdeckt und an sportlichen Wettkämpfen lebhaften Anteil genommen. Schauspieler seien aus Rom zur Zerstreuung der kaiserlichen Majestät herbeigeeilt. »Den Partherkrieg aber führten vier Jahre lang seine Generäle durch ...«[8] Fronto sah sich später genötigt, ihn gegen diese Angriffe zu verteidigen. Und auch eine andere und weit zuverlässigere Quelle jener Zeit, die »Römische Geschichte« des Cassius Dio, weiß nichts von Ausschweifungen des Verus in Antiochia. Und bestimmt hätte gerade er, dem der Ruf einer spitzen Zunge vorauseilte und der nur allzugern die Skandalchronik der von ihm beschriebenen Personen bereicherte, nicht darauf verzichtet, über Anstößiges aus dem Leben des Kaisers zu berichten, hätte es nur etwas zu berichten gegeben. Doch darauf wird an anderer Stelle noch einzugehen sein.

Wahr bleibt, daß sich der römische Mitregent im Osten eine Geliebte nahm. Aber es handelte sich nicht um eines jener leichten Mädchen, die die Zentren des Imperiums damals in Scharen bevölkerten und denen gerade Antiochia seinen schlechten Ruf verdankte. Vielmehr scheint er in ihr tatsächlich der großen Liebe seines Lebens begegnet zu sein. Selbst Lukians beißender Spott kapituliert vor den überwältigenden geistigen und körperlichen Vorzügen dieser Frau, die Pantheia hieß und die uns Marc Aurel in seinen Selbstbetrachtungen (7, 37) kurz vorstellt, »wie sie lange nach dem Tod des Verus an dessen Grab weint«.[9]

Sie war eine Frau von makelloser Vollkommenheit und übertraf darin angeblich alle Statuen von Praxiteles und Phidias. Ihre Stimme klang sanft und verführerisch. Wie keine andere konnte sie die Leier schlagen und singen. Sie war Griechin, kam aus Smyrna und sprach ein unverfälschtes, ungekünsteltes Griechisch. Lukian bescheinigt ihr Gaben in allen Musen, erwähnt ihr kluges Verständnis in politischen Dingen und lobt ihr zurückhaltendes, bescheidenes Wesen. Ihr Verstand war an Literatur und Philosophie geschult. Vielleicht aber vermochte sie nur, eine Kleopatra des zweiten Jahrhunderts, durch Klugheit die Männerwelt in ihren Bann zu ziehen. Es ist nur allzu verständlich, daß Lucius ihr verfiel, ihretwegen sogar den Bart abnahm, wodurch er sich dem Spott aller Syrer aussetzte. Der Dichter machte sie zum Gegenstand eines Dialogs zweier Freunde, die sie mit Göttinnen verglichen. Pantheia hörte davon und tadelte den Autor, der ihr zu sehr geschmeichelt und sie mit übertriebenem Lob geängstigt habe ...

Der Krieg gegen die Parther hatte sich anfangs für das immer noch erfolgsgewohnte Rom keineswegs günstig entwickelt. Vielleicht hatte man gehofft, das Erscheinen eines römischen Kaisers in der Gefahrenzone und der Eindruck seiner Persönlichkeit würden die Barbaren abschrecken und von weiteren Unternehmungen gegen Rom abbringen, wie dies in der Vergangenheit schon des öfteren geschehen war. Aber die Zeiten, in denen Potentaten, mochten sie auch über die halbe Welt gebieten, Respekt einflößten, gehörten endgültig der Vergangenheit an. Persien hatte nicht ein Menschenalter lang aufgerüstet, um zu kapitulieren, noch ehe es seine Stärke an den römischen Waffen erprobt hatte.

Das wiedergewonnene Selbstvertrauen der Parther und ihre ersten Erfolge gegen die Weltmacht Rom hatten auch Syrien ermutigt, den Aufstand zu wagen. Der ihm von Rom aufgezwungene Statthalter lag von den siegreichen Freunden erschlagen. Warum sollte man sich nicht einem persischen Großreich anschließen oder doch wenigstens den Schutz von Verwandten suchen? Vielleicht hoffte man auch hier wie in so vielen anderen Provinzen des Ostens auf das Ende der römischen Weltherrschaft und auf eine Heimkehr ins uralte und auf so wunderbare Weise verjüngte Asien.

Nachrichten, die vom Schauplatz des Geschehens in die Hauptstadt drangen, beunruhigten Marcus tief. Alpträume drückten seine empfindsame Seele. In dieser Not war der Rat des treuen Fronto willkommener denn je, wenn er Marcus' Zweifel auch nicht völlig zerstreuen konnte. Der alte Freund bat ihn inständig, an diesen Rückschlägen doch nicht zu verzweifeln, vielmehr auf Mars' Beistand zu vertrauen, der die Römer in entscheidenden Momenten ihrer Geschichte noch nie im Stich gelassen habe. Andere hätten vor ihm und in nicht geringerem Maße Niederlagen erlitten, doch habe der Rom wohlgesonnene Kriegsgott noch immer Nöte in Siege und Schrecken in Triumphe verwandelt. Hierzu führte er mehrere Beispiele aus der jüngsten römischen Geschichte an. Und bald wandelte sich das Kriegsglück tatsächlich zugunsten Roms.

Wir haben keine zuverlässigen Nachrichten darüber, wie dieser Krieg im einzelnen vor sich ging, jedoch scheint er sich in zwei größeren Abschnitten abgespielt zu haben. Der erste Teil und derjenige, der die Gemüter zu Hause in Rom weniger bewegte, war das »bellum Armeniacum«, in dem wohl auch Lucius eine aktive Rolle zukommt.

Zwar berichten Cassius Dio und der spätere Vitenschreiber übereinstimmend, dieser sei auch während der Dauer dieses Krieges im sicheren Antiochia geblieben (was der Schreiber der Historia Augusta tadelt, während der griechische Historiker nichts daran auszusetzen hat). Fronto jedoch spricht von Lucius' hartem Lagerleben. In einem Brief jener Tage wird der römische Mitregent als »energischer Reorganisator des Heeres im Osten vorgestellt, das undiszipliniert, verkommen und Vergnügungen hingegeben war und sich kaum um seine militärischen Aufgaben kümmerte«[10]. Münzen belegen zudem die Vermutung, der römische Kaiser habe entgegen anfänglichen Absichten doch persönlich in die Kämpfe eingegriffen. Sie zeigen ihn hoch zu Roß, einen armenischen Krieger mit dem Speer verfolgend. Andere halten einen historischen Vorgang fest: Lucius Verus setzt einen römischen Vasallen auf den armenischen Thron.

Es handelte sich um den Arsakidenprinzen Sohaemus, der nicht nur romfreundlich, sondern fast ein Römer war: Senator und Konsul, der schon geraume Zeit in Rom gelebt haben mußte.

Gegen Ende des Jahres 163 n. Chr. nahm Lucius den Titel »Armeniacus«, Bezwinger Armeniens, an und wurde von seinen Soldaten zum Imperator (Imperator II) ausgerufen. Erst im folgenden Jahr konnte Marcus dazu überredet werden, die Auszeichnung ebenfalls anzunehmen.

Man verdankte diesen Erfolg aber in erster Linie Statius Priscus, der wohl schon vor dem Kaiser im Osten eingetroffen war. Er war es, der die armenische Hauptstadt Artaxata belagert, eingenommen und damit Armenien für Rom zurückgewonnen hatte. Von diesem fähigen General hören wir in der Folgezeit nichts mehr. Er hatte schon im Jüdischen Krieg unter Hadrian gedient und dürfte in den sechziger Jahren des zweiten nachchristlichen Jahrhunderts bereits ein betagter Mann gewesen sein. Vielleicht zog er sich nach dem armenischen Feldzug ins Privatleben zurück. So groß war schließlich sein Ruhm, daß er sich bald zu einer legendären Gestalt entwickelte und unvergessen blieb. Noch lange erzählte man von dem alten Haudegen, auf dessen Gebrüll hin einmal siebenundzwanzig Soldaten auf der Stelle tot umgefallen sein sollen.

Artaxata wurde nicht wieder aufgebaut. Man gründete eine neue Stadt, die auch so genannt, aus strategischen Gründen aber etwa fünfzig Kilometer näher an die römische Grenze verlegt wurde.

Die führende Rolle im zweiten Teil des Krieges, zu dem der armenische Feldzug nur als Auftakt gedient haben kann, kommt nach unserer Kenntnis Avidius Cassius zu, einem fähigen Feldherrn, dem ein besonderes Kapitel gewidmet ist. Er überquerte mit seinen Truppen den Euphrat und zerstörte die parthische Doppelhauptstadt Ktesiphon-Seleukia, zweifellos ein Erfolg, der in Rom die Siege über aufständische Armenier in den Schatten stellte. Dies sollte jedoch die Verdienste des jüngeren Kaisers keineswegs schmälern.

Es muß um die Mitte des Jahres 165 n. Chr. gewesen sein, als Lucius dem Partherkönig ein Abkommen vorschlug, das den Krieg beenden sollte. Wir besitzen Auszüge des Panegyricus eines gewissen Nazarius aus konstantinischer Zeit, in dem es heißt, Verus (der darin Antoninus genannt wird) habe der Anblick der schweren Panzerreiter des Feindes – visis catafractis – so sehr erschreckt, daß er ihrem König Friedensvorschläge unterbreiten ließ. Dies vor allem werten neuzeitliche, dem jungen Kaiser wohlgesonnene Historiker als Hinweis darauf, daß er selbst an den Schlachten teilgenommen hat. Wie sonst hätte ihn der Anblick der feindlichen Reiter beunruhigen können?

Nazarius bemerkt darüber hinaus, Lucius sei nicht nur in zivilen Dingen erfahren gewesen, sondern habe auch Vorzüge im militärischen Bereich besessen. Zeugte nicht gerade ein Friedensangebot von überragendem Weitblick? Gewiß, Rom konnte 165 n. Chr. bereits auf eine Reihe stattlicher Erfolge zurückblicken. Andererseits aber sah man sich einem gefährlichen Gegner gegenüber, und der diplomatische Weg hatte in der jüngsten Vergangenheit nicht selten sinnloses Blutvergießen vermieden.

Bei seinen Generälen und in Rom mußte ihm dieser Schritt allerdings als Eingeständnis der Schwäche ausgelegt werden. Offiziell ist nichts darüber bekannt. Aber Lucius Verus scheint gerade in den Tagen, als seine Friedensbemühungen gescheitert waren, von heftigen Zweifeln geplagt worden zu sein. Er berichtete darüber seinem Lehrer Fronto und entschuldigte sich in diesem Brief auch für das lange Schweigen. Er habe den Freund nicht mit seinen Sorgen, die ihn Tag und Nacht quälten, behelligen wollen. Daß er dem geliebten Fronto längere Zeit nicht schrieb, lag wohl daran, daß ihn die Kriegsvorbereitungen doch mehr in Anspruch nahmen, als der antike Biograph uns glauben machen möchte.

Wie immer sein Friedensangebot gemeint war, was ihn dazu bewogen hatte und was er davon erwartete, die Parther gingen nicht darauf ein. Also mußten die Waffen entscheiden.

Doch bevor wir uns der Beendigung dieses Krieges zuwenden und dem Sieg, der sich für Rom bald als Pyrrhussieg erweisen sollte, müssen wir die Zeit ein wenig zurückdrehen.

Es sind eher private Dinge im Leben der Kaiser, die für einige Augenblicke unsere Aufmerksamkeit verdienen.

15. KAPITEL

Hochzeit im Kaiserhaus und die Beendigung der Mission im Osten

Vielleicht war die Kunde vom Glück des jungen Herrschers, das er in Vorderasien mit der unvergleichlichen Griechin genoß, auch nach Rom gedrungen. Marcus kannte Pantheia nicht, konnte auch nicht wissen, was an dem Gerede der Wahrheit entsprach. Doch darauf kam es gar nicht an. Sein Bruder wäre nicht der erste gewesen, der sich im Osten eine Geliebte nahm. Daran hätte sich kaum jemand gestoßen. Es mußte aber Lästerzungen ermutigen, wenn der römische Kaiser, dem die Tochter seines Mitregenten versprochen war, fern der Heimat ein vergnügliches Liebesleben führte, während zu Hause seine Braut allmählich ins heiratsfähige Alter kam. Möglicherweise hatte diese Überlegung Marcus dazu bewogen, den Hochzeitstermin vorzuziehen. Lucilla wurde im März 164 n. Chr. fünfzehn Jahre alt. Man kam überein, mit der Heirat nicht bis zur Beendigung des leidigen Krieges, die im übrigen noch nicht abzusehen war, zu warten, das Mädchen vielmehr zu seinem Bräutigam in den Osten zu schicken. Der Vater geleitete seine Tochter bis Brundisium. Von dort begleitete sie Civica, ein noch junger Onkel des Bräutigams.

Dem Senat hatte Marcus zwar erklärt, er werde Lucilla selbst nach Syrien bringen. Doch scheint er diese Absicht schon zu Beginn der Reise aufgegeben zu haben. Gerede kam nämlich auf: Er fahre nur deshalb nach Syrien, um den Ruhm der Beendigung des Krieges für sich zu beanspruchen. Er kehrte also von Brundisium unverzüglich nach Rom zurück. Von dort aus wies er alle Statthalter, durch deren Provinzen die Reise gehen sollte, an, von offiziellen Empfängen seiner Tochter abzusehen. Er wollte wohl die Ankunft der Braut nicht unnötigerweise verzögern.

In Lucillas Begleitung befand sich auch eine Dame des

Hofes, in der der Biograph die Schwester von Kaiser Marcus sieht. Doch hat er sich hier geirrt. Denn Marcus' Schwester Cornificia war damals mit Sicherheit schon einige Jahre tot. Es muß sich bei der geheimnisvollen Begleiterin der Kaisertochter um eine andere hochstehende Persönlichkeit der kaiserlichen Familie gehandelt haben. Vielleicht war es Lucillas ältere Schwester Faustina oder auch eine Verwandte des Bräutigams. Wir wissen es nicht.

Lucius eilte nach Ephesus, um seine Braut in Empfang zu nehmen. Böse Zungen behaupteten, er habe verhindern wollen, daß Marcus nach Syrien komme und von seinem unwürdigen Treiben vor Ort erfahre. Aber Ephesus galt noch immer als geistiger und kultureller Mittelpunkt Vorderasiens, und so bot es sich geradezu an, die Hochzeit auch dort zu feiern. Das Reich hatte von nun an eine zweite Kaiserin, die wie ihre Mutter Faustina den Titel Augusta führte.

Man hatte für die Hochzeitsfeierlichkeiten einen günstigen Zeitpunkt gewählt. Im Jahr 164 n. Chr. ruhten die Waffen. Armenien war wieder fest in römischer Hand, der Angriff auf Persien aber noch nicht so gründlich vorbereitet, daß man ihn jetzt schon hätte wagen können. Man konnte sich also getrost dieser Verschnaufpause hingeben.

Ein anderes Ereignis erregte damals ebenfalls die Gemüter. Es war der überraschende Tod von Marcus' Vetter Libo, der im Grunde keinen Verdacht erregt hätte, hätte es nicht zuvor eine Auseinandersetzung zwischen Libo und Lucius gegeben. Marcus hatte seinen Verwandten als Statthalter nach Syrien gesandt, vielleicht sogar in der Absicht, jener möge dort dem Mitkaiser, von dem die wildesten Gerüchte nach Rom drangen, ein wenig auf die Finger sehen. Libo muß dabei seine eigene Stellung über- und die des Lucius unterschätzt haben. Denn er fühlte sich allein dem in Rom residierenden Marcus verantwortlich und erklärte, er werde sich in Zweifelsfällen nur an ihn wenden. Zudem scheint er auch Lucius' Vorgehen öffentlich kritisiert zu haben. Auch das stand ihm, mochte er nun römischer Senator sein oder nicht, keineswegs zu. Kaum konnte Lucius Verus dieses Verhalten, das an

Hochverrat grenzte, stillschweigend hinnehmen. Es kam also zum Streit. Und bald darauf starb Libo an einer plötzlichen Erkrankung, die den Verdacht einer Vergiftung nahelegte. Fast zwangsläufig kam das Gerücht auf, der Mitkaiser habe sich eines ungehorsamen Untergebenen durch Mord entledigt. Der antike Vitenschreiber betont allerdings, daß sich Marcus dieser Verdacht nicht aufgedrängt habe. Jedoch habe der peinliche Vorfall dem Gerede bestehender Spannungen zwischen den beiden Herrschern Vorschub geleistet.

Der Fall sollte noch ein Nachspiel haben, als Lucius nach Rom zurückgekehrt war. Dort nämlich vermählte er Libos Witwe einem Freigelassenen namens Agaclytus und stieß damit nicht nur die konservative Senatorenschaft, sondern auch seinen Bruder vor den Kopf. Der ebenfalls in überkommenen Denkmustern verhaftete Marcus konnte eine solche Verbindung nicht gutheißen. Er blieb deshalb der von seinem Bruder ausgerichteten Hochzeitsfeier fern. Einige Jahre später wurden Ehen zwischen Angehörigen des alten Adels und Freigelassenen durch Senatsbeschluß für ungültig erklärt.

Doch wenden wir uns wieder dem Krieg zu! Zwei Heerführer sind es, die zur Beendigung der Kampfhandlungen wesentlich beitrugen: Marcus Claudius Fronto, ein Angehöriger der Nobilität der Provinz Asien, der erste Senator seiner Familie. Er hatte bereits die Erste Legion Minerva befehligt. Und der noch wichtigere Avidius Cassius, ein Nachkomme der seleukidischen Könige. Sein Vater Heliodorus hatte schon in hadrianischer Zeit großen Einfluß besessen, doch war er trotz seiner hohen Abstammung niemals in den Genuß gekommen, der Klasse des senatorischen Adels angehören zu dürfen. Als Präfekt von Ägypten hatte er allerdings eine Schlüsselstellung in der Reichsverwaltung innegehabt. Erst seinem Sohn Cassius hatten sich die Tore des Senats wie von selbst geöffnet. Er war sogar mit dem Konsulat bekleidet worden.

Cassius war zweifellos der fähigste Feldherr seiner Zeit, ein Offizier ganz nach römischem Geschmack. Er schickte einmal seinen Tribunen Maximus zu Fronto, dem Redner. Der Tribun lobte anläßlich dieses Besuches seinen Vorgesetzten so sehr, daß Fronto jenem sogleich von der Begegnung berichtete: »Ob er nun von deinen Taten oder deinen Plänen, von deiner Arbeitsfreude oder deiner unermüdlichen Fürsorge sprach – immer und überall wußte er nur Gutes über dich zu sagen. Denn als er mich in meinem Landhaus vor der Stadt besuchte – mir ging es damals gesundheitlich gar nicht gut –, erzählte er mir bis zum Dunkelwerden eine Geschichte nach der andern von deinen Märschen und von der Disziplin, die du wieder auf die alte Höhe gebracht habest; und dann davon, wie kraftvoll du selbst an der Spitze deiner Truppen marschiert seiest und wie überlegt du den rechten Zeitpunkt für den Schlachtenbeginn gewählt habest ...«[1] Man könnte daran denken, Maximus habe seinen Herrn vor allem deshalb im besten Licht erstrahlen lassen, weil er ahnte, daß Fronto plaudern würde, und er sich insgeheim Vorteile erhoffte. Fronto hatte sich dieser Eindruck aber nicht aufgedrängt, und wir haben keinen Anlaß, an der Ehrlichkeit der Begeisterung zu zweifeln. Maximus habe von Cassius nur mit Liebe gesprochen und mit der größten Loyalität, betonte der Redner.

Auf Drängen seiner Generäle begab sich Kaiser Lucius selbst noch vor seiner Hochzeit an den Euphrat, doch erschöpfte sich seine Tätigkeit dort in kleinen Waffengeplänkeln, die Rom nur unbedeutende Vorteile brachten.

Die entscheidende Wende im zweiten Teil des »bellum Parthicum« vollzog sich erst im Jahr 165 n. Chr. Von Fronto wissen wir, daß das römische Heer beachtliche Siege errang. Es nahm Nikephorion am Euphrat und Dausara bei Edessa ein. Auch die Namen anderer Städte sind im Zusammenhang mit den siegreichen Legionen verbürgt, Nisibis etwa oder Sura. Nähere Einzelheiten jedoch kennen wir auch hier nicht. Jedenfalls verloren die Parther wichtige Stellungen am rechten Ufer des Euphrat. Avidius Cassius überquerte wohl den Fluß. General Fronto scheint in Nordmesopotamien das Fürstentum Oshroene besetzt zu haben. Dort stellte sich den Römern der Partherkönig mit dem größten Teil seiner Streitmacht entgegen. Es muß zu blutigen Auseinandersetzungen und beiderseits hohen Verlusten gekommen sein. Aber offensichtlich gelang es den römischen Legionen, bis zum Tigris weiterzumarschieren.

Schließlich, mutmaßt die neuzeitliche Geschichtsforschung (etwa der englische Historiker Anthony Birley), sei man auf den Parthergeneral Chosrhoes gestoßen, der seiner Gefangennahme nur durch eine verwegene Flucht entgangen sei. Er habe den Fluß durchschwommen und sich durch Verbergen in einer Höhle dem römischen Zugriff entzogen.

Eine andere Abteilung des Römerheeres sei mittlerweile von weiter flußabwärts in Richtung Hauptstadt angerückt. Mit vereinten Kräften, vielleicht in einer Art Zangenbewegung, habe man schließlich die parthische Doppelhauptstadt Ktesiphon-Seleukia angegriffen, eingenommen und in Schutt und Asche gelegt.

Siegesbotschaften eilten nach Rom. Noch im selben Jahr nahm Verus den Titel »Parthicus Maximus«, größter Partherbezwinger, an, der auch Marcus zuteil wurde. Und die beiden Augusti wurden zum Imperator III ausgerufen. Avidius Cassius aber führte sein Heer langsam zurück, wahrscheinlich zu Beginn des folgenden Jahres. Es soll ein beschwerlicher, da hindernisreicher Rückzug gewesen sein. Seine Heeresabteilung litt schon seit längerem an Seuchen. Zahlreiche Soldaten hatte die Pest dahingerafft. Mit Cassius verließen auch andere Heerführer den äußersten Osten, etwa Claudius Fronto. Auf sie warteten an den Nordgrenzen neue und nicht weniger gefährliche Aufgaben.

Ein anderer Teil des römischen Heeres rückte 166 n. Chr. bis Medien vor. Manche Historiker behaupten, der Kaiser habe die Truppen selbst angeführt. Auch dieses Land wurde unterworfen. Lucius nahm den Titel »Medicus« an, wie Münzen belegen. Es war die vorläufig letzte Demonstration römischer Macht am Ende der östlichen Welt.

Nach diesem Sieg wurden beide Kaiser zum Imperator IV ausgerufen.

Kaum vermochte sich zu Hause in Rom jemand vorzustellen, wo genau jene fernen Länder lagen, auf die seit Trajans Tagen kein römischer Soldat mehr seinen Fuß gesetzt hatte. Besonders Cassius' Siege rissen die Menschen noch einmal zu einer Euphorie hin, die die sonderbarsten Phantasien gebar. Man erzählte, der Feldherr habe mit einem Teil seiner Truppe den Indus überschritten. Und es gab genügend »Geschichtsschreiber«, die dieser Idee in ihren Werken zu etwas mehr Wahrscheinlichkeit verhelfen wollten. Die seriösen alten Quellen aber wissen von solchen Abenteuern nichts.

Allerdings sprechen altchinesische Aufzeichnungen davon, römische Gesandte hätten sich im Jahre 166 unserer Zeitrechnung bis an den »Hof des Himmelssohnes« verirrt. Botschafter des »Ngan-Touen oder An-Toun, das heißt des Marcus Antoninus, des Herrschers von Ta-ts in (einer der chinesischen Namen für das Römische Reich)«, hätten dem Kaiser von China Geschenke gebracht. Die Art dieser Gaben, Schildpatt, Elfenbein und Rhinozeroshorn, weisen aber darauf hin, daß es sich wohl eher um nordafrikanische Kaufleute handelte denn um offizielle Vertreter des römischen Kaiserhauses. Handelsbeziehungen der römischen Geschäftswelt zum Reich der Mitte sind allgemein bekannt. Über diplomatische oder auch den Versuch, solche aufzubauen, hüllen sich die Quellen allerdings in Schweigen.

Wie dem auch sei. Lucius hatte seine Mission im Osten erfolgreich beendet und durfte allmählich an die Rückreise nach Rom denken, wo ihn die Krönung seines Feldherrnlebens, der Triumph, erwartete. Aber er dachte an Rom nur ungern, wie die Vita vermerkt. Er hatte die östliche Reichshälfte sozusagen als sein Sonderreich betrachtet, in dem er nach Gutdünken schalten und walten konnte. Zu Hause aber würde er wieder unter den strengen Blicken des Bruders stehen, und in dessen Schatten würden seine Ruhmestaten nur allzu schnell verblassen.

Ein anderer indes freute sich um so mehr auf die Rückkehr des Freundes: Fronto, der, von Krankheit und Schicksalsschlägen zermürbt, das Ende seines Lebens herbeisehnte. Er schickte ein Glückwunschtelegramm in den Osten: »Zwar macht mir mein schlechter Gesundheitszustand das Leben schon lange zur Qual und verleidet es mir, aber wenn es mir noch vergönnt ist, dich zurückkehren zu sehen, bedeckt mit so großem Ruhm, den du dir durch deine eigene Tüchtigkeit erworben hast, so werde ich wenigstens nicht umsonst gelebt haben und will dann gerne die kurze Spanne aushalten, die mir noch bleibt. Leb wohl, mein heißersehnter Herr!«[2]

Wann der Kaiser die Rückkehr antrat, ist nicht gesichert. Doch dürfte er kaum vor Ende des Feldzugs gegen die Meder und vor Besiegelung des Friedensvertrags aufgebrochen sein, also nicht vor Mitte des Jahres 166 n. Chr. Er reiste nach Hause nicht allein. Neben seiner Gattin Lucilla, die schon ein Kind geboren hatte, begleitete ihn seine Schwiegermutter Faustina. Sie war im Spätherbst 165 in den Osten gekommen, wohl um ihrer damals schwangeren Tochter ein wenig beizustehen. Vielleicht aber wollte sie auch nur leichter über den Tod des kleinen Antoninus hinwegkommen, des Zwillingsbruders von Commodus, der 161 geboren und gerade vierjährig gestorben war. Die genauen Gründe ihrer Reise sind nicht bekannt.

Der antike Biograph spricht von weiteren Reisebegleitern, die den großen Zug auf dem Heimweg bereicherten. Flöten- und Saitenspieler gehörten dazu, Gaukler und Possenreißer, und natürlich auch Schauspieler, von denen einer sogar namentlich erwähnt wird, da er sich der kaiserlichen Gunst in besonderem Maße erfreute. Sein Andenken ist auf zahlreichen Inschriften verewigt. Er hieß Agrippus, hatte den Beinamen Memphis und wurde von Lucius, der ihm später die Freiheit schenkte, Apolaustus genannt. Er war indes nicht der einzige jener Art von Sklaven, an deren Künsten sich Syrien und Ägypten erfreuten. Es müssen wahre Heerscharen dieser undurchsichtigen und leicht anrüchigen Gestalten im Gefolge des Kaisers in den Westen geströmt sein. Denn Iulius Capitolinus, der antike Biograph, meint, es hätte ganz den Anschein gehabt, als habe der römische Kaiser keinen Parther-, sondern einen Schauspielerkrieg hinter sich.

Es ist interessant zu erfahren, wie Lucius selbst seine

Rolle in jenem Krieg einschätzte. Nach dem Vorbild Cäsars wollte auch er seine Verdienste für Rom einer interessierten, aber nur allzu vergeßlichen Nachwelt erhalten wissen. Die Geschichte des Krieges sollte aufgezeichnet und Fronto mit der Abfassung beauftragt werden. Lucius wies seine Generäle an, Berichte über Eindrücke und Taten anzufertigen. Seinen Lehrer bat er inständig, doch ja recht lange bei den Ursachen und den Anfängen des parthischen Feldzugs zu verweilen und vor allem auch ausführlich die Rückschläge zu schildern, die Rom vor seiner, des Kaisers, Ankunft einzustecken hatte. Übermächtig nämlich seien die Parther gewesen, bevor er am Krisenherd erschienen sei. Um so mehr müßten seine Taten gewürdigt werden. Es liege nun an Fronto, die Größe seiner Leistung ins rechte Licht zu rücken.

Vielfach sind vor allem die letzten Worte als bezeichnender Hinweis für Lucius' Eitelkeit gewertet worden. Doch hatte der anfänglich für Rom so ungünstig verlaufende Krieg mit seinem Auftauchen tatsächlich eine fast schicksalhafte Wende genommen, und jeder andere Feldherr hätte sich das ebenso zugute gehalten, hätte wie er das in Triumphe verwandelte Unheil seinen Fähigkeiten zugeschrieben oder sogar einer ihm günstigen Konstellation der Gestirne. Lucius' Stolz war nicht unbegründet, galten doch gerade die Parther seit jeher als die gefährlichsten Feinde Roms, denen zudem der Ruf der Unbesiegbarkeit anhaftete! Schon mancher seiner Vorgänger hatte an der parthischen Frage Vermögen und Leben gelassen. Und nur dem unvergleichlichen Trajan war es gelungen, diese zähen Orientalen vorübergehend unter das römische Joch zu zwingen. Daß Parthien letzten Endes doch über Rom triumphieren sollte und mit ganz anderen als den Waffen, die damals Kriege entschieden, das freilich war 166 n. Chr. noch nicht vorauszusehen.

Fronto erklärte sich auch gleich bereit, die Geschichte des Krieges zu schreiben: »Mit großem Eifer«, ließ er seinen einstigen Schüler wissen, »hat dein Bruder außerdem noch mit mir über das Werk gesprochen, das ich mit noch größerem Eifer zu beginnen wünsche und das ich, sobald du mir deine

Aufzeichnungen zugesandt hast, mit den besten Vorsätzen beginnen werde.«[3]

Er mag es tatsächlich mit den besten Vorsätzen begonnen haben. Zu Ende führen konnte er es wahrscheinlich nicht mehr. Es ist nicht einmal bekannt, ob er den Triumph noch erlebte, der Rom in diesen Tagen erwartete. Von dem großen Geschichtswerk ist nur das Vorwort erhalten.

Um die gleiche Zeit, als im Kaiserhaus der kleine Antoninus, Commodus' Zwillingsbruder, erst vierjährig starb, gab es auch in der Familie des Lehrers einen Trauerfall zu beklagen. Fronto hatte schon fünf Kinder verloren, und vor kurzem erst war seine Frau Gratia von ihm gegangen. Das Schicksal hatte ihn nie verwöhnt. Doch hatte der jeglicher Philosophie abholde Mann alle Rückschläge mit fast stoischer Gelassenheit ertragen. Als jetzt jedoch sein drei Jahre alter Enkel starb, brach diese neuerliche Heimsuchung fast sein altersschwaches Herz. Er gab sich auch keinerlei Mühe, seinen Schmerz zu verbergen. In ergreifenden Worten beklagte er sein Geschick in einem Brief an Marcus, von dem er Mitgefühl und Trost erhoffen konnte. Und der Kaiser, selbst oft von einer unergründlichen Vorsehung heimgesucht, scheint tatsächlich mit dem alten Freund gelitten zu haben. Denn nach eigenem Bekunden war er nicht einmal in der Lage, das Antwortschreiben persönlich abzufassen. Es »zittert selbst meine Hand«, ließ er Fronto wissen.

Der Großvater hatte das Kind nie gesehen. Es war im rauhen Germanien zur Welt gekommen, wo sein Schwiegersohn noch immer als Statthalter weilte und wohin ihn seine Gattin begleitet hatte. Ein anderer, wohl älterer Enkel, war in der Obhut der Großeltern zurückgeblieben. Aber auch an seinem Anblick vermochte sich der Alte nicht zu trösten, im Gegenteil: »... in seinen Zügen sehe ich jenen, den ich verloren habe; ich bilde mir ein, ich sehe ein Abbild seines Gesichtes, stelle mir vor, ich hörte den Klang der gleichen Stimme ... Da ich das wahre Antlitz meines toten Enkels nicht kenne, male ich mir aus, wie er wohl ausgesehen haben mag ...« Er beklagt sein Los, das ihm nicht vergönnt hatte, vor jenem abberufen zu werden, wie es der Natur viel eher entsprochen hätte. Aber gleichzeitig tröstet ihn der Gedanke, daß ja auch sein Leben sich neige. Doch dann wieder ein letzter Aufschrei, von Schmerz überwältigt: »... ich habe meine Frau verloren, ich habe meinen Enkel in Germanien verloren – selbst wenn ich von Eisen wäre, ich könnte nun nicht weiterschreiben ...« Auch an Lucius sandte er einen ähnlichen klagenden Brief, Worte, die von Verzweiflung, Tränen und Bitternis überfließen.

Und doch leuchtete ihm in all dem Leid ein winziger Hoffnungsschimmer, spendete ihm die Philosophie, die er so lange verachtet hatte, ein klein wenig Trost: Soeben hatte er noch mit der Vorsehung gehadert: »War das etwa billig und gerecht?« Jetzt gab er zu bedenken: »... es sei denn, daß uns ein ganz anderer Irrtum narrt, wir die Wahrheit verkennen und Schlechtes erstreben, als wäre es gut, und uns vom Guten abwenden, als wäre es schlecht.« Und vielleicht unbewußt angeregt vom christlichen Glauben, der zu seiner Zeit schon weit verbreitet war, hatte er eine herrliche Vision vom erlösenden Tod. Er erkannte, daß selbst der Tod, der doch gemeinhin zur Trauer zu berechtigen scheint, »in Wirklichkeit das Ende unserer Mühen und Ängste und Leiden bringt, uns von den armseligen Fesseln des Leibes befreit und zu den stillen und lieblichen Gefilden der Seelen hinüberführt, wo alle guten Dinge im Überfluß sind«.[4] Es war eines von Frontos letzten und zugleich großartigsten Bekenntnissen.

Die Ankunft des Lucius durfte er noch erleben. Es wurde eine überaus herzliche Begrüßung, die manchen mißfiel, da sie auf die Ehre, die dem alten Mann widerfuhr, eifersüchtig waren. Der Wiedersehensfeier folgten nur noch wenige Briefe an seine Freunde, ein einziger noch an den kaiserlichen Schüler Lucius Verus. Noch einmal blickte der Greis gerührt zurück auf eine jahrzehntelange Freundschaft, die ihn so viele Jahre getragen und ihm auch geholfen hatte, selbst die schwersten Prüfungen zu bestehen. Dann aber verlieren sich Frontos Spuren, berichten die alten Quellen nichts mehr von ihm. Er muß bald nach Lucius' Heimkehr aus dem

Partherkrieg und nicht erst um 180 n. Chr., wie manche Historiker vermuten, gestorben sein.

Zweifelhaft ist bis heute sein Ruhm. Zeitgenossen galt er als einer der Großen. Aber die Nachwelt schmähte vor allem seinen geschwollenen Stil. Als Prinzenerzieher aber blieb er unvergessen. Marcus selbst setzte ihm in seinen Selbstbetrachtungen ein Denkmal: »Durch Fronto wurde ich belehrt, daß mit der Willkürherrschaft Neid, Ränkesucht und Verstellungskunst verknüpft sind, und wie wenig Menschenliebe die im Herzen tragen, die wir Patrizier nennen.«[5] Lucius bekannte, er habe von ihm noch vor der Kunst des Redens Aufrichtigkeit und Wahrheitsliebe gelernt. Und noch seine Nachkommen blickten stolz auf den Ahnen, den Konsul und Lehrer der Kaiser Lucius und Antoninus. Wahrscheinlich war es Frontos Familie, die den Schriftwechsel »als Zeugnis einer reizvollen Freundschaft bewahrte und uns damit einen vertraulichen Einblick in das Familienleben Mark Aurels erlaubt«[6].

Doch nun zu den Auswirkungen des Krieges. Die Veränderungen an den östlichen Grenzen des Imperiums machten gewisse Änderungen in der Provinzialverwaltung erforderlich. Die Provinz Pontus und Bithynien, eine leicht erregbare Region und ständig ein potentieller Unruheherd, die bislang unter senatorischer Verwaltung gestanden hatte, wurde von nun an den Kaisern unmittelbar unterstellt. Der Doppelprovinz am Südufer des Schwarzen Meeres kam als Stützpunkt für die Versorgung der im Osten stationierten Truppen besondere Bedeutung zu. Man gab ihr deshalb einen erfahrenen Mann im konsularischen Rang, den schon betagten L. Lollianus Avitus, dessen letztes Konsulat mehr als zwanzig Jahre zurücklag. Er wurde von den Kaisern berufen und war nur ihnen verantwortlich.

Mit Genugtuung stellten die Provinzialen fest, daß man ihnen mit dem neuen Verwalter eine Persönlichkeit vorangestellt hatte, die einem der angesehensten Geschlechter des Imperiums entstammte. Sie werteten das als besonderes

Entgegenkommen Roms, das durch die hohe Besetzung offenbar den Verlust der provinzialen Selbstverwaltung ausgleichen wollte, die senatorische Provinzen gegenüber den sogenannten kaiserlichen weitgehend besaßen. Der wirkliche Grund aber saß tiefer. Wegen der immer stärker um sich greifenden Staatsverdrossenheit, die die Vornehmen des Reiches bewog, sich ins Privatleben zurückzuziehen, waren nur wenige übriggeblieben, der Staatsführung mit Rat und Tat beizustehen. Und die jüngeren und flexibleren von ihnen wurden dringend bei den Heeren gebraucht.

Um die senatorischen Privilegien zu wahren, mußte der Senat für den Verlust seiner Provinz entschädigt werden. Er erhielt als Ausgleich Lykien-Pamphylien, das von nun an Prokonsuln unterstand.

Gewiß, Rom hätte sich auch Mesopotamien einverleiben können, wie es damals mit besiegten Nationen zu verfahren durchaus dem Brauch entsprach. Aber auch dafür reichten die ihm zur Verfügung stehenden Kräfte nicht mehr aus. Auf die Soldaten, die so tapfer und erfolgreich den Osten befriedet hatten, warteten längst andere Aufgaben, die keinen Aufschub duldeten. Sie kehrten schleunigst in den Westen zurück. Denn auch hier begann es überall zu brodeln, hatte eine neue Zeit ihre unmißverständlichen Zeichen gesetzt. So hatte dieser Sieg eigentlich nicht mehr gebracht als die Sicherung des römischen Einflusses in Armenien. Und der Einmarsch in parthisches Gebiet blieb eine reine Machtdemonstration, die die Grenzen des Imperiums nicht verschob.

Um erneuten Unruhen in diesem Teil der Welt vorzubeugen, wurde Avidius Cassius als Statthalter in Syrien zurückgelassen. Er soll dort im wahrsten Sinne des Wortes ein strenges Regiment geführt haben. Trotz seiner Härte aber, oder gerade ihretwegen, wurde er bald der Liebling des ganzen Orients und entwickelte sich dabei zu einer nicht geringen Gefahr für das Kaiserhaus, wie sich noch zeigen wird.

In Rom wartete indessen ein jeder gespannt auf den Triumph. Seit den Anfangstagen des hadrianischen Prinzipats, seit nahezu fünfzig Jahren also, hatte es kein ähnliches Spektakel mehr gegeben. Und selbst Hadrians zu Ehren des Vorgängers Trajan veranstalteter Triumphzug glich eher einer Groteske denn der Siegesfeier eines erfolgreichen Feldherrn. Der größte Partherbezwinger war zu dieser Zeit schon tot, und so hatte sein Nachfolger angeordnet, das Bildnis des Verstorbenen in feierlicher Prozession durch die Straßen zu führen.

Die Feier des Triumphes war auf den 12. Oktober festgesetzt worden, den Tag, an dem dereinst »dem aus Syrien heimkehrenden Augustus zu Ehren der Altar der ›zurückgeleiteten Fortuna‹ gestiftet worden war«[7]. Schon lange hatte der Senat Marcus gedrängt, den Titel »Pater patriae«, Vater des Vaterlandes, anzunehmen. Doch wollte der zu Hause Gebliebene taktvoll auf die Rückkehr des Bruders warten, damit ihnen die Auszeichnung gemeinsam zuteil würde. Außerdem erhielten beide auch die »corona civica«, die Bürgerkrone, den Kranz aus Eichenlaub. Seit Ciceros und Augustus' Tagen – diesen beiden Staatsmännern war sie als ersten verliehen worden – wurde sie römischen Bürgern dargebracht, die ihren Mitbürgern im Krieg das Leben gerettet hatten (ob cives servatos). Mit der Zeit aber hatte sich die Auszeichnung zu einem ständigen Attribut des Herrschers entwikkelt. Die Verleihung läßt hier vielleicht weniger auf eine besonders umsichtige Kriegsführung schließen als vielmehr auf die Tatsache, daß das Imperium wieder einmal mit dem Schrecken davongekommen und damit wirklich Bürgerblut geschont worden war.

Sollte es in dieser Zeit zwischen den Brüdern tatsächlich Spannungen gegeben haben, so verstanden sie es doch geschickt, diese vor einer neugierigen Öffentlichkeit zu verbergen. Zumindest für den flüchtigen Betrachter erscheint das Verhältnis von gegenseitiger Rücksichtnahme geprägt. Lucius bat sich aus, daß der Bruder mit ihm triumphiere. Auch war er es, der den Senat um den Caesartitel, die offizielle Bezeichnung des Thronanwärters, für Marcus' Söhne Commodus und den erst dreijährigen Annius Verus anging. Der jüngere Kaiser hatte damals erst ein Kind, offensichtlich eine Tochter, da die alten Quellen etwa sechzehn Jahre später von einem Schwiegersohn sprechen.

Marcus dankte ihm seine Umsicht mit vornehmer Zurückhaltung und versuchte, soweit es möglich war, Lucius alleine den Ruhm des siegreich beendeten Partherkrieges kosten zu lassen. Später, nach des Bruders Tod, begnügte er sich mit den Titeln, die er sich selbst im Felde erworben hatte.

So groß war das Einvernehmen, daß beide Kaiser im Triumphzug auch Marcus' Kinder mitführten, und zwar die beiderlei Geschlechts. Es waren auch die unverheirateten Töchter zugegen, eine gewiß ungewöhnliche Übung, da sie der Biograph ausdrücklich erwähnt.

Wir haben keine Nachrichten darüber, ob im ausgehenden zweiten Jahrhundert der Triumph noch in der überlieferten Form gefeiert wurde, dürfen es aber annehmen, da sich auch diese Machthaber besonders konservativ gaben und die Rückbesinnung auf ererbtes Vätergut zum Hauptanliegen ihrer Regierung gemacht hatten.

Auf dem Marsfeld weit außerhalb der Stadt stellte sich traditionsgemäß der große Triumphzug auf. Er verlief über den antiken Viehmarkt, das »Forum Boarium«, und den Circus Maximus, umzog den Palatin im Süden und gelangte so an den Osteingang des Forums, wo seit fast hundert Jahren der Titusbogen stand. Dann ging es über die Via Sacra weiter zum Capitol. Es ist anzunehmen, daß sich auch Marcus und Verus an die überlieferten Regeln hielten.

»Den Zug eröffneten die Magistrate und Senatoren, dann folgten ein Musikchor der Spielleute des Heeres, die weißen Opferstiere, Beute, Abbildungen der eroberten Städte, die vornehmsten Gefangenen, des Feldherrn Liktoren in purpurner Tunika mit lorbeerumwundenen Fascen, daran schloß sich die lorbeerbekränzte Quadriga des Triumphators, von Schimmeln gezogen. Darauf stand der Sieger mit der tunica palmata und der Purpurtoga, dem Lorbeerkranz, das Gesicht mit Mennige rot gefärbt, ein mit einem Adler gekröntes elfenbeinernes Szepter in der Linken und einen Lorbeerzweig in der Rechten haltend, in allem ein getreues Abbild des höchsten Gottes. Ein Staatssklave hinter ihm hielt die goldene Krone Jupiters über dem Haupt. Dann reihten sich seine Unterbeamten (apparitores) und Kinder an. Den weiteren Zug der Soldaten eröffneten Reiterschwadronen, zuletzt kam unter dem Triumphgesang (io triumphe) die siegreiche Armee, mit Lorbeer geschmückt, umbraust vom Jubel der die Straßenränder säumenden Menge ...«[8] Auf dem Capitol opferten die Brüder gemeinsam, um den gnädigen Göttern für ihren Beistand zu danken und ihren Segen auch für die Zukunft zu erflehen. Die Festlichkeiten beschlossen Zirkusspiele zur Unterhaltung der Stadtbevölkerung. Auch an ihnen nahmen beide Kaiser teil, so wenig Gefallen Marcus auch an derartigen Veranstaltungen fand.

Obwohl Rom und die westliche Welt Sieg und Triumph laut genug feierten, konnte doch niemand übersehen, daß dieser Krieg ein unnötiges und kostspieliges Unterfangen gewesen war, bei dem Rom mehr eingesetzt als gewonnen hatte. Wem sollte die Schuld an den unseligen Auseinandersetzungen zugeschoben werden? Es war müßig, sich darüber den Kopf zu zerbrechen. Denn nur die unsterblichen Götter konnten wissen, ob sich der Krieg hätte vermeiden und durch diplomatische Demonstrationen ersetzen lassen, hätte es »das unbesonnene Vorgehen des Sedatius Severianus, jenes ›törichten Kelten‹«[9], nicht gegeben. Rückblickend freilich muß die Herausforderung, die das Imperium hier zu bestehen hatte, als günstige Fügung von schicksalhafter Tragweite angesehen werden. Denn so wurde den römischen Soldaten, die sich seit Jahrzehnten keinen ähnlichen Prüfungen mehr hatten stellen müssen, die Initiative geradezu aufgenötigt. Ungewollt wurde Kampferfahrung gesammelt, die sich für die bevorstehenden Begegnungen mit der noch unverbrauchten Kraft germanischer Völker von unschätzbarem Wert erweisen sollte.

Keines Menschen Tyrann,
keines Menschen Sklave!

(Selbstbetrachtungen, 4, 31)

16. KAPITEL

Der Versuch der Verwirklichung stoischer Ideale

Ein Großteil der alten Quellen und allen voran die schon öfter zitierte Kaisergeschichte, »jene seltsame Mischung aus historischen Tatsachen und Skandalchronik« (P. Noyen), halten den Sieg im großen Partherkrieg dem in Rom zurückgebliebenen Philosophen zugute. Bei aller Sympathie, die man für Marc Aurel zu empfinden geneigt ist, wird man sich jedoch fragen müssen, wie es denn, berücksichtigt man nur die damaligen Nachrichten- und Verkehrsverbindungen, überhaupt möglich war, von Rom aus die Operationen im Osten zu leiten. Die Bemerkung in der Historia Augusta, Marcus habe anläßlich der Vergöttlichung seines Bruders im Senat dunkel angedeutet, »sämtliche Kriegspläne, die zur Überwindung der Parther geführt hätten, seien sein Werk gewesen«[1], ist deshalb mit besonderer Vorsicht zu genießen.

Andere Tatsachen sind ebenfalls geeignet, berechtigte Zweifel an Marc Aurels Urheberschaft an der Strategie im Osten zu wecken. Auch in Rom stand während des Krieges die Zeit nicht still. Zahlreiche neue und die Erneuerung vieler alter Gesetze, die vor allem in die Anfangsjahre von Marc Aurels Regierungszeit zurückreichen und die zumindest teilweise persönliche Reskripte des Kaisers darstellen, weisen darauf hin, wie sehr ihn zu Hause Reichsverwaltung und soziale Verbesserungen beanspruchten. Er muß angesichts der Menge der innenpolitischen Reformen so sehr beschäftigt gewesen sein, daß eine nicht nur oberflächliche Betrachtung außenpolitischer Konflikte schon zeitlich nahezu ausgeschlossen erscheint.

Mit welcher Hingabe er sich tatsächlich diesen Dingen bis zur Erschöpfung gewidmet haben muß, bezeugt wieder der Briefverkehr mit Fronto, der sich auch in den Anfangstagen seiner Kaiserherrschaft rege fortsetzte.

Alsium war ein bekannter Ferienort an Etruriens sonniger Küste. Dorthin hatte sich der Herr der Welt während eines Staatsfestes zu einem Kurzurlaub zurückgezogen, um den Herrscherpflichten wenigstens für ein paar Tage zu entrinnen. Aber seine Sorgen holten ihn hier wie überall ein. Der strengste Meister seines Lebens, das ihm eigene Pflichtbewußtsein, das er in einem Brief jener Tage an den Freund beklagte, gönnte ihm keine Ruhe. Fronto wußte es und redete dem einstigen Schüler eifrig zu, sich doch ein wenig zu entspannen. Aber alle Hinweise auf den vergöttlichten Vater, der trotz seiner unermüdlichen Pflichtauffassung gerne ins Theater oder zum Angeln gegangen sei, und auf den Stoiker Chrysipp, der sich trotz seiner weltverachtenden Ideen täglich ein Gläschen gegönnt habe, fruchteten nichts. Ein freier Mann war Marc Aurel nie. Der römische Kaiser erscheint uns vielmehr als Gefangener seiner Staatspflichten, Sklave eines Herrscherauftrags, den er nach stoischen Grundsätzen zu erfüllen gedachte.

Mehr als dreihundert Gesetzestexte von und über Marc Aurel sind es, die neuzeitliche Geschichtsforscher in den vorjustinianischen Gesetzessammlungen und im »Corpus Iuris Civilis« des oströmischen Kaisers Justinian entdeckten. Ihre Prüfung und Auswertung läßt zwei Schwerpunkte der kaiserlichen Gesetzgebung erkennen: die Reform in der Verwaltung von Städten und Gemeinden auf der einen und die rechtliche Besserstellung von Frauen, Kindern und Sklaven auf der anderen Seite. Gerade diese Personengruppen wurden schon seit Jahrhunderten durch das geltende römische Recht unterdrückt. Die Beachtung aller Menschen als Brüder, als Kinder eines Schöpfers, war aber eines der Hauptanliegen des Stoizismus.

Getreu den Grundsätzen der von ihm vertretenen Lehre nahm sich Marc Aurel jener »humiliores« der römischen Gesellschaft in besonderem Maße an. Und noch die Rechtsgelehrten kommender Jahrhunderte bewunderten ihn, den Laien, als »äußerst gesetzeskundigen« oder, wie der große Papinian, als »äußerst klugen und rechtlich gesinnten Kaiser«. Aurelius Victor, der Geschichtsschreiber des vierten Jahrhunderts, meinte gar, Marcus habe »die Unklarheiten in den Gesetzen auf bewundernswerte Weise bereinigt«.

Was Marc Aurels gesetzgeberische Tätigkeit betrifft, erweist sich die an anderen Stellen weniger zuverlässige Historia Augusta als von besonderem Wert. Was sie diesbezüglich an Informationen bietet, wird in den genannten juristischen Quellen bestätigt.

Die Haltung des Kaisers gegenüber Frauen nimmt sich allerdings nicht gerade revolutionär aus, wenn auch ein neuzeitlicher Gelehrter in ihr »sogar einen progressiven Feminismus«[2] sieht. Vorsichtige Ansätze zur rechtlichen Besserstellung der Frau waren schon unter Hadrian erkennbar. Die von ihm eingeleitete Frauenpolitik wurde auch von Antoninus Pius fortgesetzt. Eine nachhaltige Veränderung hatte sie indes nicht bewirkt, und an die politische Gleichberechtigung der Frau dachte man nach wie vor nicht im Traum. Dennoch können die von Marc Aurel verordneten Korrekturen durchaus als ein weiterer Schritt auf dem langen und beschwerlichen Weg des weiblichen Geschlechts in die Emanzipation gewertet werden. Insgesamt war seine Haltung gegenüber Frauen wie schon die seiner Vorgänger von Verständnis und Achtung geprägt.

Schon die ausgehende republikanische Ära hatte der Mutter schrittweise größere Rechte über ihre Kinder eingeräumt. Ein Spruch des Prätors verlieh ihr beispielsweise das

Aufsichtsrecht über ihren Nachwuchs, sofern der Vater unter Vormundschaft stand oder eines unsittlichen Lebenswandels überführt war. Unter Marc Aurel vollendete sich erst diese Entwicklung, die für die Frauen begrüßenswert war, andererseits aber die überlieferten Grundlagen der römischen Familie zerstörte.

Grundsatz seiner Reform nämlich war eine weitere Lockerung der »patria potestas«, der nahezu unumschränkten Gewalt des Vaters als Familienoberhaupt, einer der tragenden Säulen des altrömischen Sippenrechts. Ihr wesentlicher Zug war die absolute Autorität des Ehemannes, dem die Frau in die Hand gegeben war, als handle es sich um seine Tochter (loco filiae).

Die Mutter-Kind-Beziehung wurde hingegen rechtlich aufgewertet, indem man ihre natürliche Verwandtschaft stärker berücksichtigte. Die Familie sollte sich fortan auf die »coniunctio sanguinis« gründen, auf die Verbindung des Blutes, wie es noch in modernen Gesellschaftsordnungen üblich ist. Schon Cicero hatte in seiner Schrift »de officiis« behauptet, daß sich dieses Band der Natur wie kein anderes eigne, die Menschen durch gegenseitige Achtung und Liebe aneinanderzuketten.[3]

Das Senatus consultum Orfitianum aus dem Jahre 178 n. Chr. sicherte allen Nachkommen das mütterliche Erbe, ganz gleich, aus welcher Beziehung der Mutter sie hervorgegangen waren. Damit wurden auch nichteheliche Kinder berufen. Kinder konnten ihre Mutter nun an erster Stelle beerben. Sie kamen noch vor den Agnaten, den männlichen Verwandten der Toten. Überhaupt ist eine Entwicklung weg von der »agnatio« hin zur »cognatio« festzustellen. Galt erstere einst als die Abstammung, auf die es entscheidend ankam, so wurde jetzt auch die Verwandtschaft in mütterlicher Linie betont. Umgekehrt wurde auch das Erbrecht einer Mutter gesichert, deren Kinder ohne Hinterlassung einer testamentarischen Verfügung verstorben waren. Die Mitgift der Frauen in die Ehe wurde geregelt. Und ihre Unkenntnis in Rechtsdingen grundsätzlich entschuldigt, eine Regelung, die nicht mehr als recht und billig erscheint, wenn man bedenkt, daß

Frauen nun schon jahrhundertelang von allen öffentlichen Angelegenheiten ausgeschlossen und auf ihren häuslichen Wirkungskreis verwiesen waren. Junge Mädchen, die unter Vormundschaft standen, konnten nicht mehr nach Belieben ihres Vormunds zur Heirat gezwungen werden.

In den Zivilprozessen jener Zeit nehmen Familienangelegenheiten schließlich einen solchen Rang ein, daß einzelne Rechtsfälle bis auf den heutigen Tag bekannt blieben.

Im »Corpus Iuris Civilis« ist beispielsweise von einer gewissen Tertulla die Rede. Sie lebte seit über vierzig Jahren in gesetzwidriger Ehe, nachdem sie auf Betreiben ihrer Großmutter ihren Onkel geheiratet hatte. Man hatte sie jetzt wegen dieses Verstoßes den Behörden gemeldet. Die Frau hatte all die Jahre über gutgläubig auf die Rechtmäßigkeit ihres Verhältnisses vertraut. Der seltsame, aber vielleicht nicht einmalige Fall drang bis zu Marc Aurel vor, der seinerseits nicht zu lösen vermochte, was mehr als vier Jahrzehnte so fest verbunden war. So verlieh er Tertullas Kindern die rechtliche Stellung ehelicher Nachkommen: »Unter Berücksichtigung all dieser Umstände bestätigen wir daher die Stellung eurer Kinder aus dieser Ehe, weil sie schon vor 40 Jahren geschlossen wurde; sie sind demnach genau so zu betrachten, wie wenn sie in einer gesetzlich gültigen Ehe gezeugt worden wären.«[4]

Gewiß, rückblickend nimmt sich das Eintreten des Philosophenkaisers für die seit jeher benachteiligte Frauenwelt eher bescheiden aus. Die römische Frau genoß auch unter ihm kein offizielles Mitspracherecht und wurde auch weiterhin in politischen Dingen nicht gefragt. Mochte der ältere Cato auch etwas bissig bemerkt haben, daß der Römer zwar die Welt, den Römer aber die Frau beherrsche, so traf dieses offene Geheimnis doch höchstens auf einen verschwindend geringen Prozentsatz aller Römerinnen zu. Grundsätzlich hatte sich der weibliche Einfluß auf die Erziehung der Nachkommenschaft zu beschränken, konnten Mütter nur auf Umwegen über ihre Söhne im politischen Alltag bescheidene Veränderungen bewirken, eine nur mittelbare, wenn auch keineswegs zu unterschätzende Einflußnahme auf das

Staatsgeschehen. Die Mutter der Gracchen mochte interessierten Römerinnen dabei als Vorbild dienen und auch Cäsars Mutter, die untadelige Aurelia.

Auch in Angelegenheiten, die hilfsbedürftige Kinder betrafen, kann man unter Marc Aurels Regierung keinen revolutionären Fortschritt verzeichnen. Die Garantie staatlicher Unterstützung dieses Personenkreises, die sogenannten Alimentationsstiftungen, waren nicht seine Erfindung, sondern das beachtliche Werk seiner Vorgänger, das er allerdings konsequent fortführte, dabei aber gleichzeitig erweiterte und verbesserte.

Seiner Beharrlichkeit verdanken beispielsweise die »pueri Aureliani« oder »Veriani« und die »puellae Faustinianae« ihre Existenz, wenn sie auch nach Meinung mancher namhafter Historiker nur aus propagandistischen Zwecken ins Leben gerufen wurden: erstere anläßlich der Verlobung des Mitregenten Lucius Verus mit der Kaisertochter; die »puellae Faustinianae« zu Ehren seiner verstorbenen Gattin.

Geradezu neuzeitlich mutet hingegen seine Unterhaltsregelung an, die männliche Verwandte in auf- und absteigender Linie betraf.

Die kaiserlichen Bestimmungen über die Führung standesamtlicher Register dürften wesentlich zur Rechtssicherheit beigetragen haben. Nach der Vita ordnete Marc Aurel an, »ein jeder Bürger habe die ihm geborenen Kinder unter Angabe ihrer Namen binnen 30 Tagen bei den Vertretern der Staatskasse im Saturntempel zu melden«[5]. In den Provinzen mußte dies bei besonders dafür eingesetzten Archivbeamten geschehen. Zweck dieser Vorschrift war aber lediglich, den rechtlichen Status einer Person – Freiheit oder Unfreiheit – leichter feststellen zu können, da auf diese Weise im Falle eines Prozesses der Beweis urkundlich geführt werden konnte. Allerdings vermag man dem Biographen nicht zu folgen, wenn er behauptet, daß diese Anordnung unter Marc Aurel erstmals erfolgte. Die Anmeldepflicht neugeborener ehelicher Kinder bestand schon seit Augustus durch die Lex Aelia Sentia aus dem Jahre 4 und die Lex Papia Poppaea aus dem Jahre 9 n. Chr. Möglicherweise hat Marc Aurel diese Verpflichtung nur auf uneheliche Kinder ausgedehnt. Oder war der frühere Erlaß in Vergessenheit geraten oder doch so nachlässig gehandhabt worden, daß ein neuer erforderlich erschien.

»Eine letzte Bestandsaufnahme zur Sicherung der bevorrechteten Schicht im Reich« vermuten neuzeitliche Historiker in der urkundlichen Registrierung und sehen darin gleichzeitig, sicherlich nicht zu Unrecht, »ein neues Moment fortschreitender Bürokratisierung und staatlicher Kontrolle des privaten Lebens«[6].

Einer der Präfekten der Staatskasse im Saturntempel war zu Beginn der sechziger Jahre der schon früher erwähnte Volusius Maecianus, der hervorragende Rechtsgelehrte und Lehrer, der möglicherweise als spiritus rector dieser Neuerung angesehen werden kann.

Neunundzwanzig Texte der genannten Gesetzessammlungen stellen Reskripte des Kaisers dar, die vor allem die zahlreichen Waisen schützen sollten. Vormünder wurden einer strengeren staatlichen Kontrolle unterworfen. Allen minderjährigen Personen wies der Staat Pfleger zu, die man bisher nur Geisteskranken und Verschwendungssüchtigen beigeordnet hatte.

Marc Aurel ernannte einen »praetor tutelaris«, der fortan die Vormünder zu bestellen hatte, während dies bisher Aufgabe der Konsuln gewesen war. Er bezweckte damit größere Sorgfalt in der Auswahl. Der erste Prätor, dem diese Aufgabe übertragen wurde, hieß Gaius Arrius Antoninus. Er war ein Landsmann Frontos. Sein Name deutet auf eine vielleicht entfernte Verwandtschaft mit dem Kaiserhaus hin. Arrius Antoninus hatte sich ein schweres Amt aufgebürdet. Denn es fanden sich nur wenige Personen, die als Vormund in Frage kamen und überhaupt bereit waren, die Verwantwortung zu übernehmen. Die Ablehnungsgründe waren zahlreich. Armut gehörte dazu oder auch die Ausübung öffentlicher Ämter.

Wie im Verhältnis der Ehegatten zueinander ist auch in der Vater-Kind-Beziehung trotz aller Rückbesinnung auf überlieferte Werte in anderen Bereichen ein weiterer Abbau der väterlichen Allgewalt festzustellen. »Der pater familias hat jetzt das Recht über Leben und Tod seiner Kinder eingebüßt, das ihm die Zwölf Tafeln und die durch ihren angeblichen königlichen Ursprung geheiligten Gesetze verliehen hatten.«[7] Gerade das war eine sicher begrüßenswerte Erscheinung, wenn man bedenkt, welche Macht dem römischen Vater de iure eingeräumt war (wenn von ihrer mißbräuchlichen Ausübung de facto auch kaum etwas bekannt ist). Nach wie vor behielt der Vater das Recht, seine Neugeborenen anzuerkennen oder der Gunst des Schicksals preiszugeben. Von der Aussetzung wurde auch jetzt noch reger Gebrauch gemacht, besonders wenn es sich um illegitimen Nachwuchs oder um Töchter handelte. Weiterhin blieb die Aussetzung legaler Kindesmord, wenn sich nicht zufällig das Mitleid eines Vorübergehenden der Unglücklichen erbarmte. Hatte der Vater jedoch anerkannt, konnte er sich künftig auch noch so unliebsamer Kinder nicht mehr entledigen. Er durfte diese weder wie früher in die Sklaverei verkaufen noch zur Hinrichtung ausliefern. Das wurde nun zu einem Kapitalverbrechen erklärt. Erst unter Kaiser Constantin wurde aber der Kindesmord endgültig dem Vatermord gleichgesetzt. Allerdings dürfte die Preisgabe eines guten Teils der »patria potestas«, die die Familie als Keimzelle des Staates jahrhundertelang gestützt hatte, wesentlich zum Untergang der abendländischen Welt der Antike beigetragen haben. Dies war von den menschenfreundlichen Adoptivkaisern nicht voraussehbar und keineswegs gewollt, hatten sie doch seit dem Tode Trajans alle Kraft darauf verwandt, römische Werte zu wahren.

Bemerkenswert ist schließlich Marc Aurels Verhalten gegenüber Geisteskranken und nicht rechtsmündigen Personen. Auch insofern dürfte ihm Hadrian als großes Vorbild gedient haben.

Jener hatte sich einst in den Gärten eines Freundes im spanischen Tarragona ergangen, als plötzlich ein alter Sklave mit gezücktem Schwert auf ihn stürzte. Jahrzehntelang hatte der Mann im Bergwerk geschuftet und sah nun die Gelegenheit gekommen, seine Verbitterung über ein vergeudetes Leben an dem zu rächen, der doch offensichtlich der Urheber dieses Unglücks war. Der Kaiser, der damals in der Blüte seiner Mannesjahre stand, konnte ihn mühelos überwinden. Man fragte ihn, was mit dem Verrückten zu geschehen habe. Er befahl, ihn einem Arzt zu überantworten. In seinen Augen war der Alte krank. Und genügend, meinte er, sei der bestraft, der an solcher Krankheit leide – »satis enim punitur cui talis morbus«.

Was für die humanitas seines Großvaters ein Einzelfall blieb, machte Marc Aurel zum Grundsatz seines Handelns. Sein Bekenntnis zur Unzurechnungsfähigkeit des einzelnen und gleichzeitig zur staatlichen Verpflichtung des bestmöglichen Schutzes der Gesellschaft bezeugt nicht nur ein überragendes Gerechtigkeitsempfinden. Es ist vor allem Beweis dafür, wie tief er in die Philosophie eingedrungen war und welche Einsichten sie ihm schließlich vermittelt hatte. Insofern war er seiner Zeit Jahrhunderte voraus. Die Einsichtsfähigkeit in die seltsamen Wechselwirkungen des menschlichen Geistes und die oft eigenwilligen Launen der Natur war folgenden Geschlechtern wieder verlorengegangen. Das in dieser Hinsicht wahrlich finstere Mittelalter setzte Geisteskrankheit mit teuflischer Besessenheit gleich und versuchte, das Übel mit den ihm eigenen Mitteln ebenso grausam wie vergeblich auszutreiben. Und erst die weniger philosophischen als naturwissenschaftlichen Erkenntnisse der Neuzeit griffen die Grundsätze wieder auf, die Marc Aurel vor fast zweitausend Jahren schon vorgedacht hatte, und sicherten ihnen einen festen Platz in allen Gesetzbüchern der freiheitlich fortschrittlich denkenden Welt.

»Während bisher Pflegeschaften nur wegen Verschwendung oder wegen Wahnsinns eintreten konnten, bestimmte er, daß alle nicht rechtsmündigen Erwachsenen Pfleger erhielten«[8], bemerkt hierzu der Biograph.

So sicherte Marc Aurel den einzelnen gegen seine eigene

Unzulänglichkeit. Aber er kontrollierte nicht weniger Eigennutz und Fahrlässigkeit der von Amts wegen bestellten Hüter. Freilich darf nicht übersehen werden, daß all diese Maßnahmen auch ein »immer stärkeres Vordringen des Staats in die private Sphäre« (Weber) bedeuteten, bis dieser die Regelung des Lebens schließlich ganz in die Hand nahm.

Das letzte große Kapitel der gesellschaftlichen Reformen betraf das Heer der völlig entrechteten Sklaven, die im gesamten Imperium ein mehr schlechtes als rechtes Dasein fristeten. Auch ihr Los hatten aber schon Marc Aurels Vorgänger, hatte vor allem Hadrian zu mildern versucht. Er hatte beispielsweise die gefürchtete Sklavenfolter weitgehend abgeschafft, sie nur als letzte Möglichkeit und unter strengster Wahrung der Form geduldet. »Res fragilis et periculosa et quae veritatem fallat« – eine zerbrechliche und gefährliche Methode, die die Wahrheit verfälscht –, hatte er die peinlichen Verhöre genannt. Bis zu seiner Zeit hatten die Aussagen eines Sklaven vor Gericht nur dann Beweiswert gehabt, wenn sie unter Folterqualen zustande gekommen waren. Der grausame Brauch der peinlichen Befragung war übrigens, wie das Sklavenwesen überhaupt, keine römische Erfindung, sondern Bestandteil des griechischen Rechts, von dort übernommen wie fast alles, was römisches Leben, was jene mediterrane Zivilisation ausmachte.

Es wurde auch verboten, Unfreie gegen ihren Willen an die verhaßten Gladiatorenschulen zu verkaufen. An eine völlige Abschaffung der Sklaverei freilich hatte Hadrian ebensowenig gedacht, wie es sein Nachfolger konnte. Und auch die kurze Bemerkung in der Historia Augusta, er habe das Recht des Besitzers, über Leben und Tod eines Unfreien zu entscheiden, aufgehoben und für Sklaven sogar öffentliche Gerichte eingesetzt, ist mit äußerster Vorsicht zu genießen. Auch den menschenfreundlichen Adoptivkaisern ist der Wert der Masse unbezahlter Arbeitskräfte für die Wirtschaft des Römischen Reiches nicht entgangen. Und ein Bruch mit diesem althergebrachten und über Jahrhunderte bewährten System hätte mit Sicherheit den wirtschaftlichen und damit auch den politischen Ruin des Weltreichs nach sich gezogen. Gerade das aber kann auch der aufgeklärteste Herrscher nicht gewollt haben. So ist auch Marc Aurels Sklavenpolitik allenfalls als konsequente Fortführung derjenigen seiner Vorgänger zu betrachten, mögen auch etwa sechzig der überlieferten Verordnungen zugunsten dieser kostenlosen Arbeiterschaft den Hauptteil seiner Gesetzgebung ausmachen. Diese begünstigte in erster Linie den sogenannten »favor libertatis« (Förderung der Freilassung), der den Sklaven nun in Zweifelsfällen die Freilassung sicherte. Aus dem damaligen Rechtsverständnis wird die Förderung der Freilassung gelegentlich allerdings ad absurdum geführt, weil ihr sogar die Rechte des Geldverleihers oder des Vormunds, bisweilen selbst staatliche Interessen untergeordnet wurden. War beispielsweise der Name eines Sklaven in einem Testament durchgestrichen, weil sein Herr zu der Überzeugung gelangt war, daß er die Freiheit nicht verdiene, hatte man dennoch keine Bedenken, ihn freizulassen. Eine Übung, die nicht nur überliefertem Denken widersprach, sondern auch gegen wirtschaftliche Belange verstieß.

Aus dem Jahr 169 n. Chr. ist ein interessanter Rechtsfall bekannt. In einem Testament hatte ein Herr seine Sklaven als »Freigelassene« zu seinen Erben eingesetzt, ohne daß ihre Freilassung ausdrücklich angeordnet wurde. Marcus befahl eine wohlwollende Auslegung der Verfügung. Die Sklaven erhielten die Freiheit.

Auch ein anderes Urteil jener Tage trägt seine unmißverständliche »Handschrift«. Er wollte sicherstellen, daß testamentarisch freigelassene Sklaven auch tatsächlich die Freiheit erlangten. »Und damit nicht die gewährte Vergünstigung auf andere Weise wieder zunichte gemacht wird, etwa wenn der Fiskus Ansprüche auf den Besitz geltend macht, so sei hiermit allen, die in unseren Diensten stehen, kundgetan, daß die Sache der Freiheit Vorrang vor finanziellen Angelegenheiten hat.«[9]

Als bedeutsamste die Freilassung betreffende Verfügung Marc Aurels und gleichzeitig als Wendepunkt in der antiken Sklavenpolitik sieht ein Teil der wissenschaftlichen Forschung die »Constitutio divi Marci ad Aufidium Victorinum« an. Sie gewährte einem Sklaven die Freiheit, sofern sie ihm je versprochen worden war, und sicherte ihm das Recht, gegen den Herrn auf Freilassung zu klagen.

Noch immer streiten die Gelehrten, ob das umfangreiche Gesetzeswerk aus der Zeit Marc Aurels allein auf seine Initiative zurückgeht oder die durchdachte Arbeit eines vorbildlichen Juristenstabes ist, mit dem sich der Kaiser gleich zu Beginn seines Prinzipats umgeben hatte. Namentlich wird von der Historia Augusta als Marcus' wichtigste Stütze in Rechtsfragen der Jurist Scaevola genannt. Sie weist auch darauf hin, daß der Kaiser stets Präfekten um sich hatte, nach deren Gutachten und Entwurf er seine Entscheidungen zu treffen pflegte. Auch er selbst bekannte sich zu seinen Beratern. »Ständig behandelte er übrigens ... die politischen Angelegenheiten mit den Besten der Nation (gemeint ist der schon von Hadrian ins Leben gerufene Beraterstab – consilium principis – der noch zu seiner Zeit bestand) ... Sein Leibspruch lautete stets: Es ist gerechter, daß ich den Rat so vieler hervorragender Freunde befolge, als daß so viele hervorragende Freunde sich meinem alleinigen Entschluß beugen.«[10]

Manche Historiker gehen davon aus, daß die zahlreichen Verbesserungen zugunsten der Unterprivilegierten der römischen Gesellschaft ausschließlich das Verdienst des Kaisers sind, der mit seiner Zuwendung die Ideale der von ihm vertretenen Lehre zu verwirklichen suchte. Die stoische Ethik mußte, »wenn sie sich in einem römischen Kaiser verkörperte, eine intensive politische Arbeit wachrufen. In dieser Hinsicht übertraf Marc Aurel alle Erwartungen ... Marc Aurel war kein Theoretiker, sondern ein Mann der Tat. Was hätte er Besseres tun können, als seine humanitären Gesetze zu erlassen?«[11] schreibt einer seiner neuzeitlichen Bewunderer.

Andere vermissen hingegen »eine enge Wechselbeziehung zwischen seiner Gesetzgebung und der in seinen Selbstbetrachtungen vertretenen Lehre.«[12] Tatsächlich wird in dem seltsamen Zwiegespräch des Kaisers mit seinen Gedanken der Rechtsstatus von Frauen und Sklaven nirgends angesprochen. Und Kinder sind nur insoweit erwähnt, als sich der Kaiser ermahnt, alle Gefühle für sie zu unterdrücken. Kaum könne deshalb, so ihre Auffassung, der römische Kaiser bei der Abfassung all der humanitären Erlasse, die im übrigen nur eine Fortführung der Gesetzgebung seiner Vorgänger seien, eine entscheidende persönliche Rolle gespielt haben. Schließlich wiese auch die Historia Augusta wiederholt auf die Delegierung von Verantwortung hin, die Marc Aurel vorgenommen habe.

Es kann indes nicht darauf ankommen, welcher Meinung man den Vorzug zu geben geneigt ist. Man wird bei allen kontroversen Ansichten dennoch annehmen dürfen, daß nichts ohne Marc Aurels Wissen und ausdrücklichen Willen, vieles hingegen mit seiner besonderen Förderung geschah. Es ist nur allzu verständlich, daß ein Herrscher des ausgehenden zweiten Jahrhunderts der neuen Zeitrechnung sich nicht mehr um alle Einzelheiten der Reichsverwaltung persönlich kümmerte, sondern ein Kollegium erfahrener Berater heranzog, von denen er wissen konnte, daß sie in seinem Sinne handeln würden. Das kann jedoch seine Verdienste um die Menschlichkeit nicht schmälern.

Den »absolutesten der absoluten Herrscher« hat vor mehr als hundert Jahren der Althistoriker Theodor Birt Kaiser Hadrian genannt. Sein Enkel war es sicher nicht weniger, wenn er seinen Herrschaftsanspruch auch geschickter zu verbergen verstand. Seit Beginn der Kaiserzeit hatten alle Herrscher in der Gesetzgebung mitgemischt, hatten die »senatus consulta« in immer stärkerem Maße kontrolliert und mit der Zeit sogar als eigenständige Rechtsquelle fungiert (wobei oft schon eine bloß geäußerte Meinung des Kaisers als Verordnung angesehen wurde). Auch zur Zeit Marc Aurels kann das nicht anders gewesen sein. Und das Entgegenkommen, das gerade er gegenüber der Senatorenschaft zeigte, erscheint nur als reine Höflichkeitsfloskel, wie sie bis dahin von nahezu jedem römischen Herrscher überliefert ist.

Schließlich ist auch der Einwand, er habe lediglich die Politik seiner Vorgänger fortgesetzt, nicht geeignet, seine Leistungen für Rom zu beeinträchtigen. Auch Hadrian und Antoninus Pius waren Anhänger der stoischen Lehre, der eine mehr in seinem Denken, der andere stärker durch sein verantwortungsbewußtes Handeln. Niemand aber von allen römischen Führungspersönlichkeiten hatte sich bislang derart intensiv mit dieser Philosophie auseinandergesetzt, keiner es verstanden, beide Rollen, den Kaiser und den Philosophen, gleichzeitig so überzeugend zu spielen. Und haben nicht noch die erfahrenen Berufsjuristen späterer Generationen den »äußerst gesetzeskundigen, klugen und rechtlich gesinnten« Marc Aurel lobend erwähnt? Und zu ihrer Zeit muß das Andenken an ihn noch sehr lebendig gewesen sein.

Nun ist es aber nicht nur die Gesetzgebung, die die Innenpolitik eines Staatswesens bestimmt. Es kommt mindestens ebenso auf die Befolgung der Gesetze und Verordnungen an, und auch hier kann ein Staatslenker ein breites Betätigungsfeld finden. Wieder bietet die Historia Augusta interessantes Informationsmaterial.

»Der Rechtspflege«, heißt es, »schenkte Marcus besondere Aufmerksamkeit. Im Kalender vermehrte er die Gerichtstage mit dem Ergebnis, daß er zweihundertdreißig Tage im Jahr für Verhandlung und Schlichtung von Rechtsfällen festsetzte.«[13] In Italien setzte er nach dem Vorbild Hadrians die von seinem Vater entlassenen Bezirksrichter wieder ein, ehemalige Konsuln, die mit der Gerichtsbarkeit beauftragt wurden. Sie, die »iuridici«, entschieden in den ihnen zugewiesenen Gerichtssprengeln die Zivilprozesse, Erbstreitigkeiten und Klagen gegen die Munizipalverwaltung. Sie bestellten Vormünder und sorgten für die Lebensmittelbeschaffung der Städte.

Marc Aurel »beteiligte sich Recht sprechend am Getriebe des Lebens ohne Unterlaß, ob er in Rom oder im Hauptquartier an der Front war, geduldig und gewissenhaft, eindringlich und durch manche Entscheidung förderlich wirkend ... Man rühmte seine strenge Rechtlichkeit in Formalien, menschliches Empfinden, Gefühl für Billigkeit, aber auch eine Unnachgiebigkeit bei schweren Verbrechen.«[14]

Doch trotz aller Liberalisierung in verschiedenen Rechtsbereichen, die gelegentlich kritisiert wird, ist auch eine unerfreuliche Entwicklung im römischen Rechtswesen jener Zeit festzustellen. Vor allem in der Strafjustiz wurde immer stärker zwischen den Angehörigen verschiedener Stände differenziert, bis schließlich kaum etwas Schlimmes zu befürchten hatte, wer den gehobenen Schichten, den sogenannten »honestiores«, angehörte. Wir hören von einem römischen Ritter, der für ein schweres Einbruchsdelikt mit nur fünfjähriger Verbannung aus der Hauptstadt, aus Italien und seiner nordafrikanischen Heimatprovinz bestraft wurde, weil ein Gesetz für die Angehörigen der oberen Klassen dieses Strafmaß als Höchststrafe vorsah. Die unterschiedliche Behandlung machte auch vor Kapitalverbrechen nicht halt.

Trotz aller humanitären Beteuerungen und Berufungen auf stoische Grundsätze förderte auch Marc Aurel diese Standesunterschiede. Der »vir clarissimus«, ein von Hadrian geprägter Rechtsbegriff für Senatoren, der jedoch mehr als Höflichkeitsanrede gedacht war, setzte sich unter ihm im amtlichen Sprachgebrauch durch. Unter den höheren Staatsbediensteten griff eine wahre Titelsucht um sich. Jeder kaiserliche Prokurator benannte seinen Rang schließlich nach dem damit verbundenen Gehalt. Und der Philosoph auf dem Caesarenthron, dem von einem nicht unerheblichen Teil der Geschichtsforschung nachgesagt wird, er habe sich gelegentlich sogar mit dem Gedanken getragen, die Sklaverei abzuschaffen, weil sie mit seinen philosophischen Grundsätzen nicht zu vereinbaren war, erteilte dieser den Verfall der alten Welt sicherlich beschleunigenden Entwicklung auch noch seinen Segen.

Durch einen glücklichen Zufall fand man vor einiger Zeit in Nordafrika eine Inschrift, die für die Laufbahn des Prokurators Q. Domitius Marsianus sehr aufschlußreich ist. Sie vermittelt auch einen Eindruck, in welchem Maße sich Marc Aurel mit den oberen Schichten solidarisierte. Ein Brief des Kaisers an jenen Marsianus hat sich auf dieser Inschrift erhalten.

»Caesar Antoninus Augustus grüßt seinen Domitius Marsianus. Es ist schon lange mein Wunsch, dich in das hohe Amt der Ducenar-Procuratur zu berufen, und so ergreife ich die Gelegenheit, die sich gerade geboten hat, dich zum Nachfolger des Marcius Pudens zu ernennen; sei meiner Gunst versichert, solange du deiner Integrität, Umsicht und Erfahrung eingedenk bleibst. Leb wohl, mein teuerster Marsianus!«[15]

Auch in seinen Reskripten redete Marcus die römischen Beamten sehr persönlich, fast freundschaftlich an: »mein lieber Piso«, »mein lieber Saxa«, »unser Freund Salvius Iulianus«.

Vielleicht war Marc Aurel mehr noch als der stoische Philosoph doch Römer und als solcher traditionsgemäß auf Rang und Ansehen bedacht. Auch er war stets bestrebt, in den Annalen der römischen Geschichte verewigt und damit einer nur allzu vergeßlichen Nachwelt in Erinnerung gehalten zu werden. Und schließlich war auch er nicht frei von Eitelkeit, jener gewiß verzeihlichen menschlichen und besonders römischen Eigenschaft, die er mit allen Großen der Geschichte teilt.

Aber auch das sollte seine großartigen staatsmännischen Leistungen nicht herabwürdigen.

»Der göttlichen Güte schreibe ich es auch zu, ... daß ich, so oft ich einem Dürftigen oder sonst Leidenden helfen wollte, nie zu sagen brauchte, ich hätte nicht die Mittel dazu ...«

(Selbstbetrachtungen 1, 17)

17. KAPITEL

Die soziale Ordnung

Trotz des Fortschritts in vielen Lebensbereichen, der in Marc Aurels Regierungszeit erzielt wurde, wird man doch gerade ihn nicht als revolutionären Neuerer bezeichnen können. Er erwies sich eher als pedantischer Wahrer des Althergebrachten. Denn er bestätigte die Rechte der Stände, an denen er nicht zu rühren wagte. Und mochte er auch in utopischen Träumen alle Menschen als gleiche Wesen betrachten, so wollte er diesen Grundsatz doch höchstens auf alle Freigeborenen angewandt wissen. »Er hätte revolutionär wirken können, wenn er mit kühnem Zugriff das Recht der Sklaven oder Freigelassenen grundsätzlich geändert oder wenigstens seinem Wort von den gleichen Rechten aller getreu sofort allen nicht ›römischen‹ Provinzialen das Bürgerrecht verliehen hätte ... Nichts davon ... Der Widerspruch zwischen Ideal und Wirklichkeit ist offenkundig ...«[1] So war Marc Aurel schließlich mehr Römer als mancher seiner Vorgänger, tief verwurzelt in jahrhundertealten Traditionen, aus der ihn auch sein bedingungsloses Bekenntnis zur Philosophie nicht zu lösen vermochte.

Sein Verhältnis zur senatorischen Adelsschicht ist nur für den oberflächlichen Betrachter von Achtung und Rücksicht geprägt, mag die Vita auch wiederholt betonen, daß kein Kaiser dem Senat je weiter entgegengekommen sei. In Wirklichkeit wurde die alte Körperschaft zum gefügigen Werkzeug in seinen Händen. »Dem Senat übertrug er die richterliche Entscheidung in vielen Rechtsfällen, insbesondere in solchen, die ihn selbst angingen ...«[2], bemerkt der antike Biograph. Gewiß, er wahrte eifersüchtig die senatorische Gerichtsbarkeit. Er wies dem ehrwürdigen Gremium der erlauchten Väter all jene zu, die sich gegen seine Herrschaft empört hatten, bat ihretwegen sogar um Gnade, damit sein Prinzipat nicht mit Senatorenblut befleckt werde. Er half verarmten Senatoren und beeilte sich, ihnen die Rückkehr in den Senat zu sichern. Er zögerte nicht, zahlreiche Freunde darin aufzunehmen, auch Ritter, sofern sie sich entsprechende Verdienste erworben hatten. Mitglied des Senatorenstandes konnte indes nur werden, wen der Kaiser auf Herz und Nieren geprüft und für würdig befunden hatte, dieser immer noch privilegierten Kaste anzugehören. Hier befindet sich übrigens ein versteckter Hinweis darauf, daß es nicht mehr so schwierig wie in früheren Zeiten war, die einst starren Standesschranken zu durchbrechen. Trotzdem achtete auch der philosophisch-fortschrittliche Marc Aurel peinlich auf die überlieferten Standesunterschiede. So durften nach alter Gewohnheit beispielsweise Ritter nicht an Kapitalprozessen gegen Mitglieder des ersten römischen Standes teilnehmen. Zudem wurde in dieser Art von Rechtsstreitigkeiten die Beweisaufnahme unter Ausschluß der Öffentlichkeit durchgeführt und nur das Urteil vorschriftsmäßig öffentlich verkündet.

Um den Kreis der senatorischen Würden zu erweitern, erhielt der Senat die Berufungsgerichtsbarkeit gegen Entscheidungen eines Konsuls. Vielen italischen Gemeinden wurden Kuratoren aus seiner Mitte zugeteilt. Der »curator rei publicae« war ein kaiserlicher Regierungsbevollmächtigter, der die Finanzverwaltung in den Munizipien beaufsichtigte.

Gerade den Senat ehrte Marcus, wo er nur konnte. Er stieg vom Wagen, wenn er triumphierend in den Zirkus einzog, um den alten Stadt- und Staatsvätern seine Reverenz zu erweisen. Er erklärte Ehen zwischen Angehörigen der Senatorenschicht und Freigelassenen für ungültig. Er beeilte sich, an Senatssitzungen teilzunehmen, so oft er in Rom weilte und selbst dann, wenn er keinen Antrag zu stellen hatte. Hatte er hingegen ein Anliegen vorzubringen, reiste er sogar aus Kampanien an. Oft, weiß sein Biograph zu berichten, habe er den Senatssitzungen bis zum Einbruch der Dunkelheit beigewohnt und niemals das Lokal verlassen, bevor nicht der amtierende Konsul die Versammlung mit den üblichen Worten »Nihil vos moramur, Patres conscripti«[3] – wir wollen euch nicht länger aufhalten, versammelte Väter – geschlossen hatte.

Eine derartige Ehrerbietung gegenüber einer Körperschaft, die fast nur noch eine statistische Rolle spielte, einem bisweilen sogar lästigen Überbleibsel aus republikanischen Tagen, erscheint gerade für einen absoluten Herrscher ungewöhnlich. Doch war Marc Aurel stets darauf bedacht, eher Ansehen und Würde als Macht und Einfluß des alten Adelsrates zu stärken. Längst nämlich war der Senat zu einem bloßen Befürworter der kaiserlichen Politik oder allenfalls zu einem Forum der öffentlichen Meinung herabgewürdigt. Er hatte in nunmehr zwei Jahrhunderten seine einstige Eigenständigkeit als staatsführendes Organ vollkommen eingebüßt und zudem jeglichen Ehrgeiz verloren, jemals wieder die politische Verantwortung zu übernehmen. So erscheint Marc Aurels Entgegenkommen als reiner Höflichkeitsbeweis, wie er mehr oder weniger von fast jedem seiner Vorgänger überliefert ist. Es konnte schließlich niemals schaden, sich die gesellschaftliche Elite Roms gefügig zu halten, mochte man nun den Thron erstrebt haben oder nicht. »Der Senat war für ihn das Gefäß, das die besten Säfte des ganzen Reiches aufnahm und barg. Das Reich aber war die Ordnung. Und er war ihr Herr ...«[4], so der Althistoriker Wilhelm Weber.

Wie selbstherrlich er im Grunde schaltete und waltete, mag die Tatsache verdeutlichen, daß immer mehr aus den Provinzen stammende Senatoren, die sogenannten »senatores peregrini«, die Reihen der Kurie füllten. Sie mußten allerdings ein Viertel ihres Vermögens in Grundbesitz auf italischem Boden anlegen. Der jüngere Plinius berichtet von einer ähnlichen Maßnahme, die bereits Kaiser Trajan getroffen hatte.[5] Man wollte damit den in Italien noch immer wenig angesehenen »Ausländern« dort ein gewisses Heimatrecht verschaffen. Diese Übung führte aber schließlich dazu, daß die römische Aristokratie zum Großteil nicht mehr aus Italien, ja nicht einmal mehr aus den ältesten und schon seit langem romanisierten Provinzen stammte. Kräfte, die noch vor kurzem romfremd und barbarisch gewesen waren, Leute aus Afrika, dem Osten und den erst kürzlich gewonnenen Donauländern, betrachteten sich nun als die rechtmäßigen Hüter jener Traditionen, auf denen das Weltreich gründete. Sie aber »waren fern von blutsmäßiger oder selbst geistiger Homogenität, Söhne der Provinzen mit auseinanderstrebenden Temperamenten, Auffassungen und Neigungen«[6]. Was sie an gesellschaftlicher Stellung erreicht hatten, verdankten sie der Güte dieses Herrschers. Er hatte sie berufen, und er konnte sich auf ihre bedingungslose Loyalität verlassen. Hätte er die gesellschaftliche Führungsschicht des Reiches, der er schließlich selbst entstammte, ignoriert, wären nur die Legionen als Stütze seiner unumschränkten Macht übriggeblieben.

Mögen auch bestimmte kaiserliche Maßnahmen, etwa die Wiedereinsetzung der von Antoninus Pius entlassenen Bezirksrichter nach hadrianischem Vorbild, nicht die ungeteilte Zustimmung aller Senatoren gefunden haben, im großen und ganzen konnte man doch zufrieden sein. Besonders die Ernennung von Aufsichtsbeamten in den italischen Gemeinden schuf dem Senat, der seit Generationen beinahe zur Untätigkeit verdammt war, ein neues und interessantes Aufgabenfeld in der Zivilverwaltung. Freilich ist es wieder bezeichnend für den inneren Zustand des Imperiums, daß öffentliche Ämter, für deren Besetzung sich noch während der späten Republik genügend Kandidaten gefunden hatten, nun auf Anordnung der Staatsführung besetzt werden mußten. Denn auch hier machte sich die Abneigung reicher und fähiger Leute, ihre Arbeitskraft unentgeltlich in den Dienst der Allgemeinheit zu stellen, bemerkbar. Der Eingriff von oben war notwendig geworden, weil die Verwaltung durch die Verweigerung der politischen Elite gelähmt und zutiefst korrumpiert war. Gleichzeitig aber bedeutete diese Maßnahme auch den Verlust eines wesentlichen Bestandteils der kommunalen Selbstverwaltung und war ein weiterer Schritt zur Zentralisierung des Reiches.

Kaum weniger Aufmerksamkeit als der senatorischen Oberschicht schenkte Marc Aurel dem Ritterstand, der zweithöchsten römischen Gesellschaftsklasse. Aber auch hier war er sorgsam bemüht, althergebrachte Standesunterschiede zu wahren. Selbst innerhalb der Ritterschaft waren diejenigen bevorrechtet, die dem Staat als Beamte dienten. Auch sie wurden entsprechend ihren Fähigkeiten und Verdiensten ausgewählt. Ob der Kaiser nun seinen Sekretär Tarrutienus Paternus zum Gardepräfekten ernannte oder juristisch besonders qualifizierte Ritter in seinen Kronrat berief, er war stets darauf bedacht, sich ein Heer zuverlässiger und ergebener Helfer heranzuziehen. Ritter nahmen nicht nur die Aufgaben des obersten Rechnungsamts wahr, kümmerten sich nicht nur um die Getreideversorgung und die öffentlichen Gelder, die ihnen anvertraut waren. Auch im Heer verdrängten sie allmählich die hohen senatorischen Offiziere, die seit altersher das Kommando geführt hatten. So ist der Ritter Helvius Pertinax, der Sohn eines Freigelassenen, geradezu ein Paradebeispiel dafür, was man mit überragenden Fähigkeiten in spätrömischer Zeit zu erreichen vermochte. Er sollte sogar Kaiser werden. Das freilich kann auch Marc Aurel nicht vorausgesehen haben.

Im Grunde war der Kaiser mit der Ritterschaft gut bedient. Weit von der Überheblichkeit vieler Mitglieder des alten Senatsadels entfernt, der sich nur allzu gerne auf jahrhundertealte Privilegien berief, erwiesen sich die Angehörigen dieses Standes als durchaus dankbare Untergebene und entwickelten sich bald zur eigentlichen Stütze in der Reichsverwaltung. Bereitwillig besetzten sie die Stellen, die durch den

Rückzug der Oberschicht aus den Staatsgeschäften frei geworden waren, und eroberten sich schließlich die politische Stellung, die sie als Personaladel das ganze Mittelalter hindurch innehaben sollten.

Die Masse der einfachen Bürger stellte schließlich den größten Teil der römischen Gesellschaft dar. Sie wurden nur noch von dem Heer der zahllosen Sklaven übertroffen, denen allerdings kein rechtlicher Status oder allenfalls der von Tieren oder Sachen zukam. Obwohl das Volk keinerlei politischen Einfluß besaß und seine einstige, ohnehin nur geringe Verantwortung spätestens mit dem Auflösen der alten Volksversammlungen (Komitien) eingebüßt hatte, tat doch jeder Herrscher gut daran, die Plebs bei Laune zu halten. Hierfür waren, was auch Marc Aurel von seinen Vorgängern gelernt haben mochte, vor allem zwei Dinge nötig: Brot und Spiele. In welchem Maße sie ein Staatslenker zu gewähren bereit war, ließ ihn im Bewußtsein der Massen zu einem guten oder einem schlechten Herrscher werden.

Marc Aurel richtete sein besonderes Augenmerk auf die staatliche Getreideversorgung. In ihren Genuß kamen unter ihm nicht nur die Stadtrömer, sondern, zumindest im Falle einer Hungersnot, auch andere Gemeinden Italiens.

Selbst ein Leben lang bedürfnislos und bisweilen sogar im Verdacht, ein Geizhals zu sein, kümmerte er sich persönlich um die öffentlichen Ausgaben. Anzeigen zugunsten der Staatskasse schenkte er keine Beachtung. »Niemals begünstigte er den Fiskus bei Prozessen, in denen es um einen Vermögensvorteil ging.«[7] Er hielt nicht nur die Straßen der Hauptstadt, sondern auch die Landstraßen peinlich instand. Er kontrollierte das Spitzelwesen, das unter manchem seiner Vorgänger geblüht, den einen Kopf und Kragen gekostet und dem anderen unverhofften Reichtum zugespielt hatte. Falsche Ankläger wurden öffentlich angeprangert. Ihnen wurden die bürgerlichen Ehrenrechte aberkannt.

Für sich selbst und für die Staatskasse nichts, alles fürs Volk! Stiftungen zugunsten der bedürftigen Jugend, Spenden an alle Bürger, die nach den Gesetzen zum Empfang staatlicher Zuwendungen berechtigt waren.

Hilfsaktionen für die notleidenden Städte und Gemeinden in und außerhalb Italiens. Enthaltsamkeit und scheue Zurückhaltung, wo neue oder zumindest höhere Steuern die durch Pest und Krieg geleerte Staatskasse hätten füllen können! Doch bei aller Fürsorge scheute sich der Philosoph unter den Kaisern auch nicht, unliebsame Maßnahmen zu treffen.

Panem et circenses! Auch Marc Aurel wußte, wieviel sie zur Zufriedenheit eines nur allzu verwöhnten Volkes beitragen konnten. Dennoch schränkte er die so beliebten Spiele auf jede Weise ein. Er setzte die Gagen der Bühnenkünstler fest: Kein Veranstalter durfte einem Schauspieler mehr als zehn Goldstücke bezahlen. Damit senkte er die Kosten der Theateraufführungen. Er bemühte sich, das Volk zur Arbeit anzuhalten, indem er Pantomimen erst zu später Stunde und nicht schon tagsüber auftreten ließ.

Er scheint überhaupt kein leidenschaftlicher Anhänger einfacher Volksbelustigungen gewesen zu sein: »Von meinem Erzieher lernte ich, in den Zirkusspielen weder für die Grünen noch für die Blauen, in den Gladiatorengefechten weder für die Rundschilde noch für die Langschilde Partei zu nehmen ...«[8], freut sich der Philosoph noch an der Schwelle des Todes. Daß er selbst nicht der Spielleidenschaft verfallen war, mag ein schwacher Trost gewesen sein. Das Volk von Rom blieb von ihr besessen. Erinnerung nur noch waren die Zeiten, da es sich auf dem Forum gesammelt hatte, um am politischen Tagesgeschehen teilzunehmen. Längst war es zum Zirkus gewechselt. Und »die Faktionen ersetzten die alten Parteiungen des politischen Kampfes«[9].

Doch mehr noch als alles andere zogen die Gladiatorenspiele die Massen in ihren Bann, wo sich nach Senecas Worten der Mensch an Menschenblut weidete. Boten die Wettkämpfe im Zirkus durch Kraft, Ausdauer und Geschicklichkeit wenigstens noch Aussicht auf ehrenden Sieg, so kam es in der

Arena des Amphitheaters nur darauf an, möglichst viele »Mitspieler«, ob Mensch oder Tier, hinzuschlachten. Im Gegensatz zu den Zirkusspielen, die in den Wagenrennen des griechischen Hippodroms ihren Ursprung hatten, waren die blutigen Spiele auf italischem Boden gewachsen. Die alten Etrusker hatten sie zuerst als Leichenspiele rund um den Scheiterhaufen zu Ehren des Toten aufgeführt. Mitte des dritten vorchristlichen Jahrhunderts gingen sie aber schon in römisches Brauchtum ein. Und 105 v. Chr. wurden sie erstmals von Amts wegen, vermutlich zu militärischen Zwecken, durch die beiden Konsuln veranstaltet. Im Laufe der folgenden Jahrhunderte entwickelten sie sich in immer grausameren und menschenverachtenderen Formen zu einer festen Einrichtung im ohnehin abwechslungsreichen römischen Veranstaltungskalender.

In Rom erbaute 29 v. Chr. Statilius Taurus das erste feststehende Amphitheater aus Stein. Doch bald wetteiferten alle größeren Städte des Imperiums im Bau ähnlicher Anlagen. Sie alle aber übertraf das von den flavischen Kaisern in nur achtjähriger Bauzeit (72–80 n. Chr.) errichtete Amphitheatrum Flavium, eine Schlachtstätte gigantischen Ausmaßes. Noch heute zieht sie unzählige Besucher in ihren Bann. Noch immer steht sie, unerschütterlicher Zeuge einer längst versunkenen Welt, steinerner Ausdruck der kontinuierlichen Blutspur, die Aufstieg und Fall der römischen Weltmacht begleiteten. Es gibt nur wenige, die über ihrem Staunen auch daran denken. Doch selbst sie erliegen binnen kurzem dem geheimnisvollen Zauber des mächtigen Steinkolosses. Jetzt, in der Regierungszeit Marc Aurels, wurde er gerade hundert Jahre alt ...

Nahezu alle philosophischen Herrscher hatten sich bemüht, dieser Art von Veranstaltung menschliche Züge zu verleihen und den Tod soweit aus der Arena zu verbannen, als es ein blutiger Brauch zuließ. Titus, Trajan und auch Marc Aurel beabsichtigten, das »munus« durch das blutlose Scheingefecht, die »lusio«, zu ersetzen. Doch alle Versuche, die beliebten »munera« auszurotten, schlugen fehl. Nur außerhalb Roms gelang es dem stoischen Philosophen, ihre Bedeutung vorübergehend zu verringern. Das Volk von Rom aber blieb eine blutrünstige Bestie, die schließlich alles fürs Amphitheater im Stich ließ. Schon Juvenal hatte einige Jahrzehnte zuvor den Plebejern vorgeworfen, daß sie Ehre und Anstand für Brot und Spiele verkauften und dabei jegliche Gesinnung und jeden Glauben verloren hätten. »Duas tantum res anxius optat – panem et circenses«, zwei Dinge wünscht es nurmehr ängstlich – Brot und Spiele. In dem erbitterten Kampf gegen diese Barbarei war schließlich auch die Philosophie unterlegen.

Auch Cassius Dio weiß von Marc Aurels Bedenken: »So wenig Gefallen fand er am Blutvergießen, daß er sogar den Gladiatoren in Rom nur dann zusah, wenn sie wie Sportler ohne Gefahr für ihr Leben kämpften – denn keinem von ihnen gab er je eine scharfe Waffe, sondern alle kämpften mit stumpfen oder abgerundeten Waffen. Und so abgeneigt war er jeglichem Blutvergießen, daß er einen Löwen, der dazu abgerichtet war, Menschen zu fressen, auf Wunsch des Volkes zwar vorführen ließ, ihn aber weder anschaute noch seinem Dompteur die Freiheit schenkte, so sehr ihn das Volk auch darum bat; vielmehr ließ er durch einen Herold verkünden, der Mann habe nichts geleistet, wofür er die Freiheit verdiene.«[10]

Gegenüber anderen Lieblingen des Volkes verhielt er sich großzügiger: »... für die Seiltänzer ließ er nach dem Absturz von Knaben Matratzen hinlegen. So kommt es, daß noch heutigentags ein Netz ausgespannt wird ...«[11], berichtet Iulius Capitolinus im vierten Jahrhundert.

Marc Aurel sah betrübt die Zeichen sittlichen Verfalls, erkannte wohl auch, daß hier der Stoizismus versagte. Er schickte sich aber ins Unabänderliche, hütete sich auch zu meiden, was dem Volk so wichtig erschien. Ganz konnte er seine Abneigung aber doch nicht verbergen. So nahm er zu den Vorführungen stets Akten mit, ließ sich berichten, diktierte und erteilte Unterschriften, wie es schon Cäsar getan hatte, um seine kostbare Zeit nicht zu vergeuden. Das wiederum machte ihn zur Zielscheibe des allgemeinen Spotts, gereichte

ihm sogar zum Tadel. Denn das Volk hat niemals Verständnis dafür, wenn man seine Vergnügungen mißachtet.
Auch dem allzu lockeren Lebenswandel vieler seiner Zeitgenossen suchte der Kaiser ein Ende zu setzen. Er untersagte das Reiten oder Fahren in den Innenstädten, wo jeder Fußgänger schneller und sicherer vorankam als die Masse der Wagen, die sich nur selbst den Weg versperrten. Sicherlich stellte der dichte Fahrzeugverkehr in den engen Straßen und Gassen auch eine große Gefahrenquelle vor allem für Kinder und ältere Menschen dar. Er hob die Familienbäder auf und wies Frauen und Männern getrennte Badezeiten zu, eine weise Maßnahme, für die ihm besonders die Römerinnen dankbar gewesen sein dürften, bot sie doch sicheren Schutz vor Belästigungen. Auch dem freizügigen Treiben verheirateter Damen und vornehmer Jünglinge setzte er Schranken.

Schon Hadrian hatte nach der Überlieferung ähnliche Vorschriften erlassen. Daß sie nun erneut nötig geworden waren, weist darauf hin, wie wenig Beachtung man ihnen geschenkt hatte. Spätestens seit den Tagen des vergöttlichten Augustus hatten tugendhafte Herrscher (oder solche, die wenigstens vorgaben, es zu sein) immer wieder versucht, ihre Mitmenschen ebenfalls zur Tugendhaftigkeit anzuhalten. Und spätestens seit damals hatten sie immer wieder feststellen müssen, wie müßig es ist, die öffentliche Moral durch Gesetze heben zu wollen, und hatten das Scheitern ihrer sittlichen Bemühungen oft wie Augustus am Widerstand des eigenen Fleisches leidvoll verspürt. Auch hoheitliche Verordnungen können die Herzen der Menschen nicht verwandeln, sie vielleicht am allerwenigsten.

»Laß' es dir genug sein«, resignierte schließlich auch der überzeugte Philosoph, »daß du die Menschen um etwas besser gemacht hast, und meine nicht, diese Besserung bedeute nur wenig. Wer kann der Menschen Sinn ändern? Und was erreicht man durch Änderung der Gefühle anderes als widerstrebende Sklaven und Heuchler?«[12]

Das Volk von Rom ertrug die sittlichen Beschneidungen mit mißfälligem Schweigen. Denn es hatte ansonsten keinen Grund zur Klage. Die großzügige politische Freiheit, die der Kaiser allen gewährte, und seine schlichte Kameradschaftlichkeit gegen jedermann erinnerten an die glücklichen Tage der Republik, von denen freilich nur noch die Geschichtsbücher erzählten. »Er hielt in jeder Hinsicht das rechte Maß, wenn es galt, das Volk vom Bösen abzuschrekken, zum Guten anzuhalten, reichlich zu belohnen und Gnade vor Recht ergehen zu lassen; so machte er die Schlechten gut, die Guten noch besser ...«[13], bewundert ihn der antike Biograph. Zumindest die letzte Bemerkung aber ist wieder eine jener maßlosen Übertreibungen, mit denen sich die Kaisergeschichte nur allzu gerne schmückt. Auch Marc Aurel wußte, daß die Menschen nicht zu bessern waren. »Er betrachtete mit steigender Intensität die Nachtseiten der menschlichen Natur und grübelte vergeblich über das Böse, dessen Existenz er am liebsten geleugnet hätte, obwohl es ihm allenthalben entgegenschlug ...«[14] Zögernd nur gab er zu, daß es auch schlechte Menschen gab. Aber selbst sie versuchte er als Opfer ihrer eigenen Fehler zu entschuldigen. Auch ihnen brachte er jede Nachsicht, alles erdenkliche Mitleid und schließlich die Verzeihung entgegen, die seine Lehre vor vielen anderen auszeichnen. »Wenn es dich betrübt, daß es böse Menschen gibt«, tröstete er sich, »dann richte deine Gedanken auf die guten Menschen, denen du begegnet bist, und an die vielen guten Seiten, die auch einem unvollkommenen Charakter gegeben sind.«[15] Gott läßt schließlich die Sonne aufgehen über Guten und Bösen. »Die Götter sind nicht unwillig darüber, daß sie, als Unsterbliche, eine so lange Zeit hindurch eine so große Menge verhärteter Lasterhafter zu dulden haben, ja sie sind sogar auf jede Weise für sie besorgt. Und du, der du so bald ein Ende nehmen wirst, wirst müde, die Bösen zu ertragen, da du noch dazu selbst in ihre Reihe gehörst?«[16] Sein Mitgefühl soll übrigens allen Menschen gelten, Bürgern und Barbaren gleichermaßen, da er sie alle als Brüder und als Kinder eines Schöpfers sieht. Denn Staat und Vaterland ist Rom für ihn nur als Kaiser. Für ihn als Mensch ist es die Welt.

Das Volk liebte ihn wie einen Vater, aber es haßte seine Gesetze. Als er, der Not der Stunde gehorchend, auch noch Gladiatoren zum Kriegsdienst einzog, muckte es auf: Er beabsichtige, seine Zeitgenossen aller Lustbarkeiten zu berauben und zur Philosophie zu zwingen.

Was er mit tugendhafter Strenge zu überwachen versuchte, gewährte sein Sohn und Nachfolger dann um so großzügiger. Mit ihm stieg der mächtigste Mann des Abendlandes buchstäblich selbst hinab in die Arena, ein bislang beispielloser »Abstieg« eines römischen Herrschers, der ebenfalls mithalf, die alte Welt in Trümmer zu stürzen. Marc Aurel mag Roms hoffnungslose Zukunft dunkel vorausgeahnt haben. Das Rad der Geschichte hielt auch er nicht mehr auf. Nur der primitive Volksinstinkt konnte fürs erste zufrieden sein.

Es klingt wie ein Widerspruch in sich, daß die eigentlichen Leistungen eines Staatsoberhauptes im innenpolitischen Bereich liegen, während außenpolitische Konflikte und Gefahren seine Aufmerksamkeit fast ausschließlich auf sich zwingen. Marc Aurels Gesetzesverbesserungen, seine durchgreifenden Reformen von Verwaltung, Beamtenschaft und Rechtsprechung, setzten Maßstäbe für Generationen. Sie zogen in ihren Grundzügen in das »Corpus Iuris Civilis« des oströmischen Kaisers Justinian ein und gelangten von da in die Gesetzbücher nahezu aller freiheitlich denkenden Staaten.

Doch nicht nur Nachgeborene, auch berufene Zeitgenossen beurteilten Marc Aurels Regierung positiv. Man denke nur an das Lob seines zufriedenen Lehrers: »Ich sehe, Antoninus, daß du als Kaiser so vortrefflich bist, wie ich gehofft habe, so gerecht, wie ich garantiert habe, so teuer und beliebt beim römischen Volk, wie ich gewünscht habe.«[17]

Und dennoch mag auch ihn ein Gutteil der Mitschuld am Untergang des römischen Weltreiches treffen. Er verwöhnte Volk und Heer mit fürstlichen Bargeschenken aus Staatsgeldern und verteilte an die Mitglieder der Prätorianergarde stattliche Geldspenden. Gewiß, gerade sie waren für seine persönliche Sicherheit verantwortlich, und mancher seiner

Vorgänger war ihrer Unzufriedenheit zum Opfer gefallen. Aber die Zeiten, da römische Potentaten ständig um ihr Leben bangen mußten, gehörten eigentlich der Vergangenheit an. Er erließ große Summen unbezahlter Steuern. Nach der Rückkehr aus dem Krieg gegen die nördlichen Barbaren verfügte er einen allgemeinen Schuldenerlaß: Er ließ alle Schuldscheine öffentlich auf dem Forum verbrennen. Diese Art der Schuldentilgung hatte ein großes geschichtliches Vorbild: den Griechen Solon, der einst auf dieselbe Art und Weise einen Neubeginn gewagt hatte und damit erfolgreich gewesen war. Und jener Grieche wurde auch von den Römern noch als besonders weise verehrt.

Dies und Marc Aurels großzügige Kornspenden sowie die Alimentationsstiftungen, die niemals zuvor einen solchen Umfang erreicht hatten, kamen seinen philosophischen Grundsätzen sehr entgegen. Man muß Marc Aurel auch zugute halten, daß er insofern tatsächlich die aus seiner Lehre gezogenen Einsichten zu verwirklichen suchte. Aber sie waren wenig angebracht in einer Zeit, »da Aufstand und Krieg in mehreren Provinzen und an entlegenen Grenzen sichtlich drohten oder schon ausgebrochen waren«[18]. Sie beschleunigten zudem die inflationäre Geldentwertung: Den Silbermünzen mußte bald fast ein Drittel unedlen Metalls zugesetzt werden. Und sie stürzten schließlich neben den kolossalen Rüstungsausgaben und Kriegslasten den Staat in eine schwere finanzielle Krise, von der er sich kaum mehr erholte, zumal der Kaiser den Bürgern keine größeren Opfer aufzwingen wollte.

So drehte sich die römische Gesellschaftspolitik des ausgehenden zweiten Jahrhunderts in einem Teufelskreis, aus dem es keinen Ausbruch gab: Die große Masse der Plebs war zu arm, um durch ihrer Hände Arbeit ihre Lebensbedürfnisse ohne die kaiserlichen Zuwendungen bestreiten zu können. Und sie hatten zuwenig zu tun, um ohne die Zerstreuung, die die öffentlichen Spiele boten, die langen Tage verbringen zu können. Beides aber, Brot und Spiele, für die der Staat oft und im Übermaß sorgte, enthoben wiederum das Volk seiner Eigenverantwortung. Wozu sollte man arbeiten, wenn doch

der Kaiser gewährleistete, daß niemand Hunger litt oder vor Langeweile umkam?
In gleicher Weise aber waren auch Marc Aurels humanitäre Erlasse geeignet, die in Jahrhunderten fest gefügte Ordnung zu stören und zu verwirren. Seine sicherlich begrüßenswerte Aufwertung der gesellschaftlichen Stellung der Frau trug dazu bei, die Fundamente der Familie und damit die wesentliche Grundlage des Staatsgebildes zu erschüttern. Und die absolute Autorität, die sich Roms Caesaren in zwei Jahrhunderten erworben hatten, hatten den einst staatstragenden Adel aus den meisten politischen Ämtern verdrängt, gleichzeitig aber Sklaven und Freigelassene gefördert. Sie übernahmen viele der verwaisten Staatsstellen, hatten »täglich Umgang mit der geheiligten Person des Herrschers« (Carcopino) und genossen deren uneingeschränktes Vertrauen. Die rechtliche Besserstellung, die gerade sie unter den Adoptivkaisern und vor allem unter Marc Aurel erfuhren, ließ schließlich auch ihre gesellschaftliche Stellung beneidenswert erscheinen. So galt es bald als erstrebenswerter, ein den Schutz des Staates genießender Sklave zu sein als ein freier, dafür aber um so ärmerer Bürger.

Und nicht zuletzt sorgte auch die gesetzlich verordnete Emanzipation des Kindes, vor allem des Sohnes, dafür, daß es mit dem Staat rasch bergab ging. Früher war die »emancipatio« für den Sohn eine Strafe gewesen, die nur noch durch die Sklaverei übertroffen worden war, »gleichwohl aber noch immer schwer genug, bedeutete sie doch durch den Bruch der ihn mit seinen Angehörigen verbindenden Beziehungen den Ausschluß aus dem Familienverband und damit notwendigerweise die Enterbung«[19]. Jetzt hingegen wurde die rechtliche Lösung aus den familiären Banden geradezu als Gunst gewährt. Sie versetzte den einst dem Familienoberhaupt Unterworfenen sogar in die Lage, selbst Eigentum zu erwerben, ohne daß dies seinen Ansprüchen auf das väterliche Erbe Abbruch tat – ein Rechtsverhältnis, das früher undenkbar gewesen wäre.

Seltsamerweise waren Roms Familienväter vor der Anwendung der »emancipatio« zurückgeschreckt, solange sie eine Strafe bedeutet hatte. Seitdem sie zur Wohltat erklärt worden war, gebrauchten sie sie mit dem dem Römer eigenen Hang zum Übertreiben um so eifriger. Nicht zu Unrecht hatten manche Schriftsteller früher die tyrannische »patria potestas« angeklagt und Roms Väter zu mehr Zärtlichkeit gegenüber ihrem Nachwuchs aufgerufen. Der jüngere Plinius konnte noch einen Vater tadeln, der seinen Sohn sehr streng behandelt hatte: »Ein Vater empörte sich über seinen verschwenderischen Sohn ... Ich hielt ihm entgegen: Hast du vielleicht nie etwas getan, wofür du den Tadel deines Vaters verdient hättest?«[20] Doch jetzt hatten die Gesellschaftskritiker allen Grund, die Väter wegen ihrer großen Milde zu rügen. Viele Römer taten sich schwer mit der ihnen staatlich verordneten Liberalität. Sie verhätschelten ihre Kinder und ließen sich von deren Launen beherrschen. So zogen sie dem Staat Generationen von Verschwendern und Müßiggängern heran. Doch auch diese Entwicklung war bereits Jahrzehnte vor Marc Aurels Regierungszeit vorgezeichnet worden. Denn schon Martial hatte übertriebene väterliche Nachsicht beklagt, wenn er von Philomusus sprach, dem sein Vater jeden Gefallen tat: »Ein Monatsgehalt von zweitausend Sesterzen hatte dir dein Vater stets pünktlich gewährt. Dann hat er dich zu seinem Alleinerben eingesetzt. Dein Vater hat dich enterbt!«[21]

Mit dem Verschwinden der väterlichen Leitfigur wurden auch ausgeprägte Charaktere immer seltener. Im ausgehenden zweiten Jahrhundert sucht man sie vergebens. Allzu rasch hatte sich die römische Gesellschaft an Freiheit und jeglichen Luxus gewöhnt. Sie verweichlichte zusehends und erlag, da sie aller Ideale beraubt war, schließlich sich selbst.

Nur scheinbar stand das Reich in der zweiten Hälfte des zweiten Jahrhunderts noch in hoher Blüte. In Wirklichkeit schwankten Wohlstand und Glück auf schwachen Beinen. Die kaiserliche Sozial- und Wirtschaftspolitik, die die staatlichen Grundlagen festigen sollte, verkehrte ihre Wirkung eher ins Gegenteil. Schon kleine Erhebungen innerhalb der

Reichsgrenzen oder Bedrohungen durch barbarische Stämme führten das Imperium an den Rand des Abgrunds. Und die großen Kriege, die Marc Aurel im zweiten Jahrzehnt seiner Regierungszeit zu bestehen hatte, brachten nur kurzfristigen Erfolg. Nach ihm stürzte die römische Welt um so schneller ins Verderben.

Rückblickend freilich erscheint die Entwicklung der kommenden Jahrhunderte als Ironie des Schicksals: Spätere Geschlechter, die nicht mehr oder nur noch dem Namen nach Römer waren, zogen aus der humanitären Politik der Adoptivkaiser durchaus Nutzen, und ihre Grundgedanken werden vielerorts sogar bis auf den heutigen Tag verfolgt. In ihrer Zeit aber, die ihrer Auswirkungen in so besonderem Maße bedurft hätte, blieb sie fruchtlos.

Das Scheitern seiner Bemühungen blieb auch dem Philosophen auf dem Caesarenthron nicht verborgen: »Hoffe nicht auf Platos Staat, sondern sei zufrieden, wenn es im kleinsten vorwärtsgehen wird ...«[22]

18. KAPITEL

Pest, Krieg und Tod – die tägliche Versklavung

War es jene bakterielle Infektionskrankheit, die meist von Nagetieren und den auf ihnen schmarotzenden Flöhen auf den Menschen übertragen wird? War es möglicherweise eine Pocken- oder Fleckfiebererkrankung, die in Marc Aurels Regierungszeit gleich nach dem großen Partherkrieg begann und nach übereinstimmender Auskunft der allerdings eher spärlichen historischen Quellen ungewöhnlich oft zum Tode führte? Wir werden wohl nie mehr erfahren, welche Art von Seuche das gesamte Imperium heimsuchte, unzählige Menschen hinwegraffte und ganze Landstriche entvölkerte. Die Alten sprachen von der »Pest«. Doch sollten wir uns hüten, den von ihnen geprägten Begriff mit dem gleichzusetzen, was die neuzeitliche medizinische Wissenschaft darunter versteht. Unzweifelhaft nimmt die Seuche, die »die antoninische Pest« oder auch »die Pest des Galen« genannt wird, unter den Katastrophen des Altertums eine bedeutende Stellung ein. Das Andenken an sie hat sich nicht weniger bewahrt als das an eine ähnliche Krankheit in Athen, die Thukydides beschreibt und der der überragende Perikles erlag.

Der in antoninischer Zeit praktizierende Arzt Galen aus Pergamon, neben Hippokrates der berühmteste Mediziner der Antike und bisweilen Leibarzt der kaiserlichen Familie, sah in der Seuche die gleiche Krankheit, die Athen mehr als sechs Jahrhunderte zuvor befallen und verwüstet hatte. Soweit wir der Überlieferung glauben dürfen, zeigten sich auch die gleichen Symptome: »In beiden Fällen bedeckten schwarze Pusteln fast den ganzen Körper, das Opfer wurde von einem heiseren Husten erschüttert und hatte übelriechenden Atem.«[1] Diese Schilderung der antiken Schriftsteller läßt tatsächlich auf Fleckfieber oder sogar Beulenpest schließen.

Unzweifelhaft ist, daß es sich bei der Seuche, die die aus Mesopotamien heimkehrenden Soldaten einschleppten, um ein Mitbringsel handelte, das den Untergang der ohnehin geschwächten abendländischen Welt noch beschleunigen sollte.

Als ein Verhängnis, ja als schicksalhaft stellt die Historia Augusta die Tatsache hin, daß Lucius Verus die Krankheit in seinem Gefolge mitbrachte. Die Verantwortung aber soll nicht bei ihm gelegen haben. Avidius Cassius habe die fremden Götter, vor allem die Schutzgötter Seleucias, herausgefordert und ihren Zorn heraufbeschworen. Er nämlich habe gegen Treu und Glauben die Stadt, die die römischen Eroberer als Freunde aufgenommen habe, plündern lassen. Selbst die ansonsten eher nüchtern gehaltene »Cambridge Ancient History« schließt sich dieser Deutung der Ereignisse an: »Nur Überreste kehrten zurück. Dem gottgetragenen Osten und den erschreckten Soldaten schien es, als ob die göttliche Macht des Landes Strafe verhängt hätte, wo der Mensch versagt hatte, über den überheblichen Eindringling, den verräterischen Zerstörer Seleucias. Die Truppen brachten die grausame Krankheit nach Syrien mit ... Elend und Tod verbreitend ... trug sie Verwüstung unter die Völker des Imperiums.«[2]

Ein anderes Gerücht spricht von einem Soldaten, der im Apollotempel zu Babylon zufällig ein goldenes Kästchen versehrte, aus dem der Pesthauch entwich, um von hier aus nicht nur das Partherreich, sondern den ganzen Erdkreis zu vergiften.

Tatsächlich scheint die lebensbedrohende Krankheit zuerst im eroberten Seleucia unter den Truppen des Avidius Cassius aufgetreten zu sein. Sie griff dann so rasch um sich, daß der römische Feldherr seine Armee eiligst nach Mesopotamien abzog, um sie vor weiterer Ansteckung zu schützen. Was gut gemeint war, zeitigte aber die schlimmsten Auswirkungen. Den über Syrien nach Rom heimkehrenden siegreichen Legionen folgte die Seuche auf dem Fuße. So wurde jede Stadt infiziert, durch die die heimkehrenden Soldaten kamen, jeder Teil des Imperiums, in dem sie später ihren Dienst versahen. Über weite Teile des römischen Reiches fegte die Apokalypse hinweg und brachte überall Tod und Verderben. Neben Kleinasien wurden Ägypten, Griechenland und Italien heimgesucht. Ja selbst das entlegene Gallien blieb nicht verschont.

Besorgniserregend wurde vor allem die Hauptstadt getroffen, das größte Ballungsgebiet des Reiches, das allein durch seine riesigen Menschenansammlungen, etwa die Triumphfeiern anläßlich der Beendigung des Partherkrieges, für die Verbreitung der Seuche den besten Nährboden bot. So hatte sich dieser unsichtbare Feind, der wahrscheinlich mehr Opfer forderte als der Krieg, zum eigentlichen Sieger der blutigen Auseinandersetzungen entwickelt, sehr zur Freude der Parther, die »über die Rache ihrer Götter jubelten«[3].

Im schlimmsten Jahr der Katastrophe, 166/167 n. Chr., brach in Rom der Notstand aus. Dort starben bis zu zweitausend Menschen pro Tag, darunter auch viele aus der Oberschicht. Noch im vierten Jahrhundert, als die Vitenschreiber ihre Kaisergeschichte vorlegten, waren die Gemüter über das göttliche Strafgericht (was es in den Augen des einfachen Volkes war), das ihre Vorfahren getroffen hatte – so unvorbereitet getroffen hatte –, heftig erregt. Verworren ist deshalb auch der Bericht, den Iulius Capitolinus von jenem finsteren Kapitel der stadtrömischen Geschichte lieferte: »So furchtbar hauste die Pest, daß die Leichen auf Fuhrwerken und Lastwagen hinausgeschafft werden mußten. Damals erließen die Antonini sehr strenge Vorschriften über das Bestattungs- und Gräberwesen; so verboten sie zum Beispiel die eigenmächtige Anlage von Grabstätten. Dieses Verbot ist noch heutigentags in Kraft ... So weit ging seine (Marcus') Menschenfreundlichkeit, daß er die Leichen einfacher Leute auf Staatskosten bestatten ließ ...«[4]

Ansonsten aber standen die beiden Kaiser der schweren Prüfung ohnmächtig gegenüber. Von einer nicht weniger hilflosen Wissenschaft im Stich gelassen – selbst Galen setzte sich nach 166 n. Chr. in seine Heimat Pergamon ab, um der Ansteckung zu entgehen –, beschränkten sie sich auf die in Katastrophenfällen üblichen staatlichen Hilfsmaßnahmen. Den verblichenen Adligen errichteten sie Standbilder. Sie erließen Gesetze und hoben bestehende wieder auf, ganz wie es die Umstände gerade erforderten. Es zeigte sich, wie wenig die Staatsführung solchen Herausforderungen des Schicksals gewachsen war. Chaos herrschte, und bald vermochte niemand mehr zu unterscheiden, was rechtens und was ungesetzlich war.

Es gab beispielsweise ein älteres Gesetz, das den Transport eines unterwegs Verstorbenen durch eine Stadt untersagte. Wer in der gegenwärtigen Lage dagegen verstieß, hatte jedoch keine Bestrafung zu befürchten. Offensichtlich griff auch wegen des hohen Bedarfs der Gräberraub um sich. So sahen sich die Kaiser bald genötigt, das Aneignen von fremden Grabstätten zu verbieten. Sie verfügten, daß die Ruhe eines Toten, der rechtmäßig bestattet, das heißt mit Erde bedeckt worden war, nicht gestört werden dürfe. Wie knapp Begräbnisplätze wurden, zeigt auch eine andere kaiserliche Entscheidung, die ein Gesetz aufhob, das den Ankauf oder Verkauf von Gräbern verbot. Sie wurden jetzt unter bestimmten Voraussetzungen erlaubt. Und schließlich weist noch eine letzte Bestimmung darauf hin, wie sehr der Tod in jenen Tagen in Rom wütete: Wer an einer Beerdigung teilnahm, war vom Erscheinen vor Gericht für diese Zeit befreit.

Die glückliche Heiterkeit, die Marc Aurels beginnendes Prinzipat begleitet hatte, war längst dahin, und auch die Freude an dem soeben erst errungenen Sieg über den römischen Erzfeind wurde allen gründlich vergällt. Das »io triumphe« war verhallt. Ein düsterer Pessimismus breitete sich aus, der die verzweifelten Menschen in Scharen Orakeln und Wahrsagern zutrieb. Diese wiederum nutzten die Stimmung, konnten sie doch ob der allgemeinen Verwirrung vor Strafe sicher sein. Wieder einmal umwölkten sich die Altäre mit Weihrauch, zitterten unzählige Opfertiere, suchten die Menschen Trost in neuen Religionen, die Unsterblichkeit und ewigen Frieden verhießen.

Der Dichter und Schriftsteller Lukian erzählt von einem »Propheten« namens Alexander. Wie kaum ein anderer seiner Artgenossen verstand er es, aus der Verzweiflung seiner Mitmenschen Kapital zu schlagen. Er verkaufte magische Bannsprüche und empfahl, diese an den Türpfosten zu befestigen. Das »werde die Pest garantiert fernhalten«[5].

Von einem besonders unverfrorenen Warner berichtet auch die Vita. Der Mann hatte gehofft, er werde sich vielleicht durch Plünderung ansehnlich bereichern können, wenn es ihm nur gelänge, die Menschen gehörig in Angst und Schrecken zu versetzen. Also schwang er sich auf dem Marsfeld auf einen wilden Feigenbaum und kündete von dort in pathetischen Worten von Feuer, das vom Himmel fallen werde, und vom bevorstehenden Ende der Zeiten. Das Schicksal der Welt werde sich erfüllt haben, wenn er selbst vom Baume fiele und sich in einen Storch verwandle ... »Als er zur festgesetzten Zeit herunterfiel und einen im Bausch seines Gewandes versteckten Storch fliegen ließ, brachte man ihn vor Marcus, der den geständigen Sünder begnadigte ...«[6] Der Mann hatte wenn nicht seine Wirkung, so doch seine Geschicklichkeit weit überschätzt, die in der Bevölkerung herrschende Hysterie allerdings richtig erkannt. Was in den Köpfen der meisten Römer vorging, blieb aber auch der Staatsführung nicht verborgen.

Um der düsteren Stimmung Rechnung zu tragen, die übrigens nicht nur durch die Seuche, sondern kaum weniger durch die unbestimmte Furcht vor dem bevorstehenden Markomannenkrieg und eine, diesmal durch Mißernten hervorgerufene, Hungersnot ausgelöst wurde, griff auch Marcus zu Mitteln, die seiner Vernunft widersprachen.

Von überallher ließ er Priester kommen und fremdartige religiöse Zeremonien vollziehen, um Rom auf jede Weise zu entsühnen. Er selbst nahm »nach römischem Brauch sieben Tage hindurch feierliche Götterbewirtungen vor ...«[7] Beim Göttermahl, dem sogenannten »lectisternium«, handelte es sich um einen uralten Ritus griechischer Herkunft, der »in Rom erstmalig 399 v. Chr. auf Geheiß der Sibyllinischen Bücher veranstaltet« worden war. »An diesem Mahl nahmen die Statuen der – ursprünglich nicht in Rom verehrten – Götter auf Prunkbetten, ... die weiblichen Gottheiten auf Sesseln (daher auch sellisternium) teil.«[8] Sie wurden mit Opferspeisen bewirtet.

Die Zeremonien fanden anfangs im Freien, später in den Tempeln statt. Das letzte »lectisternium« hatte Rom 217 v. Chr. nach der Niederlage am Trasimenischen See erlebt. Daß man sich gerade jetzt dieses lange nicht mehr geübten Brauches besann, mag ein weiterer Hinweis darauf sein, wie gefährlich man die Lage einschätzte.

Aber es scheint, als hätten die alten Götter mit ihrem Einfluß auf Staat und Gesellschaft auch die ihnen einst zugeschriebene Kraft verloren. Die Seuche ließ sich auch von ihnen nicht aufhalten, flackerte über ein Vierteljahrhundert wieder und wieder auf, schwächte die Legionen und dezimierte die Bevölkerung weiter Landstriche.

Marc Aurel stand fassungslos vor der eigenen Ohnmacht wie vor fast allen Schicksalsschlägen, die seine Herrschaft überschatteten, und zog sich wieder in sich selbst zurück: »... die Verderbnis deiner Denkkraft ist eine Pest«, klagte er in seinen Selbstbetrachtungen, »und zwar eine noch viel schlimmere als die Verdorbenheit der uns umgebenden Luft und der plötzliche Wechsel des Dunstkreises; denn letzterer ist nur eine Pest für tierische Wesen, insofern sie Tiere sind, jene aber für Menschen, insofern sie Menschen sind.«[9]

Bis auf sein Sterbebett verfolgte ihn gerade dieses Unheil, das Rom so jäh getroffen hatte, gedachte er der unzähligen Toten, mit denen seine Zeit für generationenlangen Wohlstand und Frieden so teuer hatte bezahlen müssen: »Lächelnd über die irdischen Dinge, den Tod aber verachtend, sagte er zu seinen Freunden«, die sein Krankenlager umstanden: »Was beweint ihr mich, statt vielmehr an die Pest und an das Massensterben zu denken?«[10]

Bis auf den heutigen Tag streiten die Gelehrten, wie groß die Auswirkungen dieser Katastrophe wirklich waren, ein Streit, der sich wohl nie beilegen lassen wird. Die einen sehen in ihr den Wendepunkt in der römischen Geschichte schlechthin, meinen auch, die Seuche müsse mit unvorstellbarer Gewalt gewütet und unzählige Opfer gefordert haben. »Da die Herrschaft des Marc Aurel in so vielen Dingen einen Wendepunkt darstellt, an erster Stelle in Literatur und Kunst, zweifle ich nicht, daß diese Krise durch die Seuche heraufbeschworen wurde ... Die antike Welt hat sich niemals wieder von dem Schlag erholt, der unter Marc Aurel mit der Pest über sie hereinbrach ...«[11], äußerte der Historiker Niebuhr Mitte des vergangenen Jahrhunderts. Andere kommen zu demselben Ergebnis, schreiben aber die grundlegenden Veränderungen der Geschichte des römischen Weltreichs der Ansiedlung von Germanen auf römischem Boden zu. Diese sei nötig und überhaupt erst möglich geworden, da durch die Seuche mehr als die Hälfte der Bevölkerung des Imperiums untergegangen sei.

Wieder andere messen ihr überhaupt keine Bedeutung von schicksalhafter Tragweite bei, meinen zutreffend, große Epidemien seien in der Antike zu allen Zeiten aufgetreten, und infektiöse Krankheiten hätten schon wegen der medizinischen Unterentwicklung stets eine hohe Todesrate zur Folge gehabt. »Der Verfall des Römischen Reiches mag zur Zeit Marc Aurels unterschwellig schon begonnen haben ...«, schreibt etwa der amerikanische Gelehrte F. Gilliam. »Doch selbst wenn man der Ansicht zustimmt, daß der Bevölkerungsrückgang im 3. Jahrhundert und später zu einem wichtigen Faktor in diesem Prozeß wurde, kann man bezweifeln, ob diese Pest wesentlich dazu beigetragen hat und ob sie zu einem entscheidenden Moment einer lang andauernden Entwicklung wurde.«[12]

Für uns ist es vielleicht interessanter, die alten Quellen zu bemühen. Daß sich der Verfasser der Vita mit der Pest beschäftigte und daß auch Marcus selbst in seinen Meditationen, wenn auch nur kurz, auf sie einging, wurde bereits erwähnt. Eine eingehende Stellungnahme würde man von dem großen Arzt Galen erwarten, der sich jedoch nur unzureichend über die Seuche äußert. Er bietet nichts von dem, was vor allem für die Medizingeschichte zu erfahren wichtig gewesen wäre, nicht einmal eine ausführliche Beschreibung des Krankheitsbildes. Wie wir bereits wissen, zog er es vor, einer möglichen Ansteckung aus dem Weg zu gehen. Auch eine Einladung des Kaisers, ihn auf seinem Feldzug gegen die Markomannen zu begleiten, schlug er zunächst aus. Er begründete seine Entscheidung damit, Asklepios, der Gott der Heilkunde, habe ihm die Teilnahme verboten. Dennoch ist auch bei ihm von einer großen und lange dauernden Seuche, die hohe Verluste gefordert habe, die Rede. Und spricht nicht allein die Tatsache, wie vorsichtig er Gefahrenherde mied, dafür, daß die »Pest«, was immer die Alten darunter verstehen mochten, tatsächlich ein Problem darstellte, dem man sich am besten entzog?

Auch Lukian und Aristides nennen die Epidemie, ohne sich allerdings mit ihr und ihrem Ausmaß näher zu befassen. Nur der Bericht des Cassius Dio hierüber fehlt. In dem aus dem Mittelalter erhaltenen Auszug seiner »Römischen Geschichte« heißt es nur, auf dem Rückmarsch von der zerstörten Hauptstadt des Partherreiches nach Syrien seien viele Soldaten durch Hunger und Krankheit zugrunde gegangen. Er bezeichnete die im Jahre 189 unter Kaiser Commodus aufgetretene Krankheit als die schlimmste, von der er wisse. Konnte es sich dabei aber um eine andere handeln als die, die bereits unter Commodus' Vater gewütet hatte? Wiederholt betonen die antiken Historiker vor allem die Dauer der Krankheit, und es besteht kein Grund, neuzeitliche Gelehrte zu bezweifeln, die behaupten, sie sei immer wieder aufgeflackert und habe sich über ein Vierteljahrhundert hingezogen. Und schießlich glaubt auch ein nicht geringer Teil der Wissenschaft, Marc Aurel selbst sei 180 n. Chr. im nördlichen Vindobona eben dieser Seuche erlegen.

Andere Schriftsteller, etwa Hieronymus, Eutropius, Orosius oder auch der Biograph des Kaisers, die ins vierte und fünfte Jahrhundert gehören, behaupten übereinstimmend, daß die

Pest das Leben eines großen Teils der Bevölkerung gefordert und ganze Armeen hinweggerafft habe. Von ihnen stammen sogar die eindrucksvollsten Berichte. Gerade das aber empfiehlt besondere Vorsicht, da nicht auszuschließen ist, daß die Phantasie zweier Jahrhunderte mitgeschrieben und der Krankheit einen Stellenwert eingeräumt hat, der ihr in Wirklichkeit vielleicht gar nicht zukam.

»Von den Grenzen der Parther bis an den Rhein und nach Gallien besudelte die schreckliche Pestilenz alle mit Ansteckung und Tod«[13], schrieb der Historiker Ammian im vierten Jahrhundert. Der Kirchenschriftsteller Orosius ging sogar noch weiter, wenn er meinte: »Eine so schlimme Seuche verwüstete ganz Italien, daß an vielen Orten Landgüter, Äcker und Siedlungen verlassen dalagen und es keinen mehr gab, der sie bewohnt oder bebaut hätte. Sie fielen in Trümmer oder wurden vom Wald verschlungen ...«[14] Hier drängt sich allerdings der Verdacht auf, als hätten die alten Kirchenväter unter diesen Geschichtsschreibern in der Seuche ein großes Strafgericht ihres Gottes über die heidnische Welt gesehen oder es doch so darstellen wollen und ihre Berichte deshalb entsprechend gefärbt.

Schließlich aber sollte man auch das noch bedenken: »Das Interesse der Historiker und Biographen«, meint James F. Gilliam, »von denen wir zum großen Teil abhängig sind, legt die Vermutung nahe, daß dieser Epidemie nicht annähernd soviel Bedeutung beigelegt worden wäre, wenn nicht größere Kriege mit ihr zusammen aufgetreten wären, bei denen Kaiser das Kommando führten, und wenn es nicht Rom selbst heimgesucht hätte.«[15] Auch daran mag Wahres sein.

Welcher Ansicht man auch den Vorzug geben mag, unzweifelhaft bleibt freilich, daß die in Marc Aurels Regierungszeit und der seines Mitregenten Lucius Verus aufgetretene Seuche sicherlich nicht als einmalig in Art und Wirkung angesehen werden kann und mit ähnlichen Heimsuchungen durchaus vergleichbar gewesen sein muß. Und es dürfte sich auch kaum beweisen lassen, daß gerade sie und sie allein Grund für die schicksalhafte Wende der römischen Geschichte war. Niemand aber wird bestreiten können, daß es unter Marc Aurel eine verheerende Seuche gab, die wahrscheinlich mehr Todesfälle verursachte als jede ihrer Vorgängerinnen. Man hätte sich mit ihrer Bewältigung sicher leichter getan, hätte sie Rom in seiner Blütezeit erreicht. Aber sie traf ein durch Dekadenz, Hunger und Krieg geschwächtes System, eine Welt, die an zahlreichen Alterserscheinungen krankte, die sich selbst überlebt hatte.

Hier bildete sie schließlich das letzte Glied einer Kette von Faktoren, die zu deren unaufhaltsamem Verfall beitrugen.

Und gerade das machte sie für Rom so tragisch.

19. KAPITEL

Furor Teutonicus

Wie die alten Quellen glaubwürdig überliefern, hatten massive Anstürme nordischer, vor allem germanischer Stämme das römische Weltreich bereits im ausgehenden zweiten Jahrhundert vorchristlicher Zeitrechnung in seinen Grundfesten erschüttert. Wohl infolge einer gewaltigen Springflut waren vor allem die im Norden Jütlands ansässigen Kimbern und Teutonen gezwungen worden, ihre angestammte Heimat zu verlassen und in den Weiten Europas neues Acker- und Siedlungsland zu suchen. Ihre Wanderung quer durch den Kontinent zog aber auch andere Volksstämme in ihren Sog und brachte schließlich riesige Menschenmassen in Bewegung. Man wird, ohne sich dem Verdacht der Übertreibung auszusetzen, behaupten dürfen, daß schon damals jene »Völkerwanderung« einsetzte, die dann über fast drei Jahrhunderte hinweg verebbte, um unter Marc Aurels Herrschaft um so bedrohlicher über Rom hereinzubrechen und das gewaltige römische Staatsgebilde weitere hundert Jahre später endgültig zu zersetzen.

Schon Ende des zweiten Jahrhunderts v. Chr. mag Rom instinktiv die Gefahr erkannt haben, die von den hünenhaften Nordmännern und ihrer offenbar straffen Organisation, ihrer urwüchsigen Kraft, der natürlichen Bescheidenheit und der überlegenen Unverdorbenheit ihrer Sitten ausging. Kein Geringerer als Tacitus sollte zwei Jahrhunderte später seinen dekadenten römischen Zeitgenossen in Teilen der »Germania«, jener großartigen ethnologischen Schrift, die längst »zum Mittelpunkt der gesamten germanischen Altertumskunde« (Nack-Wägner) wurde, einen Sittenspiegel vorhalten.

Die Kimbern zogen nach Südosten, wurden aber bald von den Boiern in Böhmen aufgehalten. Sie wandten sich daraufhin in das Gebiet der Taurisker, eines keltischen Stammes, der in der heutigen Steiermark siedelte. Schon dort stießen sie auf römische Interessen, denn die reichen Gold- und Silbervorkommen lockten natürlich auch Rom. Aber es unterlag unter seinem Konsul Cn. Papirius Carbo, der sich der germanischen Gefahr bei Noreia gestellt hatte. Und nur der militärischen Unerfahrenheit seiner Gegner verdankte Italien damals seine Rettung.

Ohne ihren Sieg auszunutzen, zogen die Kimbern nach Westen, wo sich ihnen am Rhein die Teutonen anschlossen. Mit vereinten Kräften brachten sie dem erfolgsgewohnten Römerheer erneut schwere Niederlagen bei, die schlimmste bei Arausio, dem heutigen Orange, im Jahre 105 v. Chr. Unbegreiflicherweise marschierten die Germanen aber auch jetzt nicht in Italien ein, obwohl sich ihnen wahrscheinlich kein nennenswerter Widerstand entgegengestellt hätte. Denn der »furor Teutonicus«, der germanische Schrecken, der als geflügeltes Wort in den lateinischen Sprachschatz eingehen sollte, ließ Rom bis ins Mark erzittern und lähmte die Entscheidungskraft seiner Führer.

Aber man hatte Glück. Die Teutonen blieben in Gallien, die Kimbern machten sich auf den Weg nach Spanien. Dem Zentrum der Weltmacht aber blieb dadurch eine Verschnaufpause, in der es seine Gedanken sammeln und sein ins Wanken gebrachte Selbstvertrauen festigen konnte.

Wie bedrohlich man die Lage tatsächlich einschätzte, mag die entgegen jeder feudalen Tradition getroffene Entscheidung verdeutlichen, daß man Marius zum Konsul wählte und ihn an die Spitze eines Heeres stellte. Gewiß, er war zweifellos der fähigste Feldherr seiner Zeit, der sich schon im soeben erfolgreich beendeten Krieg gegen den Numiderkönig Jugurtha hervorgetan hatte. Andererseits aber war er ein Mann plebejischer Herkunft und der Führer der bei der staatstragenden Schicht nicht sonderlich geschätzten Popularen, der Volkspartei. Es mag den auf überlieferte Privilegien (zu denen in erster Linie der militärische Oberbefehl gehörte) peinlich bedachten Senatsadel einige Überwindung gekostet haben, sich zu diesem Entschluß durchzuringen.

Man hatte indes nicht schlecht gewählt. Wie kaum einer verstand es Marius, die taktische Unbeholfenheit seiner Feinde auszunutzen. Wieder und wieder hatten diese in fast rührender Weise von Rom Land verlangt, um eine neue Heimat gründen zu können. Und stets war ihr Ansinnen mit fast überheblichem Spott abgewiesen worden. Als sie sich endlich entschlossen, gewaltsam zu holen, was man ihnen so hartnäckig vorenthielt, war ihr Schicksal besiegelt.

Die Teutonen wurden 102 v. Chr. bei Aquae Sextiae vernichtend geschlagen. Im folgenden Jahr fielen bei Vercellae auf den Raudischen Feldern die Kimbern unter den römischen Waffen.

Es war Rom, wenn auch mit Mühe, gelungen, den ersten germanischen Vorstoß abzufangen. Dennoch fanden nach diesem römischen Sieg im Siedlungsbild der Länder nördlich der Alpen tiefgreifende Veränderungen statt. Um einer erneuten Belästigung durchziehender Germanen vorzubeugen, zogen sich beispielsweise die Helvetier aus dem südwestdeutschen Raum in die südlicher gelegenen Berge zurück.

Ein zweiter Angriff germanischer Völker ließ nicht lange auf sich warten. Unter dem Suebenführer Ariovist waren sieben Stämme aufgebrochen, um neues Acker- und Siedlungsland zu suchen. Der genaue Grund ihres Aufbruchs ist allerdings nicht bekannt. Doch hatten sie Kind und Kegel auf ihre Reise in die ungewisse Zukunft mitgenommen. Das läßt darauf schließen, daß sie kaum nur Abenteuerlust getrieben haben kann. Erst ein Menschenalter später sollten sie wieder eine dauerhafte Bleibe finden. Cäsar hatte ihren Führer, einen seiner größten Gegenspieler, vernichtend geschlagen und, wie er selbst berichtet, dessen Volk Siedlungsplätze am Rhein zugewiesen. Doch schließt die Wissenschaft nicht aus, daß die Sueben ihre rheinische Heimat keineswegs der Gnade des übermächtigen Römers verdankten. Sie hatten vermutlich schon dort gesessen, bevor jener die Alpen überquerte, um Gallien zu erobern. In seinem Bericht über den

»Gallischen Krieg« spricht der Imperator von einem romfeindlichen Bündnis einiger gallischer Stämme, das gewisse Germanen zur Waffenhilfe gegen Rom gerufen habe. Zu ihnen gehörte auch der Stamm der Sueben. Und allem Anschein nach erreichte sie dieser Hilferuf an ihren an der Neckarmündung gelegenen Siedlungsplätzen.

Wie dem auch sei. Rom hatte erneut Gelegenheit erhalten, Ausdauer, Mut und Kampfkraft dieser zähen Feinde zu erproben. Einige Menschenalter später noch bekannte Tacitus: »Nicht die Samniten, nicht die Karthager, nicht die Gallier, nicht die Spanier, ja nicht einmal die Parther haben uns so oft herausgefordert wie die Germanen. Gefährlicher noch als alle Macht der Arsakiden ist dieses Volk mit seinem Freiheitswillen.« Als hätte er dunkel vorausgeahnt, daß Rom gerade ihnen einst erliegen würde.

Zusammenstöße mit einzelnen Stämmen gab es auch in den folgenden Jahren. »Im Verlauf dieser langen Zeit«, so wieder der römische Historienschreiber, »hat es auf beiden Seiten große Verluste gegeben ... Worauf kann sich schon der Orient überhaupt etwas einbilden als höchstens darauf, Crassus erschlagen zu haben? ... Die Germanen aber haben Carbo, Cassius, Aurelius Scaurus, Servilius Caepio und Mallius Maximus geschlagen oder gefangengenommen und dem römischen Volk fünf konsularische Heere entrissen. Selbst unter Kaiser Augustus haben sie Varus mit seinen Legionen vernichtet ...«[1] Und tatsächlich klang noch oder wieder zu Marc Aurels Zeiten die Klage des ersten römischen Prinzeps schauerlich aktuell: »Quinctili Vare, redde legiones – Quinctilius Varus, gib mir die Legionen wieder!«

Kein anderes Volk hatte die römische Weltmacht an ihrer verwundbarsten Stelle, im Mutterland Italien, so häufig und so unmittelbar und auf der Höhe ihres Ruhmes herausgefordert wie die Germanen. So waren sie für Tacitus die Feinde der Römer schlechthin. Und nicht nur für ihn, der wohl nur stellvertretend formulierte, was ein jeder empfand: Mit gemischten Gefühlen, teils sehnsüchtig neidisch, teils ängstlich, schielte der Römer seiner Zeit auf jene unzivilisierten Naturen: »Laßt zu diesen krafterfüllten Leibern«, hatte auch Seneca gewarnt, »nur noch etwas mehr Klugheit treten und eine bessere Disziplin ... Ihr Römer werdet euch gegen sie nur behaupten können, wenn ihr zu den Tugenden eurer Väter zurückfindet.« Worte, die in den Wind gesprochen waren.

Nicht nur Cäsar, auch sein Adoptivsohn und Nachfolger Octavian Augustus hatte die Unerschrockenheit germanischer Stämme zu spüren bekommen. Auch er hatte gegen Ende seines Lebens eingestehen müssen, in der Germanenpolitik gescheitert zu sein. Günstig hatten sich unter ihm nur die Verhältnisse im heutigen Süddeutschland entwickelt, zwischen Bodensee und Schwäbischer Alb. Hier war es den kaiserlichen Stiefsöhnen Tiberius und Drusus gelungen, siegreich bis zur Donau vorzustoßen und die neu gewonnene Provinz Raetien wenigstens vorübergehend für Rom zu sichern.

Augustus' Versuch jedoch, Germanien bis zur Elbe dem Imperium einzuverleiben und diesem damit natürliche Grenzen zu schaffen, war mißlungen. Stiefsohn Drusus hatte bei seinem Rückzug von der Elbe im Jahre 9 v. Chr. den Tod gefunden, und siebzehn Jahre später hatte das römische Reich in eben diesem Germanien drei stolze Legionen verloren, mit den dazugehörigen Hilfstruppen etwa fünfundzwanzigtausend Mann. Roms erster Kaiser erkannte, daß die Kräfte des Imperiums derzeit nicht ausreichen würden, weitere Vorstöße zu unternehmen und begnügte sich vernünftigerweise mit dem Rhein als Reichsgrenze. Vielleicht hätten auch seine Nachfolger gut daran getan, auf die Eroberungspläne der unheimlichen germanischen Wälder zu verzichten. Denn sie waren verlustreich und haben sich für Rom letzten Endes nicht gelohnt. Weit weniger als in den heute sogenannten romanischen Ländern gelang hier eine tiefgreifende Romanisierung.

Es kann indessen für die Römer nur als Glück angesehen werden, daß sie »es durchweg mit ... Einzelstämmen und ...

niemals mit der geballten Kampfkraft eines geeinten Germanentums«[2] zu tun hatten. Selbst der hartnäckige Freiheitskampf Armins, des Cheruskers, scheint nur die Verzweiflungstat eines einzelnen gewesen zu sein, mögen sich ihm auch etliche befreundete Stammesfürsten vorübergehend angeschlossen haben. Seine heroische Leistung (wenn sie denn eine war) blieb nur in den römischen Köpfen in – allerdings unangenehmer – Erinnerung. In Germanien war sie schnell vergessen, wie auch der Stamm der Cherusker bald aus der Geschichte verschwand. »Die Führung des nationalen Widerstandes gegen die römischen Eroberungsabsichten ging an die Chatten über.«[3] Nach dem augusteischen Zeitalter stießen sie wiederholt mit den Römern zusammen, die ihre überdurchschnittliche kriegerische Tüchtigkeit lobend anerkennen mußten. Erst dem letzten flavischen Kaiser, Domitian, gelang es im ausgehenden ersten Jahrhundert christlicher Zeitrechnung, das Gebiet vom Taunus über den Main bis Regensburg der römischen Herrschaft zu unterwerfen. Er ließ Münzen mit der hochtrabenden Aufschrift »Germania capta« – Germanien eingenommen – prägen. Doch selbst sie konnten Eingeweihte nicht darüber hinwegtäuschen, daß dieses Germanien mit dem Land in den kühnen Elbeplänen des Begründers des Prinzipats nur noch den Namen gemein hatte. Und niemand ahnte, daß selbst dieser kleine Teil des begehrten Barbarenlandes jenseits der Alpen so kurz wie kaum ein anderes Gebiet den römischen Einfluß in Europa mehren sollte.

Für Rom wurden die Chatten bald die Germanen schlechthin, denn kein anderes nordisches Volk hatte ihm so sehr zugesetzt. Andererseits aber muß es jene eine fast übermenschliche Kraft gekostet haben, das gut organisierte und erfahrene Römerheer in seine Schranken zu weisen und die weitere Ausweitung des römischen Machtbereiches so lange zu verhindern. So war Rom auch mehr als erleichtert, als es im ausgehenden ersten Jahrhundert in Mainz (Mogontiacum) ein großes Siegesdenkmal errichten konnte in der Meinung, es habe diesen tapferen Gegner nun endgültig bezwungen. Aber die Chatten hatten nur eine Schlacht verloren, keineswegs den Krieg. Die Zeit arbeitete für ihre Freiheit. Noch für manche Jahrhunderte blieben sie die Vorkämpfer des germanischen Widerstandes gegen die römischen Unterdrücker. Sie haben schließlich jede Fremdherrschaft überdauert und bis auf den heutigen Tag den unverwechselbaren Charakter ihres Landes geprägt.

Auch unter Marc Aurel brachen sie als erster germanischer Stamm ins römische Germanien und Raetien ein, doch hatte Rom die Gefahr diesmal bald gebannt. Andere Gefahren drohten, die die Donaustellung der Weltmacht über fast ihre ganze Länge ins Wanken brachten.

»Während der Partherkrieg noch im Gang war, entstand der Keim zu einem Markomannenkrieg, dessen Ausbruch dank der Geschicklichkeit der Verantwortlichen so lange hinausgeschoben wurde, daß der Markomannenkrieg erst nach Beendigung des orientalischen geführt zu werden brauchte ...«[4], bemerkt der antike Biograph.

Die Geschicklichkeit der Verantwortlichen lag vor allem darin, daß man die Statthalter der grenznahen Provinzen anwies, die Barbaren möglichst lange hinzuhalten und die offene Konfrontation zu vermeiden, bis man im Osten wieder freie Hand hatte. Mag man dort auch wertvolle Kampferfahrung gewonnen haben, so kann doch nicht ausgeschlossen werden, daß »Roms Reaktion auf die Lage in Mitteleuropa, die sich immer mehr zuspitzte, ... durch diesen Krieg um eine Kleinigkeit zu lange hinausgezögert«[5] wurde, wie der englische Althistoriker Anthony Birley vermutet. Doch vielleicht war die lange Verzögerung nicht nur durch den Krieg und die danach sicherlich notwendig gewordene Erholung der Soldaten bedingt. Spätestens im Sommer 166 n. Chr. muß Lucius Verus vom Osten zurückgekehrt sein. Trotzdem dauerte es noch mehr als eineinhalb Jahre, ehe die Kaiser selbst an den nördlichen Unruheherd aufbrechen konnten. Zum einen erforderte die Pest ihre Anwesenheit in der Hauptstadt, damit die Moral der Stadtrömer nicht noch tiefer sank, zum anderen mußte vor allem Marcus als »Pontifex Maximus« den religiösen Sühnefeiern des Jahres 167 n. Chr. persönlich vorstehen.

In unerhörter Kühnheit hatten unterdessen jenseits der Donau siedelnde Stämme, hauptsächlich Langobarden und Obier, Ende 166 oder gleich zu Beginn des Jahres 167 n. Chr. den Strom überschritten und waren in der Provinz Pannonien eingefallen. Allerdings gelang es hier der römischen Kavallerie, sie schnell wieder zurückzudrängen. Elf Stämme suchten daraufhin beim römischen Statthalter um Frieden nach. Sie hatten den König der Markomannen, einen gewissen Ballomarius, zu ihrem Sprecher gewählt. Unter verschiedenen Auflagen wurde Waffenstillstand geschlossen, wurden die barbarischen Gesandten nach Hause geschickt. Rom schien wieder Herr der Lage, die sich in Pannonien tatsächlich vorübergehend beruhigte. Man hielt sie sogar für soweit gefestigt, daß man keine Bedenken hatte, Veteranen, deren Dienst abgelaufen war, zu entlassen und Legionäre zu Straßenarbeiten einzusetzen. Letztere Maßnahme könnte allerdings auch darauf hindeuten, daß selbst die Römer diesem Frieden nicht recht trauten. Denn es wurden vor allem Reparaturen an der Straße von Aquincum donauabwärts nach Sirmium vorgenommen. Und gerade sie konnte für eine eventuell notwendig werdende römische Offensive von entscheidender Wichtigkeit sein.

Auch einem Angriff auf die Goldbergwerke in Westdakien im Sommer 167 n. Chr. konnte Rom noch verhältnismäßig mühelos begegnen. Aber von da an verließ die römischen Legionen das Glück, das so lange ihr beständigster Begleiter gewesen war. Immer schwerer mußten sie sich ihre Siege erkämpfen, bis ihnen schließlich die Initiative ganz aus der Hand genommen wurde. Nicht mehr Rom diktierte Ort und Zeit militärischer Entscheidungen, wie das jahrhundertelang der Fall gewesen war. Sie wurden der erfolgsverwöhnten Weltmacht vielmehr aufgedrängt. Sie mußte schießlich aus der Rolle des kühnen Angreifers in die des oft verzweifelten Verteidigers schlüpfen. War den jenseits der Grenzen wohnenden Nordmännern bekannt, daß die Verteidigungskraft der an der Donau stationierten römischen Garnisonen geschwächt war, weil man große Truppenkontingente im

Osten hatte zusammenziehen müssen, um der parthischen Gefahr zu trotzen? Täuschten sich vielleicht sogar auch die römischen Statthalter der Nordprovinzen über ihre tatsächliche Kampfkraft und das wahre Ausmaß der Rom drohenden Gefahr, da man es sich leisten zu können glaubte, noch im Sommer 167 n. Chr. erprobte Veteranen zu entlassen? Wir wissen es nicht. Sicher aber ist, daß hier die von Marcus' Adoptivvater betriebene Friedenspolitik einen ihrer schwersten Schläge erlitt.

Die Bezeichnung »Markomannenkriege«, unter der die blutigen Auseinandersetzungen in Marc Aurels Regierungszeit im Herzen Europas gemeinhin zusammengefaßt werden, ist irreführend. Es waren nämlich nicht nur Markomannen, zweifellos einer der bedeutendsten Stämme, die damals gegen Rom die Waffen erhoben. Ihnen schlossen sich die germanischen Quaden, die sarmatischen Jazygen und andere kleinere Stämme an. Zu Recht sprechen deshalb einige antike Quellen auch von den germanischen oder germanisch-sarmatischen Kriegen.

Die im Norden des Imperiums ausgetragenen Kampfhandlungen spielten sich in mehreren Phasen ab. Schauplatz der einzelnen Treffen war zunächst das Reichsgebiet. Später verlagerte er sich dann auf barbarischen Boden.

Schon seit Menschengedenken hatte gerade der mittlere Donauraum mit seinen fruchtbaren Lößböden wandernde und suchende Völkerschaften angezogen und zu dauerndem Siedeln eingeladen. Es waren zunächst Bandkeramiker, die sich dieses Fleckchen Erde untertan machten. In der Bronze- und beginnenden Eisenzeit wurden sie von nachrückenden Völkern, die überwiegend aus den Steppen des Ostens kamen, verdrängt. Mehrere Kulturen lösten hier einander ab. Auch Kelten und Nordeuropäer hinterließen ihre Spuren, bis schließlich ein Land ganz eigener Prägung entstand. »... zu allen Zeiten blieb dieser Raum, als sei ihm von der Natur diese Mittlerrolle zugewiesen, das Ausgleichsgebiet zwischen dem Norden und dem mittelmeerischen Süden. Allewege kreuzten sich in ihm die großen natürlichen Straßen des Kontinents ...«[6] Auf ihnen waren dereinst auch die Kimbern gekommen, allerdings bald wieder weitergezogen. Andere Germanen waren geblieben und hatten sich auf Dauer hier eingerichtet.

Noch zur Zeit Cäsars hatte der zu den Sueben gehörende Stamm der Markomannen im Maingebiet gesiedelt. Zwischen den Jahren 8 und 6 v. Chr. führte ihr in Rom erzogener König Marbod sein Volk ins Böhmerland und blieb mit einem Heer von siebzigtausend Mann und viertausend Reitern nur wenige Tagesmärsche vor den Alpen stehen. Erneut erzitterte Rom vor einer germanischen Bedrohung. Aber der Barbarenkönig überschritt das Gebirge nicht. In Böhmen errichtete er binnen weniger Jahre ein mächtiges Reich, das freilich nicht minder den Argwohn der römischen Führung erregte. Doch war die Weltmacht im beginnenden ersten Jahrzehnt der neuen Zeitrechnung anderweitig beschäftigt. Die Illyrer probten damals gerade den Aufstand. Und ihre zähe Ausdauer erforderte Roms ungeteilte Aufmerksamkeit. Nur allzu bereitwillig schloß der Markomanne mit dem übermächtigen Nachbarn im Jahre 6 n. Chr. Frieden.

Nach dem Zusammenbruch des Marbodreiches (zwischen 17 und 19 n. Chr.) standen die Markomannen zusammen mit den Quaden in Mähren in loser Abhängigkeit von Rom, bis sie im Zuge der ersten Völkerwanderung in Marc Aurels Regierungszeit die Donau überschritten. Niemand vermag zu sagen, was geworden wäre, hätte schon der tüchtige Barbarenkönig die vereinten germanischen Völker gegen Rom geführt.

Durch glückliche Fügung des Schicksals blieben den Verantwortlichen des Imperiums noch eineinhalb Jahrhunderte Zeit, ihre Stellung südlich der Donau auszubauen und zu festigen. Freilich hatte es auch in diesem Raum wiederholt Meinungsverschiedenheiten gegeben, hatten die Römer in gewohnter Manier die Rivalitäten germanischer Fürsten gefördert, die innere Zwietracht der Gegner gesät und ihre Uneinigkeit schließlich für eigene Zwecke genutzt. Aber auch Rom hatte in dieser Weltecke nicht nur glücklich gekämpft, gelegentlich sogar empfindliche Niederlagen einstecken müssen. Seine Grenzen hatte es nicht mehr vorverlegt. Der träge fließende Strom war die natürliche Festung geblieben, an der sich jeder barbarische Ansturm brechen sollte. Aber der Fluß war nicht weniger ein Staudamm, der die von Norden andrängenden Völkerfluten aufhielt. Er würde überlaufen, er würde brechen. Wann, das war nur eine Frage der Zeit.

Auch die ursprünglich am unteren und mittleren Main stehenden Quaden wurden von den Römern zu den germanischen Sueben gezählt. Auch sie brachen nach dem Fall Galliens und dem Sieg Cäsars über Ariovist von ihren angestammten Siedlungsplätzen auf, um sich in Mähren niederzulassen. Dort verschmolz ihr Reich mit dem der Markomannen. Und zusammen mit ihnen überschritten sie in Marc Aurels Regierungszeit die Donau.

Nur die Jazygen hatten nichts mit den germanischen Volksstämmen, die sich damals im Aufbruch befanden, gemein. Sie waren schon im zweiten Jahrhundert v. Chr. im Verlauf der südrussischen Völkerverschiebungen von ihrer Heimat am Don aufgebrochen und hatten sich zunächst im Dnjeprgebiet niedergelassen. Eine endgültige Bleibe fanden sie gegen Mitte des ersten Jahrhunderts n. Chr. zwischen Donau und Theiß im heutigen Ungarn. Erst Marc Aurels Sohn Commodus gelang es, sie zu unterwerfen. Die Jazygen bildeten einen der Hauptstämme der Sarmaten, jenes iranischen Volkes von Reiternomaden, die als Bogenschützen weithin bekannt und gefürchtet waren. Ihre überragende Kunst sollten auch die römischen Legionen zu spüren bekommen.

Gleich zu Beginn der jahrelangen Auseinandersetzungen zwischen Rom und seinen nördlichen Nachbarn war es aber der weniger bekannte Stamm der Viktualen, der, allerdings im Verband von Markomannen, Quaden und einigen kleineren Stämmen, den römischen Grenzfrieden nachhaltig störte. Nach den glaubhaften Darstellungen antiker Historiker hatten sie wie andere Völker dem Druck von Norden ankommender Barbaren weichen müssen und wie ehedem Kimbern und Teutonen ebenso beharrlich wie vergeblich friedlichen Einlaß ins Reich begehrt. Da drohten sie, sich gewaltsam zu holen, was man ihnen auf gütlichem Wege verweigerte. Es waren beunruhigende Nachrichten, die Anfang 168 n. Chr. von den Grenzprovinzen des Nordens nach Rom drangen.

Marcus teilte der städtischen Bevölkerung mit, daß Krieg ins Haus stehe, und er überzeugte den Senat davon, daß das Ausmaß der Unruhen die Anwesenheit beider Kaiser erforderte. Vielleicht erhoffte er sich von der gemeinsamen Machtdemonstration tatsächlich eine Einschüchterung der Feinde. Vielleicht aber wollte er nur Verus nicht wieder alleine an die Spitze eines Heeres stellen. Wir wissen es nicht. Doch sollte schon die nahe Zukunft lehren, daß den verwegenen Germanen fürs erste tatsächlich der Schneid abgekauft wurde.

Im Frühjahr desselben Jahres rückten die beiden Herrscher endlich aus, »im Feldherrnmantel«, wie es sich für Persönlichkeiten ihres Ranges gehörte. (Denn längst war das »paludamentum«, das früher von hochgestellten Personen wie Feldherrn oder Konsuln getragen worden war, zu den Insignien der kaiserlichen Macht aufgestiegen. Es war ein purpurfarbener Umhang, den oft Gold, Fibeln und Gemmen zierten. Das weithin sichtbare Kleidungsstück sollte seinen Träger nicht nur von der Masse der gemeinen Soldaten abheben. Es stellte gleichzeitig eine besonders Auszeichnung dar.)

Marcus hatte vor seinem Aufbruch noch versucht, das Volk von Rom zu beruhigen: Er werde binnen kurzem zurück sein. Und jedermann hoffte auf seine baldige Rückkunft. Für seinen Bruder Lucius aber sollte es eine Reise ohne Wiederkehr werden.

Übermächtig war indessen der Feind ins Reichsgebiet eingebrochen, hatte ein römisches Heer von fast zwanzigtausend Mann überrannt und war über die Julischen (oder Karnischen) Alpen in Oberitalien eingefallen. Die anscheinend furchtlosen Männer belagerten Aquileia, von dem die Alpenstraßen ausgingen, und zerstörten Opitergium, Angst und Schrecken um sich verbreitend. Rom erzitterte unter dem »furor Teutonicus«, der erneut entflammt war, um das Weltreich mit Unglück zu überziehen. Die gesamte Grenzverteidigung schien zusammengebrochen – wie fünf Jahre zuvor an der Ostfront.

Das riesige Machtaufgebot verfehlte die beabsichtigte Wirkung auf die Reichsfeinde nicht. Verhandlungen führten zu ersten Erfolgen. Schon beeilten sich einige Stämme, Gesandte zu den römischen Statthaltern zu schicken und um Frieden nachzusuchen. Bis Aquileia gelangten die beiden Kaiser mit ihrem Gefolge. Die Stadt wurde besetzt. Der Spuk löste sich schnell auf. Dann schienen die Römer wieder Herr der Lage zu sein. Viele Stammesfürsten zogen sich mit ihren Völkern zurück und räumten sogar den Kriegstreiber, den offensichtlichen Urheber ihres Unglücks, aus dem Wege. »Die Quaden aber, die ihren König verloren hatten, erklärten sich bereit, den zum Nachfolger Erkorenen nicht eher zu bestätigen, als bis unsere Kaiser dem zugestimmt hätten«[7], weiß hierzu Iulius Capitolinus zu berichten. Rom hätte es damit bewenden lassen können, was der jüngere Mitkaiser auch befürwortete. Denn ihn drängte es heim, war er doch, wenn wir dem Vitenschreiber vertrauen dürfen, nur widerwillig dem älteren an den neuen Unruheherd gefolgt, ja überhaupt dagegen gewesen, um diese Revolten so viel Aufhebens zu machen. Aber Marcus wußte nur zu gut, wie unklug es gewesen wäre, diesen zähen Gegnern schon jetzt nachzugeben und ihnen damit Gelegenheit zu bieten, ihre Kräfte zu sammeln und erneut gegen Rom zu mobilisieren. Vorausschauend mißtraute er ihren Friedensbeteuerungen und beugte vor.

Nur Italien war von den Feinden befreit. Noch befanden sich die Alpenpässe und die Provinzen nördlich des Gebirges fest in ihrem Griff. Und Rom hatte in diesem bisher nur kurzen Krieg zu viel eingesetzt, um schon nachgeben zu dürfen. Soeben erst war der Gardepräfekt Victorinus ums Leben gekommen, und auch die Mannschaften hatten hohe Verluste zu beklagen. Nicht nur sie hatten tapfer gekämpft. Sie waren diesmal auf einen Feind getroffen, der entschlossen war, seine und die Zukunft seiner Frauen und Kinder bis auf den Tod zu verteidigen. Ob Victorinus unter den feindlichen Waffen fiel oder vielleicht der Seuche erlag, ist allerdings ungewiß. Der verworrene Bericht des antiken Historikers gibt hierzu nur unbefriedigend Auskunft. Im Zusammenhang mit dem Tod des Präfekten ist in der Historia Augusta nicht von schwereren Kämpfen die Rede, nur vermerkt, man habe Furius Victorinus verloren, und auch ein Teil des Heeres sei zugrunde gegangen. Wie wir bereits gehört haben, sprechen andere Quellen von der Pest, die nicht nur große Teile der Zivilbevölkerung, sondern auch viele Soldaten hinweggerafft habe. An anderer Stelle bestätigt auch der Marcus-Biograph diese Aussage.

Sicher hingegen ist, daß Victorinus die beiden Kaiser als »comes« in den Norden begleitet hatte und nicht etwa in Rom zurückgeblieben war, um dort für Ordnung zu sorgen.

Es war nicht mehr ganz einfach, für den Verstorbenen Ersatz zu finden. Fähige Männer waren selten geworden. Die wenigen, die Krieg und Seuche verschont hatten, wurden für andere Aufgaben dringend gebraucht, Avidius Cassius etwa, der in einer Notstandsmaßnahme den Oberbefehl über sämtliche Provinzen Vorderasiens erhalten hatte. Marcus sah sich unter den erfahrenen Offizieren des Reiches um und stieß auf M. Bassaeus Rufus, einen altgedienten Soldaten. Er entstammte einer italischen Bauernfamilie und hatte sein Handwerk von der Pike auf gelernt. Vor kurzem erst hatte ihn der Kaiser zum Polizeichef von Rom ernannt, ihn jedoch bald schon zum Präfekten von Ägypten befördert. Und dort, im Land am Nil, erreichte ihn der Ruf an die Nordfront.

Wieder und wieder drängte Lucius zur Rückkehr nach Rom. Aber sein Bruder ließ sich nicht beirren. Er bestand darauf, die abziehenden Germanen zu verfolgen. Denn er war der Ansicht, diese hätten sich mit ihrem raschen Rückzug nur einer Finte bedient. Rom sollte getäuscht werden, mochte es auch allerorten Anzeichen einer echten Entspannung geben. Ganz offensichtlich wollten die unzufriedenen Barbaren vermeiden, von einem so gewaltigen Heeresaufgebot vorzeitig zermalmt zu werden. So überschritten beide Kaiser die Alpen und traten eine Inspektionsreise durch die Grenzprovinzen an. Dort trafen sie dann »alle Maßnahmen, die dem Schutz für Italien und Illyricum dienlich waren ...«[8]

Es wurde unter anderem ein Grenzschutz für Oberitalien und das Alpengebiet in Form einer Sondertruppe eingerichtet. Den Oberbefehl erhielt ein afrikanischer Senator namens Antistius Adventus. Er hatte sich in den Kriegen im Osten seine Sporen verdient.

In Obermösien löste Claudius Fronto den dortigen Statthalter Fabianus Maximus ab, der seinerseits als »comes« der Kaiser nach Aquileia ging. Er mag seine Versetzung verwünscht haben, war man doch an der nördlichen Peripherie des Reiches wenn nicht vor ungebetenen Gästen, so doch vor der Seuche noch einigermaßen sicher. Gewiß aber gehörte er zu jenen überängstlichen Naturen, die immer nur pessimistisch in die Zukunft blicken. Er ließ sich nämlich an den neuen Dienstort von seinem Leibarzt begleiten, hatte allerdings das Pech, daß dieser selbst der Krankheit erlag. Im Gefolge der Kaiser befand sich übrigens jetzt auch Galen. Wie es Marc Aurel angestellt hatte, ihn gegen den Willen des Gottes der Heilkunde aus dem sicheren Pergamon sozusagen mitten in den Seuchenherd zu locken – das wissen allein Roms unsterbliche Götter.

Es kam vor allem darauf an, Norditalien vor weiteren feindlichen Übergriffen zu schützen, da mit seiner Besetzung immer zugleich auch die Hauptstadt bedroht war. So wurde Arrius Antoninus, der sich bereits als einer der vier Bezirksrichter in diesem Teil Italiens befand, zum »curator« ernannt. In weniger gefährlichen Zeiten war dies ein Posten von eher untergeordneter Bedeutung. Angesichts der germanischen Angriffe aber wurde er überaus wichtig. Hier oben endete nämlich die »Via Flaminia«, eine der ältesten Einfallstraßen Roms, die nach Ariminum (heute Rimini) führte. Gleichzeitig wurde auch die »Via Aemilia«, eine zweihundertvierzig Kilometer lange Heerstraße, entsprechend gesichert. Sie lief von Ariminum über Bononia (Bologna) nach Placentia und erschloß die »Gallia Cisalpina«, das (von Rom aus gesehen) diesseitige Gallien. Nicht auszudenken, wenn es den Barbaren gelungen wäre, auf ihr westwärts zu marschieren und damit das italische Mutterland in seiner gesamten Breite zu besetzen! Hier war Publius Helvetius Pertinax der geeignete Mann. Er wurde zum Procurator dieser wichtigen Ost-West-Verbindung ernannt.

Sicherlich hatte Marcus beabsichtigt, den Winter 168/69 n. Chr. in Aquileia zu verbringen und im nächsten Frühjahr die Verfolgung der Germanen fortzusetzen. Aber es kam nicht soweit. Überall lauerte die Pest. Kälte machte den Truppen zu schaffen. Galen spricht von zahlreichen Todesopfern, die vor allem die Seuche gefordert habe. Er riet den Kaisern dringend, unverzüglich nach Rom zurückzukehren. Und auch Lucius bekräftigte erneut seinen diesbezüglichen Wunsch.

Endlich gab Marcus dem Drängen nach und entschloß sich zum Aufbruch. Dem Senat hatte er seine Heimkehr schon angekündigt. Das Jahr 169 n. Chr. war gerade angebrochen.

Aber Lucius, der sich in Heimweh verzehrte, sollte Rom nicht wiedersehen.

»Außerdem erbaute er an der clodischen Straße ein vielberedetes Landhaus, in dem er viele Tage lang mit seinen Freigelassenen und den Kumpanen des Paris, einer Gesellschaft, in der man sich keinerlei Zwang antat, Orgien maßloser Schwelgerei abhielt; er bat sogar den Marcus zu sich, der denn auch erschien, um dem Bruder die respektable und vorbildliche Unsträflichkeit seines eigenen Wandels vor Augen zu stellen ...«

(Vita Veri, 8, 8–9)

20. KAPITEL

Lucius Verus

Man befand sich gerade zwei Tage auf der beschwerlichen Reise. Die Unbilden der rauhen Witterung setzten dem Unternehmen heftig zu. Die Gefahr für Leib und Leben der beiden Kaiser im pestverseuchten Aquileia muß keineswegs geringgeachtet worden sein. Denn während der kalten Jahreszeit übergab sich kein Römer ohne Not den Abenteuern einer längeren Reise. Unter normalen Umständen hätte man diese im Winterquartier verbracht und das Frühjahr abgewartet. Aber was war schon normal in jenen Tagen? Es galt wahrscheinlich, das eine Übel gegen das andere abzuwägen. Man wählte also das offensichtlich geringere – und hatte falsch entschieden.

»Nicht weit von Altinum wurde Lucius im Reisewagen von einer plötzlichen Krankheit, die man als Schlagfluß bezeichnet, befallen; man hob ihn aus dem Wagen, ließ ihn zur Ader und überführte ihn dann nach Altinum.«[1] Drei Tage lang wehrte sich sein noch junger Körper gegen den Tod, lag er bewußtlos und ohne einen Laut von sich zu geben. Dann aber verschied er. Er war erst achtunddreißig Jahre alt. Und über seinen frühen Tod tauchten alsbald die wildesten Gerüchte auf.

Da hieß es, er habe mit seiner Schwiegermutter Faustina (nach damaligem Recht) Blutschande getrieben, und die Kaiserin habe ihm ein vergiftetes Austerngericht gereicht, weil er das Verhältnis seiner Gattin verraten habe. Andere wieder wollten genau wissen, er sei einem Mordanschlag der eigenen Frau zum Opfer gefallen: Schon lange nämlich sei Lucilla die einflußreiche Stellung Fabias, der Schwester des Gatten, ein Dorn im Auge gewesen. Tatsächlich scheint sich der jüngere Mitkaiser mit seiner Schwester außergewöhnlich gut verstanden zu haben. Es muß zwischen ihnen ein Einverständnis geherrscht haben, das nicht nur über geschwisterliche Beziehungen weit hinausging, sondern auch die Phantasie des Pöbels in höchstem Maße anregte. Es ging nämlich das Gerede, das Geschwisterpaar habe gemeinsam einen Plan zur Beseitigung des Marcus geschmiedet, damit Lucius alleine herrschen könne. Doch sucht man auf Seiten Lucillas vergeblich nach dem logischen Motiv einer solchen Eifersuchtstat. Es wäre für sie vorteilhafter gewesen, sie hätte sich an Fabia gerächt, anstatt den Gatten, der ihr überhaupt erst die eigene Stellung als zweite Kaiserin im Reiche sicherte, zu beseitigen. Der Tod des Mitkaisers konnte ihr am wenigsten nutzen. Hatte Kaiserin Faustina veranlaßt, Lucius aus dem Weg zu räumen, weil sie seinem geplanten Anschlag auf ihren Gatten auf die Schliche gekommen war? Auch hier sind Zweifel angebracht. Und schließlich scheint auch die Behauptung des einen oder anderen, Marcus selbst habe den Tod des Adoptivbruders auf dem Gewissen, aus der Luft gegriffen. »Bekannt ist der Klatsch«, so wieder der antike Biograph, »demzufolge Marcus dem Verus die vergiftete Hälfte einer Sautasche, die er mit einem einseitig mit Gift bestrichenen Messer tranchiert hatte, vorgelegt habe.«[2] Den unschädlichen Teil soll er selbst verzehrt haben.

Manche allerdings mochten nicht ganz soweit gehen, glaubten vielmehr, Marcus habe Lucius beseitigt, indem er den Arzt Posidipp anhielt, jenen zur Unzeit zur Ader zu lassen. Doch kann sich auch der Vitenschreiber kaum vorstellen, daß ein Mensch mit Marcus' Charaktereigenschaften zu einer solchen Schandtat fähig gewesen sein soll, mag der jüngere Bruder auch in mancher Hinsicht daß Mißfallen des älteren erregt haben.

Allerdings hören wir auch von Cassius Dio über Verus' Tod »mit jener unverbürgten Nachricht ..., daß er einen Anschlag auf Marc Aurel geplant habe, dem dieser aber zuvorgekommen sei, indem er Verus vergiften ließ.«[3]

Verus' Gesundheitszustand, seine physische und psychische Konstitution, kann indessen nicht so robust gewesen sein, wie sein Äußeres vielleicht vortäuschte, denn schon vor dem Partherfeldzug hatte er, wie berichtet, allem Anschein nach einen leichten Schlaganfall erlitten. So erscheint es keineswegs abwegig, daß es auch jetzt ein Gehirnschlag war, von dem sich der junge Kaiser nicht mehr erholte. Denn oft kündigen flüchtige Vorläufer eine dann schlagartig einsetzende Funktionsstörung des Gehirns an, die häufig zum Tode führt. Verus' Vater war in noch jungen Jahren ebenfalls einer lebensbedrohenden Krankheit erlegen, und schon von seinen Erbanlagen her hatte der Sohn sicherlich keine große Aussicht auf ein langes Leben. Und schließlich mag auch Verus' hartnäckiges Drängen auf rasche Heimkehr einer dunklen Vorahnung, einer ungewissen Furcht vor der nahen Zukunft entsprungen sein. Weshalb er starb, was an den Gerüchten über sein plötzliches Ende der Wahrheit entsprach und was nur Erzeugnis wie auch immer gearteter Phantasien war, werden wir nie mehr erfahren.

Mord oder natürliche Todesursache! Marcus brachte den Leichnam nach Rom, wo er in der Familiengruft des Kaiserhauses, im Grabmal Hadrians, der heutigen Engelsburg, beigesetzt wurde. Noch heute erinnert eine ehrende Inschrift an ihn. Schon sein leiblicher Vater hatte dort seine letzte Bleibe gefunden.

Dem Verstorbenen wurden göttliche Ehren zuteil. Er erhielt den Namen »Divus Verus«. Soweit wir wissen, gestand man ihm aber keine eigene Priesterschaft zu. Er mußte sich vielmehr, wie Inschriften bezeugen, mit den »sodales« (Priestern) seines Adoptivvaters Antoninus Pius begnügen. Sie hießen von seinem Tod an »sodales Antoniniani Veriani«. Auch von einem eigenen Tempel für ihn ist nichts bekannt. Wahrscheinlich wurden die Trauerfeiern im Tempel des Antoninus Pius und der Faustina abgehalten. Die Zeiten waren wohl nicht mehr danach, Geld für aufwendige religiöse Zeremonien und prachtvolle Bauwerke auszugeben.

Nach der Vergöttlichung des Bruders vergaß Marcus nicht, dem Senat zu danken. Auch überschüttete er Verus' Schwester, seine Verwandten und Freigelassenen mit Wohltaten und versorgte sie mit Geld. Vielleicht wollte er dadurch den abfälligen Bemerkungen, die über ihn und sein Verhältnis zu dem Verstorbenen umliefen, entgegenwirken.

»Imperator Caesar Lucius Aurelius Verus Augustus« lautete sein offizieller Name, seit Marc Aurel ihn im Frühjahr 161 n. Chr. zum Mitregenten ernannt hatte. Sein Vater hatte es durch unglückliche Fügung des Schicksals nur zum Caesar, zum Thronanwärter, gebracht. Das Bild des Sohnes allerdings ist verzerrt im Spiegel der Geschichte.

Sein Geburtstag war der 15. Dezember (130 n. Chr.), den er mit Nero teilte. Und fast drängt sich der Verdacht auf, als habe sich das als ungünstiges Omen auf sein Erscheinungsbild ausgewirkt. Zudem hatte er das Pech, stets an Marcus und dessen überragenden Charaktereigenschaften gemessen zu werden. Wer hätte da bestehen können? Bewußt mag auch vor allem Iulius Capitolinus Verus' Schwächen und Fehler ausgeschlachtet haben, um Marcus' Vorzüge um so leidenschaftlicher hervorzukehren.

Leider haben, von wenigen Ausnahmen abgesehen, Generationen von Historikern bis auf den heutigen Tag »nichts anderes getan, als Lucius Verus in dem Maße herabzuwürdigen, in dem sich in ihren Augen die Persönlichkeit des Marc Aurel als die Verkörperung des vollkommenen Weisen und guten

Herrschers hervorhob.«[4] Wertet und vergleicht man jedoch alle überlieferten Zeugnisse, erscheint der junge Herrscher in einem ganz anderen Licht.

Seine leider nur vereinzelt auf uns überkommenen Bildnisse zeigen übereinstimmend einen Mann von starker Willenskraft mit herben, fast männlich schönen Zügen, denen dennoch eine gewisse Heiterkeit nicht abgeht. Und selbst der genannte Vitenschreiber, dem jungen Mitregenten alles andere als wohlgesonnen, kam nicht umhin, mindestens die Vorzüge seines Äußeren zu preisen. Da ist von der stattlichen Gestalt die Rede und dem Bart, den Lucius, wie es heißt, »fast nach Barbarenart« lang wachsen ließ. Allerdings dürfte sich dieser dabei mehr die griechischen Philosophen zum Vorbild genommen haben. Und wir erfahren weiter, der junge Kaiser sei schlank gewesen, und seine in Falten gelegte Stirn habe ihm etwas Ehrfurchtgebietendes verliehen. Die Natur habe ihn mit einem Kranz blonder Locken gesegnet, die er angeblich mit Goldstaub puderte, um ihren Glanz noch zu erhöhen.

Innere Werte aber habe der Fürstensproß niemals besessen. Seine Lebensweise sei stets üppig gewesen. Er habe in manchen Teilen sogar Nero geglichen, dessen grausame Streiche er allerdings nicht nachgeahmt habe. Nicht nur auf militärischem Gebiet wird ihm Unfähigkeit nachgesagt. Ihm habe es auch an gutem Geschmack gemangelt, denn allzu schamlos habe er sich den niedrigsten Vergnügungen hingegeben und dabei nicht selten seine Stellung als neben Marcus erster Mann im Staate vergessen.

An mehreren Stellen seiner Lebensgeschichte ist von Verus' Spielleidenschaft die Rede und seiner zügellosen Begeisterung für Theater, Sport und vor allem die Jagd. Auch sein angeblich ausschweifendes Liebesleben, das nicht einmal vor einer damals als inzestuös betrachteten Beziehung zu seiner Schwiegermutter zurückgeschreckt sei, kommt nicht zu kurz. Wohlweislich aber übernimmt der Autor für diese Behauptungen nicht die Verantwortung. Er stellt sie nicht etwa als historische Tatsachen hin, verweist vielmehr auf Gerüchte, die über den Mitkaiser umgegangen seien. Und gerade das sollte uns besonders mißtrauisch machen, wenn wir überhaupt geneigt sind, seinen Ausführungen und dem Bild, das er von Verus zeichnet, zu folgen.

Wo der Verfasser der Verus-Vita allerdings weniger krampfhaft bemüht ist, Marcus gegen seinen Bruder auszustechen, gewinnt auch dieser unversehens an Reiz. Schon zu Beginn der Lebensgeschichte des Verus gibt auch Iulius Capitolinus zu, daß man den jüngeren Mitregenten weder zu den guten noch zu den schlechten Herrschern rechnen könne. (Hier scheitert bereits der Versuch eines Vergleiches mit Nero!) Es ist ein Hinweis, der so allgemein gehalten ist, daß er sich unmöglich nur auf die Zeit nach der Thronbesteigung bis zum Aufbruch in den Osten beziehen kann, wie manche Historiker gerne dagegenhalten. Auch in der direkten Gegenüberstellung mit Marcus schneidet Verus gut ab: Beide Herrscher verhielten sich so leutselig, daß niemand die von Antoninus Pius geübte Milde vermißte. Beide linderten in außergewöhnlichen Situationen Leiden durch ihre unermüdliche Fürsorge und Gegenwart. Auch Verus' Verhalten nach seiner siegreichen Rückkehr von den Schauplätzen des parthischen Krieges zeugt von einem grundsätzlichen Einverständnis beider Regenten. Und schließlich kann auch Capitolinus nicht umhin, das einfache Gemüt des Jüngeren hervorzuheben und seine mangelnde Begabung, sich zu verstellen, als durchaus günstige Charakteranlage zu werten. Eine um so beachtlichere Würdigung, wenn man bedenkt, daß nicht einmal Marcus der Vorwurf erspart blieb, er verberge sein wahres Gesicht nur allzu gerne unter der Maske einer sinnesfeindlichen Philosophie.

Aus anderen antiken Quellen erfahren wir nichts von einem ausschweifenden Lebenswandel des Kaiserbruders. Sie zeichnen ihn im Gegenteil in sehr schmeichelhaften Zügen. So aber scheidet auch die Möglichkeit aus, daß der Vitenschreiber sein Wissen aus verlorengegangenen Zeugnissen schöpfte, da diese dann auch in anderen Berichten auftauchen müßten. Iulius Capitolinus muß seine Behauptung erfunden haben und bewußt erfunden haben, um seinen Lesern ein Verus-Bild zu vemitteln, das dem seines Bruders völlig entgegengesetzt war. Es waren bizarre Blüten seiner eigenen, vielleicht sogar schmutzigen Phantasie, die er bemühte, um dem Mitregenten für alle Zeit zu schaden. Gerade das aber macht seine Vita als historische Quelle für uns nahezu wertlos.

Um so unverständlicher ist es, daß selbst namhafte, vor allem ältere Historiker die Angaben der Historia Augusta kritiklos übernahmen und sich nach allen Regeln ihrer Kunst ebenfalls zu Anklägern jenes angeblich so verruchten Kaisersprosses aufschwangen. Ihr antikes Vorbild hätte gewiß seine Freude daran gehabt.

Die neueste Forschung sucht glücklicherweise andere Wege. Sie übernimmt nicht unbesehen, was seit Jahrhunderten vorgegeben ist, sondern vergleicht, wertet aus und bemüht sich, zu objektiven Ergebnissen zu gelangen. Und sie erkennt vor allem, wie schwierig es mitunter ist, einen Menschen, der vor fast zweitausend Jahren gelebt und gewirkt hat, richtig und gerecht einzuordnen.

Schon die Kaisergeschichte gewährt uns an anderen Stellen interessante Einblicke in Verus' wirklichen Charakter. Gleichberechtigt wird er neben seinen Adoptivvater und seinen Bruder gestellt und mit diesen in einem Atemzug genannt: »... in Antonino pietas, in Vero bonitas, in Marco sapientia«[5]: in Antoninus sah man die Verkörperung der Redlichkeit, in Verus die Güte. Marcus schließlich galt allen als die personifizierte Weisheit. Interessanter sind sicher noch die zeitgenössischen Urteile, die von Marc Aurel, dem Lehrer Fronto und vor allem von Leuten stammen, die weder durch verwandtschaftliche noch durch freundschaftliche Beziehungen in ihrer Objektivität beeinträchtigt waren. Es sind insbesondere Cassius Dio, Lukian und Aelius Aristides, die sich auch über Verus äußerten und ihn durchaus günstig beurteilten.

Da ist nicht nur der Panegyricus des Rhetors Aelius Aristides, der die vollkommene Eintracht beider Herrscher lobt. Auch Lukian, der Dichter, bezeichnet den jüngeren Bruder als einen großen, guten und liebenswerten Menschen. Von dessen positiven Anlagen ist im Zusammenhang mit der kaiserlichen Geliebten Pantheia die Rede, von der an anderer Stelle schon ausführlich berichtet wurde. Man hat hier gelegentlich eingewendet, der Dichter habe den Mitkaiser nur so vorteilhaft dargestellt, um ihm zu schmeicheln und seine Gunst zu gewinnen. Doch konnte wissenschaftlich gesichert werden, daß der anerkannteste Literat seiner Zeit diese Beurteilung erst nach Verus' Tod traf.

Die sicherlich zuverlässigste Charakterschilderung hat uns zweifellos Cassius Dio hinterlassen, der noch heute als einer der verläßlichsten Geschichtsschreiber der Antike gilt. Er weiß nichts von Ausschweifungen, derer sich Verus vor allem im Osten schuldig gemacht haben soll. Und gerade seine bekannt scharfe Zunge hätte doch die Skandalchronik der von ihm beschriebenen Persönlichkeit einer wißbegierigen Öffentlichkeit niemals vorenthalten. Er spricht insbesondere im Zusammenhang mit dem Partherkrieg, in dem der Vitenschreiber dem Kaiserbruder nur Unfähigkeit vorwirft, von einem jungen, kräftigen und zu militärischen Unternehmungen fähigen Mann. Marc Aurel schneidet in dieser Beziehung bei ihm viel schlechter ab. Mit seinem ausgeprägten Hang zur Philosophie und der eher schwächlichen gesundheitlichen Veranlagung erscheint er dem kritischen Historiker viel weniger als der Prototyp des echten Römers, der im Bewußtsein seiner Zeitgenossen noch immer der Weltbeherrscher und überlegene Militär war. Und Dio hatte Erfahrung! War er doch von Severus Alexander selbst als Prokonsul nach Afrika geschickt worden, hatte er doch selbst später in Dalmatien und Pannonien als Heerführer gedient! Seine Soldaten hatten ihn gefürchtet, ja gehaßt wegen der strengen Zucht, die er im Heer einzuführen gedachte. Es ist kaum anzunehmen, daß ein solcher Mann dem Verantwortlichen eines Unternehmens, das für das Imperium Romanum von existentieller Bedeutung war, auch nur die kleinste Schwäche verziehen hätte.

Es existiert ein Brief des heiligen Justin, der noch aus Antoninus Pius' Regierungszeit stammt. Es handelt sich um eine

Bittschrift, die sich an den Kaiser und dessen beide Söhne richtet. In ihr bezeichnet der spätere Märtyrer Lucius Verus nicht nur als Philosophen, leiblichen Sohn Cäsars und Adoptivsohn des Augustus. Für ihn ist es nicht weniger ein »Freund der Kultur«.[6] Eine beachtliche Bemerkung, wenn man bedenkt, daß der frühe Christ den jüngeren Kaisersohn kannte oder doch mindestens wußte, wer er war und woher er kam.

Auch die Äußerungen im Panegyricus Nazarii aus konstantinischer Zeit lassen Zweifel an dem landläufigen Urteil über Verus aufkommen. Darauf wurde schon früher hingewiesen.

Von besonderem Interesse ist vielleicht noch eine Schrift Kaiser Julians, in der er »durch den Mund eines Silen seine Vorgänger auf dem Thron mit bitterem Spott«[7] überzog. Von Hadrian heißt es beispielsweise: »Als Silen diesen sah, wie er die Augen gen Himmel schlug und Verborgenes und Geheimzuhaltendes ausspähte, sagte er: wie erscheint euch dieser Sophist? Sucht er etwa Antinous?«[8] Und selbst der unbescholtene Antoninus entging seiner spitzen Zunge nicht. Doch als Marc Aurel und Verus an die Reihe kommen, Seite an Seite, verstummt schlagartig seine beißende Ironie. Beiden widerfährt sogar eine gewisse Zuneigung. Und doch hätte gerade Julian, der haarspalterisch bei jedem seiner Vorgänger Schwachstellen suchte, gewiß nicht gezögert, uns auch von Verus' Schwächen zu berichten, hätte es nur Berichtenswertes gegeben. Denn seine Satire machte nicht einmal vor solchen Herrschergestalten halt, »die allgemein als große Männer und würdige Verwalter des Reiches gelten«[9].

Da sind schließlich noch Fronto und Marc Aurel, deren Urteil freilich nicht aus sich selbst heraus, in der Bestätigung durch andere geschichtliche Quellen aber durchaus historischen Wert erlangt. »Den Göttern verdanke ich auch, daß mir ein Bruder beschieden ward, der mich durch sein Betragen ermunterte, über mich selbst zu wachen, und der durch seine Liebe und Achtung mein Herz erfreute ...«[10] Diese Worte schrieb der einsame Philosoph im Nachtlager am Gran, als dieser Bruder längst tot war. Hatte er Grund, sich Jahre nach Verus' Tod noch selbst etwas vorzumachen? Bis heute ist nicht gesichert, daß sein Werk »Ton eis heauton« – Selbstbetrachtungen – auch an die Öffentlichkeit gerichtet war. Verus mag seine Fehler gehabt haben, die sicherlich gelegentlich auch das Mißfallen seines Bruders erregten. Doch wußte Marcus nur zu gut, wie grundverschieden ihrer beider Wesen waren. Er, Marcus, ein zurückgezogener, in sich gekehrter Weiser, der versuchte, den Dingen auf den Grund zu schauen. Und der Mitregent einer jener lebenslustigen und leidenschaftlichen Charaktere, die alles eher etwas oberflächlich behandeln, dabei jedoch weit davon entfernt sind, schlecht oder verderbt zu sein. Verus war sicherlich ein Vollblutmensch, der mit Gefühlen auszugleichen suchte, was ihm an Geist vielleicht vorenthalten geblieben war.

Es spräche weder für Marcus' Herrscherfähigkeiten noch für seine Menschenkenntnis, die er als gereifter Mann und geschulter Philosoph, der gerade den Thron bestieg, doch zweifellos besaß, hätte er einen Verwandten mit ausgeprägten Charaktermängeln derart erhoben. Gewiß, er zeigte sich gelegentlich übertrieben nachsichtig auch gegenüber mittelmäßigen Personen. Doch ist kaum anzunehmen, daß er in einer Sache von solcher Wichtigkeit nicht wesentlich kritischer urteilte, als das ansonsten der Fall gewesen sein mag. Schließlich lag ihm das Staatswohl am Herzen.

Antoninus Pius hatte sich zeitlebens der Verpflichtung, auch Verus an den Staatsgeschäften teihaben zu lassen, entzogen. Gründe hierfür werden nicht genannt. Möglicherweise wollte er die kaiserliche Macht nicht noch weiter zersplittern. Oder aber erschien ihm Verus für die Übernahme einer derartigen Verantwortung einfach zu jung. Tatsächlich trug dieser ja noch die Knabentoga, als sein Bruder zur Herrschaft herangezogen wurde. Im übrigen weiß wieder nur Iulius Capitolinus von der untergeordneten Stellung des jüngeren Fürstensohnes am römischen Kaiserhof. Es gibt eine Münze, die die beiden Brüder zusammen mit ihrem Adoptivvater in derselben Quadriga zeigt. Kaum aber hätte Antoninus einen jungen Menschen zu sich emporgehoben, von dessen leichtfertigem Lebenswandel er überzeugt war. Und ebenso hätte auch Marc Aurel die Anordnung im Testament des kaiserlichen Großvaters, Verus an der Macht teilhaben zu lassen, stillschweigend übergehen können. Wie wir wissen, fühlte er sich Hadrian keineswegs besonders verpflichtet. Wer hätte ihn, den mächtigsten Mann der Welt, zwingen können, eine Auflage, die fast ein Menschenalter zuvor getroffen worden war, zu beachten? Nirgendwo hätte Verus seinen Anspruch durchsetzen können, hätte sich allenfalls auf den gefährlichen Pfad von Aufstand und Verrat begeben müssen, um sich dadurch nur selbst ins Unrecht zu setzen. Statt dessen aber bemühte sich Marcus, im Bewußtsein seiner Zeitgenossen das verkörperte Ideal stoischer Weisheit, nach Kräften, dem Jüngeren zu seinem Recht zu verhelfen und mit ihm als Gleichberechtigtem Thron und Macht zu teilen. Von einem unzuverlässigen Taugenichts konnte er keine Unterstützung, geschweige denn Entlastung erwarten. So muß Verus trotz seiner vielleicht freieren Lebensauffassung alles andere als das gewesen sein, was sein Biograph in der Historia Augusta ihm nachsagt und was die Wissenschaft in Jahrhunderten widerspruchslos von einer Generation auf die andere weitergegeben hat: ein nichtswürdiger Mensch, der sich ganz dem Reich der Sinne überließ und über seinen Vergnügungen seine Herrscherpflichten aufs gröbste vernachlässigte. Wir dürfen vielmehr davon ausgehen, daß auch Verus zu den verantwortungsbewußten Regenten gehörte und daß Marcus ihn nach eingehender Prüfung für würdig befand, die Herrschaft mit ihm zu teilen. Im parthischen Krieg hatte er nach unserer Kenntnis durchaus seinen Mann gestanden und sich um Rom große Verdienste erworben. Und wahrscheinlich hätte er seine Fähigkeiten bei anderen Anlässen ebenso bewiesen. Aber das war ihm von einem ungnädigen Schicksal nicht mehr vergönnt.

Zu guter Letzt spricht der Briefwechsel zwischen Verus und Fronto seine eigene Sprache. Nicht nur Verus' Briefe an den väterlichen Freund sind ganz von Dankbarkeit und zärtlichen Gefühlen durchtränkt. Vor allem Frontos letzter bekannter Brief an den einstigen Schüler fließt vor Dankbarkeit geradezu über. »Wie oft haben mich deine Hände gestützt! Wie oft hast du mir geholfen, wenn ich mich kaum aufrichten konnte, oder hast mich, wenn mir wegen meiner Schwäche das Gehen schwerfiel, beinahe getragen! Mit welch heiterem und freundlichen Gesicht hast du immer mit mir gesprochen! ... all das weiß ich aufs höchste zu würdigen ... Daher habe ich, wenn immer ich meinen Herrn, deinen Bruder, um etwas bitten wollte, meine Bitte am liebsten durch dich vortragen lassen und durch dich erfüllt bekommen.«[11] Konnte ein allseits geachteter Mann wie Fronto so für einen Menschen empfinden, der ihm als Luftikus und schmarotzender Müßiggänger bekannt war? Kein Wort des Tadels, nirgendwo ein Vorwurf! Als Fronto diese Zeilen schrieb, waren seine Tage gezählt. Und er wußte es. Was hatte er noch zu hoffen, was zu befürchten? Er hätte mindestens jetzt unbefangen die Wahrheit sagen und seiner Unzufriedenheit Luft machen können. Statt dessen aber entwirft er hier das Bild eines durchaus verantwortungsbewußten und hilfsbereiten jungen Menschen, der römischer Tradition gemäß das Alter und die Alten achtet und sich einem Lehrer gegenüber wie ein Sohn verhält.

Wieder sollten wir besonders hellhörig werden, wenn der Biograph berichtet, Marcus habe im Senat versprochen, er werde jetzt mit der Staatsführung von neuem beginnen, da der etwas leichtfertige Lucius abberufen sei. Angeblich habe der Senat diese Bemerkung als Danksagung des Kaisers für das Ableben seines Bruders interpretiert. Niemand vermag indes zu entscheiden, ob sich der römische Kaiser tatsächlich so ausgedrückt hat. Schon die »pietas«, jene Achtung des Römers vor dem Verstorbenen, mag ihn daran gehindert haben. Vielleicht war Marcus wirklich erleichtert, daß er von nun die Staatsgeschäfte nach eigenem Gutdünken weiterführen konnte. Wahrscheinlich hatte sich die gemeinsame Ausübung des schweren Amtes wegen ihrer gegensätzlichen Charaktere doch schwieriger erwiesen, als man es sich zu Beginn vorgestellt hatte. Doch konnte er sicherlich über den plötzlichen Tod des nahen Verwandten, den er von frühester Jugend an um sich gehabt hatte, keine Freude empfinden.

21. KAPITEL

Tempora mutantur

Die Gefahr aus dem Norden war keineswegs gebannt, wie auch Marc Aurel wußte. Und es konnte ihm auch kaum entgangen sein, daß eine rasche Rückkehr an die jüngsten Kriegsschauplätze dringend geboten war. Kämpfe tobten. Ihr Schwerpunkt hatte sich aber etwas in nördliche Richtung verlagert, wohl in die ungarische Tiefebene, die schon zum Feindesland gehörte. Schlimme Nachrichten drangen wieder nach Rom. An einen baldigen Aufbruch aber war dennoch nicht zu denken. Ihn verzögerten nicht nur Familienangelegenheiten, die keinen Aufschub duldeten. Der neuerliche Feldzug mußte auch sorgfältig geplant werden.

Auch diesmal kennen wir die genaue Chronologie des Krieges nicht. Doch kann Marcus kaum vor dem Spätjahr 169 n. Chr. aufgebrochen sein. Frühestens im September verließ er Rom, um an die Front zurückzukehren.

Da war zunächst Lucilla, die junge verwitwete Kaiserin, mit ihrer kleinen Tochter. Es verstieß nicht nur gegen die geltenden Gesetze, daß eine junge Aristokratin unverheiratet blieb. Sie tat in einer noch immer von Männern beherrschten Gesellschaft gut daran, sich auch unter männlichen Schutz zu begeben. Die Augusta wäre zudem für jeden ehrgeizigen Abenteuerer ein Lockvogel gewesen, eine fette Beute, über die man selbst die Herrschaft hätte erringen können. Marc Aurel löste dieses Problem auf fast rücksichtslose Weise. Noch vor Ablauf der Trauerzeit verpaßte er seiner Tochter einen neuen Ehemann, der alles andere als deren verwöhnten Geschmack traf: Es handelte sich um Claudius Pompeianus, den schon bejahrten Sohn eines römischen Ritters. Vielleicht hätte sich die junge Frau noch an den Gedanken gewöhnt, mit einem Mann verheiratet zu werden, der den Jahren nach ihr Vater hätte sein können. Was hingegen ihre besondere Abneigung erregte, war seine ganz und gar unrühmliche Herkunft. Er entstammte einer einflußlosen Ritterfamilie, die in Antiochia beheimatet war. Pompeianus' Vater hatte noch nicht einmal einen Senatssitz erworben, obschon es längst nicht mehr unmöglich war, die einst starren gesellschaftlichen Standesschranken zu durchbrechen. Natürlich konnte auch er selbst keine besonderen Würden aufweisen. Erst später machte ihn sein Schwiegervater zweimal zum Konsul. Wie Avidius Cassius war auch er ein Mann aus dem Osten, ein Syrer. Doch konnte jener wenigstens auf eine Reihe ruhmreicher Ahnen zurückblicken und seine Familie zu den Abkömmlingen der Könige seines Landes zählen. Der Alltag im Haus der Pompeianer aber verlief ohne den einer bedeutenden Genealogie angemessenen Glanz. Die Wurzeln dieser »gens« lagen vielmehr völlig im dunkeln.

Allerdings muß der Erwählte ein tüchtiger, vielleicht sogar überragender Feldherr gewesen sein, der die Verhältnisse an der Nordgrenze aus eigener Anschauung kannte. 167 n. Chr. noch war er Statthalter von Unterpannonien gewesen. Jetzt machte ihn der Kaiser zu seinem militärischen Hauptberater. Insofern hatte Marc Aurel keinen schlechten Griff getan, denn sein neuer Schwiegersohn wurde bald »die Seele der Kriegsführung gegen die eingebrochenen Germanen«[1].

Die Tochter protestierte heftig gegen den gesellschaftlichen Abstieg, der ihr da verordnet wurde. Welten trennten ihren ersten Gatten, einen geschulten Redner, Philosophen und »Freund der Kultur«, von jenem finsteren Fremdling, den ein hartes Lagerleben gestählt hatte. Auch Mutter Faustina meldete Bedenken an. Aber der Vater hatte entschieden. Er war fest entschlossen, den erfahrenen Kriegsmann an sein Haus zu ketten. Bei näherer Betrachtung mochte Pompeianus' niedere Geburt sogar von Vorteil sein. Kaum ein Mann edlerer Herkunft hätte sich nach seiner Heirat mit einer Augusta von der Entwicklung hochtrabender Herrschaftspläne abbringen lassen. Bei einem Mann aus Pompeianus' Milieu hingegen schien die Gefahr eines Griffes nach den Sternen gering.

Tempora mutata erant – wie hatten sich doch die Zeiten geändert! Vor nur wenigen Jahrzehnten noch hatte Hadrian seine Panhellenenpolitik betrieben, erfüllt von jener Abneigung gegen alles Fremde und Barbarische, das so ganz dem Empfinden seines Standes entsprach. Trajan noch umgeben von den Vornehmsten seiner spanischen Heimat, dann sein Nachfolger mit jener Schwäche für alle Griechen, die ihnen eine letzte Blüte beschied. Und jetzt zwei Syrer, düstere Orientalen, denen das Reich auf Gedeih und Verderb ausgeliefert war! Im Osten Avidius Cassius als Stütze gegen die noch immer starken Parther. Und im Norden Pompeianus gegen die andrängenden Fluten germanischer Völker.

Es war tatsächlich Roms letztes Aufgebot.

Noch einmal schlug der Tod im Jahr 169 n. Chr. im Kaiserhaus zu. Es geschah im Spätsommer. Marcus hatte eigentlich beabsichtigt, in Kürze an die Front zurückzukehren. Die kaiserliche Familie befand sich noch auf ihrem Sommersitz in Praeneste, nicht weit vor den Toren der Stadt, als der kleine Prinz Annius Verus ein Geschwür unterhalb des Ohres bekam. Das Kind mußte sofort operiert werden. Aber es erholte sich von dem gefährlichen Eingriff nicht. Marc Aurels Sohn starb, gerade sieben Jahre alt. Die Ärzte waren untröstlich, daß es ihnen nicht gelungen war, das Leben des Kindes zu retten. Der Vater aber beruhigte sie mit seiner vorbildlichen stoischen Selbstbeherrschung. Seinen Sohn betrauerte er nur fünf Tage, da Staatsgeschäfte drängten. Es fanden nämlich gerade Spiele zu Ehren von Iupiter Optimus Maximus statt. Und es wäre ein schlechtes Omen für Rom gewesen, sie durch Staatstrauer zu unterbrechen. Nur die Errichtung von Standbildern wurde dem Toten als Ehre gewährt, »die Mitführung seiner goldenen Büste beim Umzug anläßlich der Zirkusspiele und die Einfügung seines Namens ins Salierlied.«[2] Und doch muß gerade dieser Tod Marc Aurel wie kaum ein anderer getroffen haben. Blieben ihm jetzt doch nur noch seine Töchter und sein älterer Sohn Commodus, der jedoch schon von Kindes Beinen an garstig, boshaft und lüstern gewesen sein soll ...

Mag sein, daß sich Marcus nun mit aller Kraft in die Staatsgeschäfte stürzte, um über seinen privaten Schmerz leichter hinwegzukommen. Da mußte der Götterdienst gründlich überdacht werden, denn noch immer wütete die Pest. Da mußten bestehende Legionen aufgefüllt und neue ausgehoben werden. Es war wohl auch in jenen Tagen, als Marcus Sklaven als Kriegsfreiwillige anwarb und ihnen die Freiheit versprach. Aus Gladiatoren wurden Sondereinheiten gebildet. Polizisten aus den griechischen Städten des Ostens wurden bewaffnet. Selbst bei den Räubern Dalmatiens und Dardaniens holte sich Marc Aurel seine Soldaten. Auch germanische Stämme ließen sich bereitwillig verpflichten, gegen Germanen ins Feld zu ziehen.

Wahrscheinlich war es auch damals, als das Volk aufbegehrte und seinem Kaiser vorwarf, nun wolle er es endgültig jeder Lustbarkeit entziehen und zur Philosophie bekehren. Der Erfolg all dieser Maßnahmen gab dem Kaiser allerdings recht. Es war nicht zu verantworten, daß Roms kräftigste Männer in den Arenen Roms zum Vergnügen der Massen nutzlos ihr Leben vergeudeten, während die geschwächten Legionäre draußen auf den Schlachtfeldern für eben dieses Rom unter den feindlichen Waffen verbluteten.

Und es dürfte auch in jenem Jahr gewesen sein, als Marc Aurel eine akute Finanzkrise des Staates auf sehr unkonventionelle Weise behob. Längst hielten sich im Staatshaushalt Einnahmen und Ausgaben nicht mehr die Waage. Erstere sanken mit der Verringerung der Einkünfte aus Steuern und kaiserlichen Domänen. Seit Jahrzehnten hatte Rom keine neuen Provinzen hinzuerobert, und diejenigen, die sich bereits in seinem Besitz befanden, waren längst ausgebeutet. Andererseits waren die öffentlichen Kassen durch den langen und verlustreichen Partherkrieg nahezu erschöpft. Was er übriggelassen hatte, hatten die Vorbereitungen für die Markomannenkriege verschlungen. Gleich an zwei Stellen erwähnt der antike Biograph jene spektakuläre Palastauktion, durch die Marc Aurel wie kaum einer seiner Vorgänger ein Zeichen setzte: Er selbst, der allmächtige römische Kaiser, war bereit, für die Rettung Roms jedes erdenkliche Opfer zu bringen. Er hatte klar erkannt, daß die Auferlegung neuer oder auch nur die Erhöhung bereits bestehender Steuern vor allem bei den Einwohnern der Provinzen nicht nur wenig ergiebig, sonder auch äußerst unpopulär gewesen wäre. So entschloß er sich zu einem ungewöhnlichen Schritt:

Noch heute gehört das Trajansforum mit dem sich anschließenden Halbrund der trajanischen Märkte zu den eindrucksvollsten Resten der antiken Stadt. Doch kann man sich das einstige Aussehen der vor Jahrhunderten zerstörten Anlage nur mehr schlecht vorstellen. Wie aber ihr noch erkennbares Ausmaß und zudem Berichte antiker Historiker erkennen lassen, befand sich hier einer der Mittelpunkte des alten Rom. Trajan, noch immer als der letzte Offizier auf dem Caesarenthron verehrt, hatte hier in einer gigantischen Basilika, der größten, »die je in Rom gebaut worden war« (Coarelli), das Andenken an seine militärische Laufbahn verewigt: Mitten in der Stadt, die kein Feldherr je in seiner Kriegstracht betreten durfte, in einem bürgerlichen Viertel, das Märkte und Geschäfte beherrschten, errichtete er nach Art eines Militärlagers diese eindrucksvolle öffentliche Halle. Und fast scheint es, als schwebe sein Genius noch immer über dem geschichtsschwangeren Ort ...

Hier also, an symbolträchtiger Stätte, gewissermaßen unter den Augen jenes legendären Eroberers, dessen sterbliche Überreste damals noch in der Goldurne im Sockel seiner Ehrensäule ruhten, veranstaltete sein »Urenkel« Marc Aurel »... eine Versteigerung von Prachtstücken aus kaiserlichem Besitz und veräußerte Becher aus Gold, Kristall und Achat sowie kaiserliches Tafelgeschirr und die seidene und golddurchwirkte Garderobe seiner Gemahlin ...«[3] Er hatte die meisten dieser Kostbarkeiten nicht selbst erworben, sondern, wie wir hören, in großer Zahl im geheimen Pretiosenkabinett Hadrians vorgefunden. Ihm selbst, dem anspruchslosen Philosophen, mag es nicht schwergefallen sein, sich von dem nutzlosen Tand zu trennen (was seine Opferbereitschaft natürlich nicht herabwürdigen sollte). Seinen Zeitgenossen aber muß eine solche Maßnahme geradezu revolutionär erschienen sein. Und auch Faustina wird der Veräußerung nur schweren Herzens zugestimmt haben, zumindest soweit es ihre Juwelen und ihre schönen Kleider betraf. Vielleicht tröstete sie aber auch der Gedanke, daß sie dereinst alles zurückerhalten könnte, so es der unerforschlichen Vorsehung entsprach. Denn nach der erfolgreichen Beendigung des Markomannenkrieges bot der Kaiser allen Käufern die Möglichkeit, die erworbenen Gegenstände wieder zurückzugeben. Zur Rückgabe wurde allerdings niemand gezwungen. Und Marc Aurel verübelte auch keinem seine Entscheidung, wie der Biograph betont.

Diese Aktion zog sich über zwei Monate hin. Ihr Erlös muß beträchtlich gewesen sein, kann aber dennoch zur Finanzierung des aufwendigen Krieges nicht ausgereicht haben. Tatsächlich kam ihr wahrscheinlich kaum mehr als symbolische Bedeutung zu. Leider wird nirgendwo erwähnt, ob die Selbstlosigkeit des Herrschers Nachahmer fand. Es waren weitere Maßnahmen erforderlich, um die Durchführung des für die Existenz des Imperiums entscheidenden Krieges sicherzustellen.

Auch eine Überprüfung der finanziellen Lage in den drei gallischen Provinzen brachte nicht den erhofften Erfolg. Deshalb entschloß sich die Staatsführung zu einer letzten Maßnahme, die allerdings ein unheilvolles Zeichen setzte und ahnen läßt, in welcher Notlage man sich tatsächlich befand. Es war jene Verminderung des Edelmetallgehalts in den Reichsmünzen, auf die an früherer Stelle schon ausführlich eingegangen wurde.

Schon zeigte der Herbst seine unmittelbare Nähe an, als Marc Aurel endlich die Hauptstadt verließ. Im Jahr 170 n. Chr. kündeten die Reichsmünzen von dieser »profectio«. Sein später Aufbruch war um so bedauerlicher, als gerade die Saison zu Ende ging, in der man im Altertum Schlachten auszutragen pflegte. Die unwirtliche Jahreszeit verbrachten die Legionen stets im Winterlager und eröffneten die Kampfhandlungen erst wieder im nächsten Frühjahr. Aber es schien

Marc Aurel wenig ratsam, einige weitere Monate in Rom zu verbringen. Mindestens konnte er den Winter nutzen, um sich von seinen Statthaltern und Heerführern umfassend informieren zu lassen, Pläne auszuarbeiten und notwendige Entscheidungen zu treffen.

Wir wissen nicht, wer den Kaiser auf seinem Ritt gen Norden begleitete. Da er jedoch kurz zuvor Pompeianus sein besonderes Vertrauen ausgesprochen hatte, wird dieser wohl mit von der Partie gewesen sein. Und Lucilla dürfte ihren Mann begleitet haben. Ob sich auch Faustina im Gefolge ihres Gatten befand, ist ungewiß. Zum einen war sie wieder schwanger. Ihr letztes Kind, die Tochter Vibia Aurelia Sabina, wurde 170 n. Chr. geboren. Zum anderen scheint gerade zum Zeitpunkt von Marcus' Aufbruch Commodus, der einzige männliche Nachkomme, krank geworden zu sein. Man wird deshalb davon ausgehen können, daß Faustina zu Hause in Rom blieb. Später allerdings sollte sie ihren Mann ins Feldlager begleiten. Davon wird noch zu berichten sein.

Sicherlich aber wird der Kaiser, der im Kriegswesen noch über wenig Erfahrung verfügte, fähige Militärs hinzugezogen haben, Leute vor allem, die in dieser Weltecke schon gedient und Gelegenheit gehabt hatten, sich mit den Verhältnissen vor Ort vertraut zu machen. Von ihnen befand sich ein Großteil schon auf dem Kriegsschauplatz, da die Kämpfe auch während Marc Aurels Aufenthalt in Rom kaum nachgelassen hatten.

In jenen Tagen starb Calpurnius Agricola, ein fähiger General, der gerade Statthalter von Dakien war. Es ist nicht bekannt, ob er der Pest erlag oder im Kampfe fiel. Sein Verlust wog schwer, wenn man bedenkt, daß der Provinz Dakien als Bollwerk gegen die anstürmenden Germanen eine Schlüsselposition zukam. Man suchte lange vergeblich nach einem ebenbürtigen Ersatz und mußte schließlich die Provinz aufteilen und benachbarten Gebieten zuschlagen. So erhielt Claudius Fronto, der den Statthalterposten in Oberpannonien innehatte, zunächst einen Teil, bald jedoch die Oberaufsicht über die gesamte Provinz. Die Aufsplitterung hatte sich wohl nicht bewährt. In Obermösien wurde Fronto von einem gewissen Calpurnius Iulianus abgelöst, einem verhältnismäßig unbekannten Mann, der noch nicht einmal Konsul gewesen war. Auch das ein Hinweis darauf, daß sich nur noch wenige geeignete Leute auftreiben ließen.

Bevor der Kaiser im Spätherbst 169 n. Chr. nach Norden gekommen war, hatten sich die Hauptkämpfe wahrscheinlich in dem Gebiet abgespielt, das Fronto unterstand. Im Augenblick aber schwiegen die Waffen, und Marc Aurel konnte sich im Winterlager einrichten. Wo es aufgeschlagen wurde, wissen wir nicht. Einige Wissenschaftler vermuten, es habe sich in Sirmium befunden. Denn dort verbrachte der römische Kaiser wahrscheinlich auch wenige Jahre später den Winter. Sich festzulegen bliebe aber reine Spekulation.

Und ebenso sind wir auf die Hilfe unserer Phantasie angewiesen, wenn wir zu rekonstruieren versuchen, wie Marcus die kalten Monate verbrachte. Es war der erste Winter, in dem er seinen Palast in Rom nicht sehen, den er von seiner Familie getrennt verbringen sollte. War es damals an der Grenze zum rauhen Barbarenland, als er in frostigen, sternenklaren Nächten begann, in sich selbst zu sehen und seine philosophischen Betrachtungen, die Früchte eines langen Gedankenlebens, niederzuschreiben? Selbst das kann niemand mit Bestimmtheit sagen.

Erstaunlich aber bleibt, wie seine von Kindesbeinen an schwächliche Gesundheit alle Anstrengungen überstand. Den wesentlich jüngeren Mann hatte sie daran gehindert, selbst gegen den Feind im Osten zu ziehen. Dem weitaus kräftigeren Verus hatte er den Vortritt einräumen müssen. Jetzt aber war er verbraucht. Ein Mann von achtundvierzig Jahren war sicherlich kein Jüngling mehr, nach damaligem Verständnis eher ein Greis. Enthaltsamkeit und Verzicht hatten seinen Körper zusätzlich geschwächt. Die Last des ungeliebten Amtes hatte in über seine Jahre hinaus gebeugt. Sein Innerstes war zermürbt von den vielfachen Pflichten als Oberhaupt einer selbst für römische Verhältnisse übergroßen Familie. Trauer um den Verlust nächster Angehöriger hatte seine Züge verhärtet. Sorgen quälten ihn ob der Leichtfertigkeit einer schönen, doch offensichtlich wenig tugendhaften Gattin. Schon liefen die Berichte über ihre Abenteuer in Rom von Mund zu Mund. Hatte er, der Gehörnte, aber überhaupt ein Recht, ihr deswegen Vorwürfe zu machen? Was bedeuteten ihm Liebe, körperliches Verlangen? Was wußte er schon von den Begierden der Sinne? Sicherlich hatte es das lebenslustige Geschöpf längst satt, Tisch und Bett ausschließlich mit der fleischgewordenen Philosophie zu teilen. Wie gut konnte er seine Frau im Grunde verstehen!

Geschickt verbarg er seinen wirklichen Zustand unter dem Mantel einer scheinbar stoischen Gelassenheit vor den Augen einer wißbegierigen Welt. Denn er kann kaum von solcher Einfalt gewesen sein, daß häusliche Unordnung, Enttäuschung, Leid, herbe Verluste und zudem die ungewohnten Strapazen eines harten Lagerlebens an seiner empfindsamen Seele spurlos vorübergegangen wären. Dazu noch brauchte er Kraft, um die Angriffe der Barbaren, die heftigsten, seit römische Geschichte aufgezeichnet wurde, abzuwehren und innere Unruhen, etwa den Aufstand seines bis dahin zuverlässigen Generals Avidius Cassius, niederzuwerfen.

Wie hätte er das alles bestehen können, wäre ihm nicht auch Hilfe von außen widerfahren?

»... nur klein noch ist der Rest
deines Lebens. Lebe wie auf einem
Berge ... Können sie dich so nicht
ertragen, nun, so mögen sie dich
töten; denn es ist besser zu sterben,
als wie sie zu leben.«

(Selbstbetrachtungen 10, 15)

22. KAPITEL

... und ein Quentchen Tod oder Der Mann auf dem Berge

Noch heute besagt ein bekanntes Sprichwort, daß gegen jede Krankheit ein Kraut gewachsen sei. Doch schrieb man schon im Altertum die Fähigkeit, Leiden zu lindern oder gar zu heilen, natürlichen Stoffen zu und der Einsicht der Götter, die die Natur damit ausgestattet hatten. Dabei versuchte man aber keineswegs, nur körperlichen Gebrechen beizukommen, sondern auch Störungen der Seele günstig zu beeinflussen. Und die Arzneikundigen der Antike kannten auch hier dank göttlicher Hilfe durchaus ihre Mittelchen ...

Als Marc Aurel über längere Zeit an Schlaflosigkeit litt, tröstete ihn Freund Fronto damit, auch für ihn habe Jupiter Schlafmittel aus verschiedenen Kräutern »und einem Quentchen Tod zusammengestellt« (Thomas W. Africa).

Theriak hieß jene Wunderdroge, auf die die Alten bauten. Andromachos, der geplagte Leibarzt Kaiser Neros, hatte sie angeblich erfunden. Doch glaubte man ebenso, schon Mithridates VI. Eupator, König von Pontus und bereits 63 vor Beginn unserer Zeitrechnung verstorben, hätte sich ihrer bedient, um sich vor Giftanschlägen, die ungeduldige Verwandte oder unberechenbare Feinde gegen ihn verüben mochten, zu schützen. Noch heute wird eine durch Gewöhnung an die Wirkung von Giften erworbene Immunität als »Mithridatismus« bezeichnet. Tatsächlich nahm jener König regelmäßig kleinere Giftmengen ein, um sich zu immunisieren. Folgen wir Appian, beraubte ihn diese prophylaktische Maßnahme später sogar der Möglichkeit, sich mit Gift das Leben zu nehmen.

Theriak galt stets als kostbares Arzneimittel, das nach komplizierter Rezeptur aus sechzig und später sogar achtzig Bestandteilen hergestellt wurde. Seine Zusammensetzung aus getrockneten pflanzlichen Drogen und Gewürzen, Baldrian vor allem und Opium, dazu auch dem gegarten Fleisch bestimmter Schlangen, mutet dem neuzeitlich aufgeklärten Menschen seltsam an und erinnert fast ein wenig an die Zauberkünste der Medizinmänner mancher Naturvölker oder an die mittelalterliche Hexenküche. Tatsächlich schworen auch nicht nur die Alten auf dieses Lebenselixier. Das ganze Mittelalter hindurch war es ein ebenso teurer wie begehrter Handelsartikel. Es gab sogar Städte, in denen der Zaubertrunk unter den Augen der Öffentlichkeit vom Apotheker auf dem Marktplatz hergestellt werden mußte, als wollte man sichergehen, daß damit alles seine Richtigkeit habe. Erst die aufgeklärten Ärzte des achtzehnten Jahrhunderts sagten der Droge den Kampf an.

Als Marc Aurels Leibarzt Demetrios während des Markomannenfeldzuges starb, ernannte der Kaiser sogleich Galenos zu dessen Nachfolger. Der Grieche aus Pergamon hatte damals den Gipfel ärztlichen Ruhms erreicht. Kein anderer im ganzen Imperium konnte es darin mit ihm aufnehmen. Und wie niemand sonst verstand er sich auf die Zubereitung des Theriak, die unter Marc Aurel wie unter seinen Nachfolgern stets zu seinen Hauptaufgaben gehörte.

Im allgemeinen wurde der Stoff von ihm gegen giftige Bisse und Stiche von Tieren empfohlen. Erfahrungen mit Giften und Gegengiften hatte es schon seit Attalos III. von Pergamon gegeben, der sie an Gefangenen erproben ließ. Wechselwirkungen sind indessen nicht gesichert. Doch mochten die Betroffenen fest an solche glauben. Und der Glaube ist es ja bekanntlich, der mitunter Berge versetzt. Jedenfalls gab es kaum einen Herrscher, der sich nicht auf den Schutz verlassen hätte, den gewisse Gegenmittel versprachen. So konnte man wenigstens einigermaßen beruhigt in die Zukunft sehen.

Galen aber muß auch durchaus angenehme Begleiterscheinungen, die die Einnahme des Saftes mit sich brachte, erkannt und bei Marc Aurel erprobt haben. Denn ihn ausschließlich als Gegenmittel gegen mögliche Giftanschläge zu verwenden, war wohl gerade bei diesem Kaiser nicht geboten. Nirgendwo ist überliefert, daß er Feinde in seiner nächsten Umgebung hatte, die ihm die Krone streitig machten oder ihm gar nach dem Leben trachteten.

Wiederholt ist nicht nur in den alten Quellen von Marcus' wenig gewinnendem Wesen die Rede: »Fuit a prima infantia gravis«[1] – von früher Kindheit an war er ernst. Das stellte schon sein Biograph fest, dem wir hier um so mehr vertrauen dürfen, als er sich ansonsten bemüht, die Person seines Protagonisten in ein besonders günstiges Licht zu rücken. Auch während der Pubertät hat der spätere Kaiser keinen Wandel erfahren. Im Gegenteil! Es war just in der Jugendzeit, als er endgültig die Anschauungen eines weltverachtenden Philosophen annahm und sich in jene müde Lebensweisheit vergrub, die seinem angeborenen Hang zu Melancholie und Depression so sehr entgegenkam. Seine Abneigung gegenüber allen geistig Armen, seine Verachtung aller einfachen Freuden des Lebens mußten aber um so auffälliger erscheinen, als sein Bruder und Mitregent Verus, den die Natur mit einem sonnigen Gemüt gesegnet hatte, hierin sein krasser Widerpart war. So lebte er tatsächlich auf dem Berge, während alles um ihn herum im Staube lag ...

Ertrage, dulde, entsage! Noch von dem ehernen Reiterstandbild weht uns die Schwermut dieses Mannes seltsam entgegen. Nicht in strahlender Siegerpose tritt der Überwinder der Germanen vor das römische Volk. Eher erschöpft und mit der quälenden Gewißheit, daß das Verderben nur aufgeschoben ist. Und leise Resignation ist es schließlich, die auch seine Selbstbetrachtungen durchzieht, eine heimliche Ahnung von der Vergänglichkeit allen Seins in einer Welt, die Tag für Tag immer nur dasselbe beschert: »Nichts Neues«, klagt er, »alles gewöhnlich und kurz dauernd.«[2] »Alles geht in einem Tage dahin, sowohl der Rühmende als auch der Gerühmte.«[3] »Die Dauer des menschlichen Lebens ist ein Augenblick ... das Leben ein Krieg ... der Nachruhm ist Vergessenheit.«[4] »Siehe denn also im ganzen genommen das Menschliche jeder Zeit als etwas Flüchtiges und Wertloses an! Was gestern noch im Keimen war, ist morgen schon einbalsamiertes Fleisch oder ein Haufen Asche. Durchlebe demnach diesen Augenblick von Zeit der Natur gemäß, dann scheide heiter von hinnen ...«[5]

So spricht kein Philosoph, der mit sich selbst Frieden geschlossen hat. Es sind Worte einer verzweifelten Seele, die nach Erlösung ringt: »Ein Seelchen bist du, mit einem Leichnam belastet«[6], zitiert er Epiktet. So bleibt ihm nur die zehrende Sehnsucht nach dem Tod als dem Ende aller Widersprüche »der sinnlichen Wahrnehmungen«[7], ein Hort der Zuflucht, wo seinen Qualen Befreiung winkt. »... wie du dem Augenblicke harrst, wo das Kindlein aus dem Schoße deiner Gattin hervorgehen soll, ebenso sollst du die Stunde erwarten, da deine Seele aus dieser ihrer Hülle entweichen wird ... Komm doch schneller heran, lieber Tod, damit ich nicht etwa noch meiner selbst vergesse.«[8]

Vielleicht wäre der Panzer der stoischen Lehre, mit dem er sich zeitlebens umgab, noch stark genug gewesen, den Privatmann Marc Aurel gegen die Anfeindungen eines wenig geliebten Lebens zu verteidigen. Der verhaßten Ehre, ein gekröntes Haupt und der Weltbeherrscher zu sein, hielt sie alleine nicht stand. Mochte auch Leibarzt Galen anfangs besorgt eine kleine Menge Theriak gegen potentielle Giftanschläge vorbeugend verordnet haben, bald erkannte er, daß die Wunderdroge seinem Patienten vor allem half, die mannigfachen Pflichten seines schweren Amtes als Staatsoberhaupt leichter zu ertragen. Das in der Mixtur enthaltene Opium, aus dem Mohnsaft gewonnen, schuf dem römischen

Kaiser eine Scheinwelt, hüllte ihn in Vergessen von Zeit und Raum, bis Traum und Wirklichkeit miteinander verschmolzen. »Wache auf und komm wieder zu dir,« mußte er sich bald ermahnen. »Und wie du beim Wiedererwachen erkannt hast, daß es nur Träume waren, die dich beunruhigten, so sieh auch im wachen Zustand die Unannehmlichkeiten als Träume an.«[9]

Wir wissen nicht genau, wie groß die von Galen verabreichte Menge Theriaks war, die auf seinen Patienten die gewünschte beruhigende Wirkung ausübte. Er selbst spricht von »bis zu einer ägyptischen Bohne«, die der Kaiser täglich, oft vermischt mit Wasser oder mit Wein, eingenommen habe. Doch haben wir keine genauen Vorstellungen über dieses Quantum. Und ebenso ist unbekannt, wieviel Opium der antike Wunderheiler seiner Mixtur beimischte. Im Rezept des bereits genannten Andromachos enthielt eine ägyptische Bohne 0,033 Gramm. Aber sicherlich hielt sich Galen nicht an diese Vorschrift, sondern dosierte das Opiat weit höher. Denn es ist schwer vorstellbar, wie eine solch verschwindend geringe Menge eine Abhängigkeit ausgelöst haben soll. Marc Aurel stellte nämlich fest, daß er nach Einnahme des Trunkes während seiner Arbeit rasch ermüdete. So ließ er den Mohnsaft weg. Aber dann konnte er nachts nicht schlafen ...

Dem »Überwiegen des trockenen Körpersaftes« schrieb der antike Arzt die Schlaflosigkeit zu, aber die Gelehrten der Neuzeit erkennen in ihr die »schweren Störungen wieder, die beim Opiumentzug auftreten«[10]. Unter Auswertung der antiken literarischen Quellen und der wissenschaftlichen Erkenntnisse neuzeitlicher Rauschgiftforscher kann kein Zweifel daran bestehen, daß der letzte große Kaiser der alten Welt in Wirklichkeit ein bedauerliches Opfer seiner eigenen Schwäche war.

Auch Cassius Dio weiß um Marc Aurels gebrechliche Gesundheit und den Versuch, trotz ihrer die Herausforderung besonders des harten Lagerlebens zu bestehen. Offensichtlich hatte der Kaiser seine Tagesration erhöht, als er sich im

Krieg gegen die Germanen befand. Das ungewohnt rauhe Klima und die Anstrengungen dieses Krieges mochten der körperlichen Verfassung eines ohnehin angeschlagenen Mannes, der von früher Kindheit an zu nichts anderem erzogen worden war, als dem Frieden zu dienen, schwer zugesetzt haben. Der griechische Historiker berichtet, Marcus habe tagsüber nichts und nachts nur wenig gegessen. Dafür aber habe er regelmäßig von dem Medikament Theriak genommen, aber nicht aus Angst, vergiftet zu werden, »sondern zur Beruhigung seines Magens und seiner Brust«[11]. Nur so habe er dies oder jenes überhaupt ertragen können. Vor allem die Kälte habe ihm so zu schaffen gemacht, daß er angeblich nicht einmal die üblichen Ansprachen an die Truppen halten konnte.

Der Mann auf dem Caesarenthron ein Rauschgiftsüchtiger! Sicherlich hat Marc Aurel niemals beabsichtigt, sich mittels einer Droge in eine irreale Welt zu flüchten. Er hat wohl nur versucht, mit Hilfe des Opiums leichter über manches hinwegzukommen, seine Schmerzen zu ertragen und etwas Schlaf zu finden. Und dennoch gewöhnte er sich nach unserer Kenntnis rasch an dieses Betäubungsmittel, das von seiner Jugend an zu seinen verläßlichsten Begleitern gehörte. Es mag den Kaiser Marc Aurel über manche Schwierigkeiten hinweggetröstet haben. Beim Menschen Marc Aurel förderte es nur die ohnehin depressiven Anlagen. Es steigerte seine Melancholie und »natürliche Reserviertheit« (Africa) und machte ihn schließlich blind für die Fehler und Laster auch jener Angehörigen, die ihm besonders nahestanden und denen gemäßigte Strenge sicherlich zuträglicher gewesen wäre als übertriebene Nachsicht.

Marc Aurels Leistungen als Staatsmann wurden durch seine Sucht nicht berührt. Er war kein intellektueller Neuerer und kein Mehrer römischen Besitzes. Von den Ansprüchen eines Trajan blieb er ein Leben lang weit entfernt. Verteidigung und Wahrung des Erreichten hieß seine Devise. Mit diesem Vorsatz war er angetreten. Er hatte wohl erkannt, daß sich Roms Kräfte in jahrhundertelangen Eroberungszügen erschöpft hatten. Doch hatte es sich einen festen Platz in der Geschichte gesichert. Auch das stand schon fest. Und diesen noch eine Zeitlang zu behaupten, schien ihm ein keineswegs geringes Unterfangen in einer Welt, die an allen Ecken aus den Fugen geriet.

Schon verlor das goldene Zeitalter der Adoptivkaiser seinen Glanz. Und er ahnte es. Einen Großteil der Menschheit, der zivilisierten zumal, für den er alleine die Verantwortung trug, noch für eine Weile in Sicherheit zu wiegen, im wahrsten Sinne des Wortes Opium fürs Volk zu sein, dafür lebte er, seitdem ihn das Schicksal von den Büchern der Weisheit weggeholt hatte, um ihm die schwerste Last, die die Welt je vergab, aufzuerlegen.

Und wie das Volk ihn brauchte, um von den schwarzen Gewitterwolken, die sich über Rom zusammengebraut hatten, abgelenkt zu werden, so brauchte er den Stoff, aus dem die Träume sind, zum Überleben.

Wer wollte da über ihn den Stab brechen?

23. KAPITEL

Die Markomannenkriege

Leider fehlt uns über die für Roms Existenz so bedeutenden Markomannenkriege der siebziger Jahre des zweiten nachchristlichen Jahrhunderts ein Bericht, wie ihn etwa ein Jahrhundert zuvor der Geschichtsschreiber Flavius Josephus über Vespasians jüdischen Feldzug vorgelegt hatte. Der Biograph der Historia Augusta beschränkt sich hierzu auf einige karge Bemerkungen, und auch von Cassius Dios römischer Geschichte sind über diese Zeit nur wenige Bruchstücke auf uns gekommen. Es kann für die Geschichtsschreiber der Antike auch nicht einfach gewesen sein, »einen klaren Bericht von einem Krieg zu liefern, der an einer weit auseinanderliegenden Front gegen ständig wechselnde Feinde geführt wurde«[1].

Es ist deshalb auch für uns nahezu ausgeschlossen, die einzelnen Phasen dieses Krieges zu rekonstruieren oder bestimmte Ereignisse richtig einzuordnen. Übereinstimmend berichten jedoch die alten Quellen, daß sich »sämtliche Völkerschaften von Illyriens Grenze bis hin nach Gallien gegen Rom verschworen«[2] hatten, dazu die Parther wieder unruhig wurden und auch die Zufriedenheit in Britannien zu wünschen übrigließ. Wie ernst es den aufgebrachten Volksstämmen diesmal mit ihrer Suche nach einer neuen Heimat war, wie fest entschlossen sie waren, sich diese mit Waffengewalt zu erkämpfen, zeigt die Tatsache, daß man unter ihren Gefallenen auch die Leichen bewaffneter Frauen fand. Schon einmal hatte Rom beobachten können, wie auch die Frauen der Barbaren aktiv in das Kriegsgeschehen eingriffen: Es war bei jenen nun fast dreihundert Jahre zurückliegenden Einfällen der Kimbern und Teutonen, von denen noch die Geschichtsbücher erzählten.

Archäologische Zeugnisse und Münzen, denen damals die Aufgabe von Massenmedien zukam, belegen die alten Autoren. Aber auch sie sind so spärlich vorhanden, daß sie kaum größere Zusammenhänge verraten.

Mit großem Interesse sah die Wissenschaft deshalb gegen Ende des vorigen Jahrhunderts der Herausgabe »der berühmten Reliefs der Markussäule der Piazza Colonna in Rom« entgegen. Man erhoffte sich von diesem »Geschichtsbuch« wichtige Aufschlüsse über den Verlauf der Kämpfe, wie sie zuvor schon die ältere Trajanssäule geliefert hatte. Aber die Hoffnung trog. Die berühmte Siegessäule wurde 1589 unter Papst Sixtus V. restauriert und dabei teilweise zerstört. Hierbei ging auch der zehneinhalb Meter hohe Sockel verloren, dessen Hauptseite zur Via Flaminia hin ein Relief »mit der Darstellung unterworfener Barbaren«[3] zierte. – Ein für die Wissenschaft schmerzlicher Verlust.

Aber auch sonst tragen die »historischen« Bilder enttäuschend wenig zur Beseitigung der Unklarheiten über jene Feldzüge bei, zu deren Andenken sie einst errichtet worden waren. Aufschlußreich ist vielleicht nur die erste »Seite« dieses gigantischen Bilderbuchs. Sie zeigt, wie die römischen Truppen auf einer Schiffsbrücke die Donau überschreiten.

Doch lassen alle Dokumente das Ausmaß der Bedrohung erkennen und ahnen, weshalb Marcus letztlich von einer reinen Verteidigungspolitik der Wahrung und Sicherung abweichen und eine offensive Taktik einschlagen mußte. Probleme, wie sie die Germanenfrage aufwarf, waren neu in der jüngeren römischen Geschichte. Seit Jahrzehnten hatte sich das Weltreich keinem Gegner mehr gegenübergesehen, der seine Ziele mit ähnlich hartnäckiger Entschlossenheit verfolgte. Es war eine Entschlossenheit, auf die es für Rom nur eine Antwort gab.

Marcus sah voraus, daß es mit der Wiederherstellung des alten Zustands an der Nordfront nicht getan sein konnte, selbst wenn sich das Reich jemals wieder von den durch Partherkrieg und Seuche bedingten Verlusten erholen sollte. Eine neue Zeit war angebrochen, hatte allerorten ihre unmißverständlichen Zeichen gesetzt. Noch lagen die Parther nicht vollständig am Boden. Ihre Unzufriedenheit konnte jeden Augenblick von neuem entflammen und den Osten des Imperiums in eine zweite »Nordfront« verwandeln. Und was würde gar geschehen, würden sich alle Feinde mit vereinten Kräften gegen das mächtige Weltreich erheben? Niemals würde sich Rom gegen alle gleichzeitig wehren können. Eine halbherzige Germanenpolitik, ja selbst das kleinste Entgegenkommen, konnte schon den Untergang Italiens nach sich ziehen. Das Vertrauen in die antoninische Grenzpolitik, die sich längst als unzulänglich erwiesen hatte, war aufs heftigste erschüttert. Das Reich konnte fortan nur in Ruhe und Sicherheit leben, wenn es Rom gelang, die germanische Gefahr auf Dauer zu bannen. Soviel jedenfalls stand fest.

Von Anfang an ließ Marcus erkennen, daß er beabsichtigte, in der Germanenfrage die Gedanken Trajans wieder aufzugreifen. »Er hatte die Absicht, das Markomannen- wie auch das Sarmatenland zur Provinz zu machen, hätte sich nicht unter seiner Regierung Avidius Cassius im Osten aufgelehnt«[4], bemerkt hierzu sein Biograph. Und an anderer Stelle heißt es: »Drei Jahre lang führte er noch Krieg mit den Markomannen, Hermunduren, Sarmaten und Quaden und hätte deren Gebiet zu Provinzen gemacht, wäre ihm noch ein einziges weiteres Jahr vergönnt gewesen.«[5]

Aber das Schicksal erwies sich ihm und Rom nicht so gnädig.

Vielleicht lassen sich die sogenannten Markomannenkriege in zwei Hauptphasen teilen. Die erste begann mit dem Ausbruch der Unruhen im Jahre 166 n. Chr. und dauerte fast ein Jahrzehnt bis 175 n. Chr. Hierbei spielten sich die Kampfhandlungen der ersten Jahre auf Reichsgebiet ab. Später wechselte das Kriegsglück. Rom gelang es, eine Gegenoffensive einzuleiten und die Kämpfe auf außerrömisches Gebiet zu verlegen. Weitere Auseinandersetzungen fanden in den Jahren 177 bis 180 n. Chr. statt, nachdem die Reichsfeinde die im Jahr 175 geschlossenen Verträge gebrochen hatten. Sie endeten nur wenige Monate nach Marc Aurels Tod. Sein Sohn und Nachfolger Commodus war nicht bereit, in die Fußstapfen seines Vaters zu treten. Er ließ sich auf Friedensbedingungen ein, die in der Wissenschaft noch heute heftig umstritten sind.

Allem Anschein nach ist den Römern zu Beginn des Feldzugs 170 n. Chr. nicht alles zum besten gelungen. Die Reichsmünzen dieses Jahres melden die »profectio«, den offiziellen Aufbruch Marc Aurels von Rom. Andere zeigen den Kaiser bei der Ansprache an die Truppen. Das bedeutete nur, daß der Feldzug eröffnet war. Kaum vermag man indes den Münzen zu folgen, die römische Siege für jene Zeit verkünden. Sie scheinen eher die Sehnsüchte der Vergangenheit bewältigt als eine hoffnungsvolle Zukunft verheißen zu haben. Wohl kann nicht ausgeschlossen werden, daß vor allem der tüchtige Claudius Fronto den einen oder anderen Vorteil für Rom verbuchen konnte. Die von Marc Aurel geleitete Hauptoffensive jedoch dürfte in eine Katastrophe geführt haben. Glauben wir Appian, so erlitt das Heer des Kaisers eine seiner schwersten Niederlagen. Fast zwanzigtausend Mann fielen, und die Stadt Aquileia entging angeblich nur knapp der Eroberung, wie wir von dem Satiriker Lukian erfahren. Diese Bemerkung findet sich in einer Schmähschrift gegen den falschen Propheten Alexander, dem wir schon früher begegneten. Auch er mischte, wie es scheint, bei den Kriegsvorbereitungen wieder kräftig mit. Er prophezeite den römischen Heeren den Sieg, wenn sie vor Überschreitung der Donau dem Flußgott zwei Löwen opferten. Die Römer, abergläubisch wie eh und je, taten, wie ihnen geheißen. Die Bestien aber schwammen ans andere Ufer, wo die Barbaren sie schon erwarteten und mit Keulen erschlugen. Man hatte sie offensichtlich für große Hunde gehalten. Das Schicksal der Tiere hätte für die römischen Soldaten ein schlechtes Omen sein sollen, Warnung und Fingerzeig des Schicksals, die Überquerung des Flusses zu unterlassen. Aber sie beachteten dieses Zeichen der Vorsehung nicht.

Nicht nur der römische Dichter, auch der Historiker Ammian erwähnt die Belagerung Aquileias. Das kann nur zu dem Schluß führen, daß der Vorstoß der Römer aufgefangen worden war und es den Barbaren sogar gelungen sein muß, ins Reichsgebiet einzudringen. Offensichtlich waren es Quaden, die die Julischen Alpen überschritten und deren Stärke Marcus nicht gewachsen war. Rom mochte an die Zeiten Hannibals erinnert sein.

Im späten vierten Jahrhundert, als Ammian seine römische Geschichte schrieb, war dieser Volksstamm erneut unruhig geworden. Und der Geschichtsschreiber, der über die neuerlichen Unruhen berichtet, vergißt nicht, in diesem Zusammenhang ihre früheren Raubzüge, ihre kriegerische Geschicklichkeit und ihre blitzschnellen Angriffe schon zu Marcus' Zeiten zu erwähnen. Sie hatten sich wohl im Verband mit den Markomannen so rasch vorwärts bewegt, daß Marcus ihnen keinen Widerstand leisten, geschweige denn sie aufhalten konnte. Bedrohlich hatten sie sich der Hauptstadt wieder auf wenige Tagesmärsche genähert. Was hatte die vor zwei Jahren errichtete Sicherung Norditaliens bewirkt? Waren die dortigen Stellungen überrannt worden? War Rom möglicherweise sogar so leichtsinnig gewesen, im Vertrauen auf den Vormarsch seiner eigenen Legionen die Befestigung der Alpenregion zu lockern? Hatte man den bewährten Antistius Adventus im Jahre 170 n. Chr. schon abgezogen und zum Statthalter Untergermaniens und Britanniens befördert? Wir wissen es nicht. Sicher ist nur, daß in jenen Tagen ein naher Angehöriger des Adventus, vielleicht sogar sein Sohn, eine von Marcus' Töchtern heiratete. Ein weiterer Hinweis darauf, wie sehr der Kaiser bemüht war, die erfahrensten Kriegsmänner des Reiches seinem Haus zu verpflichten.

Anläßlich dieses Vorstoßes der angreifenden Germanen wurde auch Opitergium (Oderzo) dem Erdboden gleichgemacht. Und der Gardepräfekt Macrinius Vindex verlor Schlacht und Leben.

Marcus fand für ihn keinen Ersatz. Er mochte vielleicht an

Pertinax gedacht haben, den er soeben in den Senat berufen hatte. Aber der frisch gebackene Senator hatte schon andere, mindestens ebenso wichtige Aufgaben inne. Auch der Präfekt von Ägypten, dem von jeher eine Schlüsselrolle zukam, ein gewisser Statianus, war als Vindex' Nachfolger im Gespräch. Aber auch ihn hielten augenblicklich andere Aufgaben fest. So mußte sich der Kaiser entgegen jeder Tradition mit nur einem Präfekten begnügen. Es war der ungehobelte, aber erfahrene Bassaeus Rufus, der für dieses Amt wie geschaffen schien. Er paßte vorzüglich zu jenen harten, bildungsfeindlichen Burschen, mit denen sich Roms Kaiser seit jüngstem umgab.

Nicht nur das italische Mutterland, das freilich dem Hauptangriff ausgesetzt war, hatte damals schwer zu leiden. Noch im Jahr 170 n. Chr. durchbrach ein weiterer barbarischer Stamm, die Kostoboken, ein düsteres Volk ungewisser Herkunft, die Front an der unteren Donau und drang tief in die Balkanhalbinsel ein. Weite Teile Griechenlands wurden verwüstet. Über Thrakien und Makedonien gelangten die Feinde Roms bis nach Achaia, wo sie den perikleischen Mysterientempel in Eleusis zerstörten. Das benachbarte Athen kam gerade noch mit dem Schrecken davon. Nennenswerter Widerstand hatte sich ihnen nur an den Grenzen entgegengestellt. Einmal im Landesinnern, trafen sie praktisch auf keine Gegenwehr mehr. Jetzt machte sich schmerzlich bemerkbar, wie wenig die Städte im Innern des Reiches gegen überraschende Angriffe gerüstet waren: Keine Mauern hielten die Rasenden auf. Nur eine Handvoll eilig bewaffneter Männer trat ihnen entgegen. Sie standen jedoch gegen die anstürmenden Massen von Anfang an auf verlorenem Posten.

Ein anderer Stamm, die Bastarner, überfiel gleichzeitig die Küsten Kleinasiens. Es grenzt fast an ein Wunder, daß es Rom in verhältnismäßig kurzer Zeit gelang, alle diese Reichsfeinde wieder zu vertreiben. Das lag sicherlich nicht nur an seiner taktischen Überlegenheit. Allzuweit hatten sich die unerfahrenen Männer aus dem Norden von ihrer Heimat entfernt. Ihre Nachschubwege waren unterbrochen. Als die Kostoboken Attika erreichten, hatte sich ihre Kraft nahezu erschöpft. Sie hatten ihre Geschicklichkeit in oft unwegsamem Gelände erprobt, zudem in Gegenden, die sie nicht kannten. So bereitete es dem Prokurator Vehilius Gratus Iulianus sicherlich keine übergroße Mühe, sie zu verjagen. Man hatte ihn mit einer Sondereinheit nach Makedonien und Achaia den Feinden nachgesandt. Er traf auf einen Haufen, dessen Schlagkraft schon erlahmt war.

Weit schwieriger erwies sich die Säuberung Norditaliens, mit der der kaiserliche Schwiegersohn Pompeianus betraut wurde. Er wurde dabei von Helvius Pertinax unterstützt, der sich bald zum zuverlässigsten Helfer entwickelte. Pompeianus gelang es wohl, für Rom einige Vorteile zu erkämpfen. Die endgültige Wende brachte aber erst das ausgehende Jahr 171 n. Chr. In einer schweren Schlacht, vielleicht gegen die Jazygen in der Theißebene, fiel Claudius Fronto, der schon einer der Führer des Orientkrieges gewesen war. Sein Opfer indes war nicht vergebens. Denn noch im selben Jahr konnten die letzten Eindringlinge gefaßt und unschädlich gemacht werden. Mit Beute schwer beladen, hatten noch einige Barbaren versucht, über die Donau zu entkommen und die geraubten Schätze drüben in Sicherheit zu bringen. Sie wurden allesamt aufgerieben. Das geraubte Gut erhielten die Provinzbewohner zurück. So konnten die Münzen des ausgehenden Jahres stolz den Sieg über die Germanen verkünden, begrüßten die Truppen den Kaiser als Imperator (VI).

Mit der Abwehr dieser Einfälle war sicherlich die größte Gefahr überwunden. Die Moral der Truppen hatte ihren Tiefstand durchschritten. Keineswegs vergeblich hatten die Münzen immer wieder Treue, Eintracht und Durchhaltevermögen der Legionäre beschworen. Niemand konnte mehr bezweifeln, daß es wieder aufwärts gehen würde.

Trotzdem hatten die ins Reich getragenen Gefahren, hatten Krieg, Krankheit und der allgegenwärtige Tod zahlreiche, längst unterworfene und romanisierte Stämme ermutigt, noch einmal den Aufstand zu proben. Jetzt erst zeigte sich, auf welch schwachen Beinen jener Vielvölkerstaat, der sich »Imperium Romanum« nannte, in Wirklichkeit stand. Im Nildelta erhoben sich die Bukolen und mußten von Avidius Cassius blutig niedergeworfen werden. Aufgebrachte Mauren fielen in Spanien ein. In Britannien tobte der Aufruhr. Wirren entstanden auch in Armenien und an der Pontusküste. Und über allem schwebte, ein Damoklesschwert, die Gefahr des Ausbruchs eines neuen Partherkrieges. »... alles dies gehört zu den ewig wiederkehrenden Verwicklungen an den vier Ecken des Reichs und blieb ohne größere Bedeutung für die Hauptprobleme, die noch zu lösen waren; aber sie erhöhten den Zustand der Unruhe, und der Ausfall an Erträgnissen in den betreffenden Provinzen verschlimmerte wie die Pest die wirtschaftliche Lage des Reichs und die Not seiner zentralen Kassen.«[5]

Aber noch anderes war zu beobachten. Wie selten zuvor waren die Menschen verunsichert worden. In panischer Angst begannen all die Städte, die der Habgier und Zerstörungswut der germanischen Krieger entgangen waren, ihre Mauern zu befestigen und Wehranlagen zu errichten. Es beteiligten sich aber auch solche Orte, denen niemals Gefahr gedroht hatte und nach menschlichem Ermessen auch nicht drohen würde. Um solchen Panikhandlungen vorzubeugen, erließ Marc Aurel eine Vorschrift, die die Errichtung von Befestigungen nur mit seiner Genehmigung gestattete. Denn es war kaum zu verantworten, die ohnehin erlahmenden Kräfte des Reiches unnötig zu vergeuden, wo doch ein so dringendes Problem wie die Verfolgung und endgültige Vernichtung eines der gefährlichsten Feinde Roms anstand.

Die aufgebrachten Mauren verwüsteten vor allem die »Baetica«. Sie war eine senatorische Provinz im Süden Spaniens ohne eigene Truppen und deshalb dem Feind schutzlos ausgeliefert. Der Kaiser handelte rasch. Er ernannte seinen Freund Aufidius Victorinus zum Statthalter der Provinzen Baetica und Tarraconensis und entsandte ihn gegen den Feind. Der Senat hatte damit eine wichtige Provinz verloren, aber es kam jetzt nicht darauf an, irgendwelche Privilegien zu schützen, sondern das Reich vor noch größerem Schaden zu bewahren. Zum Ausgleich erhielt der Senat das wegen seiner Insellage weniger gefährdete Sardinien. In diesem Zusammenhang taucht in den Annalen ein Mann auf, der in der weiteren Geschichte Roms noch von sich reden machen sollte: L. Septimius Severus. Der Mann aus Afrika, noch unbekannt und in untergeordneter Stellung nach Sardinien entsandt, würde dereinst den Thron der Caesaren besteigen ...

Aufidius Victorinus, dem zur Säuberung der Iberischen Halbinsel nur die VII. Legion Gemia zur Verfügung stand, erhielt bald Hilfe von Gratus Iulianus, der soeben die Kostoboken vom Balkan vertrieben hatte. Mit vereinten Kräften gelang es beiden, die Mauren wieder zurückzudrängen.

Makaber mutet der Bericht des Cassius Dio an, der den bukolischen Aufstand in Ägypten wiedergibt. Bukolen, das waren jene Hirten, die damals das Nildelta bewohnten. Niemand vermag zu sagen, worin ihre Unzufriedenheit eigentlich bestand. Sie hatten sich einem Priester namens Isidorus angeschlossen und schürten unter seiner Führung auch unter anderen Bewohnern des Landes Aufruhr. Religiöser Fanatismus scheint sie dabei mehr geleitet zu haben als Unzufriedenheit mit der römischen Politik. Offensichtlich hatte die Besatzungsmacht schon früher aufmüpfige Bukolen eingesperrt, denn andere erschienen, in Frauengewänder gehüllt, vor dem römischen Centurio. Der Römer hielt sie tatsächlich für Frauen, die gekommen waren, ihre inhaftierten Männer mit Gold auszulösen. Kaum aber hatte er sich ihnen auf Greifweite genähert, als sie über ihn und seinen Begleiter herfielen und sich an den Eingeweiden der Getöteten ergötzten. Angeblich sollen sie davon sogar gegessen haben. Es war wohl eine Art Ritualmord, wie ihn vielleicht ihre Religion forderte. Immerhin fanden sie anfangs zahlreiche Gesinnungsgenossen, schlugen die Römer sogar in offener Feldschlacht und hätten beinahe Alexandria eingenommen. Da aber hatte Avidius Cassius schon eingegriffen.

Der römische Feldherr, kühn und erfolgreich, ging nach

der bewährten Methode vor: divide et impera – teile und herrsche! Zuerst zerstörte er ihre innere Geschlossenheit. Denn einzeln waren sie leichter zu überwältigen. Der Senator bedurfte übrigens zum Betreten Ägyptens einer kaiserlichen Sondererlaubnis. Seit Augustus' Herrschaft gehörte die Kornkammer des Reiches zum kaiserlichen Besitz, den kein Mitglied des Senatorenstandes stören durfte.

Auch die Unruhen in Armenien drohten sich auszuweiten. Hier sei an Sohaemus erinnert, den Mitkaiser Lucius nach Beendigung der Kämpfe in Armenien als Klientelkönig von Roms Gnaden auf den Thron gesetzt hatte. Seine Stellung war von Anfang an unsicher gewesen. Soeben hatte man ihn sogar mit parthischer Hilfe vertrieben, und es lag nun an Rom, ihn in seine zugesicherten Rechte zurückzuversetzen. Der Urheber dieser Unruhen war wahrscheinlich ein gewisser Tiridates, von dem ebenfalls Cassius Dio berichtet. Der jedenfalls habe, auf den Abfall Armeniens angesprochen, den zuständigen Statthalter Martius Verus mit dem Schwert bedroht. Erstaunlich mild fiel die von Marcus verhängte Strafe aus. Er wurde nur nach Britannien verbannt. Dies war keineswegs die angemessene und ansonsten auch übliche Bestrafung, die auf Hochverrat stand. Sicherlich hatte jeder mit der Hinrichtung des Verräters gerechnet. Es ist nicht bekannt, weshalb Marcus von den üblichen Gepflogenheiten abwich. Vielleicht wollte er seinen Feinden keinen weiteren Vorwand zu erneuter Unzufriedenheit liefern. Im übrigen war Britannien weit ...

In diesem Zusammenhang bietet uns der griechische Geschichtsschreiber auch eine interessante Charakterschilderung des Martius Verus an, der damals den Statthalterposten Kappadokiens bekleidete. Wie kaum ein anderer habe es dieser Mann verstanden, seine Gegner durch einleuchtende Reden zu gewinnen und sich ihrer Freundschaft durch großzügige Zuwendungen zu versichern. Sein Charme soll so überwältigend gewesen sein, daß jeder Ärger gegen ihn verrann und jeder Zorn ohnmächtig dahinschmolz. »Er wußte, wann Schmeicheleien, wann Geschenke und wann eine gastfreundliche Bewirtung an seiner Tafel angebracht waren.« Aber man habe ihn auch wegen seiner Tatkraft und Ausdauer bewundert. So habe er selbst den Barbaren gezeigt, »daß es besser sei, ihn sich zum Freund als zum Feind zu machen«[6]. Doch sicherlich werden auch und gerade zu seiner Zeit Roms Neider eher durch die Schärfe seiner Waffen als durch schöne und wohlgesetzte Worte überzeugt worden sein. Immerhin ist es tröstlich zu erfahren, daß es auch im späten zweiten Jahrhundert mit seiner langsam sterbenden politischen Kultur noch Römer gab, die in der Lage waren, Hadrians einst vielgerühmte Diplomatie fortzusetzen.

In großem persönlichen Einsatz hatte Marc Aurel die Überlegenheit Roms bewiesen. Die Kraft, derartige Prüfungen zu bestehen, habe er, so sein Biograph, hauptsächlich aus der stoischen Unterweisung bezogen. Rom und die Römer hätten zufrieden sein können, zumal niemand je vermutet hätte, daß sich aus dem weltverachtenden Philosophen in entscheidender Lage ein ebenso fähiger und umsichtiger wie letztlich erfolgreicher Feldherr entwickeln würde. Vorbildlich hatte er sich seinen Soldaten in Mut und Ausdauer gezeigt und sicherlich nicht zuletzt deshalb das Kriegsglück zugunsten Roms entschieden. Dennoch gab es Nörgler und Neider, die ihn herber und nicht selten ungerechter Kritik aussetzten. Und seine Soldaten scheuten sich nicht, ihn nach der vorläufig glücklichen Beendigung der Kampfhandlungen um Geldprämien anzugehen. Unerschrocken trat Marcus aber ihrer kühnen Forderung entgegen: Für alles, was sie über ihren regulären Sold hinaus verlangten, müßten ihre Eltern und Verwandten bluten. Er selbst sehe sich nicht in der Lage, ihre Ansprüche zu befriedigen ...

Blutigen Tribut hatte der Krieg schon gefordert, auch und vor allem unter den Vornehmen Roms. »Viele angesehene Männer sind im Germanen- oder Markomannenkrieg oder vielmehr im Krieg gegen zahlreiche Völkerschaften geblieben«[7], klagt Iulius Capitolinus. Ihnen allen setzte der Kaiser Standbilder. Manchem Römer schien der Preis des Sieges hoch genug. Man beschwor den Kaiser, doch endlich den Kriegsschauplatz zu verlassen und nach Rom zurückzukehren. Doch Marc Aurel »wollte davon nichts wissen, harrte auf seinem Posten aus und verließ ihn nicht, bevor er alle Kriege beendigt hatte«[8].

Nirgendwo ist überliefert, wo der römische Kaiser den ersten Kriegswinter 170/71 n. Chr. verbrachte. Ende 171 aber bezog er nach unserer Kenntnis sein Hauptquartier in Carnuntum an der Donau, um dem Feind besonders nahe zu sein. Denn er vermutete den Hauptgegner Roms zurecht in den starken Markomannen, die zudem über eine beachtliche Anzahl Verbündeter verfügten. Denen zu Hause mochte es unverständlich erscheinen, weshalb Marc Aurel die längst geplante Offensive gegen diesen Feind gerade jetzt beginnen wollte. Und es sollte keineswegs nur eine Strafexpedition werden. Der Philosoph auf dem Kaiserthron plante vielmehr einen regelrechten Eroberungsfeldzug. Aber er verfolgte damit nicht eine imperialistische Politik, wie sie römischer Tradition entsprach und zuletzt von seinem Urgroßvater Trajan betrieben worden war. Sicherlich spukte in manchem vernebelten Hirn noch immer der Ehrgeiz nach Mehrung des Ruhmes der Weltmacht. Marc Aurel aber leiteten andere Motive. Am Ende dieses Krieges sollte das »Markomannen- wie auch das Sarmatenland zur Provinz« gemacht werden, wie wir gehört haben. Mit einem solchen Bollwerk wollte er den römischen Besitzstand wahren und die »Pax Romana« auch für die Zukunft nachhaltig sichern.

Verhandlungen auf diplomatischer Ebene gingen der großangelegten Gegenoffensive voran. Gesandtschaften vieler Stämme erschienen vor dem Kaiser, wohl im gerade bezogenen Quartier von Carnuntum, um ihre Ergebenheit zu versichern und um Frieden nachzusuchen. Marc Aurel nutzte die Gunst der Stunde. Was hätte Rom Günstigeres tun können, als nach bewährter Methode unter seinen Feinden Zwietracht zu saen und die gefährlichsten Stämme zu isolieren? Durch Geld- und Landzuwendungen gelang es dem Kaiser, einzelne Stämme gegeneinander auszuspielen. Sogar die Quaden fanden sich zum Waffenstillstand bereit. Ihre Unterwürfigkeit mag Marcus besonders gefreut haben, bestand doch Aussicht, sie vor allem von den Markomannen zu trennen. Anschaulich schildert Cassius Dio, wie sie den Römern nicht nur Pferde und Rinder schenkten, sondern auch alle Überläufer und Kriegsgefangenen auslieferten, um ihr Angebot zu bekräftigen.[9]

Zahlreiche Römer, vor allem Provinzbewohner, müssen während der Kämpfe in feindliche Hand geraten sein. Anläßlich des Friedensschlusses im Jahre 172 n. Chr. sollen allein die Quaden dreizehntausend Gefangene zurückgegeben haben. Ein großer Teil der Zivilbevölkerung dürfte das Imperium zusammen mit den Barbaren wohl freiwillig verlassen haben. Es waren wahrscheinlich jene Reichsbewohner, »die unter der schweren Last der militärischen Grenzprovinzen am meisten litten«[10]. Weitere fünfzigtausend Kriegsgefangene seien von den Quaden dann drei Jahre später an Rom ausgeliefert worden. All diese von Cassius Dio gemachten Angaben sind natürlich mit Vorsicht zu genießen. Doch klingen sie nicht unwahrscheinlich, zumal wir im Zusammenhang mit dem Barbareneinfall in die Nordprovinzen auch von Unruhen der dort ansässigen Zivilbevölkerung erfahren.

Den Quaden habe der Kaiser nur das Recht, römische Märkte zu besuchen, verweigert. Sie hätten zwar versichert, weder Markomannen noch Jazygen aufzunehmen oder auch nur ihr Gebiet passieren zu lassen. Aber man befürchtete, diese könnten sich unerkannt unter sie mischen und so die römischen Stellungen auskundschaften.

Soweit dem römischen Kaiser einzelne einsichtige Stämme tauglich erschienen, verpflichtete er sie zum Kriegsdienst. Anderen wies er Land in den nördlichen Provinzen zu. Ein kleiner Teil habe sogar Siedlungsland in Italien erhalten. Diese Großzügigkeit aber setzte ihn nicht nur heftiger Kritik aus. Er sollte mit seinen »coloni« auch schlechte Erfahrungen machen. Davon wird an anderer Stelle noch ausführlich zu berichten sein.

Einige Barbarenstämme rieben sich auch gegenseitig ohne Zutun der Römer auf. Die Astinger nahmen beispielsweise das Land der Kostoboken gewaltsam in Besitz, nachdem Rom ihr Ansinnen nach Geld und Land zurückgewiesen hatte und die Kostoboken durch ihre Raubzüge auf den Balkan in ihrer Verteidigungskraft geschwächt waren. Sie wurden bald von den Lakringern, die durch deren Machtzuwachs die eigenen Pfründe bedroht sahen, so vernichtend geschlagen, daß sie sich fortan aller Feindseligkeiten gegen Rom enthielten. Mit diesen beiden Stämmen, die zu den – später berüchtigten – Vandalen gehörten, gewann Rom nützliche Bundesgenossen.

Manche Völker verhielten sich allerdings wenig loyal, brachen getroffene Vereinbarungen und mußten schließlich mit Waffengewalt zur Vernunft gebracht werden. Den Römern wäre besonders ein Bündnis mit den Kotinern entgegengekommen. Sie waren nicht nur die Nachbarn der gefürchteten Markomannen. Sie besaßen augenblicklich auch die Eisenbergwerke, die vielen Barbaren den Rohstoff zur Waffenherstellung lieferten. Aber gerade sie, ein düsteres Volk wohl keltischen Ursprungs, hielten sich nicht an die Abmachungen und büßten für ihren Verrat, wie wir wieder von Dio erfahren, mit Land und Leben.

Die Münzen des Jahres 172 n. Chr. berichten endlich wieder von einer Ansprache des Kaisers an die Truppen. Ein neuer Feldzug, die so lange geplante und immer wieder verschobene Offensive, stand bevor. Die »virtus Augusti«, die Tapferkeit des Kaisers, wurde gepriesen. Und wir kennen Münzen, die römische Soldaten, ähnlich denen auf dem Relief der Markussäule, beim Überqueren der Donau zeigen.

Längst hatte Marc Aurel, der friedliebende Philosoph, auch sein Gewissen beruhigt. Nicht Rom, nicht er, war diesmal der Angreifer gewesen. Der unselige Krieg war ihm aufgezwungen worden. Selten zuvor war Rom in den Sinn gekommen, ein von ihm geführter Krieg gegen Barbaren könnte alles andere als ein gerechter sein. Aus göttlichem Auftrag hatte der

Römer in den langen Jahrhunderten seiner Geschichte stets das Recht bezogen, einer noch unzivilisierten Welt den römischen Frieden auch mit Waffengewalt zu bringen. Der nachdenkliche Kaiser mag da seine Zweifel gehabt haben, wie auch schon seine beiden Vorgänger mit dieser Tradition gebrochen hatten. Aber wo Roms Sicherheit auf dem Spiel stand, durfte es auch für ihn kein Zögern geben. Was gingen ihn schließlich die Barbaren mit ihren kecken Ansprüchen auf Lebensraum an? Römer war er, und in dieser Eigenschaft hatte er auch vorrangig römische Interessen zu vertreten.

Leider ist auch über diese Kämpfe nichts Genaueres bekannt. Wahrscheinlich gingen auch diesmal nicht alle zugunsten Roms aus. Es erwies sich jedoch von Vorteil, daß es ihm gelungen war, die Quaden wenigstens vorübergehend auszuschalten und so gegen die Markomannen freie Hand zu haben. Als sich das Jahr 172 n. Chr. neigte und die Feldzugsaison zu Ende ging, waren die Markomannen niedergerungen. Rom atmete auf. »Germania subacta« – Germanien ist unterworfen – meldeten die Münzen in alle Welt. Und sie zeigten auch, wie die »Germania« vor dem römischen Kaiser kniet, um die Friedensbedingungen entgegenzunehmen: eine weibliche Gestalt mit sechseckigem Schild. Zugleich verlieh der Senat dem Kaiser den Titel »Germanicus«, Bezwinger Germaniens.

Erstmals in der römischen Geschichte taucht hier der verruchte Commodus als politisch Mitverantwortlicher auf, ein Knabe, mit dem der Vater seinen Ruhm teilt: Es war am 15. Oktober, als er ebenfalls diesen Titel annahm. War er dem Kaiser in die Nordprovinzen gefolgt? Auszuschließen ist es nicht. Auf Sizilien wurde nämlich eine Inschrift gefunden, die »ein Gebet für das Wohlergehen und die Rückkehr des Marcus und seiner Kinder«[11] aus dem Krieg gegen die Markomannen enthält. Möglicherweise aber hatte der Kaiser auch nur die eine oder andere seiner Töchter bei sich. Denn Commodus litt, wie wir gehört haben, zur Zeit des Aufbruchs seines Vaters an einer nicht näher bezeichneten Krankheit, von der ihn Galen aber geheilt haben soll.

Ein anderes Ereignis aber, von dem die alten Quellen ebenfalls berichten und die archäologischen Zeugnisse künden, fand sicherlich während der ersten Jahre der Kriege im Norden statt.

Im Zusammenhang damit sei auch ein kurzer Blick auf Marcus' Verhältnis zur Religion im allgemeinen und zum Christentum im besonderen gestattet.

Alles ist wie durch ein heiliges Band miteinander verflochten ... Aus allem zusammengesetzt ist eine Welt vorhanden, ein Gott, alles durchdringend ... eine Vernunft, allen vernünftigen Wesen gemein, und eine Wahrheit ...

(Selbstbetrachtungen 7, 9)

Oh, was für eine Seele ist das, die bereit ist, jeden Augenblick von dem Körper, wenn es so sein soll, sich loszulösen und entweder zu erlöschen oder zu zerstäuben oder mit ihm fortzudauern! Nur muß diese Bereitschaft von der eigenen Überzeugung herstammen, nicht aber, wie bei den Christianern, von bloßem Eigensinn; vielmehr muß sie mit reiflicher Überlegung und Würde verbunden und ohne tragischen Pomp sein, so daß sie auch andere überzeugt.

(Selbstbetrachtungen 11, 3)

24. KAPITEL

Bürger zweier Welten – Der Kaiser und die Religion

Seit nahezu zwei Jahrtausenden versetzt die Tatsache in Erstaunen, daß die heftigsten und blutigsten Ausschreitungen der ersten beiden Jahrhunderte gegen die Christen ausgerechnet unter der Herrschaft jenes Mannes stattfanden, der im Bewußtsein einer historisch interessierten Welt als der Weise auf dem Kaiserthron weiterlebt. Wie konnte es geschehen, daß ungezählte Anhänger der neuen Lehre Martyrium und Tod gerade unter Marc Aurel erlitten, der aufgrund seiner stoischen Lebensauffassung ihrem Denken viel näher stand als jeder seiner Vorgänger und mancher seiner Nachfolger? Wie konnte jener »fromme, duldende Denker« (Weber) mit derart unnachgiebiger Härte gegen verhältnismäßig harmlose Idealisten vorgehen, wo er doch selbst jenen, die ihm nach Thron und Leben trachteten, allezeit zu vergeben geneigt war?

Zahlreich und massiv sind die Vorwürfe, die sich Marc Aurel noch heute gefallen lassen muß und die auf das Bild des weisen Herrschers einen düsteren Schatten werfen: Marc Aurel als der erste wirkliche Christenverfolger, dem dieser Schimpfname gebührt. Er als Urheber jener bewußt christenfeindlichen Edikte, deren Forderungen kein Gläubiger ohne Verrat an seinem Gewissen nachkommen konnte und die deshalb geeignet waren, eine breite Öffentlichkeit gegen alle »christiani« aufzuhetzen. Und weshalb verteidigten schließlich die alten Kirchenväter diesen Mann, allen voran Tertullian, der sogar behauptete, Marc Aurel habe seine Glaubensbrüder beschützt?

Fragen, die jahrhundertelang in der Wissenschaft mitunter heftige Kontroversen auslösten und bis heute nicht befriedigend zu beantworten sind.

Der einzige Weg zur Freiheit führt nicht über Politik und Revolution, sondern allein über die Philosophie. Und sicherlich besteht die wahre Philosophie nicht in den Spekulationen der Bücher, »sondern in der getreulichen Ausübung der Ehrenhaftigkeit und Anständigkeit nach der innersten Stimme, die in einem gewissen mystischen Sinn das Wort Gottes im Herzen der Menschen ist«[1].

Längst hatte im ausgehenden zweiten Jahrhundert christlicher Zeitreichnung die Religion ihre frühere Vormachtstellung gegenüber der Philosophie zurückerobert. Der einst in

Griechenland beheimatete und von dort nach Italien überkommene rationalistische Geist war einer religiös-mystischen Geisteshaltung gewichen. Hatten sich nicht schon Augustus und seine Nachfolger bemüht, den alten Glauben zu neuem Leben zu erwecken? Was der Römer von seinen Vätern an alten Kulten ererbt hatte, versuchte er aufrechtzuerhalten. Seine besondere Verehrung galt von jeher der auf dem Kapitol thronenden göttlichen Dreiheit von Jupiter, Juno und Minerva. Seit dem Tod Cäsars war der Kult des vergöttlichten Kaisers und später auch der seiner Familienangehörigen hinzugekommen.

In Wirklichkeit aber boten die althergebrachten religiösen Vorstellungen keine echte Befriedigung mehr. Zu unpersönlich, gewährten sie weder Hilfe in Not noch Trost in Leid oder in aktuellen Problemen des gegenwärtigen Lebens oder der Zukunft. Noch hielten sich die gebildeten Schichten »an den Stoizismus mit seiner erhabenen Sittenlehre und seiner pantheistischen Theologie. Aber der Stoizismus sah sich mehr und mehr außerstande, den religiösen Bedürfnissen intellektueller Kreise zu genügen; er war zu kalt, zu vernünftig und logisch, zu irdisch ...«[2]

Im übrigen war das antike Heidentum keine einheitliche Religion, eher ein Chaos verschiedenster und oft konkurrierender Glaubensbekenntnisse. Und keines von ihnen war geeignet, die Sehnsüchte der suchenden Menschheit zu erfüllen.

Die Haltung der römischen Staatsführung gegenüber allen religiösen Strömungen war von bewundernswerter Toleranz geprägt. Vor allem die zurückkehrenden Heere hatten stets, besonders aus dem Orient, fremde Kulte nach Rom eingeschleppt. Und die römische Regierung hatte alle fremdländischen Religionen im allgemeinen bereitwillig aufgenommen und immer nur verlangt, daß die neuen Götter den alten gegenüber die gleiche Duldung übten. »Der aufgeklärte Despotismus der Adoptivkaiser war sogar geneigt, die Verbreitung religiöser Strömungen aus dem Osten zu begünstigen, allerdings immer unter der Voraussetzung, daß sie loyal waren und sich jeglicher politischer Einflußnahme enthielten. Dazu wurden gelegentlich Gesten der Verehrung gegenüber den alten Göttern und dem Haupte des Staates verlangt. Zum bestätigenden Zeichen der Loyalität gegenüber dem Staat hatte sich das Abbrennen von Weihrauch vor der Statue des Kaisers entwickelt, ein Akt der Verehrung, von dem nur Juden und zunächst auch die vermeintlich jüdische Sekte der Christen ausgenommen waren ...«[3]

Zu den Suchenden seiner Zeit gehörte auch der römische Kaiser selbst, er, der ein überzeugter Anhänger der stoischen Lehre war und doch zeitlebens um den Frieden seiner Seele rang, er, der für »das Wirrsal des internationalen Lebens im Reich eine erlösende Formel suchte, aber nur müde Resignation« fand, ein Mensch, der »das Reich wohl aus äußeren Gefahren rettete, aber seine innere Not nicht überwand«[4]. Mit den Christen anfreunden konnte er sich nie. Ihre Lehre hat am Kaiserhof keinen Zugang gefunden. Warum hätte sich auch ein Geist wie Marc Aurel für sie interessieren sollen? Allein in den stoischen Anschauungen des späten Griechentums erkannte er die Kraft, die geeignet war, die Einheit des Weltreiches gegen die drohenden Gefahren der Zersetzung zu verteidigen, mochten sie auch wenig dazu beitragen, die Bedürfnisse seiner eigenen irrenden Seele zu stillen.

Mit unvorstellbarer Geschwindigkeit hatte sich die Geistesströmung ausgebreitet, deren Anhänger sich »christiani« nannten. In seinen Selbstbetrachtungen erwähnt sie Marc Aurel ein einziges Mal. Sie führten ihren Namen auf den Juden Jesus Christus zurück, den Messias oder Gesalbten, wie er im Bewußtsein vieler Menschen in Erinnerung geblieben war. Seine vor mehr als eineinhalb Jahrhunderten in Judäa begründete Lehre brach mit der jüdischen Überlieferung, der Tempel sei die Manifestation des Glaubens und Jerusalem der privilegierte Mittelpunkt der religiösen Welt. Zwar verlangte auch jener Jesus die Verehrung eines einzigen Gottes, näherte sich aber zumindest mit seiner Auffassung vom göttlichen Geist der pantheistischen Vorstellung der Stoa und ihrer Lehre von den Kräften der alldurchwaltenden Gottheit.

Diese neue Glaubensbewegung, die sich deutlich von jüdischen Überlieferungen unterschied, war von Anfang an international angelegt, an Juden und Heiden gleichermaßen gerichtet und hatte schnell alle Gesellschaftsschichten erfaßt. Das lag womöglich daran, daß im Gegensatz zu den anderen Göttern des römischen Reiches dieser Jesus tatsächlich gelebt hatte, durch die Vorbildlichkeit seines Lebenswandels im ganzen Orient bekannt geworden war und schließlich einen Tod erlitten hatte, der von vielen Zeitgenossen als ungerecht empfunden wurde. Zudem war seine Lehre insofern revolutionär, als sie erstmals die Gleichheit aller Menschen vor Gott verkündete (was freilich nicht so weit ging, das Sklavenwesen jener Zeit auch nur in Frage zu stellen). Allen Menschen wurde darüber hinaus ein Weiterleben nach dem Tode zugesichert gemäß ihren irdischen Verdiensten. Die Düsterkeit eines Hades hatte nach Jahrhunderten plötzlich ihren Schrecken verloren. Kein Wunder also, daß sich die Anhänger dieser Lehre zunehmend von allen irdischen Gütern abwandten und ihr ganzes Dasein auf jenes verheißene ewige Leben auszurichten begannen. Dies wiederum erregte den Argwohn ihrer heidnischen Mitbürger.

Die Schwierigkeit der im Grunde friedliebenden Christengemeinde lag in ihrer Intoleranz. Aufgrund ihrer besonderen Gläubigkeit mußten sich die Christen zwangsläufig weigern, in der vorgeschriebenen Weise ihre Loyalität gegenüber dem römischen Staat zu bekunden. Sie stellten sich damit bewußt außerhalb der Gemeinschaft und verletzten mit ihrer Weigerung fortwährend die Gefühle ihrer römisch denkenden Zeitgenossen. Kein Wunder, daß man ihnen in ihrer Abgeschlossenheit und überlegenen Selbstsicherheit bald vorwarf, alle staatsbürgerlichen Pflichten zu fliehen und damit eine Schwächung der nationalen Lebenskraft Roms herbeizuführen. Gegen sie entwickelte sich eine abgrundtiefe Abneigung, die schließlich in blankem Haß gipfelte. Mochte dieser zunächst auch nur vom einfachen Volk ausgegangen sein, im Laufe von Jahrzehnten hatte er sich doch auch der politischen Führungsschicht und schließlich dem

Kaiserhaus mitgeteilt. Dort mißfiel bei aller Toleranz gegenüber jeglichen Religionen verständlicherweise der Widerstand dieser Leute, die vorgeschriebenen Opferriten zu vollziehen. Nicht die Stärke und Besonderheit ihres Glaubens machte die Christen den Römern verdächtig, sondern die Gefahr, die von ihrer Hartnäckigkeit für den Bestand des Weltreiches ausging.

Dennoch hatten all diese Tatsachen in der Vergangenheit kaum ein schwerwiegendes Problem dargestellt. Wir haben keine zuverlässigen Nachrichten darüber, wann ein Christ erstmals offiziell als Staatsfeind gebrandmarkt, wann das Bekenntnis zu dieser neuen Lehre erstmals als todeswürdiges Verbrechen geahndet wurde. Mag sein, daß schon Nero einige Christen hinrichten ließ, als er einen Sündenbock für den verheerenden Brand Roms suchte, den er wohl selbst gelegt hatte. Von einer systematischen Christenverfolgung, wie sie wohl eher in das Konzept phantasiebegabter Hollywood-Regisseure paßt, kann unter ihm aber noch keine Rede sein. Und auch seine Nachfolger, ausgenommen vielleicht Domitian, scheinen die christenfeindlichen Vorschriften eher nachlässig gehandhabt zu haben. Die erhaltene Korrespondenz zwischen Kaiser Trajan und seinem bithynischen Statthalter Plinius etwa, der die bestehenden Gesetze vermutlich mit übertriebenem Eifer anzuwenden gedachte, bürgt dafür, daß niemand Schlimmes zu befürchten hatte, der zur Verehrung der römischen Staatsgötter bereit war. »Opferte« er durch Abbrennen von Weihrauch vor der Statue des Kaisers, wie man es von jedem Römer erwartete, ließ man ihn für gewöhnlich frei, und er durfte ungehindert seinem »perversen Irrglauben« nachgehen. Hadrian schloß sich der trajanischen Christenpolitik im großen und ganzen an und nahm den Anhängern dieser Religion gegenüber eine womöglich noch gleichgültigere Haltung als sein Vorgänger ein. Und auch Antoninus Pius' Interesse für die Christen hielt sich in Grenzen. Sie alle hatten sich zum Grundsatz gemacht: »Aufzusuchen sind sie nicht.« Darüber hinaus hatte Hadrian Anweisungen getroffen, im Zweifel stets zugunsten der Verdächtigen zu entscheiden und vor allem haltlosen Anschuldigungen nicht nachzugehen. Sehr aufschlußreich ist in diesem Zusammenhang ein Brief Hadrians an einen Statthalter in Asien: »... Denn weder sollen die Unschuldigen beunruhigt werden, noch soll verleumderischen Zuträgern Gelegenheit gegeben werden, sich zu bereichern. Wenn unsere Untertanen in den Provinzen für ihre Klage gegen die Christen Beweise beibringen, so daß man ein ordentliches Gerichtsverfahren einleiten kann, dann habe ich nichts dagegen, wenn sie das tun. Aber ich gestatte ihnen nicht, sich dabei lediglich auf leeres Gerede zu berufen. Denn es ist viel gerechter, daß Du, wenn jemand Klage gegen die Christen erheben will, gerichtlich nachprüfst, was man ihnen vorwirft. Wenn daher jemand Anklage erhebt und beweist, daß die obengenannten Leute etwas Ungesetzliches tun, dann wirst Du sie entsprechend ihrem Vergehen bestrafen; andererseits sollst Du, bei Herkules, besonders dafür Sorge tragen, daß gegen denjenigen, der irgendwie Christen, nur um sie zu verleumden, anklagt, mit schweren Strafen vorgegangen wird, entsprechend seinem abscheulichen Verhalten.«[5]

Nun war es sicherlich nicht allzu schwierig, in Zeiten soliden Wohlstandes auch fanatischen Minderheiten überdurchschnittliche Großzügigkeit zu erweisen. Das Reich hatte unter Trajan seine größte Ausdehnung erlangt. Noch einmal strömten unermeßliche Reichtümer nach Rom, durfte sich die ewige Stadt in dem Wahn wiegen, auf der Höhe ihrer Blüte angelangt, unbesiegbar und unvergänglich zu sein. Aber das Blatt der Geschichte wendete sich rasch, als Marc Aurel den Thron bestieg. Nach der mühsamen, wenn auch letztlich wenigstens zeitweise erfolgreichen Niederwerfung der Parther überzog eine epidemieartige Krankheit das ganze Reich und hinterließ allerorten Tod und Verwüstung. Hungersnot breitete sich aus. Der Staat geriet in eine schwere Finanzkrise. Und als hätte die Menschheit jahrzehntelangen Frieden nicht schon genügend gebüßt, brach mit den wandernden germanischen Stämmen eine erneute Katastrophe über Rom herein. Selbst wer den alten Göttern bislang getrotzt hatte, neigte angesichts dieser Gefahren nun demütig das Haupt. Sogar der Kaiser, der schon in früher Jugend dem einfachen Glauben des Volkes abgeschworen und »die polytheistischen Mächte in das System der stoischen Weltanschauung eingefügt«[6] hatte, besann sich auf Überliefertes. Das von ihm und Lucius Verus veranstaltete Göttermahl, ein Brauch noch aus republikanischer Zeit, sollte die erzürnten Götter versöhnen, die, nur allzu bedenkenlos beleidigt, ihren Blick von Rom abgewandt hatten. Jeder Römer war aufgerufen, sich an den religiösen Zeremonien zur Rettung des Staates zu beteiligen. Und jeder kam der Aufforderung bereitwillig nach – mit Ausnahme der Christen, deren Gott, eifersüchtig, keine fremden Götter neben sich duldete.

Kein Wunder, daß man bald in diesen frommen Idealisten die wahren Urheber allen Übels sah. Die Apokalypse bildete einen idealen Nährboden für christenfeindliche Ausschreitungen, und die Betroffenen selbst erkannten wohl am besten, was man ihnen alles in die Schuhe schob: »Wenn der Tiber die Mauern überflutet, wenn der Nil die Felder nicht überflutet, wenn der Himmel stille steht, die Erde bebt, bei jeder Hungersnot, bei jeder wütenden Seuche heißt es gleich: Die Christen vor den Löwen.«[7] So sah es nur ein paar Jahrzehnte später Tertullian, der wußte, wovon er sprach. Die Götter suchten Rom mit den schlimmsten Katastrophen heim. Und wer mißachtete diese schließlich mehr als jener Haufen gefährlicher Neuerer, die von einem einzigen Gott träumten, der ihnen ein Weiterleben nach dem Tode verhieß? Was kümmerte jene Menschen das römische Reich mit all seinen Sorgen und irdischen Nöten, wo doch ein jeder von ihnen danach trachtete, möglichst schnell das Angesicht seines Gottes zu schauen?

Wir kennen Marcus' persönliche Empfindungen für die Christen nicht. Für ihn waren sie einfach zum Sterben abgerichtet, ohne die dem Individuum gewöhnlich eigene freie Wahl zu haben. Hatte nicht schon sein großes Vorbild Epiktet von den Christen (die er Galiläer nannte) behauptet, sie seien nur aus Gewohnheit furchtlos? Ihre ständige Todesbereitschaft

– Marc Aurel hätte sie akzeptiert, anerkannt sogar, wäre sie einer tiefen inneren Überzeugung entsprungen. So aber konnte er sich nicht für sie begeistern, da sie für ihn nur Frucht bloßen Trotzes war. Wer konnte sich rühmen, jene Verrückten zu verstehen, die den Märtyrertod geradezu suchten, da er ihnen den sichersten Weg zur Seligkeit wies? Und doch weht uns aus Marc Aurels seltsamem Zwiegespräch mit seiner Seele gelegentlich auch ein Hauch von Bewunderung für die »christiani« entgegen: »... mögen wir sie auch ermorden, zerfleischen und mit ihren Flüchen verfolgen. Was tut denn das? Kann doch deine denkende Seele dessen ungeachtet rein, verständig, besonnen, gerecht bleiben.«[8] Aber sein Staunen galt wohl weniger ihrer Bereitschaft zu sterben als der zähen Hartnäckigkeit, mit der sie an den Prinzipien ihres Glaubens festhielten.

Denn Marcus war selbst im Grunde ein tief religiöser Mensch. Sein Glaube aber war »Bildungsreligion, nirgends mehr Urerweckung ... Er begriff nichts vom Fanatismus gläubiger Schwärmer, die, auf den Herrn des himmlischen Reichs als ihren Erlöser aus irdischer Not hoffend, alle Strafen der Welt, selbst den Tod hinnahmen, verlangten ...«[9] Er selbst war zu sehr dem Geist verhaftet, gebannt durch Dogmen und Weltbild seiner Lehre, die er als die einzig seligmachende erkannt hatte, die aber den Forderungen der Zeit schon lange nicht mehr genügte.

Irgendwann zwischen 166 und 168 n. Chr. sahen sich die beiden römischer Tradition verpflichteten Augusti gezwungen, ein allgemeines Edikt zu erlassen, das Opfer zur Versöhnung der beleidigten Staatsgötter befahl. Es waren keine Gesetze, die sich besonders gegen die Christen richteten. Und doch hätte eine umsichtige und weise Staatsführung erkennen können, daß diese Vorschriften durchaus gegen die Christen verwendet werden konnten, ja sich dafür geradezu anboten. So drängt sich fast die Vermutung auf, als hätten die Kaiser blutige Ausschreitungen billigend in Kauf genommen, um der allgemeinen christenfeindlichen Stimmung im Reich entgegenzukommen.

»Ich habe mich bemüht, alle Lehren kennenzulernen und habe zuletzt die wahre Lehre der Christen angenommen ...«

»Ist das also die, die dir gefällt, Unglücklicher? Bist du ein Christ?«

»So ist es.«

»Nach deinen Reden zu urteilen, bist du ein gebildeter Mann. Wenn du nun gefoltert und enthauptet wirst, glaubst du etwa, in den Himmel aufzufahren?«

»Davon bin ich fest überzeugt.«

»So laßt uns denn zusammentreten und einmütig den Göttern opfern, um dem Gesetz Genüge zu tun.«

»Wer könnte den wahren Glauben für den Unglauben aufgeben?«

»Du weißt, daß du unnachsichtig bestraft werden mußt, wenn du Rom den Gehorsam verweigerst?«

»Mögen wir bestraft und erlöst werden durch unsern Herrn Jesus Christus. Nur das wird uns vor dem furchtbaren Weltgericht unseres Erlösers retten. Wir sind Christen und bringen Götzen keine Opfer dar.«

»So sollen alle die, die unsern Göttern nicht opfern und dem Gebot des Kaisers nicht nachkommen wollen, ausgepeitscht und hingerichtet werden, wie das Gesetz es befiehlt.«

Der hier verkürzt wiedergegebene Dialog findet sich in den Prozeßakten Justins, der unter Marc Aurels Herrschaft Martyrium und Tod erlitt. Sein Richter war ausgerechnet jener Mann, der einst den Knaben Marcus in der stoischen Lehre unterwiesen hatte und von diesem wegen seiner Weisheit zeitlebens besonders verehrt wurde: Junius Rusticus, gerade Stadtpräfekt von Rom, als man Justin verhaftete. »Rusticus machte mir begreiflich ..., mich leicht versöhnlich zu zeigen, jeden Augenblick zur Versöhnung bereit zu sein ... Endlich verdanke ich ihm die Erklärungen des Epiktet ...«[10], erinnert sich der Kaiser im Alter.

Auf Verzeihung indes konnten die Christen niemals hoffen. Und doch genossen sie gegenüber anderen »Hochverrätern« ein beachtliches Privileg. Wenn sie Reue zeigten, war ihnen die Begnadigung gewiß.

Justin war in der Tat ein gelehrter Mann. Als einer der ersten christlichen Weisen hatte er versucht, die Offenbahrungslehre seiner Religion mit der griechischen Philosophie zu vergleichen. Er fand erstaunliche Parallelen zwischen den Forderungen des Christentums, den Aussagen Platons und dem Stoizismus. In den ausgehenden fünfziger Jahren hatte er schon eine Apologie verfaßt, die seine Zeitgenossen zu größerer Toleranz aufrief. Wahrscheinlich hatte ihn ein gewisser Creszens an den Henker geliefert, ein kynischer Weltverächter, der dem frommen Kirchenmann in mehreren öffentlichen Streitgesprächen unterlegen war. Ein Großteil der Wissenschaft datiert den Prozeß auf das Jahr 167 n. Chr. Manche Historiker vertreten aber nicht weniger glaubwürdig die Ansicht, der Heilige sei bereits zwei Jahre zuvor hingerichtet worden.

Den Auszug aus diesen Märtyrerakten verdanken wir Eusebius. »Zur Zeit der ungläubigen Verteidiger des Götzendienstes«, leitet dieser seine Schrift ein, »wurden Gesetze gegen die gottgläubigen Christen erlassen. Man wollte sie zwingen, den Götzen zu opfern. Diese Heiligen wurden nun verhaftet und dem Stadtpräfekten Rusticus vorgeführt.«[11]

Mit Justin starben damals in Rom noch weitere Märtyrer, deren Prozesse ähnlich abgelaufen sein dürften. Mögen diese Ausschreitungen, veranlaßt durch das kaiserliche Edikt, die alten Götter zu ehren, auch zahlreiche Opfer gefordert haben, eine zweite Welle der Gewalt, die ein Jahrzehnt später das Reich überrollte, sollte die junge gottesfürchtige Gemeinde weit härter treffen.

Es ist wissenschaftlich nicht gesichert, was jene massiven Christenverfolgungen auslöste, die 177 n. Chr. vor allem in Lugdunum (Lyon) wüteten. Auch wurde ebenso oft wie vergeblich versucht, »den Bericht des Eusebius über das Christenmassaker von Lugdunum als Fälschung abzutun«[12]. Bis heute konnten keine Argumente gefunden werden, die geeignet wären, die Wahrheit jener Überlieferung zu erschüttern. Doch scheint auch diesmal der Hauptanlaß für die Ausschreitungen die christenfeindliche Stimmung des Pöbels gewesen zu sein. Dazu gesellten sich wohl Provinzialbeamte, die ihre Macht mit übertriebenem Eifer ausübten. Der Schwerpunkt der Verfolgungen dieses Jahres lag nämlich nicht in Rom, sondern in verschiedenen Provinzen. Dabei hatte der Christenhaß vor allem in Asien und Lugdunum einen schmerzlichen Höhepunkt erreicht. Zurecht bezeichnet deshalb Eusebius das Jahr 177 als besonders tragisch für die Geschichte des jungen Christentums. Und es ist um so tragischer, als zu diesem Zeitpunkt im Reich tiefer Friede herrschte und Münzen dieses Jahres die Aufschrift »pax aeterna« trugen, ein Frieden, den es für die Anhänger des Nazareners allerdings nicht geben sollte.

Auch hier reichen – ähnlich wie bei der früheren Haßwelle – die Brutalität des Volkes und die Willkür gewisser römischer Verwalter kaum aus, die Heftigkeit der Verfolgungen zu erklären. Es müssen andere Gründe vorgelegen haben, Gründe, die wiederum die Staatsführung selbst gab, vielleicht, ohne die möglichen Folgen ihres Handelns zu bedenken.

Zwischen Verus' Tod und der Heranziehung des jungen Commodus zum Mitregenten ergingen mehrere Bittschriften an Marc Aurel. Unter anderem beklagte sich der Athener Athenagoras darüber, daß die blutigen Massaker offiziell geduldet, die Christen überall beschimpft und von voreingenommenen Richtern verurteilt würden. Auch ein gewisser Miltiades und Apollinarius, Bischof von Hierarpolis, wandten sich hilfesuchend an Rom. Die Apologie Melitos, des Bischofs von Sardis, nennt schließlich neue Dekrete, die sich zwar nicht unmittelbar gegen die Christen richteten, doch dem aufgebrachten Pöbel durchaus als Vorwand für seine Haßausbrüche dienten.

Es ist in der Wissenschaft viel darüber gerätselt worden, um welche Art von Reskripten es sich diesmal gehandelt haben könnte. Die einen sind ganz sicher, Melito habe von Verordnungen fanatischer Statthalter gesprochen, denen der allgemeine Christenhaß äußerst gelegen kam, eigene Ressentiments abzureagieren. Doch wäre es in Anbetracht der unzulänglichen Nachrichtenverbindungen jener Tage ein erstaunlicher Zufall gewesen, daß Statthalter in fast allen Teilen des Reiches, von Gallien bis zum fernen Asien, nahezu gleichzeitig die gleichen christenfeindlichen Gedanken gesponnen und ähnliche Verordnungen erlassen haben sollen. Auch hätten die verantwortlichen Provinzialstatthalter mit dem Heraufbeschwören derartiger Tumulte ihre Befugnisse erheblich überschritten. Gewiß, sie verfügten über weitreichende Macht, die die Todesstrafe für Staatsfeinde nicht ausschloß. Doch konnten sie Massenhinrichtungen zweifellos nur dann vornehmen, wenn ihr Vorgehen von höherer Instanz, das heißt von der römischen Führung selbst, juristisch abgesichert war.

Ein anderer Teil der Wissenschaft geht deshalb überzeugender davon aus, daß in Marc Aurels Gesetzgebung gewisse Änderungen eingetreten sein müssen, die indirekt gegen die Christen verwendet werden konnten, und Melito nur diese gemeint haben könne.

In diesem Zusammenhang wird auf zwei bedeutende archäologische Zeugnisse verwiesen, die geeignet sind, »auf die tragischen Ereignisse des Jahres 177 n. Chr. in Lugdunum vielleicht etwas mehr Licht«[13] zu werfen. Bei dem einen handelt es sich um Fragmente einer Rede eines unbekannten Senators. Es wurde im südspanischen Italica in der Provinz Baetica gefunden. Das andere stammt aus Sardis in Asien und überliefert Teile einer Rede des Kaisers selbst, in der ein »senatus consultum« beantragt wird. Diesen stummen und doch so beredten Zeugen läßt sich folgendes entnehmen:

Gleich zu Beginn des Jahres 177 n. Chr. muß der Senat in Rom über Möglichkeiten beraten haben, in den Provinzen die Kosten für Gladiatorenspiele zu senken. Eine der Hauptlasten dieses aufwendigen Volksvergnügens machte seit langem der Preis aus, den die Fechtmeister auf den antiken Menschenmärkten erzielten. Denn die Zeit der großen Eroberungen war vorüber und damit die Quelle versiegt, die Sklaven und Kriegsgefangene dem Gladiatorendienst billig nachgeliefert hatte. Das Interesse Freiwilliger, sich als Opfer der sinnlosen Schlächtereien zur Verfügung zu stellen, war zurückgegangen. Und schließlich hatten die menschenfreundlichen Adoptivkaiser selbst dafür gesorgt – allen voran Hadrian –, daß kein Sklave mehr gegen seinen Willen an die verhaßten Gladiatorenschulen verkauft werden durfte.

Das »senatus consultum de pretiis gladiatorum minuendis« gewährte vor allem dem Hohepriester der drei gallischen Provinzen das Vorrecht, zum Tode verurteilte Verbrecher zu einem Spottpreis zu erwerben und in die Arena zu schicken. Dem obersten Religionswächter fiel nämlich die Aufgabe zu, bei dem stets am 1. August in Lugdunum beginnenden Fest zu Ehren der Roma und des Augustus für die Unterhaltung der Bevölkerung zu sorgen.

Die Verehrung dieser beiden Gottheiten war im römischen Festkalender längst eine feste Institution und zugleich ein wichtiges Hilfsmittel erfolgreicher Provinzialpolitik. Sie war im hellenistischen Osten mit seinem nüchternen, römischem Wesen eher widersprechenden Herrscherkult entstanden. Augustus selbst, der gegen die göttliche Verehrung seiner Person eine tiefe Abneigung hegte, hatte nach längerer Bedenkzeit den Bewohnern der östlichen Reichsteile schließlich gestattet, auch ihn zu verehren, allerdings nur zusammen mit der Stadtgöttin Roma. Damit aber war ihm ein Platz unter Roms Göttern gewiß. Und diesem neuen Kult fiel bald die Aufgabe zu, die Loyalität mit dem Gottkaiser religiös zu verankern. Er stand stellvertretend für Rom, und wer ihm zu opfern bereit war, bekundete damit gleichzeitig seine Solidarität mit der Weltmacht.

Was sich in Asien wie selbstverständlich entwickelt hatte, griff bald auf andere Provinzen über. Schon früh bezeugen alte Quellen das Heiligtum für Roma und Augustus in Lugdunum, das am Zusammenfluß von Rhône und Saône stand, wie zahlreiche Inschriften bezeugen. Dem Kult kam große nationale Bedeutung für die gallischen Provinzen zu. Alljährlich versammelte sich hier ihr Landtag, um – wie in Asien – die religiösen Feierlichkeiten zu begehen und Geschäfte abzuwickeln. Zu diesem Nationalfest der Gallier strömten unzählige Menschen von allen Stämmen des Landes zusammen. Es handelte sich um eine überregionale Veranstaltung, deren Rang vor allem die römischen Statthalter nicht unterschätzten.

Der für 177 n. Chr. gewählte Priester – es fanden jedes Jahr Neuwahlen statt – hatte sich schon gesorgt, die Erfüllung der Pflicht, dem Ereignis angemessene Spiele auszurichten, werde sein gesamtes Vermögen verschlingen. Schon im Sommer zuvor war deshalb ein Hilferuf des Landtags bei Marc Aurel eingegangen, der das finanzielle Problem solcher Veranstaltungen ansprach. In Gallien gehörten zudem die »trinci«, die Menschenopfer, zu gewissen archaisch-religiösen Ritualen. Es wäre äußerst leichtsinnig gewesen, sie wegen finanzieller Schwierigkeiten zu vernachlässigen und damit die religiösen Gefühle weiter Bevölkerungsschichten zu verletzen.

War unter diesen Gesichtspunkten der plötzliche Haßausbruch gegen die Christen verwunderlich? Die Aussicht, auf diese Weise die Arenen mit billigem Nachschub zu bestükken, war verlockend. Es kam nur noch darauf an, genügend Opferlämmer zu finden, die wegen ihrer staatsgefährdenden Ansichten ihr Leben verwirkt hatten und sich bereitwillig zum Tode verurteilen ließen. »Genau wie das allgemeine Edikt von 167 konnte auch dieses Dekret den psychologischen Anlaß mitsamt den verhängnisvollen Kettenreaktionen liefern.«[14]

Was hier in Gallien gerade als Privileg gewährt wurde, die Verwendung verurteilter Verbrecher bei den Zirkusspielen, entsprach auch in anderen Reichsteilen bald geübtem Brauch und Gesetz. Auch dort boten sich die Christen als leichte Beute geradezu an, denn auch dort waren die Gladiatoren knapp geworden. Und auch dort griff der heidnische Pöbel gierig die Möglichkeit auf, den Fortbestand seines Vergnügens so billig sicherzustellen, und fand – zu Roms Schande sei es gesagt – genügend offizielle Stellen, die nur allzu bereit waren, bei diesem blutigen Schwindel mitzuwirken.

Der unselige Senatsbeschluß, ein Freibrief für alle Christenhasser, ging zweifellos auf Marc Aurels eigene Initiative zurück. Und es ist viel darüber gerätselt worden, wie gerade dieser menschenfreundliche Mann, der alle Kraft für sein aufreibendes Amt aus der griechischen Philosophie schöpfte, den Anstoß zu einem solch menschenverachtenden, ja barbarisch anmutenden Gesetz geben konnte. Eine befriedigende Antwort hierauf wird sich wohl nie finden lassen. Vielleicht wollte er angesichts der Gefahren, die das Imperium nun schon so lange bedrohten und deren Ende nicht abzusehen war, wenigstens das Volk um sich scharen und sich dessen Gefolgschaft sichern. Er wußte, welcher Stellenwert dem reibungslosen Ablauf der Spiele im Bewußtsein seiner Untertanen zukam. Mochten die »munera gladiatora« auch längst ihren einstigen religiösen Charakter verloren haben, so waren sie doch noch immer das probateste Mittel, einfache Menschen von aktuellen Problemen abzulenken und ihre Aggressionen abzubauen. So war wenigstens die innere Ruhe und Sicherheit gewährleistet. Und die Christen fielen schließlich durch ihr staatsfeindliches Verhalten besonders auf. Mag der Kaiser auch entgegen seiner Neigung und innersten Überzeugung jenen Senatsbeschluß angeregt und möglicherweise sogar die Haßwellen gegen die Christen geahnt haben, er sah wohl augenblicklich angesichts der Gefahren, die Rom allenthalben lauerten, keine andere Möglichkeit, den inneren Zusammenhalt seines Reiches zu sichern.

Wahrscheinlich hatte er nie beabsichtigt, von der Christenpolitik seiner Vorgänger, dem traditionellen »Aufzusuchen sind sie nicht«, abzuweichen. Daß ihn die Zeitumstände letztlich doch dazu zwangen, ist ein Großteil seiner persönlichen Tragik. Er war der menschenfreundlichste aller Herrscher, die Rom je hervorgebracht hatte, und wurde vielleicht deshalb selbst von den frühen Kirchenvätern nirgendwo als Christenverfolger gebrandmarkt, da man sich ihn als Quelle solcher Grausamkeiten einfach nicht vorzustellen vermochte. Selbst im letzten Jahrhundert noch leugneten anerkannte Historiker wie Ernest Renan das Christenmassaker von Lugdunum und die Martyrien gewisser Kirchenheiliger und taten diese Überlieferungen als über Jahrhunderte tradierte, aber deswegen nicht wahrer gewordene Fälschungen ab. Erst die Neuzeit betrachtet es als Ironie der Geschichte, daß ausgerechnet während der Regierungszeit des »stoischen Heiligen unter den römischen Kaisern« das Imperium Romanum von den heftigsten Haßwellen gegen die Christen, von denen die Überlieferung berichtet, erschüttert wurde. (Die schrecklichen Ereignisse des Jahres 177 in Lugdunum wiederholten sich – soweit wir wissen – nie mehr.) »In Wirklichkeit waren es die tragischen inneren und äußeren Verhältnisse während seiner Regierung, die einen Frieden für die Christen unmöglich machten. Eine vielleicht noch größere Ironie ist es, daß unter Marc Aurels Sohn und Nachfolger Commodus – dessen Gedächtnis von den Römern verdammt wurde und der in der Geschichtsschreibung aufgrund seiner Herrschaft und seines Charakters als einer der schlimmsten römischen Kaiser gilt – die Christen (mit ganz wenigen Ausnahmen) ein sehr friedliches Leben führen konnten. Der tiefe Seufzer der Erleichterung, mit dem Eusebius diesen allgemeinen Frieden für die Christen beschreibt, bildet einen höchst eindrucksvollen Gegensatz zu seinem Bericht über die beiden ausgedehnten Christenverfolgungen während der unruhigen Regierungszeit Marc Aurels.«[15]

Was aber war in jenen schrecklichen Tagen wirklich geschehen? Der Bericht des Eusebius über diese zweite Verfolgungswelle ist ein erschütterndes historisches Dokument:

»Es geschah im siebzehnten Jahr der Regierung des Kaisers Antoninus Verus«, beginnt der Kirchenheilige seinen anschaulichen Bericht. »In jenem Jahr führte in gewissen Teilen der Welt die Roheit des Pöbels in den Städten zu weiteren und noch schlimmeren Verfolgungen unserer Glaubensbrüder. Zehntausende errangen die Märtyrerkrone.« Es folgt ein Hinweis auf Gallien als dem Land, »in dem die Arena für diese Vorgänge hergerichtet wurde«. Dann zitiert der alte Kirchenvater aus einem Brief, den die christliche Gemeinde

Galliens an ihre Leidensgenossen in Asien und anderen Teilen des Imperiums gerichtet hatte. Wir erfahren von einer Christenverfolgung ungewöhnlichen Ausmaßes, wie sie bis dahin wohl kaum vorstellbar gewesen wäre: Wie die Christen vom aufgebrachten Volk zusammengetrieben und vor den Tribun gezerrt wurden; von den Anklagen, die man gegen sie erhob, ihrem unerschrockenen Bekenntnis zum neuen Glauben, der ihnen das Heil verhieß; daß eingesperrt wurde, wer nicht zu den alten Göttern zurückfand, bis der Statthalter erschien. Vor diesem offiziellen Vertreter des Kaisers dann das mutige Eintreten eines gewissen Vettius Epagathus, ebenfalls Christ und sogar ein Mann von Rang, der jedoch vergeblich versucht habe, sich Gehör zu verschaffen. Der Pöbel habe ihn einfach niedergebrüllt. Vom Statthalter schließlich, einem ungerechten Mann: Er habe die Einwände seines vornehmen Zeitgenossen überhaupt nicht beachtet. Eines nur habe ihn von Epagathus interessiert: Bist du Christ? Und darauf das Bekenntnis des edlen Römers, das »mit klarer Stimme« erfolgt sei. Ich bin es. Dann auch seine Inhaftierung und ein banges Warten auf das Martyrium, nach dem sich sein Schicksal erfüllen sollte.

Es fanden sich Aussagewillige genug, darunter verbitterte oder bis aufs Blut gefolterte Sklaven: Die »christiani« vergingen sich nicht nur gegen den Staat und seine Gesetze, auch gegen Sitte und Anstand. Menschenfresser gäbe es unter ihnen und sogar solche, die Blutschande trieben und noch andere scheußliche Verbrechen auf dem Gewissen hätten. Die Volkswut geriet außer Kontrolle. Noch ehe die »Verbrecher« den staatlichen Folterknechten übergeben wurden, mißhandelte sie die aufgebrachte Menge. Einige überlebten die Verletzungen nicht und entgingen so dem Tod, den römische Grausamkeit für sie ersonnen hatte. Zu ihnen gehörte Pothinus, der über neunzigjährige Bischof der Gemeinde. Das Volk hatte ihm so sehr zugesetzt, daß er sich nicht mehr erholte. Wer jedoch allen Mißhandlungen tapfer widerstanden hatte, sollte bald die Toten beneiden.

Einigen Schicksalen widmet Eusebius seine besondere Aufmerksamkeit. »Maturus, Sanctus, Blandina und Attalus wurden zu den wilden Tieren hinausgeführt, als unmenschliches Schauspiel für die Bevölkerung und den Landtag der Provinzen ...« Maturus und Sanctus überstanden heldenhaft die Kämpfe, sollten aber dennoch am ersten Tag schon sterben. Sie wurden gemäß dem barbarisch gallischen Ritual geopfert. Und dennoch waren sie glücklicher als die beiden anderen. Blandina hatte man an einem Pfahl aufgehängt, den hungrigen Bestien zum Fraß. Da diese sie jedoch verschmähten, »wurde sie schließlich zur Wiederverwendung bei einer späteren Gelegenheit abgenommen«.[16]

Attalus von Pergamon war römischer Bürger und hatte als solcher Anspruch darauf, als Römer zu sterben. Aber auch er wurde ins Amphitheater geführt, ein Schild um den Hals, das jedem kundtat: Das ist Attalus, der Christ.

Der Statthalter hörte davon. Er ließ den Mann ins Gefängnis zurückbringen. Er hatte sich nämlich ratsuchend an den Kaiser gewandt. Was sollte mit jenen geschehen, die ihre Zugehörigkeit zu Christus geleugnet hatten? Schließlich waren sie ja auch des Mordes und anderer schwerer Verbrechen angeklagt. Und wie sollte man sich gegen römische Bürger verhalten, die von ihrem Irrglauben nicht ablassen wollten?

Die Antwort aus Rom war deutlich: Wer sich zum Christentum bekannte, war hinzurichten. Alle anderen aber mußten freigelassen werden. So wurden alle Christen, die die unmenschlichen Folterqualen überlebt hatten, für die Spiele aufgespart, die anläßlich des großen Festes in Lugdunum abgehalten werden sollten.

Entsetzliches spielte sich dann nach Beginn der Festlichkeiten ab. Schauprozesse wurden inszeniert. Der kaiserliche Legat ließ alle Gefangenen vorführen. Sie wurden nochmals verhört. Eigenartig! Wer früher gezweifelt hatte, bekannte jetzt. Nur wenige entzogen sich dem Hochgericht. Alexander, ein phrygischer Arzt, hatte die Abtrünnigen und Wankelmütigen ermutigt. Auch er war ja Christ und bereit, mit seinen Glaubensbrüdern zu sterben. Die römischen Bürger wurden enthauptet, wie es die Gesetze verlangten. Alle Nichtrömer warf man den wilden Tieren vor. Eine Ausnahme wurde nur mit Attalus gemacht. Der Statthalter ignorierte sein Bürgerrecht und schickte auch ihn – zusammen mit dem phrygischen Arzt – in die Arena. Den Grund dafür kennen wir nicht. Wollte er sich dem Pöbel anbiedern? Hatte er persönliche Gründe? Befürchtete er, sein Gesicht zu verlieren, da dieser Mann schon einmal die blutige Bühne betreten, aber heil wieder verlassen hatte? Leider verschweigt Eusebius' erschütternder Bericht über die tragischen Ereignisse von Lyon den Namen jenes Legaten, der den Tod so zahlreicher unschuldiger Menschen zu verantworten hatte. Mit der Art der Hinrichtung des römischen Bürgers Attalus hatte er eindeutig gegen geltendes Recht verstoßen. Da aber sein Name nirgendwo überliefert ist, werden wir auch niemals erfahren, ob er wenigstens für dieses Verbrechen in Rom zur Verantwortung gezogen wurde und seine Schuld sühnte.

Der letzte Tag der Spiele war angebrochen. Er versprach den Zuschauern noch einen besonderen Genuß: Den Tod der Sklavin Blandina und des jungen Ponticus. Tagtäglich hatte man sie in die Arena gebracht, damit sie die Qualen der anderen miterlebten. Ein ungnädiger Gott hatte die Frau alle Martern, ja selbst die grausamsten Prüfungen überstehen lassen. Jetzt endlich starb sie in Treue zu Christus. Niemand und nichts hatte sie zum Schwur auf die Götzen bewegen können. Mit ihr ging Ponticus in den Tod, ein zarter Knabe noch von fünfzehn Jahren ...

Den Behörden muß bekannt gewesen sein, welchen Wert die Christen auf eine ordnungsgemäße Bestattung legten. So wurden noch die Toten bestraft. Die Leichenreste, die wilde Tiere und Feuer übriggelassen hatten, die Köpfe und Körper der Enthaupteten und diejenigen, die man schon im Gefängnis erwürgt hatte, wurden nun den Hunden zum Fraß vorgeworfen, ein Akt öffentlicher Schändung. Was jedoch auch diese verschmähten, wurde verbrannt. Die Asche streute man in den Fluß.

Leider gibt uns Eusebius keine vollständige Liste jener Menschen, die damals hingerichtet wurden. Wir kennen nur einige Namen, wissen, mit Ausnahme von Vettius Epagathus, der eine angesehene Persönlichkeit war, nicht einmal, welcher Gesellschaftsschicht sie angehörten. Aus der übermäßig harten Behandlung durch den Legaten läßt sich jedoch schließen, daß die meisten Märtyrer den untersten Kreisen entstammten. Viele von ihnen dürften Sklaven gewesen sein. Aber es gab auch Freigelassene und römische Bürger darunter, wie der Hinweis auf die »Enthaupteten« verrät.

Noch eines läßt sich dieser Überlieferung entnehmen: der wohl griechische Ursprung der gallischen Christengemeinde. Die griechischen Namen überwiegen. Die noch junge, um 150 n. Chr. gegründete Glaubensgemeinschaft Lugdunums – nach Rom die erste im Westen – war höchstwahrscheinlich eine Gründung von Missionaren des Ostens. Und es ist durchaus möglich, daß der der Verfolgung zum Opfer gefallene Pothinus ihr von Asien entsandter Gründer war.

Wie hatten sich doch die Zeiten gewandelt! Sicherlich, schon immer waren die Christen wegen der Reinheit ihrer Lehre, wegen ihres sturen Festhaltens am Glauben und ihrer Weigerung, persönlich für den Staat einzustehen, belästigt, beschimpft und oft auch getötet worden. Was sich aber jetzt abspielte, war eine regelrechte Verfolgung. Wie weit hatte sich die römische Staatsführung von den Grundsätzen eines Trajan entfernt! »Conquirendi non sunt.« Wo war Hadrians vorbildliche Toleranz geblieben, wo die Nachsicht eines Antoninus Pius? Sie hatten noch verlangt, daß ein jeder, der einen Christen einer Gesetzesverletzung beschuldigte, persönlich als Ankläger auftreten und die Verantwortung für sein Vorbringen übernehmen mußte. Jetzt gab es den unseligen Befehl des Legaten, alle Christen aufzuspüren. Und offensichtlich hatte jener ungenannte Statthalter auch bei mißbräuchlicher Auslegung der Gesetze, ja nicht einmal bei offensichtlicher Willkür, von Rom Schlimmes zu befürchten. So, als hätte die Weltmacht instinktiv gespürt, welche Gefahr ihr von der keimenden christlichen Gemeinde schon bald erstehen würde. Tag für Tag würde sie wachsen, würde blühen und ein eigenes Reich bilden, um schließlich das römische abzulösen. So, als hätte Rom noch einmal mit allen Mitteln versucht, in den Lauf der Geschichte einzugreifen und seinen von der Vorsehung längst beschlossenen Untergang aufzuhalten.

Ist es nicht eigenartig? Die Christen, von den schon sterbenden Römern so verzweifelt und so blutig verfolgt, überlebten alle Anfeindungen, verbreiteten sich in Windeseile über den ganzen Erdkreis und errichteten ein Weltreich, das an Stabilität und Dauer alle vorhergehenden übertreffen sollte. Das Imperium Romanum aber, für dessen Bestand so viele Gläubige ihr Leben lassen mußten, gibt es seit eineinhalb Jahrtausenden nicht mehr. Und ein zweites Rom wird es nach menschlichem Ermessen auch nie wieder geben ...

Das Jahr 172 n. Chr. neigte sich langsam zu Ende, als im Imperium Romanum eine bemerkenswerte Münze herauskam: Sie zeigt den römischen Kaiser in Feldherrnuniform. In seinen Händen hält er Lanze und Jupiters Blitzbündel bereit. Sein Haupt ist von der Siegesgöttin Victoria gekrönt. Dem zweifelnden Forscher, der den Münzaussagen nicht ohne weiteres zu trauen bereit ist, wird die Wahrheit der Überlieferung durch ein Relief der Marcussäule bestätigt. Das elfte Bild dieses gewaltigen historischen Dokuments, das sich nach wissenschaftlicher Ansicht weitgehend an den chronologischen Ablauf der Kriegsereignisse hält, erzählt von einem »Blitzwunder«. »Durch sein (Marcus') Gebet zog er einen Blitzstrahl, der in einen Belagerungssturm der Feinde schlug, vom Himmel herab ...«[17], begnügt sich der antike Biograph.

Niemand vermag zu entscheiden, wann sich jenes Ereignis wirklich zutrug, doch ist anzunehmen, daß die himmlische Hilfe, um die der gottesfürchtige Philosoph vielleicht tatsächlich nachgesucht hatte, den Römern zuteil wurde, als sie im Krieg 172 n. Chr. besonders hart bedrängt wurden und ihre Lage hoffnungslos erschien. Ein Medaillon aus gleicher Zeit zeigt Göttervater Jupiter, der von einer Quadriga aus blitzeschleudernd Roms Feinde vernichtet. »Deshalb können wir mit Wahrscheinlichkeit annehmen, daß das Blitzwunder durch die Propaganda der Staatsreligion für ein Werk des Jupiter (tonans?) ausgegeben wurde ...«[18]

Schon früh, möglicherweise schon von den christlichen Apologeten, wurde diese Begebenheit mit einer anderen vermischt, so daß man alsbald den Eindruck gewann, es habe sich um ein einziges Ereignis gehandelt. Es war das weltberühmte Regenwunder, das sich wohl im folgenden Jahr (173 n. Chr.) ereignete. Hierzu liefert uns Cassius Dio einen umfassenden Bericht, den allerdings im Mittelalter der byzanthinische Mönch Xiphilin, der Dios »Römische Geschichte« umschrieb, durch eigene Anmerkungen ergänzte. Doch finden sich Einzelheiten dieses Wunders auch bei anderen Schriftstellern, die Dio im wesentlichen bestätigen, so daß es sich recht gut rekonstruieren läßt. Und das sechzehnte Bild der Marcussäule räumt schließlich jeden Zweifel aus. Auch dieser zweite Akt göttlichen Eingreifens entschied den Krieg zugunsten der Römer.

So spricht auch der anerkannte Historiker davon, der unerwartete Sieg Roms gegen das Volk, »das sich Quaden nennt«, sei das Geschenk göttlicher Fügung gewesen. »Denn als die Römer im Verlauf der Schlacht in Not gerieten, errettete sie die Gottheit auf höchst wunderbare Weise. Die Quaden hatten sie an einem für sie günstigen Ort umzingelt, und so schlossen die Römer die Schilde eng aneinander und kämpften tapfer. Die Barbaren hielten sich vom Kampf zurück, denn sie erwarteten, es werde ihnen ein leichtes sein, die durch Hitze und Durst erschöpften Römer zu überwältigen. Sie hatten sie nämlich ringsum eingekreist und hielten alle Auswege versperrt, so daß die Römer von nirgendwoher Wasser bekommen konnten. Denn sie selbst waren ihnen zahlenmäßig weit überlegen. Die Römer gerieten daher wegen ihrer Erschöpfung, ihrer Wunden, wegen der Sonne und ihres Durstes in große Bedrängnis; sie vermochten weder den Kampf fortzusetzen noch sich zurückzuziehen, sonder blieben, in der glühenden Sonnenhitze schmachtend, in Reih und Glied stehen. Da zogen plötzlich viele Wolken auf und ein mächtiger Wolkenbruch ging über ihnen nieder – nicht ohne göttliche Fügung. Man erzählt sich sogar, der ägyptische Magier Arnuphis, der zu Markus' Gefolge gehörte, habe durch Zauberei einige Götter und vor allem den Hermes Aerios (Hermes, den Gott der Lüfte) angerufen und so den Regen herbeigeführt ... Als nun der Regen niederströmte, wandten zuerst alle ihr Gesicht zum Himmel empor und fingen den Regen mit dem Mund auf, dann hielten einige ihre Schilde und Helme auf, tranken selbst in tiefen Zügen und gaben auch ihren Pferden zu trinken. Als die Feinde auf sie eindrangen, tranken und kämpften sie zur gleichen Zeit. Einige, die schon verwundet waren, schlürften zusammen mit dem Wasser sogar das Blut, das in ihre Helme rann, und die meisten waren so mit dem Trinken beschäftigt, daß ihnen der feindliche Angriff verderblich geworden wäre, wenn nicht ein heftiger Hagelschauer und einige Blitze auf die Feinde niedergefahren wären ...«[19]

Eindrucksvoll berichtet Dio weiter, welche Verwirrung nun in den Reihen der Barbaren entstand. Selbst Marcus muß von der göttlichen Gunst überzeugt gewesen sein. Denn als die Soldaten ihn zum Imperator (VII) ausriefen, nahm er entgegen seinen sonstigen Gepflogenheiten den Titel ohne vorherige Bestätigung durch den römischen Senat an. Er betrachtete ihn als Geschenk der Götter.

Eigenartigerweise bildeten sich bald um diesen an sich nicht ungewöhnlichen Vorgang – ein heftiges Sommergewitter nach vielleicht wochenlanger Trockenheit – die seltsamsten Legenden. Nicht der ägyptische Priester Arnuphis habe das Wunder herbeigeführt, vielmehr sei es die Legio XII gewesen, die sich angeblich aus christlichen Soldaten rekrutiert und die Hilfe des Christengottes angerufen habe. Deshalb, so Xiphilin und andere christliche Autoren, sei ihr auch der Beiname »fulminata«, die Blitzeschleudernde, verliehen worden. Die Zwölfte hatte jedoch schon über hundert Jahre zuvor als Abzeichen Jupiters Blitzbündel geführt, was die alten Kirchenväter geflissentlich übersehen. Doch ist es durchaus möglich, daß in dieser Legion auch oder sogar überwiegend Christen dienten, da es sich bei ihr um eine in Kappadokien beheimatete Einheit handelte und christliche Legionäre am ehesten dort zu finden waren. In anderer Hinsicht freilich ist dieser Hinweis interessant. Den Christen wurde oft vorgeworfen, sie seien vaterlandslose Gesellen, ein Tadel, der sie schwer getroffen haben muß. Und die Kirchenväter der Antike wollten diesem Vorwurf begegnen, indem sie festzustellen versuchten, daß auch ihren Glaubensbrüdern Rom sehr wohl am Herzen lag.

Der Kaiser selbst allerdings hatte ihnen kein Verdienst an dem Sieg eingeräumt, auch wenn die frühen Christen das noch so sehr betonten. Es war der heidnische Gott Hermes (Aerios), der Herr der Lüfte, dem er mit Münzen und wohl auch einem Tempel für die Rettung dankte und den auch Dio als Glücksbringer nennt. Die Münzemissionen jener Tage feiern die »religio Augusti« und die »providentia deorum«, die Fürsorge der Götter. Die eindrucksvollste Überlieferung aber findet sich zweifellos auf der Marcussäule. Das sechzehnte Relief erzählt von den erschöpften Römern, die sich in Marschordnung aufgestellt haben. Einige Soldaten halten ihre Schilde empor, um den vom Himmel strömenden Regen aufzufangen. Einer trinkt selbst von dem kostbaren Naß. Ein anderer rettet sein Pferd vor dem Verdursten. Der Regen ist als allegorische Gestalt dargestellt, eine furchterregende Gottheit mit wallendem Bart, dem die Wasserfluten entströmen. Und es fällt schwer, sich unter diesem Dämonenbild jenen jugendlichen Hermes-Mercurius vorzustellen, der mit Flügelschuhen die Lüfte durcheilt. Da aber nach Dio ein ägyptischer Priester die himmlische Hilfe herbeigefleht hat, ist ebenso denkbar, daß es sich um das Bildnis einer alten Nilgottheit handelt oder gar wieder Jupiter (pluvius) gemeint ist, der sich der verzweifelten Römer annahm. Wir können es nicht mit Bestimmtheit sagen.

Ganz sicher aber ist in dem jungen Krieger, der das Relief ebenfalls ziert, nicht der Kaiser dargestellt, der damals schon ein älterer Mann war. Die Wissenschaft glaubt, in ihm Helvius Pertinax zu erkennen, den späteren Throninhaber.

Längst ist auch der Großteil der »Regenwunder-Forscher« von der Existenz eines – leider verlorengegangenen – Briefes überzeugt, in dem Marc Aurel selbst über diese wundersamen Begebenheiten berichtete. Dieser Brief mag den Alten als Quelle gedient haben, jedoch von jedem nach seinem Belieben interpretiert worden sein. Denn kaum wird der vernunftbegabte Philosophenkaiser mit seinem eher abstrakten Gottesglauben »das glücksbringende Ereignis an den Namen irgendeiner bestimmten Gottheit geknüpft«[20] haben. Und gerade das hat wohl den Widerstreit zwischen christlichen und anderen Autoren in der Antike ausgelöst. Erleichtert wurde die christliche Legende dabei sicherlich von dem Umstand, daß die offizielle Interpretation unsicher und damit der Platz frei war für den noch unbekannten allmächtigen Gott der Christen.

Der historische Wert von Legenden und Wundererzählungen ist zweifellos gering. Und als Quellen taugen sie im allgemeinen überhaupt nicht. Trotzdem ist das wissenschaftliche Interesse an dieser Überlieferung noch heute groß, umschließt doch bekanntlich jede Sage einen wahren Kern. Er darf auch hier angenommen werden, zumal die beiden Begebenheiten von so verschiedenen Autoren wie christlichen Apologeten und römischen Geschichtsschreibern festgehalten wurden.

Und dennoch erscheint noch oder gerade nach fast zweitausend Jahren jegliche Anstrengung der frühen Kirchenheiligen, Marc Aurel einen besonderen Platz unter den christenfreundlichen Herrschern Roms einzuräumen, eher müßig. Der römische Kaiser voll Dankbarkeit für den Christengott, der seine Legionen aus höchster Gefahr gerettet hatte: Es war eine Wunschvorstellung eifriger Religionsstifter, die ihrer Lehre auch offizielle Anerkennung und einen Platz unter den anderen im Reich beheimateten Religionen sichern wollten.

Tatsache bleibt, daß die Staatsführung (noch) keinen Grund sah, eine Sekte zu unterstützen, die ihr die Loyalität so offensichtlich versagte.

25. KAPITEL

Krieg und kein Ende

Noch zu Beginn des Jahres 173 n. Chr. schien es, als seien nun endlich alle nördlich der Imperiumsgrenzen siedelnden Barbaren befriedet. Es war das Jahr, für das die römischen Annalen die beiden Schwiegersöhne des Kaisers, Claudius Severus und Claudius Pompeianus, als Konsuln nennen.

Verständlicherweise hatte Marcus den Wunsch, während ihrer Amtszeit in Rom zu verweilen, um ihr Ansehen durch seine Anwesenheit zu erhöhen. Zudem hatte er seine Frau drei Jahre lang nicht mehr gesehen. Und seine jüngste Tochter, Vibia Aurelia Sabina, kannte er, soweit wir wissen, überhaupt noch nicht. Aber das Schicksal bestimmte es anders.

Vielleicht waren die Quaden sogar schon vor Beendigung der Feldzugsaison 172 n. Chr. vertragsbrüchig geworden, vielleicht auch erst im folgenden Jahr. Jedenfalls stand jetzt der entscheidende Krieg gegen sie an. An eine Heimreise des Kaisers war daher augenblicklich nicht zu denken. Leider sind uns auch Einzelheiten dieses Krieges – mit Ausnahme des Regenwunders – nicht überliefert. Doch sahen sich die Römer wahrscheinlich zum Angriff gezwungen, weil die Quaden entgegen dem Abkommen den Markomannen Beistand geleistet hatten. Mit göttlicher Hilfe besiegte Rom seine Feinde und schloß Frieden.

Im Zusammenhang mit den Barbareneinfällen wird in den alten Quellen ein Mann lobend erwähnt, der auch in naher Zukunft eine wichtige Rolle spielen sollte. Er hieß Marcus Valerius Maximianus, entstammte dem Ritterstand und hatte sich bereits im Partherkrieg einige Sporen verdient. Als Sohn jenes Landesteils, in dem gerade die Hauptkämpfe stattfanden – er kam aus dem südpannonischen Poetovio –, kannte er Land und Leute und konnte daher wichtige Aufgaben übernehmen.

Ein bedeutendes archäologisches Zeugnis, eine Inschrift, die im afrikanischen Zama (Diana Veteranorum) gefunden wurde, verrät, wie groß die Vorbereitungen waren, die Rom treffen mußte, um diesen Krieg bestehen zu können, und welche Bedeutung ihm beigemessen wurde. Die Inschrift nennt jenen pannonischen Offizier, den der Kaiser öffentlich gelobt und mit Pferd und Waffen beschenkt hatte. Neben diesen Auszeichnungen wurde Maximian aber auch befördert, und zwar zum Kommandanten der »ala I Ulpia contariorum«. Sie war eine Eliteeinheit der Kavallerie, hatte das Doppelte der üblichen Stärke und war in der Gegend des heutigen Raab in Ungarn stationiert. Maximians Hauptauftrag bestand darin, aus den beiden italischen Hafenstädten Ravenna an der Adria und Misenum im Golf von Neapel die Soldaten von den Flotten abzuziehen und an den Gefahrenherd im Norden zu führen. Auch viele Truppen aus anderen Reichsteilen wurden dorthin abkommandiert; selbst Soldaten der Legio X Fretensis, die in Jerusalem stationiert war, und der Legio III Augusta aus Afrika nahmen an den Kämpfen teil.

Nachdem die unsterblichen Götter durch das Regenwunder Rom so offensichtlich ihrer Gunst versichert hatten, blieben auch weitere Erfolge nicht aus. Eigenhändig griff Maximianus in das Kriegsgeschehen ein und erschlug den Anführer der Naristen, eines kleinen Nachbarstammes der Quaden. Im großen und ganzen aber war dies kein Krieg nach Römerart. Nur die Schlacht, in der sich das Regenwunder ereignete, entsprach noch herkömmlicher Kriegsführung. Im übrigen aber beschränkte sich die römische Taktik diesmal auf kleinere Gefechte, in denen einzelne feindliche Stellungen zerschlagen wurden. Es war eine neue und bislang unbekannte Strategie. Das römische Heer, diese einst geballte Kampfkraft, deren Stärke in ihrer Einheit und Einigkeit lag, splitterte sich in »vexillationes« auf. Sonderkommandos wurden nötig. Neue Statthalterposten mußten für die eroberten Gebiete geschaffen und besetzt werden.

»Die ständigen Kämpfe«, bemerkt hierzu einer von Marc Aurels neuzeitlichen Biographen, »stellten hohe Anforderungen an alle Ränge des Heeres. Veränderungen in den obersten Befehlsstellen und neue Methoden des Truppeneinsatzes, den Bedürfnissen des Augenblicks entsprungen, wurden in vielen Fällen zu Dauereinrichtungen. Die Markomannenkriege wurden ein höchst bedeutsamer Faktor in dem Prozeß, der das Ende des augusteischen Prinzipats herbeiführte und nach Jahren des Chaos eine neue Form der Kaiserherrschaft hervorbrachte.«[1]

Aber auch ein anderes Imperium, ließe sich dieser Gedanke fortspinnen. Zweifellos kennzeichneten diese Kriege auch den Beginn einer neuen Ära für das römische Reich. Mit dem erstarkenden Selbstbewußtsein germanischer Stämme schwand allmählich Roms weltbeherrschende Kraft. Mit Marc Aurels Tod hatte auch das alte Rom aufgehört zu bestehen. Der Nimbus der römischen Macht hatte einen so schweren Schlag erlitten, daß er sich nicht mehr erholte. Die alten Zeiten waren endgültig vorbei. Was blieb, war fragmentarisch, ein schaler Abglanz nur, der über Jahrhunderte weiter verblaßte, um schließlich ganz zu erlöschen.

Der mit den Quaden 173 n. Chr. geschlossene Friede war wiederum nur von kurzer Dauer. Bereits ein Jahr später – Rom hatte gerade die Jazygen angegriffen – verletzten sie zum wiederholten Mal die mit den Siegern geschlossenen Verträge. Folgen wir Cassius Dio, so vertrieben sie ihren romfreundlichen Herrscher Furtius, wo sie sich doch erst vor kurzem verpflichtet hatten, einen König nur dann zu wählen, wenn dieser auch Roms Anerkennung fände. An Furtius' Stelle setzten sie einen gewissen Ariogäsus auf den Thron, einen düsteren Gesellen, der mit den Römern nicht viel im Sinn hatte – außer das von ihnen besetzte Land ihrem Einfluß wieder zu entreißen. Verständlicherweise weigerte sich Marcus, diesen Mann in seinem Amt zu bestätigen. Wie groß muß seine Empörung gewesen sein! Er setzte auf Ariogäsus' Kopf sogar eine Prämie aus. Doch als dieser dann tatsächlich aufgegriffen wurde, ließ der Philosophenkaiser wieder Milde walten. Der Mann wurde nur nach dem fernen Alexandria verbannt. Dort verlieren sich seine Spuren.

Dabei hätte Marcus allen Grund gehabt, mit diesem König von eigenen Gnaden weit härter zu verfahren. Nicht genug, daß die Verantwortlichen seines Volkes entgegen den vertraglichen Bestimmungen nur wenige Kriegsgefangene und Überläufer an Rom zurückgegeben hatten. Diejenigen, die sich in annehmbarer körperlicher Verfassung befanden, hielten sie zurück, um sie als billige Arbeitskräfte zu behalten. Hatten sie sich aber doch einmal entschlossen, noch gesunde Leute auszuliefern, gingen sie dabei sehr geschickt vor: Familienangehörige wurden getrennt, um die nach Hause entlassenen Überläufer zu erneutem Desertieren zu bewegen. Immer wieder mußten die Münzen jener Tage an die Moral und Treue der Soldaten appellieren.

Das schwerste Vergehen dieses soeben erst befriedeten germanischen Stammes bestand aber sicherlich in dem Beistand, den er den Jazygen leistete. Für das ausgehende Jahr 173 vermißt die Wissenschaft auf den Münzen den Titel »Germanicus«, den Marcus vor kurzem erst angenommen hatte. Hatte der römische Kaiser Bedenken, diesen Titel weiter zu führen, nachdem gerade die germanischen Quaden, offensichtlich noch immer einer von Roms Hauptfeinden, wieder die Waffen gegen ihre Bezwinger erhoben hatten? Seiner redlichen und gewissenhaften Art hätte dieser Schmuck sicherlich nur dann entsprochen, wenn er sich als dauerhafter erwiesen hätte.

Im gleichen Atemzug mit dem neuerlichen Quadenaufstand berichtet Cassius Dio von Roms Feldzug gegen die Jazygen, ein sarmatisches Reitervolk, das in der ungarischen Tiefebene hauste. Doch scheint auch diesmal die Initiative von dem unzivilisierten Stamm ausgegangen zu sein, der offensichtlich versucht hatte, Rom an einer seiner verwundbarsten Stellen zu treffen. Anschaulich erzählt der römische Geschichtsschreiber von einer Schlacht auf der zugefrorenen Donau, die den Römern aufgezwungen worden sei, da sie ja ihre Kriege niemals im Winter auszutragen pflegten. Doch die Barbaren, die sicherlich gehofft hatten, die römischen Soldaten zu überrumpeln und dann um so leichter überwältigen zu können, hatten sich gründlich getäuscht.

Freilich waren es ihre eigenen Pferde gewohnt, den Unbilden der Jahreszeit zu trotzen und sich auf Schnee und Eis mit traumwandlerischer Sicherheit zu bewegen. Aber die römische Disziplin bestand auch diese Herausforderung mit Bravour. Die Meister im Improvisieren legten ihre Schilde auf den Boden, um nicht auszugleiten. Und sie schlossen sich noch enger als üblich zusammen. Auf diese Weise ermutigt, konnten sie die Angreifer bald zurückdrängen.

Der Krieg dürfte sich allerdings länger als nur einen Winter hingezogen haben. Von Friedensgesuchen wird berichtet, die einige sarmatische Stämme im Laufe des Jahres 174 n. Chr. an den Kaiser richteten. Dieser ging jedoch, durch Schaden klüger geworden, nicht auf ihre Angebote ein. Dio überliefert in diesem Zusammenhang zwei Episoden. Sie haben zwar keinerlei historische Bedeutung, sind dafür aber geeignet, die Stimmung im römischen Heer ein wenig zu beleuchten. Die eine handelt von der »Wacht an der Donau«. Ein Soldat, der nachts Wache stand, hörte die Rufe seiner Kameraden, die am anderen Ufer gefangengehalten wurden. Beherzt stürzte er sich in die kalten Fluten und schwamm hinüber, um sie zu befreien. Das andere Histörchen erzählt von einem kleinen Barbarenjungen. Man hatte ihn ergriffen und vor Marcus geführt. Als dieser ihn ausfragen wollte, meinte der Kleine: »Ich kann dir nicht antworten. Mir ist nämlich furchtbar kalt. Wenn du also von mir etwas erfahren willst, so laß mir zuerst einen warmen Rock bringen!« Leider bleibt uns der Geschichtsschreiber die Reaktion des Kaisers schuldig. Bei allem, was wir von Marcus aber bislang gehört haben, dürfen wir annehmen, daß er dem Wunsch des Kindes unverzüglich nachkam und der Befriedigung seiner Neugier damit nichts mehr im Wege stand.

Es muß auch während dieser Kämpfe gegen die sarmatischen Jazygen gewesen sein, als Marcus Gewissensbisse plagten. »Eine kleine Spinne ist stolz darauf, wenn sie eine Fliege erjagt hat, mancher Mensch, wenn er ein Häschen, ein anderer, wenn er in seinem Netz einen kleinen Fisch, ein anderer, wenn er Eber oder Bären, und noch ein anderer, wenn er Sarmaten fängt. Sind denn aber diese, wenn man dabei die Triebfedern untersucht, nicht allesamt Räuber?«[2] Der Stolz dieses Feldherrn wider Willen, dieses Mannes, der den Krieg verachtete, wird sich in Grenzen gehalten haben. Aber er hatte längst erkannt, daß es hier nicht auf seine persönlichen Empfindungen ankam. Es ging nun auf Leben und Tod. Die eine Seite mußte die andere vernichten oder selbst untergehen.

Auch die Markomannen stöhnten allmählich unter den ihnen auferlegten harten Friedensbedingungen. Es mag ebenfalls im Jahr 174 gewesen sein, als sie bei Marc Aurel um eine Lockerung der Verträge nachsuchten. Sie hatten sich bislang zufriedenstellend geführt, wenn sie auch manchen Verpflichtungen nur widerwillig und unter Protest nachgekommen waren. Zwischen dem ihnen zugewiesenen Siedlungsgebiet und der Grenze des römischen Reiches war eine Pufferzone eingerichtet worden, ein vierzehn Kilometer breiter Streifen am rechten Donauufer, der ein überraschendes Überschreiten des Flusses verhindern sollte. Dieses Land wurde nun etwa zur Hälfte zur Besiedlung freigegeben; die Donau durfte allerdings nicht erreicht werden. Für den Handel mit den Römern wurden Ort und Zeit genau festgelegt. Und zur weiteren Sicherung tauschte man schließlich Geiseln aus.

Allzu dürftig sind die Überlieferungen der antiken Historiker für das Jahr 174. Offensichtlich füllten nur kleinere Aktionen diese Zeit des Krieges aus. Der Widerstand in den eroberten Gebieten sollte nun endgültig zerschlagen werden. Ein neuzeitlicher Geschichtsschreiber nennt vor allem die »Verpflanzung gedemütigter Völker in viel größerem Umfang, als Augustus am Rhein, Claudius und Vespasian an der mittleren und unteren Donau dies getan hatten, nach Dakien, Pannonien, Moesien, Germanien, Italien, um die durch die Pest entstandene Bevölkerungsnot zu beseitigen«[3]. Auch andere Forscher sehen die Ansiedlung von Barbaren auf Reichsgebiet als logische Folge der Menschenverluste, die nicht nur die verheerende Pestwelle, sondern auch die schweren und anhaltenden Kriege verursacht hatten. Es handelte sich in der Regel um Kriegsgefangene oder unterworfene Angehörige fremder Völker. Auch kaufte der Kaiser oft ganze Stämme, indem er ihnen Land im Grenzgebiet versprach. Eine glückliche Hand hatte Marc Aurel bei diesen Integrationsversuchen von Menschen, die mindestens nach römischer Vorstellung bislang fernab jeglicher Zivilisation gelebt hatten, allerdings nicht. Die auf italischen Boden verpflanzten Barbaren mußten bald wieder umgesiedelt werden. Nur in der Phantasie einer romantisierenden Nachwelt wurden sie Opfer einer neidischen einheimischen Bevölkerung. In Wirklichkeit erstarkte ihr Selbstbewußtsein derart, daß sie sich gegen Rom auflehnten und zur Sicherheit des Reiches rasch wieder entfernt werden mußten.

Im übrigen stellte diese traditionswidrige Ansiedlung ein weiteres Symptom der Krise dar, in der sich das römische Reich befand. Die »coloni« sollten im Grunde nichts anderes als nicht minder billiger Sklavenersatz sein. Marc Aurel verlieh ihnen den Status von Kleinpächtern, die in Gallien »laeti«, in anderen Reichsteilen »inquilini« genannt wurden. »Sie lebten auf dem Gute des Verpächters, da sie keinen eigenen Grundbesitz hatten, und waren, obwohl persönlich frei, an die Scholle gefesselt. Damit war das römische Reich zwar vorübergehend in der Lage, mit Hilfe dieser neuen Institution einen Ausweg zur Bearbeitung des Bodens in verödeten Grenzgebieten zu schaffen, aber diese Lösung barg auch schwere Gefahren in sich, die sich nur wenige Jahrzehnte später für Rom äußerst verlustreich offenbaren sollten ...«[4], beurteilt ein neuzeitlicher Historiker das Problem.

Ein wesentlicher Mangel dieser Pachtverhältnisse war die ökonomische Abhängigkeit der Colonen. Sie besaßen zwar das Nutzungsrecht über Grund und Boden und konnten aus dessen Erträgen den Pachtzins bestreiten. Aber sie hatten keinerlei Verfügungsgewalt über das Land, da sie nicht die Eigentümer waren. Sie wurden im Gegenteil von jenen immer stärker abhängig, wenn sie, etwa bei unvorhersehbaren Launen der Natur, die geforderte Pachtsumme nicht mehr aufbringen konnten und sich hoch verschulden mußten. Trotzdem waren diese Leute zur Zeit Marc Aurels noch nicht völlig rechtlos. Erst ein Erlaß Kaiser Constantins, mehr als einhundertfünfzig Jahre später, bestimmte, daß der entlaufene Colone wie der Sklave gefesselt seinem Herrn zurückzubringen war.

Es war eine unselige Entwicklung, die Marc Aurel mit der Ansiedlung ehemaliger Reichsfeinde ungewollt und unbewußt einleitete. Was als Rettung einer lebensmüden, durch Geburtenrückgang, Krankheit, Krieg und Tod geschwächten Welt gedacht war, erwies sich als Katalysator für einen um so schnelleren Niedergang. Überall, im italischen Mutterland wie in den Provinzen, »kamen neue Abhängigkeitsverhältnisse auf, die nicht auf der ständischen Ungleichheit, sondern auf finanzieller Unterlegenheit beruhten ... So trat an die Stelle der alten persönlichen Treueverhältnisse der Klientel eine neue Gliederung der Gesellschaft ...«[5]

Nur im Frieden hatten diese Siedler den Status halbfreier Bauern. Das – vererbliche – Nutzungsrecht für das ihnen überlassene Land mußten sie in Kriegszeiten mit dem Dienst an der Waffe bezahlen. Doch stellten sie schließlich dem römischen Heer die tapfersten Rekruten und verteidigten die Grenzen des Imperiums oft besser, als es die Römer noch vermocht hätten, zumal deren Zahl kontinuierlich abnahm.

Die Geister, die man so überaus kurzsichtig gerufen hatte, sollte man nicht mehr loswerden. Valerian, Aurelian, Probus und Constantin trieben die Masseneinfuhr von Barbaren in das Reich nach Marc Aurels Beispiel weiter. »Der germanische Einfluß«, bemerkt hierzu ein neuzeitlicher Romforscher, »verbreitete sich rasch und gründlich. Erst wurden die Posten der Unterführer von ihnen besetzt, dann die Ränge der Offiziere, das Wort ›germanisch‹ wurde ein Synonym für ›soldatisch‹, und der Makel, von einem Germanen abzustammen, einem Barbaren, wurde zur Auszeichnung. Es kam vor, daß sich jemand als Germane ausgab, obwohl er gar keiner war, in der Hoffnung, dadurch eine schnellere Karriere zu machen. Im vierten Jahrhundert waren viele Unteroffiziere und über die Hälfte aller Offiziersstellen mit Germanen besetzt ...«[6]

Diese Entwicklung, die Marc Aurel nicht vorhersehen konnte, veranlaßte im vierten Jahrhundert den Geschichtsschreiber Ammian zu der sarkastischen, aber durchaus treffenden Bemerkung, daß die Barbaren das Reich fest in ihrer Rechten hielten.

»Es war die Unfähigkeit Roms, die Provinzen südlich der Donau zu zivilisieren, die ihm den Untergang brachte«, mutmaßt ein anderer Gelehrter. Er hält diese Aufgabe für zu gewaltig für ein Volk, das bereits an Alterserscheinungen krankte. Den Grund für diese Dekadenz sieht er »in der Nachlässigkeit und Unfruchtbarkeit gequälter und entmutigter Menschen«, denen »die Völkerschaften des Nordens in unerschütterlichem Lebensschwung gegenüberstanden ... Die Germanen, die nunmehr Norditalien bevölkerten und das Heer auffüllten, waren in körperlicher und sittlicher Hinsicht der einheimischen Bevölkerung ... überlegen; hätte die Zeit eine allmähliche Assimilation zugelassen, so hätten diese Germanen vielleicht die klassische Kultur angenommen und das italische Blut erneuert. Aber die Zeit erwies sich als nicht so großzügig ...«[7]

Wie bei allen anderen Kriegen des Nordens sind auch über den Feldzug gegen die Jazygen keine Einzelheiten überliefert. Letztlich waren die Römer jedoch siegreich, wenn es auch diesmal wieder nur ein Erfolg auf Zeit werden sollte. Sehr anschaulich hält die Marc-Aurel-Säule jene Schlachten fest (freilich ohne uns eine chronologische Einordnung der Ereignisse zu ermöglichen), die für den Philosophenkaiser nichts als »schmutzige Notwendigkeit« (Birley) waren. Die Darstellung verbrannter Erde, verwüsteter Dörfer, undurchdringlichen Menschengewimmels, der erbarmungslosen Bestrafung aller, die sich gegen Rom aufgelehnt hatten. Allgegenwärtig jedoch der Kaiser, pflichtbewußt, keine Mühe scheuend, zu Lebzeiten schon ein Denkmal, ein unerschütterliches Leitbild für jeden seiner Soldaten. Und neben ihm oft ein treuer Begleiter, vielleicht Claudius Pompeianus, der seinem Schwiegervater hilfreich zur Seite stand.

Bei alldem ist es verwunderlich, daß ein derart beschäftigter Mann noch Muße für andere Tätigkeiten fand. Der antike Biograph weist auf administrative und rechtsprechende Maßnahmen hin, die Marc Aurel trotz der unaufhörlichen Kriegswirren nicht vernachlässigte. Sie galten aber nicht nur seiner unmittelbaren Umgebung, wie man vermuten könnte. Auch die unersättliche Genußsucht der stadtrömischen Bevölkerung vergaß er nicht. »Für die Dauer seiner Abwesenheit verfügte er nachdrücklich, daß die reichsten Spielgeber für die Lustbarkeiten des römischen Volkes Sorge trugen.«[8] Doch hatte er dabei wohl mehr daran gedacht, der Unzufriedenheit vorzubeugen, als den primitiven Volksinstinkten entgegenzukommen. Unruhen in der Hauptstadt – gerade sie hätte er sich augenblicklich am wenigsten leisten können.

Bei Cassius Dio findet sich ein weit interessanterer Hinweis. Es geht um Marcus' Richteramt und die Geduld, die er trotz der wenigen freien Zeit, die ihm der Krieg noch ließ, selbst bei uns heute eher unbedeutend erscheinenden Rechtsfällen übte. Mit einiger Verwunderung nehmen wir zur Kenntnis, daß er den Rednern die bei Gericht üblichen Wasseruhren reichlich füllen ließ, wo doch schon in normalen Zeiten der Redefluß römischer Advokaten gefürchtet war. So verwandte er oft elf bis zwölf Tage für die Verhandlung eines einzigen Falles und mußte sogar nachts Sitzungen abhalten. Pedantisch sei er selbst in Kleinigkeiten gewesen, weil er überzeugt war, ein Kaiser dürfe nichts oberflächlich tun. Er fürchtete nämlich, schon der geringste Fehler könnte ein ungünstiges Licht auf ihn werfen. Wen wundert's, möchte man da fragen, daß ein so gewissenhafter Mensch schon vorzeitig müde und verbraucht war, da die ständige Anspannung auch die Substanz seines von Natur aus ohnehin schwächlichen Körpers angriff?

In Philostrats »Lebensbeschreibungen der Sophisten« taucht in jenen Tagen ein uns längst bekannter Name auf, der wieder einmal für Schlagzeilen sorgte. Erneut wurde der Senator und frühere Lehrer des Kaisers, Herodes Atticus, in einen Rechtsstreit verwickelt und stellte sich in Sirmium der kaiserlichen Gerechtigkeit. Leider erfahren wir nichts Konkretes über den Anlaß zu diesem Prozeß, so daß wir uns bemühen müssen, ein wenig zwischen den Zeilen zu lesen.

In jener Zeit hatte die römische Führungsspitze die Brüder Quintilii als Sonderbeauftragte in die achaische Provinz gesandt. Dort trafen sie zwangsläufig Herodes Atticus, den ungekrönten König Griechenlands. In den Augen eines griechischen Adligen, der obendrein das römische Bürgerrecht besaß und sich rühmen durfte, die Erziehung des herrschenden Kaisers maßgeblich beeinflußt zu haben, mögen die Quintilier Emporkömmlinge gewesen sein. Sie stammten aus Alexandria Troas, einer Stadt unweit der Stelle, wo einst Ilion gelegen hatte und Roms Ursprünge vermutet wurden. Tatsächlich hatten sie erst unter Antoninus Pius eine gewisse Bedeutung erlangt und 151 n. Chr. gemeinsam das Konsulat bekleidet. Sie gehörten zu jenen Neureichen, deren es im zweiten Jahrhundert mit den allmählich verschwindenden Standesschranken Hunderte gab – für den vornehmen Griechen Anlaß genug, sie etwas überheblich »Trojaner« zu schimpfen. Was sicher nur leichtfertig bemerkt worden war, traf wie ein giftiger Pfeil. Die verärgerten Quintilier suchten Rückhalt bei Herodes' Gegnern, bis sich dieser schließlich gezwungen sah, sie wegen der gegen ihn betriebenen Volkshetze beim Prokonsul anzuklagen. Herodes' Feinde aber waren gewappnet. Sie beschuldigten ihn ihrerseits verschiedener, nicht näher genannter Vergehen und dehnten ihre Anklage auch auf seine Freigelassenen aus. Sie hofften, ihr Recht vor Gericht erfolgreich durchsetzen zu können, stützten sie sich doch auf Gerüchte einer früheren Konspiration zwischen Herodes und Mitkaiser Verus, der freilich längst tot war. Offensichtlich wegen der Schwere dieser Anschuldigungen zog Marc Aurel den Fall an sich. Herodes Atticus wurde zusammen mit seinen Freigelassenen in den Norden beordert. Und auch seine Gegner eilten nach Sirmium, um den kaiserlichen Richterspruch zu vernehmen.

Gebührend war dort Marc Aurel um ihrer aller Würde und Wohl besorgt. Häufig ließ er sie fragen, ob sie nicht etwas benötigten.

Leider kann Philostrat nicht zuverlässig berichten, wie der Prozeß für Herodes ausging. Nach Beilegung des Streits kehrte er jedenfalls nicht sofort nach Athen zurück, sondern lebte eine Zeitlang in einer Stadt in Epirus im Nordwesten Griechenlands. Manche Forscher sehen darin eine Verbannung. Doch bot sich Griechenland, Herodes' Heimat, als Exil keineswegs an. Vielleicht folgte der alte Mann nur dem wohlgemeinten Rat seines kaiserlichen Freundes, Athen eine Weile zu meiden, bis sich dort die Gemüter wieder beruhigt hatten.

Vom Verfahren selbst sind interessante Einzelheiten bekannt. Dem antiken Herodes-Biographen zufolge soll Marcus vor allem von seiner Gattin und seiner dreijährigen Tochter in dem Bestreben bestärkt worden sein, die Kläger aus Athen wohlwollend zu behandeln. »... vor allem seine kleine Tochter pflegte ihren Vater kniefällig und mit vielen Schmeicheleien zu bitten, er solle doch die Athener retten ...«

So hatte Herodes im Laufe des Prozesses Grund, sich zu beklagen, daß er den »Launen einer Frau und eines dreijährigen Kindes« geopfert werden solle. »Das ist also der Lohn dafür, daß ich Lucius, den du mir geschickt hast, meine Gastfreundschaft gewährt habe!« Wenn er diese Äußerung tatsächlich gemacht hat, könnte sich hier ein versteckter Hinweis darauf finden, daß es Gerüchte um eine von ihm und Lucius angezettelte Verschwörung wirklich gab und er mit dem Hinweis auf die gastliche Aufnahme des Freundes dieser begegnen wollte. Bassaeus Rufus, der Prätorianerpräfekt, der offensichtlich die Verhandlung leitete, bemerkte, daß der Grieche wohl sterben wollte, da er seine Zunge so wenig in acht nähme. Da soll ihm dieser geantwortet haben: »Ein alter Mann fürchtet nur noch wenig.«[9] Damit habe er den Gerichtssaal verlassen, obwohl die ihm eingeräumte Redezeit noch lange nicht abgelaufen war ...

Wie versteinert saß Marc Aurel da, unfähig, eine Miene zu

verziehen. Doch gestattete er auch der Gegenpartei, ihre Argumente vorzubringen.

Ein schrecklicher Unglücksfall überschattete zudem den Prozeß. Herodes hatte auch seinen Freigelassenen Alcimedon und dessen Zwillingstöchter in den Norden mitgebracht. Der reiche Grieche hatte die Mädchen von Geburt an aufgezogen und immer in seiner Nähe gehabt. Er wohnte jetzt mit seinem Gefolge in einem Turm ein wenig außerhalb der Stadt. Als ein Blitz in dieses Gebäude schlug und die schlafenden Kinder tötete, geriet der alte Mann vor Schmerz außer sich. Und seine Trauer, so wieder der Biograph, habe auch seine gewohnte Beredsamkeit gehemmt, so daß er sich statt dessen zu den heftigsten Vorwürfen gegen Marcus habe hinreißen lassen. Aber dieser Schicksalsschlag ließ auch den Kaiser nicht ungerührt. Nachdem er beide Seiten angehört hatte, konnte er sich der Tränen nicht mehr erwehren. Philostrat berichtet, Herodes' Freigelassene seien mit einer milden Bestrafung davongekommen (ein versteckter Hinweis darauf, daß man den Anklagen Glauben schenkte). Gegen Alcimedon wurde überhaupt keine Strafe verhängt. Durch den Tod seiner beiden Töchter, meinte der Kaiser, habe ihn der Himmel schon genügend geprüft.

Für uns scheint ein anderer Hinweis wichtiger. Es ist die Nachricht, Marc Aurels Gattin habe sich im Lager aufgehalten. Faustina muß sich damals zusammen mit ihrem jüngsten Kind, der erst dreijährigen Vibia Aurelia Sabina, bei ihrem Mann an der Front befunden haben. »Er (M. A.) hatte die Gattin auch bei sich im Feld gehabt, weshalb er ihr den Titel ›mater castrorum – Lagermutter‹ verlieh«[10], bestätigt Iulius Capitolinus in seiner Kaiserbiographie.

Für die verwöhnte Kaiserin bedeutete dies sicherlich ein unvorstellbares Opfer. Es war ganz und gar ungewöhnlich, daß eine Frau so hohen Ranges das harte Lagerleben ihres Gatten teilte und zudem ein Kleinkind den Gefahren des Krieges, eines ungewohnten Klimas und einer noch immer grassierenden Seuche aussetzte. Was hatte ihren Mann bewogen, sie und die Kleine aus der Sicherheit ihres fernen römischen oder tiburtinischen Palastes an die Grenze zum rauhen Barbarenland zu holen?

Sehnsucht, sagen die einen. Mehrere Jahre lang hatte Marcus Faustina nun nicht mehr gesehen, und sein Plan, 173 oder 174 n. Chr. nach Rom zurückzukehren, war an der Unzuverlässigkeit derer gescheitert, mit denen er sich vielleicht etwas voreilig auf vage Friedensbedingungen eingelassen hatte. Daran mag Wahres sein. Nicht weniger glaubwürdig erscheinen allerdings jene, die fest behaupten, der Kaiser habe seine Gattin in seine Nähe beordert, um unliebsamen, zum Teil sogar gehässigen Gerüchten, die über sie in Rom umgingen, entgegenzuwirken.

War Faustina wirklich so schlecht wie ihr Ruf? Wir können es nicht mit Bestimmtheit sagen. Die antiken Historiker, zeitgenössisch oder auch nicht, erwähnen übereinstimmend den lockeren Lebenswandel der Kaiserin, mögen auch ihre Geschichten gewisse Schwächen aufweisen. Es ist zudem eine Binsenweisheit, daß Klatsch niemals grundlos entsteht. Vielleicht geht der Schreiber der Historia Augusta, in seiner Überlieferung auch an anderen Stellen nicht immer zuverlässig, aber etwas zu weit, wenn er das Gerücht aufgreift, die Kaiserin habe sich ihre Partner unter Schiffsleuten und Gladiatoren gesucht. Er war auch sonst bemüht, mit pikanten Anekdoten seinen an sich blassen Berichten Farbe zu verleihen, um einen größeren Leserkreis anzusprechen. Möglicherweise wollte er mit diesem Hinweis sogar den von ihm überaus verehrten Marcus von dem Makel reinwaschen, einen Sohn wie Commodus gezeugt zu haben. Auch das wird nach so langer Zeit nicht mehr zu klären sein. Unvorstellbar wäre es nicht, hätte sich die noch junge, lebenslustige Frau während der jahrelangen Abwesenheit ihres Gatten für ihre sexuellen Bedürfnisse etwas Abwechslung gesucht. Wer könnte es der Frau Faustina verübeln, hätte sie, rechtlich und moralisch an die fleischgewordene Philosophie gekettet, die Zeit des Wartens auf diese Weise verkürzt?

»Gleich wie man bei Fleischgerichten und anderen Eßwaren der Art denken soll: das ist also der Leichnam eines Fisches, das der Leichnam eines Vogels oder eines Schweines, und beim geschlechtlichen Umgang: er ist die Reibung des Eingeweides und Ausscheidung von Schleim, mit Zuckungen verbunden«[11], äußerte sich Marcus in seinen Selbstbetrachtungen ... Der Kaiserin Faustina allerdings hätte ein Benehmen, das über jeden Zweifel erhaben gewesen wäre, besser angestanden. »Er war nachsichtig«, wundert sich Cassius Dio über Marc Aurel, »gegen andere und besonders gegen seine Gemahlin, indem er ihren Vergehen nicht nachforschte noch sie bestrafte.«[12] Auch er, der anerkannte Historiker, war demnach von Faustinas Lasterhaftigkeit überzeugt.

Mit dem Hinweis auf ihren Kinderreichtum versuchen heute manche Historiker die in der Antike erhobenen Vorwürfe gegen die Kaiserin zu entkräften, mit der Tatsache der unerschütterlichen Liebe ihres Gatten und den »hohen Ehrungen, die er ihr nach ihrem Tode zuteil werden ließ«[13]. Doch bestätigen die zahlreichen Schwangerschaften nicht unbedingt auch eheliche Treue. Die längst verblichene Julia, Augustus' ebenso schöne wie heißblütige Tochter und sein einziges leibliches Kind, war für ihr ehrloses Treiben, das ihr, glauben wir den antiken Biographen, sogar die Verbannung einbrachte, weithin bekannt. Sie hatte einst auf die Frage, wie es kommen konnte, daß ihre (ebenfalls zahlreichen) Kinder alle ihrem Gatten Agrippa ähnelten, wo man sie doch keineswegs als Kostverächterin kenne, geantwortet: »Ich pflege nur dann einen Steuermann aufzunehmen, wenn das Schiff schon beladen ist – numquam nisi nave plena tollo vectorem.« Und von Claudius' Gattin Messalina ist verbürgt, daß sie, »ihr schwarzes Haar unter einer blonden Perücke verborgen, sich unter dem Namen Lycisca regelmäßig in einem Freudenhaus verdingen«[14] ließ. Sollte Faustina in ihnen die großen Vorbilder gesehen haben, ohne freilich den politischen Ehrgeiz der einen und die unbeschreibliche Grausamkeit der anderen zu teilen?

Auch Marc Aurels betontes Vertrauen vermag den Ruf seiner Gattin kaum reinzuwaschen. Was hätte ein Mann, auf dem ständig aller Augen ruhten, auch Klügeres tun können, als die Extravaganzen seiner Frau mit Schweigen zu übergehen, wollte er sich nicht zum Gespött einer sensationsgierigen Öffentlichkeit machen? Schon sein Großvater Hadrian hatte einmal geäußert, er würde seine launische und eigenwillige Gattin Sabina verstoßen, wäre er nicht Kaiser, der ein Vorbild geben müsse. Wieviel mehr Grund zur Trennung hätte ein Mann gehabt, der vor aller Welt zum Hahnrei gemacht worden war!

Und schließlich sind auch die zahlreichen posthumen Ehrungen, will man sie nicht gar nur als lange geübten Brauch oder besonderen Ausdruck der »pietas«, jener fast schon heiligen Scheu des Römers vor den Toten, betrachten, kaum geeignet, Faustinas schlechtem Ruf entgegenzuwirken. Sie mögen sogar ein letzter, verzweifelter Versuch Marc Aurels gewesen sein, sich selbst und alle anderen über den wahren Charakter der Kaiserin zu täuschen. So liefern gerade sie am allerwenigsten den Beweis, Faustinas Moral sei tadellos und über jeden Zweifel erhaben gewesen.

Ein drittes Motiv für den Wunsch des Kaisers, seine Frau möglichst rasch wiederzusehen, ist schließlich nicht weniger überzeugend.

Man schrieb das Jahr 174 n. Chr., als Faustina, die sich um die Gesundheit des Gatten angeblich sorgte, an Avidius Cassius, den hervorragenden Statthalter des Ostens, schrieb. Ob sie sich selbst, wollte sie wissen, um die Herrschaft bewerben solle, falls dem Kaiser etwas zustoße. Der Brief enthielt eine versteckte Liebeserklärung an den Syrer. Sie wolle ihn heiraten, bekräftigte Faustina, sobald sie Witwe geworden sei.

So unglaublich ein solches Angebot klingt, machthungrige Frauen der Antike kamen, mitunter skrupellos, auf die ausgefallensten Ideen, wenn es um den Erhalt ihrer Stellung ging. Sicherlich bestand auch damals, was Marc Aurels Gesundheitszustand betraf, kein akuter Anlaß zur Sorge. Zeitlebens war der Kaiser schon krank gewesen, war wohl auch ein wenig Hypochonder, und seine Umwelt hatte sich an seine diversen Leiden längst gewöhnt. Gerüchte, daß es ihm schlecht gehe, müssen aber umgegangen sein. Auch beschäftigte er sich im Feldlager von Carnuntum, wie seine geheimen Aufzeichnungen bezeugen, besonders gern mit dem Tode. Vielleicht spielte er sogar mit dem Gedanken, freiwillig aus dem Leben zu scheiden. »Betrachte diesen Lebenshauch selbst; was ist er? ... Erinnere dich, daß die Zeit für dich schon abgegrenzt ist ...«[15] Kein Fremder, ja nicht einmal seine Gattin, kann jedoch von diesem intimsten Gedanken geahnt haben.

Die Reaktion des Avidius Cassius, von dem wir im nächsten Kapitel hören werden, läßt darauf schließen, daß auch er mit dem baldigen Tod des Kaisers rechnete. Und das Gerücht einer beginnenden Verschwörung mag auch zu Marc Aurels Ohren gedrungen sein. Vielleicht wollte er seinem drohenden Sturz vorbeugen, indem er seine Frau zu sich holte und sie damit jeder Möglichkeit beraubte, ohne sein Wissen zu korrespondieren oder irgendwelche konspirativen Kontakte zu pflegen. Was ihn letztlich wirklich bewog, Faustina den Unbilden des Frontlebens auszusetzen, bleibt ein Geheimnis, dessen Schleier die Geschichte wohl nie mehr lüften wird.

Ein letztes Ereignis von schicksalhafter Tragweite für das Imperium Romanum fällt schließlich auch in diese Zeit. Es war an den Nonen des Juli des Jahres 175 n. Chr., »an dem Tag, an dem Romulus irdischen Augen entschwand«[16], als der Kaisersohn Commodus die Männertoga anlegte, nicht zu Hause auf dem Forum, sondern im hohen Norden, wohin auch ihn sein Vater geholt hatte, um ihn dem Heer zu empfehlen. Zur gleichen Zeit wurde er auch »princeps iuventutis«, der Führer der Ritterjugend.

Schon zu Jahresbeginn war Commodus als Vierzehnjähriger in das Priesterkollegium aufgenommen worden. Marc Aurel hatte ihn damit aller Welt als seinen Nachfolger vorgestellt und den Tag seiner Einkleidung geschickt gewählt. Während die feierliche Anlegung der Männertoga gewöhnlich am Fest der Liberalia (17. März) erfolgte, bestimmte der Kaiser für seinen Sohn den 7. Juli, eine Art Nationalfeiertag, der an die wunderbare Himmelfahrt des legendären Stadtgründers erinnerte. Schon Commodus' frühe Aufnahme in die Priesterkollegien hatte eine deutliche Sprache gesprochen: Nur die Kaiser und ihre Teilhaber an der Macht gehörten sämtlichen Priesterschaften Roms an. So sollte Commodus unter dem besonderen Schutz jenes berühmten Ahnen stehen und Rom und auch dem treulosen Aufrührer Cassius klar gezeigt werden, daß Marcus für einen plötzlichen Tod vorgesorgt hatte. Der Thron würde nicht verwaist dastehen. Sein Sohn würde bereit sein, in die Fußstapfen des Vaters zu treten und dessen Werk fortzuführen und zu vollenden.

Münzen gedachten des festlichen Ereignisses, und anläßlich der Aufnahme des Kaisersprosses in die Liste der mündigen Bürger (cives Romani) erhielt das Volk eine Spende.

Eine unselige Entwicklung für das Kaiserhaus, für Rom und die alte Welt hatte begonnen. Düstere Vorzeichen kündigten eine hoffnungslose Zukunft an. Die Tage der Herrschaft der weisen Philosophenkaiser, die das Reich nun fast drei Generationen lang mit Umsicht, Geduld und Menschenfreundlichkeit geleitet hatten, waren gezählt.

Marc Aurel, verstrickt in die schier endlosen Markomannenkriege, mag es geahnt haben. Verbissen wollte er wenigstens dort weiterkämpfen, wollte er vor allem die Sarmaten bezwingen, ausrotten gar, wie Cassius Dio bemerkt. Ein Teil des Markomannenlandes war schon von den Römern besetzt. Aber neue Provinzen sollte Rom nicht mehr erhalten. Seine Kräfte waren solchen Aufgaben nicht mehr gewachsen.

26. KAPITEL

Avidius Cassius oder die Herrschaft der sechsundneunzig Tage

»Er hatte die Absicht, das Markomannen- wie auch das Sarmatenland zur Provinz zu machen, und hätte es auch getan, hätte sich nicht unter seiner Regierung Avidius Cassius im Osten aufgelehnt.«[1]

Düster, ja nahezu unglaublich klangen die Nachrichten, die schon im Frühjahr 175 zu Marc Aurel an die Nordfront drangen. Ohne Vorwarnung wurde er von der Kunde getroffen, Cassius sei von ihm abgefallen und spiele sich in seiner Heimat als Kaiser auf. Marc Aurel war tief erschüttert.

»Acht Jahre hatte Cassius, der wahre Sieger im Partherkrieg, Syrien, davon nun fast sechs das Regiment im ganzen Osten verwaltet. Er und der kappadokische Statthalter Martius Verus, der einst Armenien gesichert hatte und von Verus gleichfalls in seinem Amte belassen worden war, hatten während dieser langen Notzeit alle Unruhen im Osten bezwungen, obwohl ihre Legionen starke Verbände an die Feldarmee der Nordfront hatten abgeben müssen ...«[2] Doch während Cassius, erfolgsgewohnt und in seiner Heimat von großem Ansehen, gegen den Kaiser rebellierte, verhielt sich Martius Verus loyal. Er war es, der Marcus die traurige Botschaft vom Abfall eines seiner einst treuesten Generäle überbrachte.

Die Hintergründe dieses Aufstands liegen völlig im dunkeln. Die antiken Autoren geben hierfür zwei Versionen. Die eine wurde im vorigen Kapitel bereits angedeutet. Danach soll Faustina die treibende Kraft für die »Thronbesteigung« des Syrers gewesen sein. Es heißt, sie habe wegen des schlechten Gesundheitszustandes ihres Gatten befürchtet, »sie werde, auf sich selbst gestellt, außerstande sein, ihre unmündigen Kinder zu schützen, und es könnte ein Usurpator aufstehen, der sich des Thrones bemächtige und die Kleinen aus dem Wege räume ...«[3] Zu jung und noch zu einfältig sei ihr Commodus für die Bürde des Kaiseramtes und zu furchtbar der Kaisertochter und Kaiserin der Gedanke erschienen, ihr Leben als einfache Frau beschließen zu müssen. Tatsächlich wäre für den erst vierzehnjährigen Kaisersohn die Bestellung eines Vormundes erforderlich geworden. Ob allerdings Cassius als solcher vom römischen Senat anerkannt worden wäre, steht dahin. Man hätte wohl eher einen der kaiserlichen Schwiegersöhne, vielleicht den Ehemann der jüngeren Augusta, mit dieser Aufgabe betraut.

Andere wieder behaupten, Cassius habe sich, auf Marcus' Beliebtheit und Erfolge eifersüchtig geworden, der Hilfe eines Tricks bedient. Der Kaiser sei verstorben, habe er unter Soldaten und Volk seiner Provinz gestreut und ihn, um ihre Trauer zu lindern, sogar als Gott bezeichnet.

Wie dem auch sei. Sollte er tatsächlich guten Glaubens in der Absicht gehandelt haben, Schaden von Rom abzuwenden, und von Faustina entsprechend unterstützt worden sein, kann man ihm dennoch den Vorwurf nicht ersparen, vagen Gerüchten allzu leichtfertig vertraut und sich der Herrschaft ohne die übliche vorherige Bestätigung durch den römischen Senat bemächtigt zu haben. Statt dessen stützte er seinen Anspruch auf den Wunsch der Truppen, die ihn zum Kaiser ausgerufen hatten (freilich in der Annahme, der Thron sei durch Marcus' Tod verwaist). Er nannte sich Kaiser, und Truppen und Untertanen jubelten ihm zu. Denjenigen, der ihm die Abzeichen seiner Herrscherwürde gebracht hatte, beförderte er sogleich zum Prätorianerpräfekten.

Cassius erkannte bald das Unrecht seines Tuns. Aber er hatte sich bereits zu weit vorgewagt, um noch zurück zu können. Vielleicht war er auch schon der Faszination der Macht erlegen. Jedenfalls unterwarf er »sich binnen kurzem das ganze Land südlich des Taurus und traf Anstalten, durch einen Krieg auf den Thron zu gelangen«[4]. Wieder einmal wirkte sich Marcus' Leutseligkeit verhängnisvoll aus. Das römische Kaisertum geriet in eine seiner schwersten Autoritätskrisen. Das Argument, der Syrer entstamme dem Ritterstand und könne als solcher niemals Kaiser sein, zog nicht mehr, seit Marcus selbst mit der Wiederverheiratung seiner Tochter einen Ritter in seine Familie aufgenommen hatte. War Avidius Cassius schlechter als jener? Er war zweifellos ein fähiger Mann und wäre mit seiner überragenden »virtus« durchaus zum Herrschen fähig gewesen. Für eine Weile schien es, als wolle der Orient die Weltherrschaft wieder zurückholen, die von ihm einst ausgegangen war.

Schon befanden sich mit Ausnahme Kappadokiens alle Provinzen des Ostens fest in Cassius' Hand. Ansehnlich war vor allem in Syrien seine Anhängerschaft, teils wegen seiner weitverzweigten Verwandtschaft, teils weil er sich rühmen konnte, königlicher Abstammung zu sein. Jedermann sah in ihm den wahren Sieger des Partherkrieges, der durch seinen mutigen persönlichen Einsatz Kleinasien vor einer der drohendsten Gefahren seiner jahrhundertealten Geschichte gerettet hatte. Drei Legionen standen ihm in seinem Heimatland zu Diensten, je eine in Ägypten und Arabien und schließlich die beider Palästinas, gewiß keine überragende Streitmacht, aber mancher ehrgeizige Römer hatte sich schon mit geringeren Hilfsmitteln einen festen Platz in den Annalen erobert. Im übrigen bestand einige Aussicht auf die Hilfe der an der Donau stationierten Truppen, unter denen sich auch Legionäre aus dem Osten befanden. Und hatte Cassius schließlich nicht auch einen Teil seiner Streitmacht in den Norden entsandt? Es wäre durchaus möglich, daß man sich in entscheidender Lage seines alten Feldherrn erinnerte.

Was kümmerten die Bewohner des Ostens Rom und seine Kriege im Norden? In dieser Weltecke war man gerade mit dem Schrecken davongekommen. Man wollte nun leben und die soeben mühsam verteidigte Freiheit genießen, solange es noch Zeit war. Cassius selbst hatte versprochen, »einen Krieg gegen barbarische Völker im Norden ein für allemal zu beenden, dessen Nutzen man nicht einsehen konnte und der für den Osten sogar noch eine starke Belastung darstellte«[5], da Truppen an den Kriegsschauplatz abgezogen worden waren und die Grenzverteidigung gegen die Parther damit geschwächt war. Schon war Ägypten von Rom abgefallen und die Getreideversorgung der Hauptstadt bedroht. Wer immer diese Kornkammer am Nil, das Tor zum Orient, hielt, hatte ein wirksames Mittel, Rom selbst in die Knie zu zwingen. Das plötzliche Versiegen der wichtigen Nahrungsquelle – ein Alptraum, den mancher Vorgänger Marc Aurels schon durchlitten hatte!

Schnell hatte sich der Präfekt Ägyptens, Calvisius Statianus, ein Freund Frontos, mit dem neuen Machthaber arrangiert. Die beiden Männer kannten sich gut. Drei Jahre zuvor nämlich hatte sich der Syrer eine Weile am Nil aufgehalten, und vielleicht war man sich anläßlich dieses Besuches ein wenig nähergekommen. Statianus war ein einflußreicher Mann. Der Kaiser selbst hatte ihn zu Beginn seiner Regierung in das Amt des »ab epistulis Latinis« berufen. Von dieser Tätigkeit her kannte er zahlreiche wichtige Persönlichkeiten und wußte, wer von den Großen des Reiches ihrer Sache besonders nützlich sein konnte. Natürlich ist nicht auszuschließen, daß Statianus dem Syrer nur widerwillig folgte oder von diesem gar, mit welchen Mitteln auch immer, zum Mitmachen gezwungen worden war. Nur Martius Verus, Kappadokiens unbestechlicher Statthalter, blieb standhaft. Doch welche Rolle konnte er schon spielen? Von den beiden Legionen, die er einst befehligt hatte, waren größere Truppenkontingente an die Donau abkommandiert worden. Daß er für eine gerechte Sache kämpfte, war nur ein schwacher Trost.

Marcus mußte verzichten oder schnell handeln, wollte er seinen legitimen Anspruch auf die Herrschaft erfolgreich verteidigen. Er entschied sich für letzteres. Von einem Zögern oder auch nur Bedenken seinerseits ist nichts bekannt. Es verhielt sich hier genau wie mit den äußeren Reichsfeinden: entweder siegen oder untergehen. Doch was sollte er tun? Noch waren die wilden Völker hier oben nicht gezähmt. Noch tobte allerorten der Krieg. Er wandte sich an seine Soldaten. Hatte er eine Zeitlang versucht, den Abfall seines einstigen Weggefährten zu vertuschen, um nicht noch größere Verwirrung zu stiften, so ließen sich Verrat und drohender Bürgerkrieg nun nicht mehr länger verheimlichen. Wie sonst hätte er auch jenen Männern erklären sollen, daß ein rascher Friedensschluß mit allen äußeren Feinden lebensnotwendig geworden war? Wie sonst hätte er vertreten können, sich auf Friedensbedingungen einzulassen, die sich für Rom mit seinem Status als Weltmacht kaum noch vereinbaren ließen?

In der Hauptstadt indessen herrschte panikartige Stimmung. Zwar hatte der Senat, wie in solchen Fällen üblich, den Abtrünnigen schnell zum Staatsfeind erklärt und sein Vermögen beschlagnahmt. Es fiel der Staatskasse zu, da Marcus darauf verzichtete, es seinem Privatvermögen einzuverleiben. Und anläßlich von Commodus' Abreise an die Front (19. Mai 175) waren Münzen erschienen, die fast ängstlich an Treue und Eintracht der Heere appellierten. Auch die Geldspende, die die stadtrömische Bevölkerung zur Mündigerklärung des Kaisersohnes erhielt, sollte sie ablenken und für ihren rechtmäßigen Kaiser werben.

Dennoch blieb die Angst groß. Schon hieß es, der Usurpator nähere sich der Stadt, um sie nach Tyrannenart zu beherrschen. Er habe geschworen, sich für die Ächtung zum Staatsfeind zu rächen, und werde Rom dem Erdboden gleichmachen. Auch Marcus muß davon gehört haben. Denn er entsandte sogleich den Statthalter von Unterpannonien, einen gewissen Vettius Sabinianus, mit einer Sondervollmacht nach Rom, vor allem um das aufgeschreckte Volk zu beruhigen. Er selbst trat vor seine Truppen: Einer seiner besten Freunde sei an ihm zum Verräter geworden. Drohte nur ihm selbst Gefahr, was läge daran? Über kurz oder lang müsse ja doch ein jeder sterben. Aber vor allem werde durch Aufruhr der Staat gefährdet, was ihrer aller Sache sei. Er erklärte sich bereit, mit Cassius vor dem Senat um die Krone zu verhandeln, wenn es das Gemeinwohl erfordere. Habe er nicht zum Nutzen aller vor so langer Zeit schon seine italische Heimat verlassen und seinen kaiserlichen Palast und sich unzähligen Mühen unterzogen, um ihnen allen zu dienen? Und das, obwohl er ein alter, kranker Mann sei, kaum mehr etwas ohne Schmerzen essen und vor lauter Kummer nicht mehr schlafen könne!

Geschickt hob er darauf Martius Verus' Treue hervor. Hatte der in den Kämpfen gegen die Parther nicht ebenso viele Siege errungen wie jener Syrer? War ihm der Erfolg vielleicht zu Kopfe gestiegen? Nein! Er war auch weiterhin der bescheidene Untertan geblieben, ein ergebener Anhänger seines Kaisers und der stets pflichtbewußte Römer, der seine ganze Kraft in den Dienst des Imperiums stellte.

Doch sicherlich sei auch Cassius nur ein bedauerliches Opfer seiner eigenen Verblendung geworden, verwirrt und verführt von der Nachricht, der Kaiser sei tot. Sicherlich werde er seine Unüberlegtheit bereuen und seine voreilige Entscheidung überdenken, sobald er hören werde, daß Marcus noch lebe. Auf jeden Fall aber wolle er selbst in den Osten eilen und hoffe nur, den Rivalen noch lebend anzutreffen, um Gnade üben zu können. Denn er glaube fest daran, daß in den Menschen das Gute noch nicht ganz gestorben sei und daß es noch Reste der früheren Tugend gäbe.

Einen Brief ähnlichen Inhalts schickte Marcus an den Senat. Es ist nicht bekannt, daß er über den Treulosen jemals ein schlechtes Wort verlor, außer daß er ständig dessen Undankbarkeit beklagte. Andererseits soll sich auch Avidius Cassius nie besonders abfällig über den Kaiser geäußert haben. Gegenteiligen Berichten, etwa den in der Historia Augusta (Vita des Avidius Cassius) überlieferten Briefen, schenkt die strenge Wissenschaft keinen Glauben. Sie seien allesamt fingiert, ein geschickter Versuch des antiken Biographen, seine Berichte zu beleben und sein dürftiges Quellenmaterial aufzuwerten.

Wahr oder nicht: Die kritischen Bemerkungen des überragenden Feldherrn, der trotz oder gerade wegen seiner unnachgiebigen Strenge im Osten so geschätzt war, gewähren doch einen guten Einblick in die Stimmung jener Zeit. »Bedauernswert«, soll er seinem Schwiegersohn geschrieben haben, »ist der Staat, der dieses Pack von Geldjägern und Geldprotzen duldet. Bedauernswert Marcus, gewiß ein vortrefflicher Mensch, der in dem Wunsch, im Ruf der Milde zu stehen, diejenigen am Leben läßt, deren Lebenswandel er mißbilligt ...«[6] Er prangerte auch viele Mißstände in der Provinzialverwaltung und die Habgier der römischen Statthalter an und beschwor, ganz Römer, die strenge Zucht der Altvorderen. Bei Marcus vermißte er vor allem die Härte, die seiner Meinung nach den guten Herrscher kennzeichnet: »Marcus Antoninus spielt den Weltweisen und spintisiert über die Elemente und über das Wesen der Seele und über Sittlichkeit und Gerechtigkeit und hat kein Herz für den Staat«[6], klagte er. Sein antiker Biograph glaubte, bei aller Bewunderung auch für Marc Aurel, fest an ihn. Nach seiner Meinung wäre Cassius ein guter, ja sogar ganz vortrefflicher Regent geworden, wäre das Schicksal auf seiner Seite gestanden.

Was kann man über einen Menschen berichten, der vor fast zweitausend Jahren lebte und den die alten Quellen beinahe mit Schweigen übergehen? Schon sein Vitaschreiber hatte damit Schwierigkeiten. »In Kürze« nur schilderte er Charakter und Wesen dieses Mannes, »... denn reichliche Kunde ist von denen nicht möglich, deren Leben niemand ans Licht zu setzen wagt mit Rücksicht auf ihre Überwinder.«[7]

Mütterlicherseits soll Avidius Cassius seine Herkunft auf die Familie der Cassii zurückgeführt haben, deren berühmt-berüchtigter Ahne einer der Cäsarmörder war. Von Vaters Seite entstammte er einem in Syrien beheimateten angesehenen Rittergeschlecht, das seinerseits seine Abstammung von den Königen dieses Landes herleitete. Sein Vater Avidius Severus galt als »homo novus«. Als erster seiner Sippe hatte er ein Staatsamt bekleidet und soll bei Kaiser Marcus viel gegolten haben. In der Tradition seiner mütterlichen Vorfahren verachtete, ja haßte der Nachkomme angeblich das Kaisertum und fand den Herrschertitel unerträglich. So pflegte er zu äußern, nichts sei unheilvoller als der Begriff der kaiserlichen Macht, die aus dem Staatsleben nur durch einen neuen Machthaber ausgelöscht werden könne. Es wurde ihm nachgesagt, er habe schon in früher Jugend mit dem Gedanken gespielt, einem Pius das Szepter zu entringen, und nur die weise Umsicht seines Vaters habe ihn vor dieser Torheit bewahrt.

Dann, in reiferem Alter, die Planung eines Anschlags auf Verus, der jedoch niemals ausgeführt wurde. Ein wohl ebenfalls erfundener Brief des Mitkaisers an seinen Bruder soll diese Behauptung bekräftigen: »Avidius Cassius ist, wie mir scheint, begierig auf die Herrschaft – Avidius Cassius avidus est ... imperii.«[8]

Freilich kann nicht ausgeschlossen werden, daß die Beliebtheit des Feldherrn bei seinen Truppen eine gewisse Gefahr für den Throninhaber darstellte. Denn noch immer war die Armee das bedeutendste Druckmittel und sicher nicht zu unterschätzen, wenn es galt, Macht zu demonstrieren. Und schon mancher hatte sich nicht gescheut, seine Soldaten auch gegen das Vaterland zu führen.

Marcus' Antwort hierauf gibt der Autor eher gelassen: »Wem von Gottes Gnaden die Herrschaft gebührt, dem werden wir sie nicht entreißen, selbst wenn wir es wollten. Noch niemand hat seinen Nachfolger umgebracht.«[9] Im übrigen pflege man ohnehin keiner Klage des Kaisers zu trauen, der und der trachte ihm nach Thron und Leben, bevor er nicht wirklich erschlagen sei. Cassius möge leben und Kaiser werden, falls es der Vorsehung so gefalle, er mehr Liebe verdiene als er selbst und seine Kinder und es dem Staate eher fromme.

Mögen diese Worte Marc Aurel auch nur von einem freundlich gesonnenen Geschichts- und Geschichtenschreiber in den Mund gelegt worden und nie wirklich über seine Lippen gekommen sein, so machen sie doch deutlich, in welch günstigem Licht gerade er noch mehr als hundert Jahre nach seinem Tod manchem Römer erschien.

Cassius allerdings teilte das Los aller Besiegten, deren Geschichte stets die Sieger schreiben. Dennoch spart sein antiker Biograph nicht mit Lob. Er kam beispielsweise nicht umhin, die hervorragende »virtus« des Cassius zu rühmen. So habe einer der letzten großen Feldherrn Roms nach dem Vorbild eines Marius unentwegt auf Manneszucht gehalten und seine Soldaten durch eiserne Strenge und erbarmungslose, bis zur Grausamkeit gesteigerte Gerechtigkeit zur Disziplin erzogen. Er selbst war angeblich ein Mann ohne Furcht. Soldaten, die sich gegen das Kriegsrecht auch nur geringfügig vergangen hatten, ließ er noch am Tatort hinrichten, Fahnenflüchtige jämmerlich verstümmeln, um wirksame Exempel zu statuieren. Selbst Centurionen, die ihre Befugnisse überschritten hatten, konnten nicht auf Gnade oder auch nur Wohlwollen hoffen. Man erzählte, es habe einmal ein Hilfstrupp unter Leitung seiner Centurionen ohne Avidius' ausdrücklichen Befehl dreitausend Sarmaten niedergemacht und sei beutebeladen zu seinem Feldherrn zurückgekehrt in der Hoffnung, eine große Belohnung zu erhalten. Aber Avidius ließ sie allesamt wie Sklaven ans Kreuz schlagen, weil sie ganz offensichtich gegen die Disziplin verstoßen hatten. Es hätte sich auch, wie er meinte, um einen gemeinen Hinterhalt der Barbaren handeln können. Das aber hätte dem Ansehen Roms, dessen überragende Kriegskunst schon eine ganze Welt bezwungen hatte, sehr geschadet.

Das Heer geriet darüber in heftige Erregung. Da trat er unbewaffnet vor seine Leute und sagte: »Schlagt mich nieder, wenn ihr den Mut dazu habt, und krönt die verlotterte Zucht mit einem Mord!«[10] Aber niemand wagte, die Hand gegen ihn zu heben.

Auch Marcus mußte das ebenso strenge wie erfolgreiche Regiment seines Generals anerkennen. »Moribus antiquis res stat Romana virisque – auf Bräuchen und Männern alten Schlages fußt Roms Sache«, soll der Kaiser den Dichter Ennius zitiert haben, sobald die Rede auf den Syrer kam.

Avidius Cassius – es fehlte nicht an Leuten, die ihn einen »Catilina« der Kaiserzeit nannten, und er hörte diesen Vergleich nicht ungern. Die Ironie der Geschichte wollte, daß er auch wie jener Verschwörer der späten Republik enden sollte. Er wurde erschlagen, allerdings nicht von seinen Gegnern, sondern von einem seiner eigenen Centurionen, einem Mann namens Antonius. Der mag den Mord vielleicht weniger aus Loyalität gegenüber seinem rechtmäßigen Kaiser als in Erinnerung an das Blutgericht begangen haben, das der Feldherr über seine Kollegen verhängt hatte.

Marc Aurel befand sich noch in den Vorbereitungen für die Orientreise, als ihn die Nachricht vom Tod seines Widersachers erreichte. Man hatte dem Rebellen sogar das Haupt abgeschlagen und es Marcus gesandt. Er aber wollte die Gesandten nicht empfangen und befahl, es zu bestatten. Er frohlockte keineswegs über Avidius' gewaltsamen Tod, den er nicht befohlen hatte. Mit dem Aufrührer fiel auch der Mann, den er so rasch zum Prätorianerpräfekten ernannt hatte. Und auch Cassius' Sohn Maecianus, dem Alexandria anvertraut worden war, wurde von einer aufgebrachten Soldateska ermordet.

Drei Monate und sechs Tage hatte der Syrer von der Herrschaft geträumt, bevor sich die Götter wieder von ihm abwandten. Dann übernahm im Osten Martius Verus die Macht. Rätselhaft bleibt trotz seiner verbürgten Loyalität zu Marcus die Rolle, die er bis zur Ankunft des Kaisers spielte. Entschlossen erstickte er den Aufruhr in Cyrrhus und Antiochia. Gleich zu Beginn seiner Machtübernahme hatte er die gesamte Korrespondenz des Cassius verbrannt, damit sie Marcus nicht in die Hände fiele. Zweifellos waren zahlreiche hochgestellte Persönlichkeiten in den Aufstand verwikkelt, und Martius Verus wollte ihre Bloßstellung verhindern. Und vielleicht war auch Faustina an dem Gerücht, sie habe sich mit dem Syrer für den Fall des plötzlichen Ablebens ihres Gatten heimlich verständigt, nicht ganz schuldlos. Der treue Statthalter mag daran gedacht haben, sie alle der strafenden Gerechtigkeit des Kaisers zu entziehen und so das Reich vor weiteren Erschütterungen und Skandalen zu bewahren. Sein Übereifer sollte sich allerdings als voreilig erweisen.

Denn Marcus dachte nicht daran, Rache zu üben oder Schuldige und Mitläufer auch nur zur Verantwortung zu ziehen. In seiner übergroßen Güte verschonte er entgegen jedem Brauch selbst die nachsten Angehörigen des Anführers, eine Milde, die sogar Cäsars einst vielgerühmte »clementia« übertraf. Was hatten sie schließlich verbrochen! »Mögen sie also unbehelligt weiterleben in dem Bewußtsein, daß sie unter Marcus' Regierung leben. Sie mögen leben im Besitz des angestammten Vermögensteils, der ihnen geschenkt wurde, mögen sich ihres Goldes, ihres Silbers, ihrer Kleider erfreuen, mögen reich sein und unangefochten, ungebunden und frei; sie mögen allenthalben auf Erden in der Leute Mund kommen als Beispiel meines, Eures frommen Sinnes. Es ist übrigens keine besondere Milde, Ihr versammelten Väter, Kinder und Frauen von Geächteten zu begnadigen ...«[11]

Nur einer von Cassius' Söhnen, Heliodor, wurde zunächst zwangsverschickt. Den anderen wurde bei freier Wahl ihres Aufenthaltsortes nahegelegt, den Osten vorübergehend zu verlassen. Sie kamen auch alle mit nur partieller Vermögenseinziehung davon und durften mehr als die Hälfte ihres väterlichen Gutes behalten. (Dies bedeutete ein eindeutiges Abrücken von der Sippenhaft. Bislang hatten alle Nachkommen, deren Eltern sich gegen den Staat vergangen hatten, ihren Anspruch auf das väterliche Erbe verwirkt.) Eine Tochter des Cassius und ihre Familie genossen sogar unbeschränkte Freizügigkeit. »Gibt es doch nichts, was einen römischen Kaiser den Untertanen wirkungsvoller empfiehlt als Milde. Diese Eigenschaft hat einen Caesar zum Gott gemacht, sie hat dem Augustus zur Apotheose verholfen; sie hat insbesondere Deinem Vater den Ehrennamen Pius eingetragen.«[12] So versuchte Marcus seine Haltung in einem Brief an seine Gattin zu rechtfertigen.

So lebten denn Cassius' Angehörige nicht wie die eines besiegten Gegenkaisers, sondern standen weiterhin auf der Sonnenseite des Lebens. Marc Aurel garantierte ihnen die Sicherheit, deren sich auch andere Mitglieder des Senatorenstandes erfreuten. Dürfen wir dem antiken Biographen glauben, erhielten sie sogar Zutritt zur Ämterlaufbahn. Allerdings konnte niemand ahnen, daß ihnen nur bedingt Gnade gewährt worden war. Denn nach dem Hingang seines vergöttlichten Vaters ließ sie Nachfolger Commodus sämtlich lebendig verbrennen, als wären sie ertappte Verschwörer.

Die untreuen Beamten wurden aus ihren Ämtern entfernt. Künftig sollte niemand mehr seine Heimat als Provinz verwalten dürfen. Wer Marcus' eigener Gerichtsbarkeit unterstand, hatte für Leib und Leben nichts zu befürchten. Doch wurde auch der Senat angewiesen, gegen diejenigen, die er zu verurteilen hatte, milde zu verfahren und von der gegen Staatsfeinde üblichen Todesstrafe abzusehen. Denn Marcus wollte vermeiden, daß unter seiner Regierung auch nur ein Senator hingerichtet wurde. Seine Herrschaft sollte nicht mit so edlem Blut befleckt werden.

Doch findet selbst übergroße Milde mitunter ihre Kritiker. Auch Marc Aurels »clementia« entging ihnen nicht. »Wie nun, wenn Cassius gesiegt hätte?« wollte ein Unzufriedener wissen. Darauf soll der Kaiser geantwortet haben: »Unsere Gottesfurcht und unser Lebenswandel ließen nicht erwarten, daß wir überwunden werden.«[13] Dann zählte er die ermordeten Kaiser auf und nannte die Gründe, die zu ihrem gewaltsamen Ende geführt hatten. Doch kaum hätte bislang ein guter Herrscher befürchten müssen, von einem Neider besiegt und getötet zu werden. So hätten etwa Nero, Caligula und Domitian ihre Beseitigung verdient. Und auch Galba, Otho und Vitellius seien an ihrem Schicksal nicht ganz schuldlos gewesen. Doch hätten weder Augustus noch Trajan, noch Hadrian, noch sein Vater Antoninus Pius je befürchten müssen, von einem ehrgeizigen Empörer ihres Anspruchs beraubt zu werden, »obwohl es ihrer viele gegeben habe, die ohne Willen oder Wissen der Genannten vernichtet worden seien«[14].

Auch gegenüber seiner Gattin, die angeblich Cassius' Kopf gefordert habe, gab sich Roms weiser Kaiser eher zuversichtlich:

»Mich beschirmen die Götter; mein frommer Sinn ... liegt den Göttern am Herzen«[15], bemühte er Horaz.

27. KAPITEL

Viele Wege führen nach Rom – Marcus im Osten

Im Grunde hätte für Marcus keine Notwendigkeit mehr bestanden, sich den Strapazen einer so weiten und gefährlichen Reise zu unterziehen, zumal die Barbaren im Norden noch nicht zu seiner vollen Zufriedenheit bezwungen waren. Cassius war tot. Und der treue kappadokische Statthalter hatte den Aufruhr längst unter Kontrolle. Ende Juli hatte auch Ägypten Marcus wieder als einzig rechtmäßigen Herrscher anerkannt. Da nun aber einmal alle Vorbereitungen getroffen waren, wollte er es nicht versäumen, die östlichen Provinzen persönlich zu besuchen und sich diejenigen, die an ihm gezweifelt hatten, durch die Ausstrahlung seiner Persönlichkeit erneut zu verpflichten.

Einige Barbarenstämme hatten ihm auf die Nachricht hin, daß ihm ein Bürgerkrieg ins Haus stehe, ihre Hilfe angeboten. Aber er hatte dankend abgelehnt. Was gingen jene unzivilisierten Völker die inneren Zwistigkeiten der Römer an? Jetzt konnte er mit ihnen Frieden schließen, einen Frieden freilich, den sich Rom ganz anders vorgestellt hatte. Marcus hatte nicht einmal Zeit, den Senat von den Bedingungen zu unterrichten, wie es sonst stets seine Gewohnheit gewesen war. Die Zeit drängte. An eine Verwirklichung des Plans, mindestens die sarmatischen Jazygen völlig auszurotten, war unter den gegebenen Umständen nicht mehr zu denken. Ihnen wurden die gleichen Pflichten auferlegt wie vor kurzem erst den Quaden und den Markomannen. Mehr als doppelt so breit als der jener bereits unterworfenen Stämme mußte aber der Grenzstreifen sein, der ihre Siedlungsplätze von der Donau trennte.

Immer noch waren sie stark – stark genug, um Rom das Fürchten zu lehren. So mußten sie allein achttausend Reiter stellen. Sie hatten den Römern herbe Verluste beigebracht. Einhunderttausend Kriegsgefangene gaben sie zurück. Viele waren bereits verkauft worden, waren gestorben und geflohen. Von den Rom gestellten Reitern schickte Marcus fünftausendfünfhundert sogleich nach Britannien, sicherlich nicht nur, um sie von ihrer Heimat möglichst weit zu entfernen. Der Aufruhr in jener entfernten Provinz war immer noch nicht zur Ruhe gekommen. Und auch in anderen Gegenden brodelte es wieder verdächtig. Wie ein Lauffeuer hatte sich die Nachricht vom Abfall der östlichen Provinzen über das ganze Imperium verbreitet und auch in anderen Gebieten Zögerer ermutigt, den Aufstand zu proben. Mit Rücksicht auf die Wiederherstellung der Ruhe im ganzen Reich tat Marcus zweifellos gut daran, am Hauptunruheherd persönlich zu erscheinen und seine Entschlossenheit zur Verteidigung seiner Rechte zu demonstrieren, auch wenn die Gefahr schon gebannt war.

Der Sommer stand schon hoch, als der römische Kaiser eilig den Titel »Sarmaticus Maximus« annahm. Dann, im August des Jahres 175 n. Chr., brach er schließlich mit großem Gefolge auf. Einige seiner nächsten Angehörigen begleiteten ihn, darunter Faustina und der junge Commodus. Als weitere Begleiter aus der Umgebung des Kaisers werden Helvius Pertinax, Valerius Maximianus und die Brüder Quintilii genannt. Sie stammten ja aus der Troas und boten sich als ortskundige Führer geradezu an. Wahrscheinlich war auch der Prätorianerpräfekt Bassaeus Rufus mit von der Partie.

Marcus schätzte jetzt besonders den neunundvierzigjährigen Pertinax, der eine außergewöhnliche Laufbahn hinter und eine noch unglaublichere vor sich hatte. Er war der Sohn eines Freigelassenen und stammte aus einfachsten Verhältnissen. Schon früh hatte er sich zum Centurio emporgearbeitet, war aber von allen Seiten angegriffen und verleumdet worden, bis sich nach Jahren der Enttäuschung der kaiserliche Schwiegersohn Pompeianus seiner annahm. Von da an gings bergauf, konnte der tüchtige Soldat seine Fähigkeiten beweisen. Im Jahre 175 n. Chr. bekleidete er – zusammen mit

Didius Iulianus, der von Marcus' Mutter aufgezogen worden war – das Konsulat, freilich ohne die Aussicht, Rom während seiner Amtszeit auch nur sehen zu können. Der »unglückselige Krieg« war schuld daran, wie es hieß. Naturgemäß hatte Pertinax viele Neider, die nicht verstehen konnten, daß ein Mann solcher Herkunft die fasces führen sollte. Aber Kaiser Marcus hielt fest zu ihm und mochte auch im Osten auf seine Tüchtigkeit nicht verzichten.

Von Valerius Maximianus haben wir schon gehört. Er wurde mit der Durchführung einer Strafaktion gegen die Aufrührer im Osten betraut. Seine Einheit rekrutierte sich aus Soldaten verschiedener Barbarenstämme, allerdings nicht jener, die Rom freiwillig ihre Hilfe angeboten hatten. Zahlreiche besiegte Völkerschaften hatten dem Sieger Geiseln stellen müssen. Man nimmt an, daß diese – ähnlich den Sarmatenreitern, die sich gerade auf dem Weg nach Britannien befanden – in den Osten geschickt wurden, um dort die Ordnung wiederherzustellen.

Sollte Marcus für dieses Unternehmen die Erstellung eines Itinerars angeordnet haben, ist davon jedenfalls nichts erhalten geblieben. Die genaue Reiseroute läßt sich deshalb nicht mehr ermitteln. Dennoch berichten die antiken Historiker zuverlässig, welche Städte der Kaiser mied oder doch zunächst nicht aufsuchen mochte, weil ihn ihr Verhalten zu sehr gekränkt hatte. Cyrrhus gehörte dazu, die Heimatstadt seines besiegten Rivalen, und auch Antiochia, das dem Umstürzler allzu eifrig zugejubelt hatte. Einen Besuch dort holte er allerdings später, als sich die Gemüter wieder beruhigt hatten, nach.

Eigenartigerweise hat er Alexandria, der Hauptstadt des ebenfalls abgefallenen Ägypten, nicht übermäßig gegrollt. Er scheint dort sogar den Winter 175/176 n. Chr. verbracht zu haben. Die Stadt genoß als Gelehrten- und Philosophiezentrum weltweiten Ruhm und muß natürlich auf einen sensiblen Geist wie Marc Aurel eine ganz besondere Anziehungskraft ausgeübt haben. Das hat ihn sicherlich eher zum Einlenken und Verzeihen beflügelt als etwa der Ruf einer Luststätte, der Antiochia anhaftete. Es ist nicht bekannt, daß Marcus jemals zuvor das Land am Nil besucht hätte, so daß er hierauf wohl besonders neugierig war. Die genauen Gründe seines Entgegenkommens kennen wir allerdings nicht.

Den Einwohnern der Stadt zeigte er sich gnädig. In allen Bildungsstätten und Tempeln gab er sich als Privatmann und als Philosoph. Überhaupt hinterließ er im Osten zahlreiche Spuren seiner philosophischen Tätigkeit. Und es entsprang sicherlich nicht der Phantasie seiner gebildeten Zeitgenossen, wenn sie behaupteten, er habe sich dort mit vielen Gelehrten getroffen und philosophische Gespräche geführt.

Wahrscheinlich war es auch in Alexandria, wo er mit verschiedenen Königen des Orients verhandelte und wo ihm die Gesandten der Parther ihre Aufwartung machten, um den vor einem Jahrzehnt mit Verus geschlossenen Frieden zu erneuern. Auch ließ er eine seiner Töchter am Nil zurück. Vielleicht wollte er damit der Stadt zeigen, daß er nun endgültig mit ihr versöhnt war.

Dank der Aufmerksamkeit der alten Historiker sind wir auch über das Schicksal des verblendeten ägyptischen Präfekten, jenes Calvisius Statianus unterrichtet, den Cassius zum Abfall von Rom überredet hatte. Der Kaiser verhängte über ihn nur eine leichte Strafe, die sich in der Verbannung auf eine Insel erschöpfte. Die Prozeßakten wurden vernichtet. Und seine inhaftierten Komplizen wurden auf freien Fuß gesetzt.

Diese selbst für einen Mann wie Marcus außergewöhnlich milde Bestrafung könnte darauf hinweisen, daß Statianus' Schuld gering war. Was ihn bewogen hatte, sich dem Anführer anzuschließen, ist nicht überliefert.

Die Bereinigung dieser Angelegenheiten in Ägypten hatte Marcus' Groll besänftigt. Irgendwann in dieser Zeit muß er sich auch entschlossen haben, Vergangenes zu begraben und Antiochia, die Hauptstadt Syriens, nun doch aufzusuchen. Es hatte seine Strafe schon erhalten, nicht nur in Form eines geharnischten Erlasses. Marcus hatte den Antiochiern auch die Schauspiele und öffentlichen Versammlungen genommen sowie jede Art von Zusammenkünften untersagt – ein hartes Los für eine Stadt, deren Bewohner überwiegend den irdischen Freuden lebten und mit ihnen auch ein Gutteil ihres Lebensunterhaltes bestritten.

Sein Aufenthalt dort, über den keine Einzelheiten bekannt sind, dürfte aber nicht lange gedauert haben. Denn bald erschien der Hofstaat in Kilikien. In Tarsus ließ Marc Aurel haltmachen. Er hatte von dem Wunderknaben Hermogenes gehört, einem erst fünfzehnjährigen Sophisten. Natürlich wollte er nicht versäumen, sich von den Spitzfindigkeiten des jungen Wortverdrehers persönlich zu überzeugen. Offensichtlich hat die überdurchschnittliche Begabung des Jungen den Kaiser wirklich tief beeindruckt. Denn er beschenkte ihn reich. So jedenfalls hat es uns Philostrat überliefert. Und wir haben keinen Grund, an der Wahrheit seines Berichtes zu zweifeln.

Im Dorf Halala am Fuße des Taurusgebirges starb plötzlich Faustina infolge einer schweren Erkrankung, wie es hieß. Die sechsundvierzigjährige Kaiserin hatte schon seit längerem an Gicht gelitten. Dennoch bleiben die Umstände ihres Todes mysteriös. Noch einmal beschäftigte die angeblich so unkeusche Frau die Gemüter der Hauptstadt. Sie habe Selbstmord begangen, munkelten die einen, um sich dem Strafgericht wegen der Verständigung mit dem syrischen Aufrührer zu entziehen. Andere wiederum waren davon überzeugt, der Kaiser selbst habe das Ende seiner untreuen Gattin mit Gift beschleunigt. Doch klingen alle Gerüchte wenig überzeugend. Was hätte ein Selbstmord noch für einen Sinn gehabt, da die Korrespondenz mit dem Aufwiegler nun mehr als ein Jahr zurücklag und er längst tot war? Und warum hätte Marcus sich seiner Frau ausgerechnet jetzt entledigen sollen, war ihr Lebenswandel doch schon seit so vielen Jahren in aller Munde? Der Tod einer sechsundvierzigjährigen Frau war im Altertum keineswegs ungewöhnlich. Faustina hatte zudem keinerlei Aussicht auf ein langes Leben. Schon ihre Mutter war verhältnismäßig jung gestorben. Und sie selbst hatte ein Dutzend Kinder geboren (von denen sie die meisten ohnehin überlebte). Die zahlreichen Schwangerschaften, die Strapazen eines ungewohnten Lagerlebens und nicht zuletzt die beschwerliche Reise durch die östlichen Reichsteile müssen ihrer Gesundheit schwer zugesetzt haben. Was auch immer ihren plötzlichen Tod ausgelöst hat: Der verwitwete Kaiser war eifrig darauf bedacht, sie bei ihren Zeitgenossen und im Urteil einer womöglich noch kritischeren Nachwelt in angenehmer Erinnerung zu halten. Bedenkt man den Klatsch, der Faustinas Ruf anhing, so erscheint Marcus' Bemühen fast wie der Versuch einer postumen Ehrenrettung. Doch ließ ihr auch der heimische Senat alle Ehren zuteil werden, die seit Generationen üblicherweise den wichtigsten Mitgliedern des Kaiserhauses zustanden. So wurde das kleine Taurusdorf, in dem die Kaiserin gestorben war, zur Kolonie erhoben und in Faustinopolis umbenannt. Münzen sollten ihr Andenken bewahren. Sie wurde vergöttlicht und in einem eigenen Tempel verehrt. »Mit mehr Recht als Agrippina bestätigte der Senat der Toten, da sie als Lebende im Feldlager gewirkt hatte, den Ehrentitel ›Mutter der Feldlager‹; ihr Bild zog in die Fahnenheiligtümer der Heere ein.«[1] Marcus, der Dio zufolge über den Tod seiner langjährigen Lebensgefährtin und Mutter seiner Kinder sehr betrübt war, freute sich über alle Ehren, die man ihr angedeihen ließ. Er selbst stiftete ihr in Halala einen Tempel, der später allerdings Heliogabal, einer syrischen Schutzgottheit, geweiht wurde. Und schließlich gründete er eine neue Gruppe von weiblicher Faustinajugend, die »novae puellae Faustinianae«, die erneut zur Stiftung für arme Mädchen aufrief. Seinem alten Lehrer und Freund Herodes Atticus, der mittlerweile in seine attische Heimat zurückgekehrt war, schrieb er einen sehr persönlichen Brief. Bitter beklagte er darin den Tod seiner Gattin und auch seinen eigenen schlechten Gesundheitszustand. Er war jetzt fünfundfünfzig Jahre alt, krank und zermürbt. Wieviel Zeit würde ihm das Schicksal noch lassen, Rom aus allen Mühsalen siegreich herauszuführen?

Wie sein Vorgänger, Adoptiv- und Schwiegervater Antoninus Pius heiratete auch Marc Aurel nicht mehr. Den beiden

Faustinen freundlich gesonnene Historiker sehen darin einen Tribut dieser Männer an ihre Frauen. Man könnte aber ebensogut daran denken, daß sie beide von einer Ehe genug hatten und eine zweite legitime Verbindung scheuten. Angeblich habe sogar Ceionia Fabia, mit der Marcus vor langer Zeit auf Hadrians Wunsch verlobt gewesen war, eine letzte Chance gewittert, auf ihre alten Tage doch noch Augusta zu werden, und nichts unversucht gelassen, ihn zu einer Heirat zu bewegen. Marcus lehnte aber dankend ab und begnügte sich mit einer Konkubine. Er wolle seiner Kinderschar keine Stiefmutter aufzwingen, entschuldigte er sich diplomatisch.

Das Leben indes mußte weitergehen, auch ohne Faustina. Marcus setzte seine Reise fort und kam nach Smyrna, wo er den berühmten Redner Aelius Aristides hörte. Noch zu Lebzeiten seines Vaters hatte der allseits verehrte Grieche dem römischen Kaiser seine Aufwartung gemacht, um das Preislied Roms zu singen. In seiner Heimat aber hatte er es ganz und gar nicht eilig, den jetzigen Weltherrscher willkommen zu heißen. Drei Tage waren schon vergangen, ohne daß er den hohen Gast aufgesucht hätte. Da ließ Marcus zu ihm schikken. In der etwas überheblichen Art des Sophisten teilte Aristides dem Kaiser mit, er sei in tiefe Gedanken versunken gewesen und habe sich jede Störung verbeten. Er wußte, daß er nichts zu befürchten hatte. Tatsächlich war Marcus nicht nur versöhnt, sondern über die Antwort sogar sehr erfreut.

Nicht den Kaiser, den Philosophen zog es mit unwiderstehlicher Gewalt nach Athen, dem nächsten Ziel, das er auf seiner Heimreise ansteuerte. Noch immer war Athen die heimliche Hauptstadt des Reiches, überhaupt, seitdem Hadrian das Hellenentum im Bewußtsein seiner Zeitgenossen derart aufgewertet hatte. Hatte nicht die der jungfräulichen Göttin heilige Stadt Rom mit all seinem Reichtum, seiner gigantischen Macht und seiner weltbeherrschenden Stellung letztlich doch besiegt? Gewiß, das römische Schwert hatte Griechenland einst in die Knie gezwungen. Aber am Ende hatte doch sein überragender Geist, hatten griechische Kunst und

Kultur über alle Kriegskunst der Römer triumphiert. Noch immer traf sich in Athen, was in der alten Welt in Wissenschaft und Forschung, in Literatur und edlen Künsten Rang und Namen hatte. Und die Stadt war und blieb die Wiege der abendländischen Kultur, die Geburtsstätte der Philosophie und vor allem die geistige Heimat von Marcus' eigener Lehre, die dort nun fast ein halbes Jahrtausend zuvor von Zeno ins Leben gerufen worden war.

Wie sein Großvater Hadrian erwies auch Marc Aurel den Athenern besondere Ehren. Er vergab Lehrstühle an der Universität und setzte für die Lehrer ein festes Gehalt aus. Die Lehrstühle für Philosophie vergab er nach Beratung mit seinem Freund Herodes Atticus, die für Rhetorik nach eigener Wahl. Einer der Rhetorikprofessoren wurde ein Mann namens Adrianus. Er war Herodes' Schüler und kam aus Tyrus. Der Kaiser stellte diesem Rhetoriker, der bisweilen heftig kritisiert worden war, selbst ein Thema und war von seiner Rede so begeistert, daß er ihn mit zahlreichen Sonderrechten und Geschenken bedachte.

Es gab für Marcus einen weiteren Grund, Athen zu besuchen. In dem oben erwähnten Brief, den er noch von Asien aus an Herodes Atticus geschrieben hatte, sprach er auch von einem Gelübde, das er jetzt erfüllen wollte: »Denn als der Krieg am heißesten tobte, habe ich gelobt, auch mich einweihen zu lassen, und ich hätte gerne, daß du die Einweihung vornimmst.«[2] Er meinte die Einweihung in die Mysterien von Eleusis. Es ist rätselhaft, was ihn zu diesem Versprechen veranlaßt hatte. Wissenschaftler vermuten, er habe es abgelegt, als die Kostoboken das Heiligtum verwüsteten und den Tempel zerstörten.

Das nur wenige Kilometer nordwestlich von Athen gelegene Eleusis nahm einen wichtigen Platz im kulturellen Leben der Griechen ein. Es war nur eine kleine Stadt, strategisch unbedeutend, wenn man davon absieht, daß es im vierten Jahrhundert einmal als Bollwerk gegen Megara gedient hatte. Und auch beim kürzlichen Einfall der Kostoboken hatte es sich als solches bewährt. Aber dieser unbedeutende Flecken hatte immerhin einen Aischylos hervorgebracht und war von alters her Mittelpunkt eines Fruchtbarkeitskultes, der mit Demeter und ihrer Tochter Kore zusammenhing. Alljährlich wurden hier kleine, in den Herbst fallende große Mysterienfeiern abgehalten, pilgerten Scharen von Athenern in anstrengender Fußwallfahrt zum Heiligtum der Göttin der Feldfrüchte. Die Feiern allerdings, zugleich athenisches Staatsfest, boten nur Eingeweihten Zugang. Die antiken Quellen lassen ein klares Bild der Eleusinischen Mysterien nicht erkennen. Aber man weiß noch, daß die Einweihung der Gläubigen mit Schweigepflicht, Verhaltenstabus und Einhaltung bestimmter Riten verbunden war. Wer den Wunsch und den Vorzug hatte, eingeweiht zu werden, mußte zudem frei von Schuld sein. Dies war zur Aufnahme unerläßlich. Ziel der Einweihung war die Epiphanie der Gottheit und das Erlangen der Gewißheit auf ein glückliches Weiterleben nach dem Tode. Das Priesteramt übte das vornehme Geschlecht der Emolpiden aus.

Mangels Überlieferung ist nicht bekannt, wie eine solche Weihe vor sich ging. Die wenigen privilegierten Eingeweihten haben das Wissen um die alten, geheimnisvollen Riten mit in den Untergang genommen. Aber es ist sicher, daß die Eleusinische Weihe die Weltanschauung fast eines jeden, der sich ihr unterzog, nachhaltig beeinflußte.

Sicherlich wird auch der römische Kaiser, der, nach einer Bemerkung seines antiken Biographen, das Heiligtum ohne Begleitung betrat, aus der Weihe gestärkt hervorgegangen sein. Später ließ er den Tempel wiederherstellen, der von den Barbaren zerstört worden war. Auch Commodus hat zusammen mit seinem Vater die Weihe empfangen, die ihn jedoch offensichtlich nicht beeindrucken konnte.

Es war eine angenehme Zeit gewesen, wenige Monate nur fern aller lästigen Staatsgeschäfte, fern vor allem von dem aufreibenden Krieg und trotz des herben Verlustes, der den Kaiser mit dem Tod seiner Gattin getroffen hatte. Und doch war es nur ein kurzes Intermezzo, nicht mehr als eine flüchtige Episode, ein winziger Ruhepunkt auf dornigem Wege, der nun zu Ende gegangen werden mußte. Ungeduldig wartete Rom auf seinen Kaiser. Mehr als sechs Jahre hatte ihn sein Volk dort nicht mehr gesehen. Also schiffte er sich nach Italien ein. Schon neigte sich das Jahr allmählich zu Ende. Heftige Herbststürme peitschten die See, erschwerten und verzögerten die Überfahrt. Später dankten Münzen den Göttern für Marcus' dennoch glückliche Heimkehr. Er nahm die übliche Route und ging in Brundisium an Land. Dort »legte er nicht nur selbst die Toga an, sondern schrieb diese Bürgertracht auch den Soldaten vor«[3]. Es war die gewohnte Demonstration. »Er wollte Milde und Eintracht, Sicherheit und Frieden. Das Schicksal hatte es gefügt, daß er das Reich nach den Schrecken der äußeren Kriege vor dem Bürgerkrieg bewahren konnte.«[4] Und bald sollten auch die Münzen den »Pater patriae« rühmen.

Er wandte sich an das Volk, das nach so langer Abwesenheit eine Spende erwartete. Marcus ging lächelnd darauf ein. Er verteilte großzügig, hatte er doch seine guten Gründe! Wollte er doch Rom für seine Pläne gewinnen, den noch unreifen Commodus zum Mitinhaber der prinzipalen Macht, zum Mitregenten zu ernennen. Schon bemerkte man, daß »seines Sohnes Wandel bereits von den ihm beigebrachten Grundsätzen abzuweichen begann«[5]. Wie konnte man einen erst fünfzehnjährigen Knaben einer altersmüden, krisengeschüttelten Welt als Nachfolger, als Vollstrecker und Vollender seines eigenen Willens vorstellen? Wie nötig war andererseits der nahtlose Übergang der Macht, gerade weil diese Welt schwach war und weitere Krisen kaum überleben würde! Längst waren seine Tage gezählt. Krankheit hatte seinen ausgemergelten Körper gezeichnet. Doch seine irrende Seele war noch immer nicht fündig geworden. Und selten hatte er sich einsamer gefühlt. »Erinnere dich ..., daß die Zeit für dich schon abgegrenzt ist; und wenn du sie nicht auf die Seelenheiterkeit verwendest, so schwindet sie dahin; und du schwindest selbst dahin, und sie kehrt nie zurück!«[6]

Ein Triumph war angesagt, und Rom fieberte erwartungsvoll diesem großen Ereignis entgegen. Zusammen mit seinem

Vater sollte Commodus feiern, aber wieder einmal stand seine Jugend im Wege. Er hatte bislang noch keine offizielle Stellung im Staate besessen. Das »Imperium« aber, jene umfassende Macht, die vor allem das Heereskommando einschloß, war ein für den Triumph unbedingt erforderlicher Rang. Der junge Prinz erhielt ihn am 27. November 176. Gleichzeitig beantragte sein Vater, ihn vom gesetzlich festgelegten Mindestalter für öffentliche Ämter zu befreien. Am 1. Januar 177 sollte Commodus sein erstes Konsulat antreten. Niemals zuvor in seiner vielhundertjährigen Geschichte hatte Rom einen jüngeren Konsul gehabt ...

Nach der Wintersaat, da man im ganzen Imperium Romanum in Ausgelassenheit und Freude die Saturnalia feierte, fand am 23. Dezember auch der große Triumph über Germanen und Sarmaten statt. Münzen gedachten dankbar der zahlreichen Siege. Verdiente Offiziere wurden für ihre Treue und Tapferkeit belohnt. Zu Fuß zog Marc Aurel neben dem Triumphwagen im Circus Flaminius ein, während sein Sohn auf dem Wagen stehen blieb. Es ist nur diese merkwürdige Einzelheit, die der antike Biograph einer wissensdurstigen Nachwelt hinterläßt. Was bezweckte der römische Kaiser mit dieser Geste? Wollte er durch seinen Verzicht auf den dem Triumphator zustehenden Platz in der Quadriga wirklich nur die Zuschauer ehren, wie neuzeitliche Biographen vermuten? Sollte der Junge wirklich nur im Wagen bleiben, um die Pferde zu lenken? Oder wollte Marcus vielleicht auf diese ungewöhnliche Weise der Welt seinen Nachfolger vorstellen und allen kundtun, daß seine Zeit abgelaufen war? Sein Verhalten im zurückliegenden Jahr hatte ohnehin jeden Zweifel zerstreut, wen er nach sich auf dem Thron zu sehen wünschte. Rätselhaft bleibt es troztdem, symbolhaft fast, ein finsteres Omen für eine hoffnungslose Zukunft, der Rom mit Siebenmeilenstiefeln entgegeneilte.

Eine besondere Ehre hatte sich der Senat für den Kaiser ausgedacht, der das Reich sicher aus allen Gefahren geführt hatte. Es war die Errichtung eines Ehrenmals, wohl eines

Triumphbogens, weil Marcus, wie man offiziell verlautbaren ließ, »alle Ruhmestaten all der größten Imperatoren vor ihm durch die Vernichtung und Unterwerfung der kriegerischen Völker übertroffen hat«[7]. Das ursprüngliche Denkmal, was immer es auch gewesen sein mag, ist leider verschollen. Die Wissenschaft nimmt an, es habe sich um einen Bogen mit drei Durchgängen gehandelt, der in der Nähe der etwa gleichzeitig entstandenen Ehrensäule gestanden habe. Erst Commodus ließ das zu Ehren seines Vaters begonnene Werk vollenden. Vier große Reliefs, die wahrscheinlich zu dem verlorenen Denkmal gehörten, können noch heute an den Außenseiten des Attikageschosses des Konstantinsbogens bewundert werden. Sie erinnern an Begebenheiten aus dem Krieg gegen Quaden und Markomannen, erzählen von Barbarenführern und Kriegsgefangenen, die vor Marc Aurel erschienen, zeigen ihn bei einer Ansprache (adlocutio) an seine Truppen und beim Opfer im Lager. Bei den über drei Meter hohen Bildern handelt es sich um hervorragende Steinarbeiten von malerischer Leichtigkeit, die typisch für die Reliefkunst des ausgehenden zweiten Jahrhunderts ist und sich gleichermaßen an der Marc-Aurel-Säule findet.

Nach den anstrengenden Feiern zog sich Kaiser Marcus für ein paar Tage auf sein Landgut in Lavinium zurück. Rechtzeitig kehrte er jedoch am Neujahrstag heim, da sein Sohn das Konsulat antrat. Bald erhielt der junge Prinz auch die tribunizische Gewalt und alle anderen Titel und Ehren, die nach römischer Vorstellung den Kaiser ausmachten, zuletzt auch den Namen Augustus. Nur das Amt des Pontifex Maximus blieb seinem Vater vorbehalten. Es war unteilbar und erlosch erst mit dem Tod seines Inhabers. Commodus war nun Mitkaiser, der Zustand wiederhergestellt, der bis zum Tod des Lucius Verus vor acht Jahren bestanden hatte. Was aber das wichtigste war: Marc Aurel konnte getrost seiner letzten Stunde entgegensehen. Streit um seine Nachfolge würde es nicht geben. In seinem Sohn würde sich ihrer beider Herrschaft fortsetzen. Mochten die Götter helfen, daß er im Sinne seines philosophisch gebildeten Vaters weiterregierte, daß auch er sich an den Regeln der stoischen Lehre orientierte und auch er den Grundsatz zur Maxime seines Handelns machte, der nun schon feste Tradition der römischen Herrscher war: nicht mehr sein zu wollen als der erste Diener seines Staates, allezeit die Pflicht zum Maßstab seiner Regierung zu erheben.

Zufrieden konnte der alternde Mann auf sein Werk blicken. »Ständig führte er Platos Wort im Munde, wonach die Staaten blühen, wenn entweder die Philosophen herrschen oder die Herrscher Philosophen seien.«[8]

Etwas nur fehlte Rom noch zu seinem vollkommenen Glück: Die richtige Braut für Commodus, die zugleich geeignet und würdig war, die künftige Augusta zu werden. Marcus sah sich in seinem Freundeskreis um. Er stieß auf Bruttia Crispina. Schon ihr Großvater Bruttius Praesens war ein enger Vertrauter der Kaiser Hadrian und Antoninus Pius gewesen. Ihr gleichnamiger Vater hatte 153 n. Chr. das Konsulat bekleidet. 180 sollte er nochmals Konsul werden. Die Hochzeit wurde bescheiden nach bürgerlichem Vorbild ausgerichtet. Ein Sophist namens Iulius Pollux verfaßte das Hochzeitslied. Später würde ihn Kaiser Commodus zum Rhetorikprofessor der Universität Athen befördern. Das Volk bekam die bei solchen Anlässen übliche Spende, und auch Münzen hielten die Erinnerung an dieses Ereignis fest.

Der Hochzeitstermin war vorgezogen worden. Man hatte ursprünglich damit keine Eile gehabt. Der Mitregent war noch jung, und auch die Braut hätte für eine Vermählung noch lange Zeit gehabt. Aber wieder einmal hatte die hohe Politik ihren Tribut gefordert, waren die unruhigen Völker des Nordens vertragsbrüchig geworden und hatten weite Teile des Imperiums erneut mit Krieg überzogen.

Beunruhigende Nachrichten drangen nach Rom. Gegen Jahresmitte wurde dem Kaiser klar, daß seine Anwesenheit am Krisenherd notwendiger war denn je. Und sein Sohn sollte ihn auf diese zweite germanische Expedition begleiten.

Für Marc Aurel sollte es der letzte Aufbruch werden, eine Reise ohne Wiederkehr. Doch ehe wir ihm noch einmal in den Norden folgen, sollen die Gründe ein wenig beleuchtet werden, die ihn bewogen, ausgerechnet seinem nach allgemeiner Ansicht unfähigen Sohn die Weltherrschaft zu überlassen.

28. KAPITEL

Marc Aurel und die Nachfolge

»Nur einen verhängnisvollen Schritt hat der Kaiser getan, die Bestellung seines Sohnes Commodus, über dessen Legitimität bei dem Lebenswandel der Kaiserin böse Gerüchte und über dessen Charakter noch schlimmere Nachrichten umliefen, als Mitregent und Nachfolger ...«[1]

»Und doch reiften inmitten des Wohlstandes, der Rom in diesem zweiten Jahrhundert solchen Glanz verlieh, bereits die Keime der großen Wandlung heran, die Italien im dritten Jahrhundert das Verderben brachten. Marc Aurel trug seinen guten Teil zu diesem Zusammenbruch bei, indem er Commodus zum Nachfolger ernannte ...«[2]

»In schreiendem Gegensatz zu dem fürsorglichen Regiment der Philosophenkaiser stand die Herrschaft des letzten der Antonine. Der entartete Sohn Marc Aurels, Commodus, regierte zwölf Jahre so, daß Erinnerungen an die Zeit eines Caligula oder Nero wach werden konnten ...«[3]

»Sein schlimmster Fehler war es, daß er seine Macht diesem Sohne übertrug, der keine Neigung zu den Idealen seines Vaters und seiner Vorgänger hatte. Commodus, der von 180 bis 192 regierte, erneuerte die Ausschreitungen schlimmer früherer Zeiten, den Despotismus des ersten Jahrhunderts und den militärischen Absolutismus Domitians ...«[4]

So lauten die »Pressestimmen« zur Herrschaft von Marc Aurels Nachfolger. Ausnahmslos negativ im Urteil einer würdigenden Nachwelt ist das Bild des Kaisersohnes, den der Vater zu sich auf den Thron hob, wohl wissend, daß er damit vom bewährten Adoptionsprinzip abwich und Rom erneut den Gefahren der erblichen Monarchie aussetzte. Doch hatten schon Zeitgenossen den jungen Kaiserspröß gründlich durchschaut. Damals lebte in Alexandrien ein gewisser Appianos, Priester und Gymnasiarch. Ihn hatte Commodus zum Tode verurteilt. Kaum hatte der Kaiser den Urteilsspruch verkündet, als der Ägypter seinem lange aufgestauten Haß Luft machte. Voll Verachtung wandte er sich gegen seinen Richter. Commodus fragte ihn, ob er überhaupt wisse, mit wem er rede. »Gewiß, mit einem Tyrannen.« »Nein«, unterbrach ihn Commodus, »mit dem Kaiser.« »Bestimmt nicht«, entgegnete Appianos. »Dein Vater, der göttliche Marc Aurel, hatte das Recht, sich Kaiser zu nennen, weil er die Weisheit förderte, das Geld verachtete und das Gute liebte. Aber du hast kein Recht dazu, denn du bist das Gegenteil deines Vaters, bist tyrannisch, lasterhaft und brutal.«[5] So bezeugt es ein Papyrus aus jener Zeit.

Auch Cassius Dio, der nicht nur Historiker, sondern auch römischer Senator war, hatte Grund zu klagen: »Er (Commodus) hatte einen Strauß erlegt und brachte dessen Kopf an den Platz, wo wir saßen. Mit der linken Hand hielt er den Kopf, mit der rechten das blutige Schwert empor. Er sprach zwar kein Wort, bewegte aber sein Haupt mit einem solchen Grinsen, als wolle er zeigen, daß er mit uns dasselbe vorhabe.«[6]

Rom, 1864. Bauarbeiten im Hof des Palazzo Pio. Arbeiter heben gerade die Fundamente für ein Nebengebäude aus. Mühelos gleiten die Spaten in das lockere Erdreich. Doch auf einmal klirrt es. Nichts geht mehr. Undurchdringlicher Fels? – Man ist auf einen seltsamen »Sarg« gestoßen. Ein Dach, aus schweren Steinplatten gefügt, bedeckt eine dunkle Grube. Eine der Platten trägt die geheimnisvolle Aufschrift FCS. Vorsichtig wird sie gelöst, trifft der Blick auf eine kolossale Statue, der die Jahrhunderte nichts anhaben konnten: das Standbild eines römischen Herkules aus vergoldeter Bronze. Erst die nähere Untersuchung schafft Klarheit: Im Innern des riesigen Leibes liegt eine Münze mit dem Bild des Commodus.

So sah er sich am liebsten: ein strahlender Heros mit Löwenfell und Keule, vergötterter Star der Arena und Sehnsucht nicht nur der römischen Frauen. Und so ließ er sich auch am liebsten porträtieren. Ein Herrscher, dessen bevorzugter Aufenthaltsort das Amphitheater war, wo er mit allerlei Kämpfern seine Muskelkraft maß, ein Mann an der Spitze des Weltreichs, dessen einziger Ehrgeiz sich auf die Erlangung von Gladiatorenruhm richtete. Einer solchen Büste des kraftstrotzenden Herkules-Kaisers, des Ziels der Verehrung der Massen, begegnet man auch im Konservatorenpalast auf dem Kapitol.

Doch was hatte einige seiner Zeitgenossen bewogen, die leblose Statue wie einen Menschen zu bestatten?

Die fast heilige Scheu aller Römer vor unheildrohenden Vorzeichen, meinen die Archäologen. Denn mindestens in dem Buchstaben »F« verberge sich die Abkürzung für »fulgur«, was »Blitz« bedeutet. Irgendwann müsse das Herkules-Standbild vom Blitz getroffen worden sein. Jupiter selbst, der Herr über Blitze und Donner, habe ihn, so glaubten die Römer, geschleudert, um den selbsternannten Herkules zu fällen. Wie aber hätte man die erzürnte Gottheit besser besänftigen können, als das Bild des geschändeten Heroen und Jupiter-Sohnes ehrenvoll zu bestatten? Nur so sei von Rom noch größeres Unheil ferngehalten worden. Denn der Göttervater hätte den Menschen kaum ein deutlicheres Zeichen seines Mißfallens geben können. Und man tat noch immer gut daran, sich den Wünschen der unsterblichen Götter zu beugen.

Seit Jahrhunderten auch rätselt die Wissenschaft, wie ein Mann wie der an der stoischen Lehre gereifte Marc Aurel ausgerechnet seinem so unwürdigen Sohn (wenn es denn seiner war) die Verantwortung für die Welt aufbürden konnte. Auf den ersten Blick scheint sich seine Wahl mit rationalen Überlegungen auch nicht erklären zu lassen. Marc Aurel mag seine Fehler und Schwächen gehabt haben, die sich vor allem in einer überaus strapazierfähigen Geduld gegenüber einer nichtsnutzigen Verwandtschaft offenbarten. Aber er war sicherlich nicht so blind, daß er die Charaktereigenschaften seines Sohnes nicht erkannt und aus dieser Erkenntnis nicht hätte schließen können, daß Commodus zur Übernahme der Herrschaft alles andere als geeignet war, ja daß die Fortführung der Regierung durch ihn unweigerlich in einer Katastrophe enden mußte.

Schon in früher Kindheit hatte sich Commodus unbändiges Wesen gezeigt. Der Vater hatte den Sohn stets mit den besten Lehrern seiner Zeit umstellt und sich auch selbst bemüht, den Knaben in Weisheit zu lehren, wie es die römische Tradition jedem verantwortungsbewußten Vater gebot. Doch jeder Versuch, ihn nach den Grundsätzen der stoischen Lehre zu formen, war fehlgeschlagen. Ohnmächtig blieb der Einfluß jener hervorragenden Männer, was wohl auch der Vater erkannte, mochte er auch später an der Grenze zum feindlichen Barbarenland den Göttern dafür danken, daß er für seine Kinder geschickte Erzieher gefunden hatte. Auffallend kraß mutet der Gegensatz zwischen dem elfjährigen Marcus, der bei sich schon beschlossen hatte, das Leben eines Philosophen zu führen, und seinem Commodus an, der, folgen wir seinem antiken Biographen, gleichaltrig bereits einen Vorgeschmack seiner Grausamkeit bot. »... als ihm zufällig das Bad zu lau war«, hören wir dort, »befahl er, den Bademeister in den Ofen zu stecken.«[7] Nur die weise Umsicht des mit der Bestrafung beauftragten Sklaven verhinderte den Mord. In seiner Not verbrannte dieser ein Schaffell, und der stinkende Qualm stimmte seinen jähzornigen jungen Herrn zufrieden. Es mag sich bei diesem Befehl um eine jugendliche Laune gehandelt haben, wie manche Forscher den Jungen zu entschuldigen suchen. Cassius Dio bemerkt, Commodus sei von Natur aus nicht schlecht gewesen. Und auch Edward Gibbon meint, die Natur hätte »ihn mehr schwach als ruchlos geschaffen«[8]. Dem Heranwachsenden dürften aber im wichtigsten Abschnitt seiner geistigen Entwicklung das väterliche Vorbild und eine starke Hand gefehlt haben. Während Commodus' früher Jugend hielt sich sein Vater ununterbrochen an der Front auf. Und es ist durchaus denkbar, daß der Sohn während dieser langen Abwesenheit in Rom und bei Hof allerlei verderblichen Einflüssen ausgesetzt war, die seinen Charakter schließlich nicht unberührt ließen und ihn für ein ganzes Leben zeichneten. Man könnte auch daran denken, daß Commodus als einzig überlebender Sohn des Kaisers von seiner Umwelt besonders verwöhnt wurde und ihm dies eher schadete als nützte.

Vielleicht war aber auch Marc Aurel an Commodus' Ausschweifungen nicht ganz frei von Schuld. Vielleicht hatte er in überschwenglicher Vaterliebe des Guten zuviel getan, so daß der Sohn allmählich eine verständliche Abneigung gegen Bücher und Bildung zu entwickeln und seine jugendliche Energie mehr auf körperliche Ertüchtigung auszurichten begann. Nur so ist es zu erklären, daß ihm von den »Hütern seiner Jugend« die ehrbaren bald unausstehlich wurden, »während er gerade die minderwertigsten festhielt und krank vor Sehnsucht wurde«[9], als man sie ihm nahm. Doch hatten sich auch Männer ohne besondere geistige Ansprüche wie etwa Vespasian oder Trajan durchaus imstande gezeigt, das Weltreich mit sicherem Instinkt zu lenken. Und es waren nicht einmal die schlechtesten Herrscher, die getreu den Grundsätzen der römischen Tugend die Geschäfte des Krieges denen des Friedens vorgezogen hatten. Doch im Gegensatz zu ihnen wollte Commodus nur für sich selbst glänzen und nichts zur Mehrung des römischen Ruhmes beitragen. Er trachtete höchstens danach, als Ringer bewundert zu werden und als Gladiator den Jubel der Massen entgegenzunehmen. Er fand Gefallen an dem bösen Gerücht, er sei gar nicht seines frommen Vaters Sohn, sondern das Produkt einer unziemlichen Verbindung, die seine Mutter zu einem Dreizackkämpfer unterhalten habe, und sorgte stolz für dessen Verbreitung.

Gleich so vielen vor Liebe blinden Vätern, gab auch Marc Aurel bis ans Ende seiner Tage die Hoffnung nie auf, Commodus' Wildheit werde sich auswachsen und sein Wesen sich veredeln, sobald er nur zur Herrschaft gelangt sein werde.

Schon mancher Mann war an einer Aufgabe gewachsen, hatte sich unter der Bürde der Verantwortung vom leichtsinnigen Jüngling zum besonnenen Mann gemausert. Und er sah keinen vernünftigen Grund, weshalb dies gerade bei seinem Sohn anders sein sollte. Er selbst hatte am höchsten stets die Liebe gestellt, und seine Vaterliebe war es, die letzten Endes über alle Zweifel und Ängste siegte. Das Fleisch kapitulierte vor dem eigenen Fleische. Zudem stand zu befürchten, der noch ungezähmte Junge werde nach dem Tod des Vaters Mittel und Wege finden, einen Bürgerkrieg zu entfachen, um sich gewaltsam zu holen, was weise Vernunft ihm jetzt vorenthielt.

Wir können nicht mit Bestimmtheit sagen, ob sich der stoische Herrscher dem charakterlichen Problem seines Sohnes jemals philosophisch stellte. Mindestens in seinen Selbstbetrachtungen setzte er sich nicht damit auseinander. Sich wie so oft begnügend, verwies er nur auf die guten Menschen, denen er in seinem Leben begegnet war, und erinnerte sich der vielen guten Seiten, die auch einem unvollkommenen Charakter innewohnen ... Im übrigen genoß der vergnügungssüchtige Commodus längst die Verehrung der die Arenen bevölkernden Massen. Was hätte es noch für einen Sinn gehabt, ihn von der Nachfolge auszuschließen und sich diplomatisch auf das traditionell bewährte Adoptionsprinzip zu berufen, wo man doch davon ausgehen konnte, daß eben diese Massen seinen Anspruch unterstützen würden? Zudem hätte Commodus argumentieren können, den Vorgängern seines Vaters wäre in Ermangelung eigener legitimer Erben gar keine andere Wahl geblieben, als den jeweils vermeintlich Besten zur Nachfolge zu bestimmen.

Ein Teil der strengen Wissenschaft sieht das Problem freilich ein wenig differenzierter. Keineswegs, wird behauptet, habe sich Marcus bei seiner Entscheidung von Vaterliebe oder irgendwelchen Emotionen leiten lassen, sondern diese Wahl ganz bewußt getroffen.

Nach Jahrzehnten war Marc Aurel der erste, dem sich die schwierige Frage der Ausschaltung eines eigenen Sohnes von der Nachfolge stellte. Die Schwierigkeit erhöhte sich dadurch, daß er neben diesem Sohn noch einige bereits verheiratete Töchter besaß. Eine von ihnen war die ehrgeizige Lucilla, die einst mit seinem Mitregenten Lucius Verus verheiratet gewesen war und nach dessen Tod die Vorrechte ihrer Würde als Augusta auch hatte behalten dürfen, als sie ihr Vater dem Offizier Titus Claudius Pompeianus zu neuer Ehe gab. Sämtliche Schwiegersöhne des Kaisers waren senatorischen Standes, wenn sie auch nicht auf lange und erlauchte Ahnenreihen zurückblicken konnten. Der Kaiser selbst hatte stets persönliche Verdienste und Charaktereigenschaften höher geschätzt als durch Geburt erworbene Vorzüge, für die niemand kann. Hätte Marc Aurel in der Tradition seiner unmittelbaren Vorgänger einen von ihnen zum Nachfolger ernannt, so hätte dies mit Sicherheit zu Spannungen innerhalb der Familie, ja zu Zwistigkeiten geführt, vor allem, wenn der Auserwählte nicht Lucillas Mann gewesen wäre, der durch die Stellung seiner Frau wohl am ehesten Anspruch auf den Thron gehabt hätte. Aber gerade ihn zu designieren, hätte nicht nur alle anderen Familienmitglieder vor den Kopf gestoßen, sondern auch bei Fremden schieres Unverständnis geweckt. Bewußt hatte Marcus den Sohn eines Ritters aus Antiochien, für den sich der Griff nach der Krone fast von selbst verbot, als Schwiegersohn erwählt, um den politischen Plänen seiner ehrgeizigen Tochter einen Riegel vorzuschieben. Und auch die anderen Schwiegersöhne stammten eher aus Familien, die für die Herrschaft kaum in Frage kamen. Eine Ausnahme stellte vielleicht Peducaeus Plautius Quintillus dar, der wohl mit Marcus' Tochter Fadilla verheiratet war. Er war der einzige, der über eine Anzahl ehrwürdiger Ahnen verfügte. Sein Vater Plautius Quintillus hatte 159 n. Chr. das Konsulat bekleidet. Seine Mutter war Ceionia Fabia, jene nun schon betagte Dame, mit der Marcus dereinst auf Hadrians Wunsch verlobt gewesen war. Wie im vorhergehenden Kapitel bereits bemerkt, bemühte sie sich gerade, der verstorbenen Faustina im Ehebett nachzufolgen, möglicherweise nicht nur, um noch einmal selbst die Würde der Augusta zu erlangen. Vielleicht wollte sie auf diesem

Umweg auch ihrem Sohn den Zutritt zum Thron erleichtern. Sein Anspruch war nicht einmal von der Hand zu weisen. War doch sein Onkel, der Mitkaiser Lucius, ohne Hinterlassung männlicher Erben verstorben. Zudem dürfte dieser Mann, wie sein Cognomen Peducaeus vermuten läßt, in das ruhmreiche Geschlecht der Peducaei, einer der wenigen altaristokratischen Familien, die ihre Wurzeln bis in die Tage der Republik zurückschlugen, adoptiert worden sein. Die Wissenschaft vermutet, der Konsul des Jahres 141 n. Chr., M. Peducaeus Stloga Priscinus, habe den Neffen des Verus und Schwiegersohn des Kaisers an Sohnes Statt angenommen, um dadurch seiner eigenen Gens den Zugang zum Thron zu gewinnen.

Jedenfalls hatte Plautius Quintillus, zusammen mit Commodus consul ordinarius des Jahres 177, als einziger der kaiserlichen Schwiegersöhne schon vor seiner Verbindung mit Fadilla dem Kaiserhaus angehört, mit dem ihn durch die Heirat nur ein weiteres Band verknüpfte. Und als einziger hätte er auch jene rühmliche Herkunft mitgebracht, die für einen Thronprätendenten noch immer erforderlich war. Doch hätte vor allem Lucilla, die später sogar gegen den eigenen Bruder intrigierte und ihre Kühnheit mit dem Leben bezahlte, diese Wahl kaum widerspruchslos hingenommen.

Wie dem auch sei. Kaiser Marcus hat auch ihn, soweit wir wissen, als möglichen Nachfolger nie in Betracht gezogen. Wahrscheinlich hätte Plautius nicht einmal über die militärischen Fähigkeiten verfügt, die gerade im ausgehenden zweiten Jahrhundert für einen römischen Kaiser unerläßlich waren. Wie gefährlich es allerdings werden konnte, zu dem engeren Kreis der Thronanwärter zu gehören, auch wenn man selbst keinerlei Ehrgeiz entwickelte, zeigt das Schicksal, das vielen Mitgliedern des Kaiserhauses in der Folgezeit blühte. Manche wurden bereits von Commodus umgebracht oder zum Selbstmord gezwungen. Wer seine Schreckensherrschaft überlebte, fiel bald dem Haß seiner Nachfolger zum Opfer. Es dünkt dabei besonders tragisch, daß auch Pompeianus' und Lucillas Sohn, der begabte Enkel Marc Aurels, zusammen mit anderen Angehörigen der kaiserlichen Familie von Caracalla beseitigt wurde. Vielleicht hätte er, geschult an der starken und im Felde erprobten Hand seines Vaters und von der Natur ausgestattet mit dem politischen Ehrgeiz seiner kaiserlichen Mutter, das Reich besser beschützt. Sein greiser Vater, der syrische Ritter, dem nach Commodus' Tod zunächst Pertinax, dann auch Didius Iulianus die Krone angeboten hatten, lehnte dankend ab. Niemals hatte er mehr sein wollen als der treue Diener seines Herrn. Und sogar da hatte er kläglich versagt. Der erprobte Offizier, dessen Befehlen Legionen gehorchten, war schon an dem Versuch gescheitert, seine Gattin von störendem Einmischen in die Politik abzuhalten. Und noch weniger hatte er auf den hitzigen Commodus jenen mäßigenden und zähmenden Einfluß auszuüben vermocht, der ihm dereinst von seinem Schwiegervater zugedacht worden war.

Wen aber, wenn nicht seinen Sohn oder einen seiner Schwiegersöhne, hätte Marc Aurel als Kronprinzen ins Auge fassen sollen?

Außerhalb seines Familienverbandes waren fähige Männer aus den römischen Adelskreisen rar geworden. (Dies beweist schon die Tatsache, daß der Kaiser auch bei seinen Schwiegersöhnen nicht besonders wählerisch hatte sein können.) Und die Unzufriedenheit einzelner Familienmitglieder, von denen jedes über eine stattliche Anhängerschaft verfügte, hätte Rom leicht in bürgerkriegsähnliche Zustände stürzen können, hätte Marc Aurel den Thron anderweitig zu vergeben gewagt.

So erschien ihm die Sicherung des Erbes für seinen Sohn als einzig richtige Lösung des Problems. Er vertraute darauf, daß Töchter und Schwiegersöhne das natürliche Vorrecht des Commodus auf die Nachfolge anerkennen, den väterlichen Wunsch respektieren und den Bruder nach besten Kräften unterstützen würden. Und sein Freund Pompeianus würde mit all seiner Erfahrung und Besonnenheit dafür sorgen, daß das Reich durch die ungezähmte Jugend und die Charaktereigenschaften des Nachfolgers keinen Schaden nähme ...

Damit aber nahm das Schicksal seinen verhängnisvollen Lauf. Auf den pflichtbewußten Philosophenkaiser, der noch einmal die römische virtus mit der Erhabenheit griechischen Geistes in sich vereinte, und seinen versagenden Sohn folgte bald Septimius Severus, der Afrikaner, »der keinerlei innere Bindung an die nationalrömischen Grundlagen des Staates und die mit ihm in ein Bündnis getretene griechische Poliswelt«[10] mehr besaß. Das römische Kaisertum entwikkelte sich zur sturen Militärmonarchie. Ihr gelang es zwar, den äußeren Zusammenhalt des Imperiums noch einmal vorübergehend zu sichern, den »nötigen inneren Rückhalt« (Josef Keil) aber, der allein den Bestand eines Weltreiches gewährleistet, konnte sie nicht ersetzen.

»Wer an das Römische Reich denkt«, bemerkt hierzu ein neuzeitlicher Historiker, »vergißt über seiner Größe leicht, wie sensibel es war. Wie jeder echte Organismus hing es noch in seinen verzweigtesten Gliedern von dem einen Herzen ab«[11], nämlich vom Kaiser.

Ein solches Herz aber konnte kein Mann sein, der nur noch dem Namen nach Römer war.

Doch wer wollte Marc Aurel ob seiner Wahl wirklich verurteilen? Der überzeugte Stoiker hatte gehofft, die allmächtige Vorsehung werde für Rom schon alles zum Guten wenden. Daß es dennoch anders kam, ist nicht seine Schuld.

Niemand wird ernsthaft behaupten wollen, daß sich Roms Zukunft bei der Bestellung eines anderen Nachfolgers günstiger gestaltet hätte und das Imperium gerettet worden wäre.

Commodus' Unfähigkeit war sicherlich nicht ursächlich für Roms Fall. Aber zweifellos beschleunigte sie ihn.

29. KAPITEL

Wirtschaftliche und soziale Krise – Der Anfang vom Ende

»Das gewaltige Schauspiel des Ringens der Kräfte, die das römische Imperium aufbauten und die es zugrunde richteten, wird die Menschen packen und zum Nachdenken zwingen, solange ihr Geist in dem Streben nach Verständnis des Weltgeschehens nicht erlahmt. Alle Versuche, eine einheitliche erklärende Formel dafür zu finden, sind bisher gescheitert ...«[1]

Daß Rom nicht an einem Tag erbaut wurde, ist eine alte Binsenweisheit. Ebenso ist es nicht an einem Tag untergegangen. Doch stärker noch als sein kometenhafter Aufstieg fasziniert die Wissenschaft Roms unaufhaltsamer Verfall. Wann er einsetzte, ist ungewiß. Der berühmte englische Historiker Edward Gibbon dürfte aber irren, wenn er das Ende mit dem gewaltsamen Tod des Commodus beginnen läßt. Auch dieses Ereignis war für sich allein gesehen nicht von historischer Tragweite, sondern nur ein vielleicht sogar logisches Moment in einer langen, abwärts gerichteten Entwicklung, die schon Jahrzehnte zuvor begonnen hatte.

Mannigfaltig sind die Fakten, die zu Roms Untergang (wie zu seinem Aufstieg) beitrugen, und nicht weniger zahlreich die Arbeiten fleißiger Forscher, die einen der interessantesten Prozesse der Menschheitsgeschichte zu deuten versuchen. Aber alle von ihnen auch nur anzureißen, würde den Rahmen einer Biographie sprengen. Die nachfolgenden Ausführungen seien deshalb auf dasjenige beschränkt, was zum Verständnis des Niedergangs der alten Welt unerläßlich erscheint.

Als Commodus kurz nach seines Vaters Tod zum Entsetzen des heimischen Senats die Kriege im Norden abgebrochen hatte und nach Rom zurückgekehrt war, wurde er von den Massen mit stürmischer Begeisterung empfangen. Sie feierten ihn als siegreichen Heimkehrer. Zeitgenössische Historiker hingegen warfen ihm eher Sehnsucht nach den Bequemlichkeiten und der Abwechslung des Stadtlebens vor. Doch hatte Commodus möglicherweise – wie Hadrian schon Jahrzehnte zuvor – als einer der wenigen erkannt, daß die Kräfte des Weltreichs für die traditionellen Eroberungszüge vergangener Zeiten nicht mehr ausreichten. Rom hatte, vielleicht schon seit Beginn des Prinzipats, sicherlich aber seit den letzten Tagen Trajans, in gesellschaftlicher, moralischer und politischer Hinsicht einen tiefgreifenden Wandel erfahren.

Im großen und ganzen hatte sich das Weltreich überlebt. Es war altersschwach und müde geworden. Längst war auch die römische Gesellschaft in zwei Schichten zerfallen. Der großen Masse des Volkes stand eine winzige Führungselite mit dem Kaiser und der Administration an der Spitze gegenüber. Einst hatten breite Schichten der Bevölkerung die Regierung mitgetragen. Das Kaisertum jedoch war von Anfang an eher darauf bedacht gewesen, sich selbst zu erhalten. Schon Augustus' oft verzweifelte Versuche, die Dynastie zu retten, beweisen, wie sehr es auch ihm, der angeblich immer nur der Erste unter gleichen sein wollte, darauf ankam, seine Nachfolge zu sichern. Bürokratie, Geheimpolizei und nicht zuletzt die Prätorianergarde taten ein übriges für den Machterhalt des Kaisers. Welten trennten den Herrscher von seinen Untertanen. Hadrian war einsam durch die strenge Kühle, die ihn gleich einer Mauer umgab. Und selbst Antoninus Pius und Marc Aurel waren trotz aller Menschenfreundlichkeit und Volkstümlichkeit weit davon entfernt, echte Volkskaiser zu sein.

Expansion hieß seit Jahrhunderten die Devise. Waffenfähige Bauern und Handwerker hatten für die ehrgeizigen Pläne einiger weniger immer wieder geblutet, ohne je an den Früchten ihrer Mühen und am wachsenden Wohlstand unmittelbar beteiligt worden zu sein. So schwanden die Gemeinsamkeiten der Klassen allmählich dahin. Zwischen der

Staatsführung und ihren Bürgern gab es keine gleichen Interessen mehr.

Die Liebe des einzelnen zum Vaterland erlosch. Vaterländische Gefühle wurden schon im Keim erstickt, denn die Monarchen, ständig auf der Hut vor potentiellen Attentätern, duldeten keine Anteilnahme an den Staatsgeschäften mehr. »... est igitur res publica res populi«[2] – zur Sache des Volkes hatte noch Cicero die Angelegenheiten des Staates gemacht, zur Aufgabe einer Vereinigung von Menschen, die von übereinstimmenden Rechtsvorstellungen und dem gemeinsamen Nutzen aller geleitet wird. Er jedenfalls hatte in seinen Betrachtungen über den Staat noch von einem breiten Konsens ausgehen können, der alle Klassen und Stände Roms miteinander verband. Erscheint es nicht wie Ironie? Zu seiner Zeit, da ein Großteil der Reichsbewohner an den Rechten des »civis Romanus« noch nicht hatte teilhaben können, hatte jene große klassenverbindende Übereinstimmung noch bestanden, auf der allein Staaten blühen können. Jetzt war zwar durch die großzügige Vergabe des Bürgerrechts, wie sie seit Generationen nahezu alle Herrscher geübt hatten, die Masse des Volkes in den aktiven Genuß der römischen Gesetze gelangt, aber das einst alle Schichten einigende Band war darüber verlorengegangen. Längst war der Staat keine Volkssache mehr. Und der Bürger, der seine politische Tätigkeit nicht mehr in der gewohnten Weise entfalten durfte, verlor mit der Zeit gänzlich das Interesse daran. Und dies war nicht nur kennzeichnend für die niederen Schichten.

In gleicher Weise hatte sich auch der Senatsadel aus der politischen Verantwortung davongeschlichen. Der Senat, jene einst im höchsten Ansehen stehende Körperschaft, war längst zu einem willigen politischen Instrument in den Händen des jeweiligen Machthabers verkommen. Er war an seinem Machtverlust nicht frei von Schuld. Versäumnisse in der Vergangenheit hatten das ehemals staatstragende Organ zu einem Befürworter kaiserlicher Politik herabgewürdigt. Ja, oft waren es nur leichte Unachtsamkeiten, die den alten

Staatsträger nach und nach von seiner traditionellen Rolle entfernten. Schon unter Augustus hatte es angefangen. Als zu seiner Zeit beispielsweise einmal eine ausländische Abordnung den ehrwürdigen Vätern ihre Aufwartung machen wollte, weigerten sich diese aus Bequemlichkeit, sie zu empfangen. Man schickte sie zum Prinzeps, der sie anhören mochte. Wozu war er schießlich da! Auch Tacitus beklagte bitter, daß sich nach Augustus' Tod Roms Väter nur allzu bereitwillig in die Knechtschaft hätten führen lassen.

Das war im Grunde kaum verwunderlich. Schon während der späten Republik hatte sich der Senat nur noch aus einem Haufen von Schwächlingen zusammengesetzt, die ängstlich jedes entschiedene Votum vermieden und nur darauf bedacht schienen, Kopf und Kragen vor launischer Tyrannengewalt zu retten. Gewiß, man hatte dem Senatsadel seit dem Scheitern der Gracchschen Reformpläne immer wieder übel mitgespielt. Marius und Cinna hatten mit zahlreichen Aristokraten vor allem ihre persönlichen Feinde beseitigt, und Sulla tat später ein übriges, die Reihen des Senats noch weiter zu lichten. Wer unter seiner Gewaltherrschaft auch nur den Anschein eines freiheitlichen Reformers erweckte, war der Todesstrafe verfallen. So wurde viel des edelsten römischen Blutes sinnlos vergossen, und die geistige Kraft der Römer, deren Reserven ohnehin weit geringer als die der Griechen waren, schwand schnell dahin. Noch einmal bäumten sich einige hundert Adlige gegen die blutige Herrschaft der Triumvirn auf, die ihrerseits jede republikanische Regung schon im Keim zu ersticken versuchten. Wer schließlich auch deren Proskriptionen überlebt hatte, gehörte zu jenen Angepaßten, denen eher an der eigenen Haut denn am Wohle des Staates lag.

Mochte auch schon Augustus, dem bisweilen vor der ungeheuren Macht, die er in Händen hielt, graute, diese Entwicklung mit Besorgnis betrachten, er konnte ihr doch nicht entgegenwirken. Während der Bürgerkriege, die dem Prinzipat vorangegangen waren, waren allerhand Emporkömmlinge in die Kurie gelangt, die dort die verwaisten Plätze besetzten und die gelichteten Reihen wieder auffüllten. Doch auch eine Auflösung dieses Senats und die Wahl neuer Mitglieder, die der Klasse der wenigen übriggebliebenen Besten entstammten, brachte nicht den erhofften Erfolg.

Noch einmal, aber ebenso vergeblich, hatte Tiberius vor Antritt seiner Regierung die versammelten Väter beschworen, ihm doch einen Teil der Regierungsverantwortung abzunehmen. Aber niemand fand sich dazu bereit. Man hätte von ihm anfangs sicherlich sowenig zu befürchten gehabt wie von seinem Vorgänger. Aber man war durch die Greueltaten der Vergangenheit abgeschreckt und gewarnt. Den römischen Patriziern, die über Jahrhunderte die Geschicke des Staates geleitet hatten, fehlte fortan der Mut zur eigenen Überzeugung. Politik und Opposition waren für sie keine Themen mehr. Eine ganze Gesellschaftsschicht, die sich früher durch mutiges Eintreten für die Belange des Staates ausgezeichnet hatte, fiel jetzt durch Feigheit auf. Und die vielleicht aus Angst geborene Zurückhaltung wurde bald zur festen Gewohnheit. Der vielgeschmähte Tiberius, der selbst einem der angesehensten republikanischen Adelsgeschlechter entstammte, hatte allen Grund, seine Standesgenossen dafür aufs tiefste zu verachten. Darf man sich wundern, wenn er diesen Haufen feiger Memmen am Ende so behandelte, wie der es verdiente? Die Kaiser konnten fortan willkürlich schalten. Von seiten des Senats hatten sie nichts mehr zu befürchten. So wurden diese schließlich »zu Wölfen, weil ihre Untertanen Schafe waren«[3].

Schon zu Beginn des Prinzipats breitete sich eine allgemeine Staatsverdrossenheit aus, die in dem Maße zunahm, wie die Stellung des Monarchen erstarkte. Sie zeigte sich zuerst in einer Unlust zur Übernahme von öffentlichen Ämtern, die durchweg ehrenhalber waren und oft das Vermögen ihres Inhabers beträchtlich schmälerten. Und sie gipfelte schließlich in einer völligen Abkehr von staatlichen Angelegenheiten, im ideologischen »Rückzug vieler Römer von ihrer traditionellen Staats- und Reichsauffassung«[4] bis hin zu einer nostalgischen und durchaus auch körperlichen Rückwendung zu den Idealen der Ahnen: dem beschaulich bescheidenen Leben auf dem Lande, das die Römer genossen hatten, bevor ihre Stadt die Welt geworden war. Es war eine für das Imperium unselige Entwicklung, die schließlich auch die Staatsführung in der Person des Kaisers erfaßte. Von Antoninus Pius wissen wir, daß er sich am liebsten auf seinen Landgütern aufhielt. Und auch Marc Aurel hätte nur allzu gerne das zurückgezogene Leben des Philosophen geführt, hätte es ihm die Vorsehung erlaubt. »Sie suchen Zurückgezogenheit auf dem Lande, am Meeresufer, im Gebirge, und auch du pflegst dich danach zu sehnen. Aber das ist bloß Unwissenheit und Schwachheit, da es dir ja freisteht, dich zu jeder beliebigen Stunde in dich selbst zurückzuziehen«[5], versuchte er sich mehr schlecht als recht zu trösten.

Die Abkehr der Adligen, Reichen und einst Einflußreichen vom politischen Alltagsgeschehen führte zur Stadtflucht, die bald auch einfache Menschen erfaßte. Sie wollten sich lieber auf dem Lande als Viehhirten und Feldarbeiter verdingen, als in der Stadt ein aussichtsloses Leben fristen. Zwar hatten dort Brot und Spiele, jene staatlichen Sozialhilfen gegen Hunger und Langeweile, ihre Anziehungskraft noch nicht völlig verloren, und Marc Aurel hatte noch immer Grund, seinen Untertanen vorzuwerfen, sie ließen alles fürs Amphitheater im Stich. Doch war schon abzusehen, daß diesen primitiven Unterhaltungen die Todesstunde drohte. Der Kaiser selbst verringerte, wenn nicht in Rom, so doch in größeren Orten der Provinz, die Bedeutung der Gladiatorenspiele, indem er die Ausgaben dafür beschränkte. Mit dem Erstarken des Christentums verloren die Arenen zunehmend ihre Attraktivität, bis im vierten Jahrhundert das Gladiatorenunwesen zunächst im Orient, später auch im Abendland abgeschafft wurde.

Die Finanzen der Städte gerieten infolge des Rückzugs in tiefe Zerrüttung. Die städtische Kultur, die sich über Jahrhunderte durch rücksichtslose Ausbeutung ihres agrarischen Umfelds bereichert hatte, ging zurück. Die Gesellschaft des weltumspannenden Reiches wandelte sich schließlich zu einer überwiegend agrarischen, die das ganze von uns »finster« genannte Mittelalter hindurch neue Kraft schöpfte, natürliche Produktionsformen wiederbelebte und so der angegriffenen Umwelt zu einer Regenerationspause verhalf. Nur so, mutmaßen zahlreiche Historiker, sei der Neuzeit überhaupt ihre rasante Entwicklung ermöglicht worden.

Die Frage, ob der Verzicht weiter Bevölkerungskreise in der Antike auf Kultur, auf all die hohen Errungenschaften, Ergebnisse eines vielhundertjährigen Fortschritts, »die sich in Wissenschaft und Technik, in Verfeinerung der Sitten und der Entwicklung der Kunst manifestieren«[6], bewußt geschah, um der bedenkenlosen Verschleuderung der Lebensgrundlagen, mit der solche Errungenschaften stets einhergehen, entgegenzuwirken, ist wissenschaftlich nicht geklärt. Der Bewußtseinswandel, der heute eine ganze Generation nach alternativen Lebensformen suchen läßt, dürfte doch eher eine Erscheinung der Neuzeit sein. Es ist wahrscheinlicher, daß der Mensch des Altertums seines Staates ganz einfach müde war, sich zurückzog, um auszuruhen, und damit unbewußt jene Wende einleitete, die für mehr als tausend Jahre schicksalhaft werden sollte für die abendländische Welt.

Schon zur Zeit Neros, mehr als hundert Jahre vor der Herrschaft Marc Aurels, war die starke Abwanderung aus den Städten ein Problem, dem die Staatsführung besondere Aufmerksamkeit widmete und dem sie mit verschiedenen Gesetzen ebenso verzweifelt wie vergeblich zu begegnen suchte. Nicht nur zahlreiche zeitgenössische Quellen belegen große Abwanderungswellen aus den Zentren des Reiches schon für die frühe Kaiserzeit. Auch die archäologischen Zeugnisse lassen keinen Zweifel am Niedergang des Städtewesens mindestens ab der Mitte des zweiten nachchristlichen Jahrhunderts. Die Bautätigkeit in den Städten, vor allem in Rom selbst, versiegte. Für die Zeit nach Marc Aurel finden sich nur noch wenige bedeutende nichtmilitärische Bauwerke auf stadtrömischem Boden. Es sind dies vor allem die Caracallathermen und die noch heute gut erhaltenen Bäderanlagen Diocletians.

Mit dem Abflauen der Urbanisierung kam es zu einer großen Entfaltung der Dörfer, allerdings auch nur vorübergehend. Denn schon im zweiten Jahrhundert ging nicht nur die städtische Bevölkerung beängstigend zurück. Auch auf dem flachen Land gab es infolge geringer Geburtenfreudigkeit, nach Kriegen, Hunger und Pest bald so wenige Menschen, daß Marc Aurel seine Truppen mit Sklaven und Barbaren auffüllen mußte.

Dabei dürften die »apokalyptischen Reiter« nicht einmal die Hauptursache des Bevölkerungsschwundes gewesen sein. Die geringe Geburtenfreudigkeit war anfangs nur in den höheren Ständen zu finden gewesen, hatte später aber auch auf das Proletariat übergegriffen, das seinen Namen seinem einstigen Kinderreichtum verdankte. Um 100 n. Chr. hatte sie sich auch des Bauernstandes bemächtigt. Eine kaiserliche Stiftung (alimenta) versuchte damals vergeblich, die Geburtenzahl auf dem Lande zu steigern. Ehelosigkeit, das späte Eingehen legitimer Verbindungen und vor allem die sexuellen Ausschweifungen haben sicherlich zum Verlust der menschlichen Fruchtbarkeit beigetragen.

Sie nahm mitunter erschreckende Ausmaße an. Um die Mitte des dritten Jahrhunderts jammerte Dionysios, der Bischof von Alexandria, die Bevölkerungszahl sei dort während seiner Amtszeit auf die Hälfte abgesunken. Und diese Stadt hatte sich einst ihres Volksreichtums gerühmt!

Selbst die Sklaven wurden immer knapper. Schon Hadrian hatte, aus welchen Gründen auch immer, jede bewaffnete Auseinandersetzung mit feindlichen Nachbarn gescheut. Eroberungskriege, die Rom seit den fernen Tagen seiner Gründung traditionell mit immer neuen Kriegsgefangenen und damit billigen Arbeitskräften versorgt hatten, waren nie nach seinem Geschmack gewesen. Wahrung und Sicherung des Bestandes, nicht Mehrung des Reichsgebietes, hieß seine Devise. Doch konnte seine Zeit noch aus den unvorstellbaren Reserven schöpfen, die sein Vorgänger Trajan angelegt hatte. In ferne, oft noch ganz unbekannte Länder hatte jener die römischen Adler getragen und die Grenzen des Reiches wie niemand zuvor vorgestoßen. Doch hatten seine gewaltigen Eroberungszüge die Kräfte Roms nahezu aufgezehrt. Und sein Nachfolger tat sicherlich gut daran, dem Reich eine Ruhepause zu gönnen. Daß er damit der Auflösung den Boden bereitete, die dann unter den Severern konkrete Formen gewann, wie zahlreiche Forscher vermuten, steht freilich auf einem anderen Blatt.

Wie hoch war die Zahl derer, die das Schicksal nach unzähligen Kriegen in Roms Dienste gezwungen hatte, ohne daß ihnen ihre Mühen je vergolten worden wären? Auch darüber streiten seit Jahrhunderten die Gelehrten. Wo immer antike Autoren über die Bevölkerungszahl des römischen Imperiums berichten, müssen wir davon ausgehen, daß sie nur von den Vollbürgern sprechen, die über lange Zeit keineswegs die Masse der Reichsbewohner ausmachten. Erst die Kaiser vergaben nämlich das Bürgerrecht und die damit verbundenen Privilegien verhältnismäßig großzügig. Doch gab es – zumindest in den ersten beiden Jahrhunderten der neuen Zeitrechnung – noch immer genügend Unfreie, die nicht als Menschen zählten, sondern nur Sachwert, gemessen an ihrer Arbeitskraft, besaßen. Mit Fug und Recht können wir deshalb von der antiken »Sklavenhaltergesellschaft« sprechen. Sie rekrutierte ihre Arbeiter, die über Jahrhunderte einen beachtlichen Wirtschaftsfaktor darstellten, allerdings nicht nur aus den Unterworfenen besiegter Völker. Sie erwarb sie ebenso aus dem weitverbreiteten Menschenhandel, wie ihn professionelle Sklavenan- und -verkäufer oder auch Seeräuber betrieben. Diese hielten sich beim Erwerb ihrer Ware nicht immer an Recht und Gesetz, sondern schreckten auch vor illegalen Methoden des Menschenfangs nicht zurück. Zudem machten sie kaum Unterschiede zwischen frei geborenen Bürgern und anderen Leuten.

Selbst Cäsar wußte ein Lied davon zu singen. Als er einmal während einer Seereise in die Hände von Piraten gefallen war und erst nach Zahlung eines Lösegeldes wieder freigelassen wurde, beklagte er sich, man habe für ihn zuwenig verlangt.

Zugleich drohte er seinen Entführern, er werde sie, sobald er seine Freiheit wiedererlangt haben werde, allesamt hinrichten lassen. Etwa gleichzeitig, das heißt in den sechziger Jahren des letzten vorchristlichen Jahrhunderts, sagte Pompeius der Seeräuberei den Kampf an. Damit zerstörte er eine wichtige Quelle des Sklavennachschubs. Aber zu seiner Zeit konnte sich Rom eine derartige »Großzügigkeit« noch leisten, gab es doch noch genügend Länder, die dem römischen Zugriff bisher entgangen waren und fähigen Feldherrn beste Aussichten boten.

Das Ende der Eroberungskriege stellte Rom allerdings vor ungeahnte Probleme, vor allem wirtschaftlicher Art. Mit der Verknappung des Angebots stieg der Sklavenpreis sprunghaft an. Und der Römer, stets an raschen Siegen und reicher Beute orientiert, tat sich schwer, mit den veränderten Verhältnissen zurechtzukommen. Nur unter größten Schwierigkeiten paßte er sich schließlich der neuen Lage an. Die Sklaven, deren Preis allmählich unerschwinglich geworden war, wurden durch die halbfreien Colonen ersetzt. Ihnen wurde von den Grundbesitzern Land zugewiesen, das sie zunächst nicht ohne Erlaubnis ihres Herrn, später überhaupt nicht mehr verlassen durften. Die Bindung an die Scholle, die an die Stelle der persönlichen trat, war eine Art Leibeigenschaft. Wie so vieles, was politisches und gesellschaftliches Leben ausmachte, hatten die Römer diese Wirtschaftsform nicht selbst erfunden, sondern den Germanen abgeschaut. Jene hatten »schon in den frühen Formen ihrer Mischwirtschaft aus Allmende (dem Gemeindeland) und Allod (Privatland) demjenigen, der nicht ihm gehörendes Land zugewiesen bekam, die Auflage«[7] erteilt, auf diesem Boden auszuharren. Und die Reichen Roms erkannten bald, daß sich die Colonen von den Sklaven im Grunde nicht wesentlich unterschieden und obendrein den Vorteil boten, daß ihr »Halter« nicht einmal mehr für ihre elementaren Lebensbedürfnisse verantwortlich war.

Doch kehren wir nun von den Elendsten der römischen Gesellschaft zu denjenigen zurück, die die Vorsehung in die Lage versetzt hatte, ihrem überkommenen System freiwillig den Rücken zu kehren!

Als einer der ersten hatte Seneca, durch die Launen seines Schülers Nero zur Untätigkeit (und später zum Selbstmord) gezwungen, die Gedanken seiner Zeit formuliert: »Von allen haben sich nur diejenigen wahrhaft der Muße hingegeben, die für die Philosophie Zeit haben: sie allein leben ... Jener, der das Consulat, das er sich gewünscht hatte, erhalten hat, sehnt sich danach, es niederzulegen. Wann wird dieses Jahr vorüber sein? Der andere veranstaltet Spiele ... Wann, fragt er, werde ich mich ihnen entziehen können? Und um wieder einen anderen reißt man sich auf dem ganzen Forum als Rechtsbeistand ... Wann endlich, will er wissen, wird man den Rechtsstreit vertagen? Ein jeder überstürzt sein Leben und leidet an der Sehnsucht nach der Zukunft, am Ekel vor der Gegenwart ...«[8]

Senecas Sehnsucht nach Beschaulichkeit allerdings mochte Zeitgenossen, allen voran Tacitus, eher geheuchelt erscheinen, zählte er doch zu den reichsten Männern der Welt. Und nicht ohne Genuß fragte jener, wie es eigentlich mit der stoischen Lebensgleichmut des Philosophen aussehe, da er doch ein Gutteil seiner Zeit für die Anschaffung neuer Güter verschwende. Aber es gab natürlich genügend Weltverächter, denen es mit ihren Grundsätzen durchaus ernst war und die tatsächlich allen irdischen Tand geringachteten.

Der den Lehren der Kyniker angelehnte Stoizismus war übrigens nicht die einzige Ideologie, bei der die Römer in ihrer Ratlosigkeit Zuflucht suchten. Auch die Lehre Platons erlebte eine Renaissance. Aber alle philosophischen Strömungen blieben auf Gelehrtenkreise beschränkt, boten der Masse des Volkes keine Hilfe in aktuellen Lebensfragen und waren selbst für die Angehörigen der Oberschicht, die zu weniger tiefsinnigen Gedanken neigten, kein Trost. So kehrten allmählich auch die herrschenden Stände »von den Büchern der Philosophen zu den Altären der Götter zurück«[9]. In dem

Maße, wie der Gemeinsinn verfiel, erstarkte die persönliche Religiosität. Die Beliebtheit von Mysterienreligionen wuchs, in denen der »Gläubige Vereinigung mit dem Göttlichen suchte und in der Hoffnung auf ein individuelles Weiterleben nach dem Tode ermutigt wurde ...«[10] Die gebildeten Schichten beherrschte schließlich der mystische Neuplatonismus, der die Sinnenwelt für schlecht hielt und ähnlich der Stoa die Befreiung der Seele von den irdischen Ketten erstrebte. Sie sollte sich erheben und eins werden mit dem Absoluten.

Ähnliche Ziele, wenngleich auf einfacherer Ebene, verfolgte die noch junge Lehre des Christentums. Auch seinen Anhängern wurde die Gleichgültigkeit gegenüber dieser Welt gepredigt. Ihnen mag die Abkehr von allen diesseitigen Gütern weitaus leichter gefallen sein, erwarteten sie doch, jedenfalls in den Anfangstagen ihrer Religion, die Wiederkunft ihres Herrn. Erst als diese Hoffnung verblaßte, richteten auch die Christen ihre Aufmerksamkeit auf die zukünftige Welt. Gegenüber dem Reich und seinen Problemen nahmen sie im allgemeinen eine ziemlich gleichgültige Haltung ein. In Schicksalsschlägen sahen sie beispielsweise keine Herausforderung zum Eingreifen und Handeln. Sie betrachteten sie vielmehr als Warnung ihres Gottes, der die Sünder zur Buße rief. Da sich die christliche Gemeinde innerhalb des Imperiums rasch vergrößerte und schließlich auch gebildete und einflußreiche Kreise erfaßte, schwand bald die Solidarität ganzer Volksschichten mit dem Staat dahin. Im frühen achtzehnten Jahrhundert klangen deshalb schon bei Montesquieu in seinen »Considérations sur la Grandeur et la Décadence des Romains« antichristliche Töne an (wenn auch er noch Roms Fall hauptsächlich im Erstarken der Heeresmacht sah: »Die Weisheit des Nerva, der Ruhm des Trajan, die Tapferkeit des Hadrian und die Tugend der beiden Antonine flößten den Soldaten Achtung ein. Aber als dann neue Scheusale deren Platz einnahmen, trat der Mißbrauch der auf das Militär gestützten Regierung in seinem ganzen Übermaß in Erscheinung. Die Soldaten, die das Kaisertum verkauft hatten, ermordeten die Kaiser, um einen neuen Kaufpreis zu verlangen ...«[11]). Voltaire griff die These von der Schuld der Christen am Untergang Roms auf, und Gibbon machte in seinem großen und bis heute unübertroffenen Werk »Decline and Fall of the Roman Empire« das Christentum endgültig verantwortlich für Roms unaufhaltsamen Verfall.

Nach seiner Ansicht hatte diese Religion den Glauben der Alten zerstört, der einst die sicherste Grundlage des Staatsgefüges und ein wesentlicher Charakterzug der Römer gewesen war. Denn das Christentum hatte dem forschenden und sich immer weiter entwickelnden Geist den Kampf angesagt, indem es den Menschen den Problemen dieser Welt entfernte und seine Gedanken einzig auf die persönliche Erlösung hinlenkte. Es hatte Friedfertigkeit in einer Welt gepredigt, die von Feinden umgeben war, und Widerstandslosigkeit, wo das erschütterte Reich Kampfbereitschaft gebraucht hätte. Nach Gibbons Auffassung war Christi Sieg der Tod Roms ...

Aber auch denjenigen, die getreu bei den überkommenen Lehren und den alten Göttern ausharrten, mußte sich zwangsläufig der Eindruck aufdrängen, daß Roms Probleme unlösbar seien. Der Stoizismus, der früher Hoffnung verheißen hatte, kündete nun Resignation. Hoffe nicht auf Platons Staat! Bescheide dich, begnüge dich! Was lehnst du dich gegen das Schicksal auf? Jene letzten Anhänger der althergebrachten Vorstellungen waren um so bedauerlicher, als sie nicht einmal auf künftige Erlösung hoffen konnten. Wie lange noch, und die Barbaren würden kommen, fruchtbar, stark und, da von jeglicher Zivilisation unberührt, auch unverbraucht? Ihr Strom würde sich über das Imperium ergießen und die unfruchtbare dekadente Rasse der Römer hinwegspülen. Neue Reiche würden entstehen, blühen und untergehen. Dies war eben der Lauf der Welt!

Wie das Reich waren auch die alten Götter zum Sterben verurteilt. Künstlich nur wurde das Heidentum von der Staatsführung noch am Leben gehalten. Nur scheinbar hatte es über alle religiösen und philosophischen Strömungen gesiegt. Mysterienreligionen breiteten sich aus. In den altehrwürdigen Tempeln ertönten immer lauter »die ehrfürchtig gesprochenen Namen fremder Gottheiten«. Am schwersten aber »lastete auf der Zeit ... der ungeheure Siegeszug Jesu Christi«[12].

Es gibt immer noch genügend Historiker, die hartnäckig an der These festhalten, der Niedergang Roms sei nicht in jene entfernte Zeit zurückzuverlegen, da Scharen von Barbaren das Reich überfluteten und nicht nur seine Kultur von Grund auf veränderten, da das Christentum erstarkte und die überlieferten Werte in Frage stellte, da mangels Nachschubs an menschlichem Material das Ende der alten Sklavenhaltergesellschaft dämmerte. In Anlehnung an spätantike Gelehrte und mittelalterliche Potentaten sehen sie nur eine »translatio imperii«, einen wenig einschneidenden Übergang von der klassischen römischen Welt zum Heiligen Römischen Reich Karls des Großen. Dennoch müssen auch sie zugeben, daß sich mindestens die christliche Zivilisation von der römischen grundlegend unterschied. Das Christentum verkörperte einen neuen Lebensstil, schuf neue Abhängigkeits- und Treueverhältnisse und verfolgte ganz andere ehrgeizige Ziele. Und mit der Zunahme der Barbaren, ihrem Eindringen in die jahrhundertealte Zivilisation, veränderten sich auch deren gesellschaftliche Strukturen. Inwieweit das erstarkende Christentum, das nicht mehr auf die Herkunft seiner Anhänger achtete, sondern von Anfang an international angelegt war, diesen Wandel begünstigte, ist noch nicht hinreichend geklärt. Gewiß haben viele Faktoren an Roms Fall mehr oder weniger beschleunigend gewirkt. Aber man kann doch »sagen, daß keine Interpretation des Niedergangs des Römischen Reiches als zufriedenstellend erklärt werden kann, die nicht auch den Triumph des Christentums in Rechnung stellt«[13]. Die Kirche war es, die als Gesellschaft mit der des Reiches konkurrierte, und das Christentum, das ein neues Gemeinwesen schuf.

Ein weiteres Symptom des Niedergangs kann man schließlich und endlich darin erkennen, daß es den Römern niemals gelang, neue Waffen und neue Taktiken der Kriegsführung zu erfinden. Von Augustus bis Diocletian waren Ausrüstung und Ausbildung des Legionärs dieselben geblieben, hatte Rom seine taktischen Methoden nicht verändert und damit seinen Feinden Gelegenheit gegeben, Erfahrungen zu sammeln, aus den Fehlern des Gegners, dem bislang der Ruf der Unbesiegbarkeit vorausgeeilt war, zu lernen und das Gelernte gegen diesen Gegner zu verwenden. Freilich sollte ein Volk, das den Anspruch erhebt, kultiviert zu sein, seinen Widersachern anderes entgegenzusetzen haben als die Schwerter seiner Soldaten. Aber Rom hatte sich von jeher auf die Schlagkraft seiner Legionen verlassen und vor den Leistungen des Geistes stets kapituliert. Über Jahrhunderte war es damit auch ganz gut gefahren. Nun war man nicht mehr in der Lage, sich auf die veränderten Verhältnisse einzustellen. Man sah die Feinde immer stärker werden, mochte auch die eigene Armee dieselbe geblieben sein. Ohnmächtig und wehmütig blickte man auf die einstige Überlegenheit der römischen Soldaten zurück. Manch kluger Kopf betrachtete ängstlich dieses Phänomen und sagte auch prophetisch voraus, daß Rom dereinst von seinen Feinden überrollt werden würde. Und jede neue leidvolle Erfahrung steigerte noch diese Furcht. Aber niemand fand eine erlösende Formel, die den Legionen zu ihren früheren Triumphen hätte zurückverhelfen können. Und dort, wo man sich bemühte, wenigstens das Althergebrachte wiederzubeleben, mußte man bald erkennen, daß das allein den Erfordernissen der Zeit nicht mehr genügte.

»Eine entsetzliche Trägheit des Geistes«, bemerkt der Althistoriker Otto Seeck in einem beachtenswerten Aufsatz, der sich mit den Ursachen für Roms Fall auseinandersetzt, eine Trägheit, »die, in solcher Weise über die ganze antike Welt verbreitet, schon allein genügen könnte, um ihren Untergang zu erklären«.[14] Der Mangel an Erfindungsgeist, an Aufgeschlossenheit gegenüber wenigstens bescheidenen Neuerungen zeigte sich aber nicht nur auf militärischem Gebiet. Das gesamte römische Staats- und Gesellschaftsgefüge wies eine gefährliche Starre auf. Wenn es sich bewegte, so allenfalls in der Nachahmung dessen, was anderswo vorgedacht worden war. Über Jahrhunderte hatte die Kontinuität der Wertvorstellungen Roms Sicherheit und Stabilität gewährleistet. Jetzt, da auch das Selbstbewußtsein anderer Völker erwachte, erwies sich seine Unfähigkeit, diese Starre zu sprengen, als tödlicher Bumerang.

Nur in religiöser Hinsicht brachte die kaiserliche Epoche gewisse schöpferische Leistungen hervor. Aber auch sie reichten bei weitem nicht aus, die Probleme der Zeit zu lösen. So wird man denen kaum folgen können, die da behaupten, Rom sei einzig an den Germaneneinfällen zugrunde gegangen und in ihnen liege der wahre Schlüssel zum Verständnis des sinkenden Altertums, eine These, die vor allem die Deutschnationalisten des neunzehnten Jahrhunderts verbreiteten. Nur ein anfälliger Körper erliegt bekanntlich der Ansteckung. Kaum hätten die Germanen einem intakten römischen Staats- und Gesellschaftssystem etwas anhaben können. Die schleichende Dekadenz, die die Weltmacht in allen Bereichen bedrohte, hat vielmehr unzählige fremde Stämme erst angelockt und ermutigt, mit Rom ihre Kräfte zu messen.

Es bleibt ein letzter Punkt, der einige Gedanken lohnt. Es ist die moralische Seite, die von vielen – sicherlich nicht zu unrecht – als einer der Hauptgründe für Roms Fall genannt wird. Gewiß, zur Zeit Marc Aurels, mit der wir uns hier vorwiegend zu beschäftigen haben, waren Stadt und Reich längst in die Jahre gekommen. Ausschweifungen, wie sie sich einst der republikanische Adel geleistet hatte oder wie sie Julia, der lasterhaften Tochter des Augustus, nachgesagt werden, gehörten wohl endgültig der Vergangenheit an. Rom hatte viele Jahrzehnte zuvor den Höhepunkt seiner sexuellen Freizügigkeit überschritten, und es stand kaum zu befürchten, daß jene liebestollen Zeiten wiederkehren würden. Aber das weitverbreitete Laster hatte doch die Substanz des einst starken, naturverbundenen Bauernvolkes angegriffen und geschwächt. Woher sollte es die Kraft schöpfen, diese

Schwäche zu überwinden? Über viel zu lange Zeit hatte sich die Sexualität in vermeintlicher Freiheit ausgelebt. Und niemand hatte bemerkt, wie dabei die wahre Freiheit fiel.

Die römische Republik ist an den Folgen ihrer Siege zugrunde gegangen, hat der französische Philosoph Montesquieu bemerkt. Und zweifellos wurden schon im letzten vorchristlichen Jahrhundert die Keime des Verfalls gelegt, und die ersten zweihundert Jahre des Kaisertums haben diesen Fäulnisprozeß allenfalls gehemmt. Mit der Mehrung der politischen und wirtschaftlichen Macht war auch Roms Wohlstand gewachsen, der die Menschen mit der Zeit übermütig gemacht hatte, auch und besonders im sittlichen Bereich.

Schon Augustus hatte allen Grund gehabt, der weitverbreiteten Sittenlosigkeit mit strengen Gesetzen zu begegnen. Aber alle Bemühungen, die moralischen Ansprüche seiner Zeitgenossen zu heben, hatten sich als Mißerfolg erwiesen. Er hatte die Untauglichkeit solcher staatlichen Verordnungen sogar am eigenen Fleisch erfahren und da zuerst und am bittersten: am Widerstand seiner Tochter Julia, dem einzig legitimen Kind, das er besaß und das für seinen Leichtsinn mit der Verbannung bezahlte. Auch die Dichtkunst seiner Zeit hatte sich, war es ihr einmal gelungen, sich vom Propagandaamt im Dienste des Staates zu befreien, gegen die sittenstrenge Obrigkeit aufgelehnt. Allen voran hatte Ovid die Liebeskunst, was immer er darunter verstehen mochte, in den Mittelpunkt seines frühen Schaffens gestellt, und erst dem gereiften und von Rom entfernten Mann war es gelungen, die Verfehlungen seiner Jugend zu überdenken und zu den moralischen Werten der Väter zurückzufinden.

Es gab neben Ovid noch andere, die Roms verhängnisvolle Zukunft ahnten. Kritisch wie gelegentlich auch Seneca mißbilligte etwa Juvenal den Zeitgeist und forschte nach Gründen: »Das Verderben der Sitten, ein Feind viel schlimmer als der Krieg, beherrscht und rächt den von uns bezwungenen Erdkreis. Jegliche Art von Verbrechen und Laster stellten sich ein, seit Rom nicht mehr arm ist ...«[15] Seine Dichtung griff empört die Mißstände auf, ohne daß sie einen Wandel bewirken konnte. Sie ist umdüstert von Bitternis und Hoffnungslosigkeit, und nirgendwo schimmert ein Funke erlösenden Humors. Noch immer beherrschen Juvenals Anschauungen die Köpfe vieler Gelehrter. Da er – gleich den meisten römischen Geschichtsschreibern – dem Adel der Hauptstadt entstammte, habe er jedoch, wirft man ihm gelegentlich vor, zu unrecht das »Wohl und Wehe« (Seeck) seiner Standesgenossen für das Schicksal der Welt gehalten.

Nun stand Roms Gesellschaft aber tatsächlich stellvertretend für die Welt. Der Lebenswandel der dortigen Führungsschicht wurde überall mit größter Aufmerksamkeit verfolgt. Er hatte sich nicht nur rasch der Masse der römischen Plebs mitgeteilt, der freilich die Mittel zu jeglichem Luxus fehlten. Aber Armut und der Zwang zur Sparsamkeit hinderten auch den einfachen Mann nicht daran, die vielbewunderten Reichen mindestens in moralischer Hinsicht bis in Einzelheiten nachzuahmen. Auch die Bewohner der Provinzen sahen in Rom ihr großes Vorbild. »Die Jagd nach Lust und hemmungsloser Sinnesfreude, die Roms Lebensformen bestimmten, hatten sich die Bürger und Bürgerinnen der Provinzstädte um so williger zu eigen gemacht, als sie vielfach mit ihren eigenen Sitten übereinstimmten – besonders im Osten des Römischen Reiches, im griechischen Raum und in Kleinasien, wo die Bevölkerung ihre triebhafte Lust zu leben auch unter der römischen Herrschaft nicht eingebüßt hatte.«[16] Es war ein entsetzlicher Teufelskreis: Rom hatte einst von zahlreichen besiegten Völkern deren üppige Lebensart übernommen, sie mit eigenen Erfahrungen angereichert und wieder weitergegeben. Der »Schmelztiegel des Reiches war beispielgebend geworden ...«[17]

So hatten auch christliche Romdeuter allen Grund, den sittlichen Verfall der Heiden für die Misere des Reiches verantwortlich zu machen. Der heilige Augustinus sah im allgemeinen Niedergang, der zu seiner Zeit schon allenthalben zutage trat, Gottes Strafe für die Sünder oder gar Teufelswerk. Aber schon frühere Interpreten wie Tertullian stritten mit der Obrigkeit darüber, wer nun eigentlich die Schuld an all den Katastrophen trage, die so erbarmungslos über Rom hereinbrachen. Die Christen beschuldigten die Heiden und ihre hemmungslose Lebensgier. Und diese hatten nichts Eiligeres zu tun, als die Vorwürfe zurückzugeben.

So wenig aber wie jede andere historische Epoche, so wenig wie wir uns heute vorzustellen vermögen, daß unsere Kräfte allmählich nachlassen und es eigentlich nur noch abwärts gehen kann, so wenig werden sich auch die Römer der ersten nachchristlichen Jahrhunderte ständig vor Augen gehalten haben, daß ihr Staat und ihre Nationalität im Schwinden waren. Wie zu allen Zeiten machten sich natürlich auch bei ihnen in bestimmten Situationen Untergangsängste breit, besonders wenn nationale Katastrophen, vor allem verlorene Schlachten, die Menschen in tiefe Depression gestürzt hatten: als Hannibal vor den Toren stand, als Spartacus seine Scharen gegen die Senatsheere führte (und diese obendrein noch besiegte), als Quintilius Varus im Teutoburger Wald drei der stolzesten Legionen verlor. Und immer wieder gab es bei solchen für Rom tragischen Anlässen Schwarzmaler, die sich berufen fühlten, das nahe Ende des Weltreiches vorherzusagen. Aber jeder neue Sieg machte eine frühere Niederlage schnell wieder vergessen, und selbst Marc Aurel, den die übermächtigen Barbaren ganz in die Rolle des Verteidigers gedrängt hatten, konnte noch auf Dankbarkeit hoffen. Zu seinen Lebzeiten wäre wohl niemand auf den Gedanken gekommen, ihn als den letzten großen Kaiser Roms zu betrachten. Viele Unkenrufe waren zudem als Warnung gedacht, als rhetorisches Mittel, das eine übervorsichtige Staatsführung aufrütteln und zum Handeln anregen sollte. Rückblickend ist freilich schwer zu entscheiden, was von all den düsteren Prophezeiungen tatsächlich inneren Ängsten entsprungen und was nur Schein war.

Und dennoch waren sich manche der antiken Historiker des langsamen Verfalls durchaus bewußt. Nur zwei Jahrzehnte nach Marc Aurels Tod feierte Tertullian das »fin de siècle« und sagte voll Freude den Untergang der Heidenschaft voraus. Keine fünfzig Jahre später verteidigte der ebenfalls christliche Schriftsteller Cyprian seine Glaubensgenossen gegen den Vorwurf, sie seien für die mißliche Lage des Reiches verantwortlich: »Du mußt wissen«, schrieb er an einen Freund, »daß die Welt bereits alt geworden ist, daß sie nicht mehr in ihrer früheren Kraft steht ... sie bezeugt ihren eigenen Untergang durch den sichtlichen Verfall aller Dinge. Nicht mehr reicht im Winter des Regens Fülle aus, um die Samen zu nähren, nicht mehr stellt sich im Sommer die gewohnte Hitze ein, um das Getreide zur Reife zu bringen ... Weniger Schätze an Silber und Gold liefern die bereits ausgebeuteten Bergwerke ... Mehr und mehr erlahmt und ermattet auf den Fluren der Landmann.«[18]

Aber auch nichtchristliche Autoren, so etwa der spätantike Historiker Ammianus Marcellinus, deuteten durchaus zutreffend die Zeichen der Zeit. Er vergleicht Rom mit einem Mann, der nach langem und ruhmreichem Weg an der Schwelle des Greisenalters angelangt ist. »... zuweilen alleine durch seinen Namen noch überlegen, hat er sich nun einem ruhigeren Lebensabend zugewandt.«[19]

Spätestens seit dem dritten Jahrhundert galt Rom dann nicht mehr als das unüberwindliche Reich. Seine imperialistische Politik hatte es längst aufgeben müssen. Und selbst der ihm aufgedrängten Verteidigerrolle wurde es kaum noch gerecht. Immer stärker bedrohten kriegerische Ereignisse das Mutterland Italien, rückten näher an die Hauptstadt heran, verschonten schließlich auch diese nicht mehr. Bald mutete die Idee der »Roma Aeterna«, jener überlegenen Unvergänglichkeit, wie ein verlorener Mythos an. Hatte sich diese Vorstellung ursprünglich durchaus auf Roms weltliche Stellung bezogen, vollzog sich allmählich auch ein ideeller Wandel: Rom war nicht länger das völkerverbindende Imperium, in dem es weder Zollschranken noch Sprachbarrieren gab. Die Idee des Gottesstaates wurde geboren und beherrschte von nun an als allgemeine Staatstheorie für Jahrhunderte abendländisches Gedankengut. Aus ihr aber ließ sich jede erdenkliche Staatsform ableiten, die nur zwei Bedingungen zu erfüllen hatte: Sie mußte den christlichen Gott vorbehaltlos anerkennen, und sie mußte bereit sein, seine Gebote in »staatliche Organisationsformen« (Raith) umzusetzen.

Damit war der antiken Staatsidee endgültig der Todesstoß versetzt. Modifiziert würde das Imperium allerdings im Heiligen Römischen Reich Deutscher Nation fortbestehen. Und seine Herrscher würden sich als legitime Erben und Nachfolger der römischen Caesaren betrachten ...

So vielfältig und unerforschlich die Gründe auch sein mögen, die Roms Untergang verursachten, so kontrovers auch die Theorien, die unzählige Gelehrte hierzu aufstellten und wieder verwarfen, als Fazit aller Überlegungen läßt sich doch sagen, daß eine große Kultur erst dann zerstört werden kann, wenn sie anfällig geworden ist. Und wer wollte ernsthaft bezweifeln, daß Rom mit seiner übersteigerten Zivilisation morsch geworden war? Kostenlose Getreidespenden hatten das Volk geschwächt, auch wenn sie in der Absicht erfolgt waren, den sozialen Frieden zu sichern. Ein übertriebenes Luxusleben hatte die Reichen verweichlicht, ein fauler Friede Stadt und Land aller früheren Tugenden beraubt. Bitter rächten sich schon zur Zeit Marc Aurels die Sünden der Vergangenheit. Aber als man sich aller Mißstände endlich bewußt wurde, gab es keinen Weg mehr zurück.

Trotz allem steht man selbst Roms Niedergang noch mit fassungslosem Staunen gegenüber. Gleich seinem Aufstieg war auch sein Fall kein zeitlich begrenztes Ereignis, sondern ein Prozeß, der sich über Jahrhunderte erstreckte. Und noch im Fall strahlte es den Glanz einstiger Größe aus. Es gab nicht viele Nationen, denen eine vergleichbar lange Lebensdauer beschieden war. Aber es gibt ihrer genügend, die schneller wurden, wuchsen und vergingen, als Rom fiel.

»Bald wirst du alle vergessen haben, und bald werden dich alle vergessen haben ...«

(Selbstbetrachtungen 7, 21)

30. KAPITEL

Der letzte Aufbruch

Noch einmal gab der weise Herrscher den Römern ein Beispiel seiner Menschenfreundlichkeit. 178 n. Chr. verkündete er einen allgemeinen Schuldenerlaß für all diejenigen, die seit dem Jahr 133 n. Chr. ihren Verpflichtungen gegenüber der Staatskasse nicht hatten nachkommen können. Die Finanzen des Reiches hatten sich dank Marc Aurels umsichtiger Haushaltung ein wenig erholt. Wie schon kurz nach Hadrians Regierungsantritt sechzig Jahre zuvor, wurden auch jetzt alle Schuldscheine auf dem Forum öffentlich verbrannt.

Es verwundert etwas, daß sich Marc Aurel zu dieser noblen, längst überfälligen Geste erst herabließ, als sich sein Leben bereits zu Ende neigte, was er sicherlich seit langem ahnte. Wahrscheinlich hatte ihm die wirtschaftliche Lage eine solche Großzügigkeit bisher nicht erlaubt. Vielleicht wollte er die Früchte dieser edlen Tat auch seinem Sohn zukommen lassen, da ihn selbst das Volk ohnehin längst vergötterte. Wir wissen es nicht.

Er hatte aber nicht nur Rom, sondern stets auch andere Städte des Reiches großzügig bedacht, vor allem wenn diese unverschuldet in Not geraten waren. So ist der Vorwurf, den ihm sogar noch die folgende Generation machte, er sei nie besonders freigebig gewesen, nicht recht verständlich. Es blieb ihm angesichts der leeren Staatskasse, die durch die aufreibenden und anhaltenden Kriege erschöpft war, und wegen der geringen Aussicht, Rom würde jemals wieder an die früheren beuteträchtigen Erfolge anknüpfen können, oft nichts anderes übrig, als die vorhandenen Mittel äußerst sparsam einzuteilen. Man erinnere sich: Selbst seinen Truppen hatte er einmal eine geforderte Sonderbelohnung mit den Worten verweigert: »Je mehr die Soldaten über den gewöhnlichen Sold hinaus erhalten, desto mehr muß ihren Eltern und Verwandten abgezapft werden. Die Macht der Kaiser aber liegt nicht in den Soldaten, sondern in der Hand der Götter.«[1]

Steuererhöhungen, die allein derartige Forderungen noch finanzierbar gemacht hätten, lehnte er ab. Aber er war bei aller Sparsamkeit doch weit davon entfernt, geizig zu sein.

Ebenfalls im Jahr 178 n. Chr. wurde beispielsweise Smyrna von einem verheerenden Erdbeben heimgesucht. Wie es Städte in gleicher Lage immer taten, wandte sich auch diese hilfesuchend an den Kaiser. Das von dem berühmten Redner Aelius Aristides abgefaßte Gesuch bewegte Marcus so sehr, daß er darüber bittere Tränen vergoß. Aristides sprach von einer Einöde, über die die Westwinde hinwegstreichen. Er erreichte immerhin, daß der Kaiser seine Einwilligung zum Wiederaufbau gab und sogar einen Prätor nach Kleinasien entsandte, der die Bauarbeiten beaufsichtigen sollte. Das war keineswegs selbstverständlich. Denn man hätte die ohnehin bescheidenen Mittel, über die Rom damals noch verfügte, anderweitig mindestens ebenso nötig gebraucht. Die Gegend war als besonders erdbebengefährdet bekannt. Und sicherlich wäre die Errichtung einer neuen Siedlung an einer anderen Stelle sinnvoller gewesen. Aber die berühmte Griechenstadt galt als eines der Kulturzentren der alten Welt, nahm sie doch, wenn auch zusammen mit sechs anderen Orten, für sich in Anspruch, die Geburtsstätte Homers zu sein.

Im Zusammenhang mit der reichen Gunst, die der Kaiser Smyrna erwies, erwähnt Cassius Dio auch dessen Großzügigkeit gegenüber anderen Städten. Und auch er wundert sich über den Vorwurf mangelnder Freigebigkeit, den einige seiner Zeitgenossen noch immer gegen Marc Aurel erhoben, dessen Tod damals doch schon mehr als dreißig Jahre zurücklag.

Krieg stand wieder an, und Marcus wußte, daß er seinen Aufbruch nun nicht mehr aufschieben konnte. Noch immer plagte ihn das Gewissen ob der Aufständischen aus dem Gefolge des Avidius Cassius, die zusammen mit dem Rebellen ihr Leben verloren hatten. Konnte er wissen, ob er Rom jemals wiedersehen würde? Also bestieg er das Kapitol und schwor feierlich, ihn treffe am Tod dieser Männer keine Schuld. Er hätte sie geschont, wäre er nur rechtzeitig unterrichtet worden. Niemals habe er wissentlich einen Senator hinrichten lassen. »... denn nichts fürchtete und verbat er sich so sehr wie den Ruf der Habsucht, gegen den er sich in vielen Briefen verwahrte«[2], bemerkt hierzu sein antiker Biograph.

Nicht nur der Kaiser selbst sah sein nahes Ende voraus. Auch andere fürchteten, er könnte nicht zurückkehren. »... als er im Begriff stand, zusammen mit seinem Sohn Commodus, den er zum Cäsar gemacht hatte, gegen die Markomannen ins Feld zu ziehen«, berichtet beispielsweise Aurelius Victor, »habe sich eine große Philosophenschar um ihn gedrängt, die ihn beschwor, sich nicht erneut den Gefahren des Krieges auszusetzen, solange er nicht die Schwierigkeiten, in denen sich die philosophischen Schulen befanden, behoben habe.« Aus Begeisterung für die Philosophie fürchtete man nämlich, er könne den Wechselfällen des Schicksals erliegen. »Denn so prächtig blühten die schönen Künste unter seiner Regierung, daß ich darin den Ruhm jener Zeit sehen möchte«[3], schwärmte der Geschichtsschreiber.

Nachdem auch dieser Punkt geklärt war, blieb Marc Aurel nur noch, den Senat um die Bewilligung entsprechender Mittel aus dem Staatsschatz zu bitten. »Was mich betrifft«, meinte er in einer in der Kurie gehaltenen Abschiedsrede,

»so dürfen wir nur wenig unser eigen nennen. Selbst das Haus, das wir bewohnen, gehört euch.«[4] Natürlich war diese Bitte wieder nichts als eine höfliche Geste, denn er hatte jederzeit das Recht, über die Staatsgelder unbeschränkt zu verfügen. Sein fast demütig wirkender Antrag weist einmal mehr darauf hin, wie sehr es ihm noch immer darauf ankam, gegenüber dem einst staatstragenden Organ jeden Anschein der Alleinherrschaft zu vermeiden.

Es fehlte nur noch die offizielle Kriegserklärung. Hierzu bediente sich Marc Aurel eines uralten, pomphaften Zeremoniells. Einst hatte der Konsul Appius Claudius Caecus nach einem Sieg über die Etrusker im Jahre 296 v. Chr. der wilden Kriegsgöttin Bellona einen Tempel erbaut. Sein genauer Standort ist nicht mehr bekannt. Der berühmte Altertumsforscher Filippo Coarelli ist jedoch nach gründlichen Studien zu der Auffassung gelangt, daß dieser auf dem Forum Holiotorum, dem antiken Gemüsemarkt, gestanden haben müsse.[5] In feierlicher Prozession zog Marc Aurel nun zu dem Heiligtum und schleuderte die dort aufbewahrte blutige heilige Lanze in ein kleines Geviert im Tempelbezirk, das symbolisch als Feindesland galt. Er wollte damit keinen neuen Brauch einführen. Es war vielmehr eine Reverenz an Roms Traditionen, den Stolz der Vorfahren, die der Vergessenheit entrissen werden sollten. Octavian, der spätere Augustus, hatte sich einst desselben altrömischen Rituals bedient, bevor er gegen Antonius in den Osten gezogen war.

Nun stand dem Aufbruch nichts mehr im Wege. Am 3. August verließen die beiden »Augusti« die Stadt, begleitet von allen guten Wünschen Roms. Zu ihrem Stab gehörten neben Pompeianus und Bruttius Praesens noch andere Feldherrn des ersten Krieges. Natürlich durfte auch die Garde nicht fehlen. Sie wurde zunächst nur von dem neuen Präfekten Tarutienus Paternus geführt. Später kam ein zweiter Befehlshaber namens Tigidius Perrenis hinzu.

Noch einmal hatte Rom alle hohen militärischen Würdenträger aufgeboten, sollte diese zweite germanische Expedition doch ein voller Erfolg werden und das Reich für alle Zeiten wenigstens dieser Sorge entheben. Auf einen schnellen Sieg war allerdings kaum zu hoffen. Die Jahreszeit war schon zu weit fortgeschritten. Man konnte nach der mühsamen Reise nur noch das Winterquartier beziehen, dessen Standort leider nicht bekannt ist. Aber die Reise während des Spätsommers bot doch den Vorteil, den Winter schon am Krisenherd verbringen, die militärische Lage einschätzen und entsprechende Vorbereitungen treffen zu können. Bei Eröffnung der Feldzugsaison des nächsten Jahres würde man dann gleich an Ort und Stelle sein.

Marcus nutzte die Zeit, um die üblichen Ehrungen vorzunehmen. Eine besondere Auszeichnung wurde erneut dem tapferen M. Valerius Maximianus zuteil, der sich bereits im Feldzug gegen die Parther hervorgetan hat. Nach vielen Jahren treuer Dienste erntete er jetzt den begehrtesten Lohn, den ein römischer Kaiser zu vergeben hatte: Er wurde in den Senatorenstand aufgenommen. Damit demonstrierte Marc Aurel erneut, wie wenig ihn im Grunde Geburt und Herkunft beeindruckten, wieviel er dafür von Verdienst und Tüchtigkeit hielt. Und »weniger denn je brauchte nach einem seiner Erlasse der römische Senator in Italiens Boden verwurzelt zu sein«[6].

Leider ist auch die Überlieferung der Ereignisse dieses letzten von Marc Aurel geführten Krieges äußerst spärlich. Wieder hielten sich zunächst offenbar Erfolge und Rückschläge die Waage, appellierten Münzen an die Treue des Heeres, erzählten von Marcus' Glück, das von den Göttern kam, rühmten die »virtus« des Kaisers und feierten Roms Siege.

Man hatte dem neuen Prätorianerpräfekten Tarutienus Paternus den Oberbefehl in der Feldzugsaison des Jahres 179 n. Chr. übertragen. Und es stellte sich heraus, daß er dieser Aufgabe durchaus gewachsen war. Es gelang ihm nämlich, einen der Feinde zu stellen und in einer einzigen Schlacht zu schlagen. Es wird in den alten Quellen jedoch ausdrücklich erwähnt, daß diese einen ganzen Tag lang dauerte. Das zeigt wohl am besten, wie schwierig es dem vom Erfolg vieler Jahrhunderte verwöhnten Rom mittlerweile fiel, die Oberhand zu behalten. Leider sind auch hier die Angaben sehr dürftig, und wir können nur vermuten, daß es sich bei diesem Feind wieder um die Quaden gehandelt hat. Es muß für Rom jedoch ein entscheidender Sieg gewesen sein, denn Marcus nahm die zehnte, sein Sohn die dritte Akklamation entgegen.

Auch auf diplomatischer Ebene ließ man nichts unversucht. Die an der Theiß siedelnden Sarmaten und die Buren schickten Gesandte. Wahrscheinlich befürchteten sie, Marcus könne sich mit den Quaden verständigen »und ihnen selbst damit Feinde an den Grenzen hinterlassen«[7]. Sie beklagten sich über zu harte Bedingungen, die ihnen ein Vertrag im Jahre 175 n. Chr. auferlegt hatte, und erreichten tatsächlich eine Lockerung zahlreicher Beschränkungen. Doch wurden sie keineswegs frei. Auch weiterhin blieb es ihnen untersagt, Versammlungen und Märkte abzuhalten, durften sie keine eigenen Schiffe einsetzen, war es ihnen streng verboten, auf den Donauinseln zu landen. Und für jede Durchreise durch reichsrömisches Gebiet mußten sie zuvor die Zustimmung des Statthalters von Dakien einholen.

Auch die Markomannen und die Quaden beklagten sich bitter. Auf ihrem Gebiet waren je zwanzigtausend römische Soldaten stationiert, die, wie es scheint, die Bewohner nicht nur pflichtgemäß bewachten, sondern auch belästigten. So fühlten sich diese sogar beim Bestellen ihrer Felder und beim Weiden ihrer Herden bedrückt und begannen bald, Not zu leiden. Die Römer hingegen, meinten sie, hätten alles im Überfluß: Bäder und alle lebensnotwendigen Güter. Dies sei für zahlreiche Germanen sehr verlockend. Tatsächlich liefen damals ganze Scharen von Barbaren über, und den Römern gelang es auch, viele ihrer eigenen Kriegsgefangenen zu befreien.

Besonders die Not der Quaden wurde so groß, daß sie sich entschlossen, mit ihrem ganzen Volk nach Norden ins Gebiet der Semnonen an der mittleren Elbe auszuwandern. Die

Semnonen waren ein ihnen verwandter Stamm ebenfalls suebischer Herkunft, und sie hofften, bei ihren Landsleuten eine neue Heimat zu finden. Aber Marcus bekam Wind von ihren Plänen »und vereitelte sie, indem er die Straßen sperren ließ. Damit bewies er, daß es ihm nicht um den Besitz ihres Landes, sondern um die Bestrafung der Bewohner zu tun war«[8], urteilt Cassius Dio.

Dies ist eine sonderbare Bemerkung, die in krassem Widerspruch zur Überlieferung der Historia Augusta steht, die davon spricht, Marcus habe diese Gebiete dem Imperium einverleiben und ihre Bewohner romanisieren wollen. Sie hat deshalb auch in Gelehrtenkreisen reichliche Verwirrung gestiftet. Erst neuerdings ist man zu der Auffassung gelangt, der griechische Historiker habe sich bei seiner Darstellung entweder geirrt oder doch von der Propaganda seiner Zeit zu sehr einnehmen lassen. Denn Marc Aurel war stets bestrebt, wenigstens den Anschein eines »gerechten« Krieges zu wahren und nicht mit fremden Schicksalen zu spielen. Eine reine Strafexpedition, die Cassius Dio vermutet, war sicherlich nicht nach seinem Geschmack. Was hätte ihm, der alles von Rom, von der Weltmitte aus sah, auch ein neuer Teil der Welt genutzt, der aller Menschen entblößt war? Wollte er doch die Bewohner des ganzen Erdkreises jenen geheiligten Ordnungen unterworfen sehen, denen er selbst unterstand. Neues Land brauchte Rom kaum mehr. Im Gegenteil! Fehlten doch schon für das, das so reichlich vorhanden war, Menschen, es mit Leben zu füllen. Bereitwillig nahm man deshalb auch die Naristen, einen kleinen Nachbarstamm der Quaden und Markomannen, auf, als sie um Siedlungsgebiet innerhalb der Reichsgrenzen nachsuchten.

Rom war in der Besetzung des fremden, feindlichen Landes erstaunlich weit vorgerückt und tief in das Innere der heutigen Tschechoslowakei eingedrungen. Eine Abteilung der Legio II Adiutrix, die im niederpannonischen Aquincum (Budapest) stationiert war, hinterließ auf dem Felsen der Burg Trenčín eine Inschrift – das nördlichste Dokument dieser Art, das aus dem Markomannenkrieg erhalten ist. Dieses Zeugnis nennt M. Valerius Maximianus als Kommandanten der Legion, die wahrscheinlich dort, einhundertzwanzig Kilometer nördlich der Donaugrenze, den Winter 179/80 verbrachte.

Nun hatte Rom das Heft wieder fest in der Hand. »Mit der Zermalmung des letzten Widerstands freiheitsliebender Völker waren die Aktionen des großen Krieges beendet. Aus der Offensive gegen das in Not befindliche Italien war in zwölfjährigem Ringen, immer stärkerer Gegenoffensive jetzt der Grund zur Herrschaft Roms über das Land der vernichteten Völker gelegt ...«[9]

Eine Kleinigkeit wäre es noch gewesen, jene Landstriche jenseits der Donau dem Reich einzuverleiben, sie zu Provinzen zu machen. Das italische Mutterland hätte mit ihrer Okkupierung einen zusätzlichen Schutz erhalten, die gefährliche Nordgrenze wäre verkürzt und entschärft worden. Nicht mehr die verhältnismäßig leicht zu überquerende Donau hätte die germanischen Feinde vom römischen Staatsgebiet getrennt, sondern ein ungleich schwieriger zu überwindendes Hindernis: das Gebirgsmassiv an der Nordgrenze der heutigen Tschechoslowakei. Mit der Verwirklichung des Planes, dieses Ausgleichsgebiet zwischen Norden und Süden zu romanisieren, und mit dem ferneren Ziel, eines Tages alle Gebiete bis hinauf zur Ostsee der mittelmeerischen Stadtkultur zu erschließen, hätte Marcus Vollender der Politik einiger seiner berühmtesten Vorgänger werden können: Cäsars, Augustus' und nicht zuletzt Trajans. Ein einziges Jahr hätte er vielleicht noch gebraucht, wenigstens das Erreichte für Rom dauerhaft zu sichern. Aber die Vorsehung erwies sich ihm und dem Reich nicht so gnädig. Der Sohn war aufgerufen, das Werk des Vaters fortzuführen und zu vollenden ...

Der Winter war noch nicht einmal vorüber, die Feldzugsaison noch gar nicht eröffnet, als Marcus bereits daran dachte, die endgültige Unterwerfung der aufsässigen Germanen voranzutreiben und Rom jenen neuen Teil der Welt zu erschließen. Aber seine jahrelang überstrapazierte Gesundheit spielte nicht mehr mit.

Schon seine römischen Mitbürger hatten immer die Stärke des asketisch schmächtigen Mannes geschätzt und die zielstrebige Kraft bewundert, die dem stets gebrechlichen und doch so erstaunlich zähen Körper innewohnte. Aber auch dieser Leib war endlich an die Grenzen seiner Duldungsfähigkeit gelangt. Längst war der kaum neunundfünfzigjährige Greis nicht mehr von dieser Welt: ein Schatten nur noch seiner selbst, ein irrender, sinnierender Geist, der in den Sphären der Ideen schwebte und sich in die Geheimnisse der Schöpfung verlor.

Er erkannte, daß sein Zustand bedenklich war, und ließ Commodus zu sich kommen. Er bat ihn inständig, die Fortführung und Beendigung dieses Krieges doch ja nicht geringzuachten und Augustus' Traum von einem römischen Vorstoß bis an die Elbe zu erfüllen. Aber Marc Aurels Sohn war in erster Linie auf die eigene Gesundheit bedacht. Denn wieder war die Pest aufgelodert, und Commodus wollte so schnell wie möglich nach Hause zurückkehren. »Ein gesunder Mann kann einiges zu Ende führen, wenn auch nur Schritt für Schritt. Ein Toter aber vermag gar nichts mehr«[10], hielt er angeblich seinem todkranken Vater vor. Dieser hatte Verständnis für den Wunsch des Jungen, bat ihn aber dennoch, mit der Abreise noch ein paar Tage zu warten. Dann verweigerte er jede Nahrungsaufnahme, um sein Ende zu beschleunigen ...

»Mancher fürchtet sich vor der Verwandlung. Was aber kann ohne Verwandlung werden? ... alles ist von der Natur ... zur Veränderung und zum Untergang bestimmt, damit anderes an seine Stelle rücke ... Durchlebe diesen Augenblick von Zeit der Natur gemäß, dann scheide heiter von hinnen gleich der gereiften Olive: Sie fällt ab, die Erde preisend und voll Dank gegen den Baum, der sie hervorgebracht hat ...«[11]

Sechs Tage zog sich das Sterben des Philosophen hin. Trauer hatte sich unter seinen Soldaten ausgebreitet. Da ließ Marc Aurel seine Freunde rufen, tadelte und tröstete sie zugleich: »Was beweint ihr mich, statt vielmehr an die Pest und das Massensterben zu denken? ... Wenn ihr mir nun den

Abschied gebt, so sage ich euch Lebewohl, der ich euch vorausgehe ...« Sie wollten wissen, wem er seinen Sohn empfehle: »Euch, so er es verdient, und den unsterblichen Göttern.« Und dem Tribunen, der ihn nach dem Losungswort fragte, antwortete er: »Wende dich zur aufgehenden Sonne! Denn ich bin bereits im Sinken.«[12]

Am siebten Tag ließ er noch einmal seinen Sohn vor. Aber er schickte ihn gleich wieder fort, um ihn vor Ansteckung zu bewahren. Wünschte er diesem Sohn, dessen Entwicklung er angeblich voraussah, tatsächlich den Tod, damit er nicht dereinst mit Nero, Caligula oder Domitian in einem Atemzug genannt würde, wie der antike Biograph behauptet? Wir wissen es nicht. Die Geschichte der Verzweiflung über den mißratenen Nachfolger wird in ähnlicher Version von Philipp und Alexander, von Augustus und Tiberius erzählt.

»O Mensch, du bist in dieser großen Stadt Bürger gewesen, was liegt daran, ob fünf oder dreißig Jahre? ... Aber ich habe nicht fünf Akte gespielt, sondern erst drei.

Wohl gesprochen; doch im Leben sind drei Akte schon ein ganzes Stück. Denn den Schluß bestimmt derjenige, der einst das Gesamtspiel einrichtete und es heute beendet; weder das eine noch das andere hängt von dir ab. So scheide denn freundlich von hier; auch er, der dich entläßt, ist freundlich.«[13]

Als der Sohn gegangen war, verhüllte Marc Aurel sein Haupt, als wolle er schlafen. Und in der Nacht hauchte er seine große Seele aus. Die christliche Welt schrieb den 17. März des Jahres 180 nach ihres Herrn Geburt. In Rom feierte das Heidentum letzte Triumphe. Es war das Fest der Liberalia, an dem zahllose Jünglinge die Männertoga anlegten. In zwei Tagen nur hätte im Norden die neue Feldzugsaison begonnen ...

Woran ist Roms weisester Kaiser gestorben? Auch hier tappen wir völlig im dunkeln. An der Pest, behaupten die einen. Marcus selbst habe ja noch auf dem Sterbebett von der Seuche gesprochen und seinen Sohn weggeschickt, um ihn nicht anzustecken. Und auch Commodus habe sich um seine Gesundheit gesorgt. Andere hingegen folgen Cassius Dio, der sich auf »sichere Quellen« beruft: An Marcus' Tod seien vor allem die Ärzte schuld gewesen, die, um dem Nachfolger zu gefallen, den Tod beschleunigt hätten. Marcus habe das zumindest geahnt und auch gewußt, daß Commodus ein Gutteil der Schuld an seinem Tod treffe. Keinesfalls, weiß Dio, sei Marcus an der Krankheit gestorben, an der er schon zeitlebens gelitten hätte. Er spielte damit auf ein Magen- und nicht näher bestimmbares Brustleiden an, von dem er bereits früher gesprochen hatte.

Die neuere Forschung führt den Tod auf eine Vergiftung zurück, die durch den jahrelangen Mißbrauch von Medikamenten und Rauschgift hervorgerufen worden sei, behauptet bisweilen auch, der Kaiser sei an Magengeschwüren oder an Krebs gestorben. Allen Thesen vorzuziehen ist aber sicherlich die, daß der von Natur aus ohnehin schwächliche Mann bloßer Erschöpfung erlag, die durch die langen und aufreibenden Feldzüge und die Bürde eines Amtes, das die Kraft eines einzigen Menschen überstieg, verursacht worden war. In etwas mehr als einem Monat wäre Marcus neunundfünfzig Jahre alt geworden. Er hatte damit für antike Vorstellungen ein durchaus annehmbares Alter erreicht. Wir dürfen nicht vergessen, daß sich die allgemeine Lebenserwartung zu damaliger Zeit in bescheidenen Grenzen hielt. Aussicht, wirklich alt zu werden, hatte eigentlich nur der, der von lebensgefährlichen Krankheiten verschont blieb und Muße hatte, Körper und Seele ständig zu pflegen. Beides war bei diesem römischen Kaiser sicherlich nicht der Fall. Richtig ist allerdings, daß um das Jahr 180 n. Chr. die Pest erneut auftrat und eine Unzahl von Todesopfern forderte. Und ebenso ist gesichert, daß der Philosoph auf dem Kaiserthron zeitlebens ein kranker Mann war, »ein Seelchen nur, von einem Leichnam belastet«[14], wie er selbst Epiktet in seinen Selbstbetrachtungen zitierte.

Die Wahrheit über die Todesursache werden wir nie mehr erfahren. Es ist bislang wissenschaftlich nicht einmal gesichert, wo der Kaiser starb. Denn auch der Todesort wird von den antiken Autoren unterschiedlich angegeben. Vindobona,

Sirmium oder ganz allgemein Pannonien stehen zur Wahl. Während der »expeditio Germanica secunda« hatte der kaiserliche Stab wahrscheinlich kein festes Hauptquartier, sondern hielt sich gerade da auf, wo seine Anwesenheit am dringlichsten erschien. Ein Großteil der Wissenschaft folgt mittlerweile Aurelius Victor, der Vindobona als Sterbeort nennt. Wenn er auch später als andere Kaiserbiographen schrieb, so gilt er doch als Kenner der pannonischen Geographie und damit als zuverlässigste Quelle.

Der Kaiser ist tot, es lebe der Kaiser! Marc Aurel hatte selbst dafür gesorgt, daß die Regierung nahtlos auf Commodus übergehen konnte. Niemand versuchte, sich diesem kaiserlichen Wunsch zu widersetzen. Was also bliebe noch zu berichten?

Daß auch dieser Sohn nach alter Sitte den Leichnam des Vaters verbrannte, daß er selbst die Leichenrede hielt, wie es die »pietas« jedem Römer gebot? Noch ehe Marc Aurels sterbliche Überreste nach Rom zurückgekehrt waren, hatte das Volk schon begonnen, ihn als Heiligen zu verehren, als Gott, der geruht hatte, für eine Weile auf Erden zu sein. Es wäre nicht einmal mehr nötig gewesen, ihn zu verklären, war doch ohnehin »jedermann davon durchdrungen, daß er zu den Göttern, die ihn der Welt nur geliehen hatten, zurückgekehrt sei. So haben ihn ... noch vor der Beisetzung Senat und Volk, was nie zuvor und nie wieder geschah, nicht in getrennten Versammlungen, sondern in gemeinsamer Aktion zu ihrem Schutzgott erklärt ...«[15]

Marc Aurels Asche wurde im kaiserlichen Grabmal am Tiber, das dereinst als »Engelsburg« zum Symbol der Christenheit werden sollte, neben der seines Großvaters Hadrian und seines Vaters Antoninus Pius beigesetzt. Und jeder, der es sich seiner Stellung nach leisten konnte, erachtete es sich als Ehre, sein Bild in seinem Hause aufzustellen. Wer es unterließ, lief Gefahr, als gottlos gebrandmarkt zu werden. Auf diese Weise waren noch Generationen nach Marc Aurels Tod Statuetten des frommen Herrschers in vielen Häusern auf den Altären der Hausgötter zu finden.

Bald liefen auch Legenden über ihn im Reich um. Viele behaupteten, er sei ihnen im Traum erschienen und habe die Zukunft treffend vorausgesagt. Man errichtete ihm einen Tempel, bestellte Antoninuspriester und eine Brüderschaft. Überhaupt versäumte man keine Ehre, die nach altem Herkommen einem Vergöttlichten zustand. Das »Glück der Zeiten« hatte man ihn häufig genannt. Und dieses Glück lebte in der Erinnerung fort. Marc Aurels Ruhm steigerte sich in dem Maße, wie das Glück Roms verfiel. Selbst Historiker viel späterer Epochen beeilten sich, ihn als einzigartigen Menschen zu preisen, als einen, der im Leben wie im Sterben den Göttern nahestand. Nur eines warf man ihm immer wieder vor: seinen Sohn Commodus, den er der Welt als Nachfolger hinterlassen hatte.

Noch auf dem Sterbebett hatte er ihn beschworen, die Fortsetzung des Krieges nicht zu versäumen, sondern Augustus' Traum von einem Rom, das bis an die Elbe reiche, zu verwirklichen.

Commodus aber zog es vor, Frieden zu schließen. Doch machte man es sich gewiß zu einfach, würde man diesen Frieden nur als faul und Roms unwürdig betrachten. Er läßt sich schwerlich nur durch die persönlichen Eigenschaften des Nachfolgers erklären. Noch kurze Zeit nach Marc Aurels Tod wurde an der Donau heftig gekämpft. Aber auf beiden Seiten zeichnete sich die Erschöpfung schon ab. Rom hatte im Laufe jahrelanger Schlachten unvorstellbare Opfer an Menschen und Material gebracht. Und der junge Kaiser sehnte sich verständlicherweise nach einem Ende.

Die Römer räumten daher das besetzte Gebiet außer einer schmalen Zone entlang der Donau. Die Barbaren lieferten Gefangene und Überläufer aus. Sie mußten einen Teil ihrer Waffen abgeben, ihre Truppenstärke reduzieren und dulden, daß Rom fortan ihre Versammlungen kontrollierte.

Damit war freilich nur ein Waffenstillstand geschlossen, das Germanenproblem keineswegs bereinigt. Daß auch künftig barbarische Stämme die Reichsgrenze in feindlicher Absicht überschreiten würden, war abzusehen. Wahrscheinlich ist es auch schon ein paar Jahre später, noch während der

Regierungszeit des Commodus erneut zu Barbareneinfällen gekommen.

Nahezu übereinstimmend wird von der Geschichtswissenschaft Commodus' Friedensschluß als übereilt und für Rom unvorteilhaft bewertet. Aber man darf ebenso bezweifeln, daß Marc Aurels Bemühungen, selbst wenn sie erfolgreich verlaufen wären, Bestand gehabt hätten.

Die sogenannten Markomannenkriege hatten nämlich allen Reichsfeinden gezeigt, daß die Weltmacht durchaus verletzlich und nicht so unbezwingbar war, wie es ein zäher Ruf glauben machen wollte. In den dreißiger Jahren des dritten Jahrhunderts trat dann Roms politische Krise offen zutage. Immer dreister störten barbarische Stämme den römischen Frieden und verheerten römisches Gebiet. So bilden diese Kriege »nicht nur einen Markstein in der Geschichte der Donauprovinzen, sondern in der Geschichte des römischen Imperiums überhaupt«[16]. Sie stehen am Beginn der großen Völkerwanderung, die die Machtstrukturen Europas grundlegend verändern und den noch heute weigehend geltenden politischen Verhältnissen der abendländischen Welt den Boden bereiten sollte.

31. KAPITEL

Der Nachruhm sei Vergessenheit?

Als im Jahr 1734 der große französische Staatstheoretiker Montesquieu seine Betrachtungen über Größe und Niedergang Roms anstellte, bemerkte er zu Marc Aurel: »Nichts kann die Erinnerung an den ersten Antoninus auslöschen als Marcus Aurelius, den er adoptierte. Man verspürt ein geheimes Vergnügen, wenn man von diesem Kaiser spricht. Man kann sein Leben nicht ohne eine gewisse Rührung lesen, und die Wirkung, die es hervorruft, ist so, daß man eine bessere Meinung von sich selbst gewinnt, weil man eine bessere Meinung von den Menschen erhält.«[1]

Dies ist zweifellos eines der bemerkenswertesten Zeugnisse, die dem antiken Weisen je ausgestellt wurden. Und es ist um so erstaunlicher, als der strenge Denker sich nicht unter humanistischen Aspekten mit den Autoren des Altertums auseinandersetzte, sondern kritisch die Gesetzmäßigkeit politischer und damit historischer Prozesse hinterfragte. Nicht nur für ihn waren der Aufstieg und Fall Roms das größte historische Phänomen, das sich an der Menschheitsgeschichte Interessierten bietet.

Überwiegend positiv klingt das Urteil, das Zeitgenossen und Nachgeborene über Marc Aurel fällten. Historiker, die in überholten militaristisch-imperialistischen Kategorien denken – so etwa Theodor Mommsen –, wagen allerdings zu behaupten, dieser Kaiser sei weder ein tüchtiger Soldat noch überhaupt eine bedeutende Persönlichkeit gewesen. Von ihrem Standpunkt aus mögen sie vielleicht da recht haben, wo sie ihm besondere militärische Fähigkeiten absprechen. Es bleibt zweifelhaft, ob seinen kriegerischen Unternehmungen ohne die Erfahrung seiner Generalität der gleiche Erfolg beschieden gewesen wäre. Denn ein Römer im eigentlichen und tradierten Sinn war Marc Aurel sicherlich nicht. Seine pazifistische Grundeinstellung vertrug sich schlecht mit den Idealen eines Volkes, das in der Eroberung und Unterwerfung des Erdkreises noch immer einen göttlichen Auftrag sah. Feldherr wurde er nur wider Willen und nur deshalb, weil es die Not der Zeit gebot. Aus freien Stücken hätte Marc Aurel wohl niemals zu den Waffen gegriffen. Gleich seinem Großvater Hadrian, war imperialistische Großmachtpolitik kein Thema für ihn. Keiner wäre glücklicher gewesen als er, hätte die Nachwelt dereinst auch seine Epoche als eine rühmen können, in der Kriege beinahe mit Schweigen übergangen werden konnten.

Nicht allein die fehlende militärische Begabung und Begeisterung, mehr noch der Hang zu Büchern und das leidenschaftliche Bekenntnis zur Philosophie ließen ihn vor allem Zeitgenossen eher unrömisch erscheinen und riefen manchen Kritiker auf den Plan. Besonders Roms kriegserfahrene Generäle begegneten den Neigungen ihres Oberbefehlshabers mit Unverständnis und Mißtrauen oder trieben mit ihnen gar ihren Spott. Kaum hätte ein Avidius Cassius sich zu empören gewagt, hätten ihn nicht Marc Aurels ganz unkaiserliche Eigenschaften dazu ermutigt, wäre er nicht davon überzeugt gewesen, die altrömischen Tugenden und Ideale in seiner Person viel stärker zu vereinen als jener Tagträumer, der fern von Rom inmitten des Schlachtengetümmels Zwiesprache mit seiner Seele hielt.

Und schließlich war es der von Jugend an sieche Körper, der den althergebrachten Vorstellungen vom gesunden Römertum widersprach. Über Jahrhunderte hatte der Römer stolz eine unbesiegbare Kraft symbolisiert, die seinen Waffen stets ruhmreich vorausgeeilt war und seine Feinde gelähmt hatte. Marcus' schmächtiger, von zahlreichen Krankheiten geschwächter und von jahrzehntelangem Medikamenten- und Rauschmittelmißbrauch gezeichneter Leib war kaum geeignet, Roms Gegner das Fürchten zu lehren. Man darf auch bezweifeln, daß der Kaiser selbst jemals die Waffen führte. Der altersschwache Greis, der uns auf seinem Standbild so scheinbar triumphierend entgegenreitet, wirkt bei näherer Betrachtung müde und gleicht keineswegs einem strahlenden Sieger. Er versinnbildlicht eher Erschöpfung und Dekadenz seiner Zeit.

Wir haben keine Anhaltspunkte dafür zu vermuten, daß Marc Aurel glücklich war, als er starb. Aber es mangelte ihm nicht an Zufriedenheit. Und sie ist es auch, die uns aus zahlreichen Stellen seiner »Selbstbetrachtungen« entgegenweht, bisweilen aber einen melancholischen Ton anschlägt und in Resignation umzustimmen droht. Nach seinen eigenen Worten fehlt einem selbst auf dem Sterbebett das vollkommene Glück. Schatten trüben jede Freude. Denn immer müsse man sich vor Augen halten, daß unter den Zurückbleibenden einige seien, die diesen Tod willkommen hießen. War der Sterbende »auch ein trefflicher und weiser Mann, so findet sich doch am Ende noch jemand, der zu sich selbst sagt: Nun werden wir doch, von diesem Zuchtmeister erlöst, endlich wieder frei atmen können. Zwar hat er sich gegen keinen von uns streng gezeigt, aber ich hatte doch immer das Gefühl, als verdamme er stillschweigend uns alle ...«[2]

Marc Aurel wußte, daß er Kritiker hatte. Und er nahm diese Tatsache als Grund, der Welt um so leichter Lebewohl zu sagen. Er war sich auch durchaus bewußt, daß er ob seiner philosophischen Beschäftigung getadelt, gelegentlich sogar verspottet wurde. Anläßlich seines letzten Aufenthalts in Rom soll er seinem antiken Biographen zufolge stets Platons Worte im Munde geführt haben, »wonach die Staaten blühen, wenn entweder die Philosophen herrschen oder die Herrscher Philosophen seien«.[3] Es klingt fast, als habe er damit seine unablässige Beschäftigung mit dem Stoizismus zu rechtfertigen gesucht.

Man könnte nicht nur in seinem Verhalten, sondern auch in seinen Äußerungen und Gedanken, die sich vielfach in den Selbstbetrachtungen widerspiegeln, ein Gutteil Überheblichkeit erblicken. Marc Aurel wußte am besten, wie leicht er zum Pharisäertum neigte. Eine wache Selbstkritik bewahrte ihn aber davor, tatsächlich abzugleiten.

Es mag angebracht erscheinen, ihm ein überragendes militärisches Talent abzusprechen. Und man könnte sogar jenen Kritikern entgegenkommen, die da behaupten, er habe den Forderungen seiner Zeit, soweit sie die außenpolitische Sicherheit des Imperiums betrafen, nicht immer genügt. Mit seinem Tode setzte nach nahezu einhelliger Meinung der Geschichtswissenschaft der Verfall der alten Welt ein, wenn auch die Geschichte des Altertums noch lange nicht abgeschlossen war. Aber Marc Aurel bemühte sich immer nach Kräften, seine Pflicht zu erfüllen. Doch weniger als bei jedem seiner Vorgänger bestätigte sich bei ihm das geflügelte Wort vom Glück des Tüchtigen, denn er mußte fast während seiner gesamten Regierungszeit mit zahlreichen Widerwärtigkeiten kämpfen. »Ich für mein Teil«, urteilt Cassius Dio, »... habe an ihm vor allem dies bewundert, daß er inmitten außergewöhnlicher und ungeheurer Schwierigkeiten selbst durchhielt und auch das Reich noch glücklich durchbrachte.«[4] In der beständigen eisern stoischen Pflichterfüllung, allen Hindernissen zum Trotz, in dem hohen Verantwortungsbewußtsein gegenüber seinem Amt und seinen Mitmenschen, liegt nicht zuletzt seine historische Bedeutung.

Glücklicherweise verstummen die mitunter hochnäsigen Argumente jener, die besserwisserisch nur tadeln wollen, vor der Masse derer, die in ihm den nahezu vollkommenen Herrscher erblicken. Nicht nur das Volk ehrte sein Andenken. Auch viele seiner unmittelbaren und entfernteren Nachfolger bemühten sich, die Erinnerung an ihn wachzuhalten.

Commodus, der bislang einzig purpurgeborene Kaiser, zehrte, mindestens in den Anfangsjahren seiner zwölfjährigen Herrschaft, von dem Nimbus, der selbst den toten Vater noch umgab. Nutzen konnte ihm der Klang des vergöttlichten väterlichen Namens allerdings nichts mehr, als seinen Standesgenossen die Augen aufgegangen waren. Commodus hatte allzuviel von dem, was der Vater mühsam genug erworben hatte, leichtfertig wieder verspielt. Er starb am Haß seiner eigenen Klasse, deren Verschwörung er zum Opfer fiel. Helvius Pertinax und Didius Iulianus, die den Kaiserproß auf dem Thron beerbten, erinnerten schon durch sich selbst an die glücklicheren Tage der Regierung Marc Aurels, gehörten sie doch zu seinen bewährtesten Offizieren. Ihre eigene Herrschaft währte aber nur kurz. Und als Septimius Severus, der finstere Afrikaner, Didius Iulianus ablöste, war es schon notwendig geworden, diesem Regiment einen »Anstrich von Rechtmäßigkeit und Kontinuität zu verleihen«[5]. Er sah sich nicht nur selbst als »Sohn des vergöttlichten Marcus«, sondern nannte auch seinen Sohn Marcus Aurelius Antoninus.

Am auffälligsten aber von allen antiken Kaisern trat Julian Apostata für Marc Aurel ein. Er, der die altrömischen Verhältnisse wiederherstellen und die alten Götter zu neuem Leben erwecken wollte, sah in dem weisesten seiner Vorgänger das Herrscherideal schlechthin. Nur einen einzigen Vorwurf konnte er ihm nicht ersparen: daß er einen Menschen wie Commodus, auch wenn er vielleicht sein Sohn war, zum Nachfolger erkoren hatte. Aber dieser Tadel wiegt dennoch nicht so schwer, als daß ihm nicht die Götter bei ihrem Wettstreit, wem von allen Herrschern das höchste Lob gebühre, ihre Stimme geben könnten.

Bis heute ist Marc Aurel nie wieder den Ruf losgeworden, ein Christenverfolger zu sein. Daß unter ihm die bis dahin blutigsten Verfolgungen stattfanden, kreiden ihm allerdings die frühen Kirchenhistoriker nicht weiter an. An vielen Stellen von Marc Aurels »Selbstbetrachtungen« hat man Übereinstimmungen mit der christlichen Lehre gefunden, die auch der Aufmerksamkeit der ersten Christen nicht entgingen. So war beispielsweise der Kirchenvater Augustinus davon überzeugt, daß das Leben Marc Aurels die Nachahmung aller Christen verdiene, eine Ansicht, die auch spätere Kirchengelehrte eifrig vertraten. Dies ist um so erstaunlicher, als sich der heidnische Kaiser mit dem Christentum nie näher befaßte und ihm die Vorstellungen dieser »neuen Sekte«, für die man die Christen auch in seiner Zeit noch hielt, gänzlich unbekannt waren.

Sic transit gloria mundi. Bei Marc Aurel hat sich dieser Spruch am wenigsten bewahrheitet. Sein Stern ist bis heute nicht verglüht. Das Mittelalter mochte seiner vielleicht weniger gedenken. Die Renaissance aber verschaffte ihm neue Ehren. Und keine geringeren als Montesquieu und Friedrich der Große gehörten zu seinen vorbehaltlosen Bewunderern.

»Marc Aurel war von Hadrian unter dem Gesichtspunkt auserwählt worden, den gebildetsten Mann zum Kaiser zu machen. Er war mehr als das. Er war der reifste Denker, der ... solideste Gelehrte seiner Zeit, der Mann des reinen sittlichen Pflichtgefühls, ein Philosoph nicht nur aus Liebhaberei, ein Gegner von Blutvergießen ...«[6] Diese Würdigung eines neuzeitlichen Historikers mag stellvertretend dafür stehen, was man heute im allgemeinen über Marc Aurel denkt.

Ton eis heauton – erkenne dich selbst! Immer wieder wurde im Verlauf der vorliegenden Lebensbeschreibung von Marc Aurels »Selbstbetrachtungen« gesprochen, jener eigentümlichen Art von Biographie, die nicht das Leben in seiner äußeren Form beschreibt, sondern die Empfindungen einer großen, fühlenden Seele offenbart. Dieses kleine Werk vor allem machte den Weisen auf dem Kaiserthron unvergessen bis auf den heutigen Tag. Es ist tatsächlich kaum möglich, die Lebensgeschichte Marc Aurels und seine Beziehungen zu einem der bedeutendsten Abschnitte der Menschheitsgeschichte zu vollenden, ohne näher auf die privaten Aufzeichnungen einzugehen, die das Andenken des Philosophen über nahezu zwei Jahrtausende sicherten. Nicht im Traum hätte Marc Aurel daran gedacht, daß er sich gerade mit diesem aphoristischen Selbstbekenntnis ein bleibendes Denkmal setzte, in dem er die Vergänglichkeit des Ruhms so heftig beklagte.

Zwölf Bücher umfaßt jenes »fünfte Evangelium« (Durant), das der Kaiser in den letzten zehn Jahren seines Lebens schrieb. Doch vermag niemand zu sagen, ob es sich dabei um Marcus' eigene Einteilung handelt. Der häufig abrupte Themenwechsel, die mitunter zusammenhanglos erscheinende Form und die zahlreichen Wiederholungen lassen eher auf eine willkürliche Zusammenstellung einzelner Gedankengänge durch die späteren Herausgeber schließen. Auch ist die zeitliche Reihenfolge der Abfassung bestimmter Gedanken ungewiß. Vieles spricht aber dafür, daß das erste Buch zuletzt geschrieben wurde. Denn es gleicht einer Danksagung für alle Wohltaten, die er während seines Lebens empfangen hat, und einer Verabschiedung von allen Menschen, die ihm auf Erden teuer gewesen sind.

Die Wissenschaft rätselt auch, ob Marc Aurel diese Aphorismen und kleinen Essays nur für sich niederschrieb, als »Akt der Selbstverantwortung« (Mellein) gewissermaßen, der einzigartig blieb in der Herrschergeschichte der abendländischen Welt. Waren sie in gleicher Weise als – freilich erfolglose – Mahnung an den Sohn gerichtet oder gar für eine breite Öffentlichkeit bestimmt? Marc Aurels Sprache war das Griechische, dessen sich damals alle Gebildeten und Vornehmen bedienten.

Wir wissen nicht, welche Absicht der Kaiser mit seinem Werk verfolgte. Und es wäre müßig, darüber zu spekulieren. Es ist nicht einmal bekannt, auf welche Weise und wann es an die Öffentlichkeit gelangte. Hatte es Marc Aurel selbst noch kurz vor seinem Tod einem Sekretär anvertraut? Entdeckte man es erst unter seinen Nachlaßpapieren? Spätestens im vierten Jahrhundert muß es aber allgemein bekannt gewesen sein, denn damals wiesen einige Autoren in ihren Schriften auf die »Belehrungen« des Philosophen hin. Trotz aller Zweifel und Ungewißheit wird man davon ausgehen können, daß Marc Aurel seine Gedanken in erster Linie für sich selbst festhielt. Die zwölf Bücher sind in einer schwierigen, ständig von Krieg, Pest und Tod bedrohten Situation entstanden und enthalten doch kaum ein Wort von den vielfachen Widerwärtigkeiten, die allenthalben auf ihren Verfasser einstürmten. An einer einzigen Stelle wird der Sarmatenkrieg erwähnt, sehr zum Leidwesen jener Historiker, die sich mit der Geschichte der Nordkriege und ihrer spärlichen Quellenlage herumschlagen. Nur wer auch zwischen den Zeilen zu lesen vermag, wird bald erkennen, daß dieses Werk ohne die extreme Situation, in der es entstanden ist, nie geschrieben worden wäre, daß diese überhaupt erst die Bedingung zu seiner Entstehung war oder doch dafür, daß es in dieser Form entstehen konnte. »Der ständige Gedanke an den Tod, die Unwiederbringlichkeit der Vergangenheit und die allgemeine Hinfälligkeit des Daseins wird stellenweise penetrant und verleiht den Aphorismen im ganzen einen eher melancholischen, schmerzlich bewegten Ton.«[7] Panta rhei – alles ist im Fluß. Nichts hat Bestand. »Alles geht in einem Tage dahin, sowohl der Rühmende als der Gerühmte. Die Zeit ist ein Fluß, ein ungestümer Strom, der alles fortreißt. Jegliches Ding, nachdem es kaum zum Vorschein gekommen ist, ist auch schon wieder fortgerissen ... Alles vergeht und wird bald zum Märchen und sinkt in völlige Vergessenheit ...«[8]

Es sind keine originären Gedanken und Empfindungen, die Marc Aurel in seinen Selbstbetrachtungen wiedergibt. Das Bild vom Fluß der Zeit etwa hatte lange vor ihm Heraklit geprägt, und auch andere Eindrücke finden sich bei früheren Philosophen zuhauf. Marcus erhob auch keinen Anspruch auf Originalität. Er ließ sich gern von bedeutenden Vordenkern inspirieren und stand dabei den Vertretern der älteren Stoa viel näher als beispielsweise Seneca. »Stärker als Epiktet ist er von kühnen Gedanken des Poseidonios angeregt, die den Menschen aus seiner Vereinzelung herausreißen ...«[9] Über den Körper, die Niederungen des Fleisches, hob er das Göttliche im Menschen empor. Über der so oft beschworenen Seele schwebte für ihn der alles beherrschende, alles verachtende Geist ...

Sein Denken mochte sich hierin dem Neuplatonismus nähern, der gerade eine wachsende Zahl von Anhängern fand. Aber Marc Aurel sah nirgends eine Lösung. Denn er wollte von der individuellen Unsterblichkeit nichts wissen und glaubte auch nicht an eine »eschatologische Aussicht der Welt« (W. Theiler).

Und immer wieder Gedanken, die den Tod umkreisen, das Ende aller Dinge, das jede Schranke fällt. Sehnsucht zu sterben, zehrend, verzehrend. Unbändige Neugier auf das letzte »Geheimnis der Allnatur«. Doch dann wieder bange Furcht vor dem Ungewissen: Was kommt danach? Die Christen, deren Verfolgung Marc Aurel aus politischen Gründen geschehen lassen mußte, hatten ihm wenigstens den Glauben an das ewige Leben voraus. Was aber hatte er? Warum lassen die Götter nur zu, daß auch gute Menschen so völlig ausgelöscht werden? Er hadert, er zweifelt. Angst lähmt ihn bisweilen vor dem unwiederruflichen Vergessenwerden und der Flüchtigkeit des Ruhms, den er, der Freund der Weisheit, doch eigentlich verachten müßte. Und plötzlich wieder leise Hoffnung auf Ruhe, stille Einkehr, Rückzug von den Schlachtfeldern des Lebens. Am Ende doch noch Erlösung, die alle Sorgen und Nöte überwindet. Wer immer in den Selbstbetrachtungen aufmerksam liest, läuft leicht Gefahr, selbst melancholisch zu werden. Über weite Strecken wird alles in den düstersten Farben geschildert. Und dennoch oder gerade deshalb gewinnt man den Eindruck, daß Marc Aurel den Dingen auf den Grund sah. Nur ein gereifter Mensch, der lange und gründlich über das Leben und seine Probleme nachgedacht hat, ist zu solchen Einsichten fähig.

Marc Aurel hatte diesen Reifungsprozeß schon früh beendet. »Laß die Bücher, die Zerstreuung: es fehlt dir die Zeit. Betrachte dich als einen, der im Begriff ist zu sterben. Bedenke folgendes: du bist ein alter Mann.«[10] Der dies schrieb, hatte gerade die Lebensmitte überschritten. Kann man sagen, er sei ein verbitterter Mensch gewesen? Wohl kaum. Das erste Buch, das als einziges eine geschlossene Einheit aufweist, »zählt in der dem Autor eigenen stichworthaft-aphoristischen Art die Eigentümlichkeiten seiner Lebensanschauungen auf und nennt jeweils die Vorbilder, denen er sie verdankt. In dieser direkten Spiegelung seines Charakters tritt am deutlichsten hervor, daß das, was man für Verdüsterung und Pessimismus halten könnte, in Wirklichkeit nichts anderes als Illusionslosigkeit ist«[11]. Marc Aurels Ermahnungen an sich selbst sind das Bekenntnis eines Mannes, der sein eigenes Ich überwunden, der gelernt hat, bescheiden, ernst, wahrhaftig und demütig zu sein. Und gerade diese Eigenschaften sind es, die ihn, den einst mächtigsten Mann der Welt, immer wieder als Ideal des Fürsten erscheinen ließen.

Mit Hadrian und Antoninus Pius gehörte Marc Aurel zu den absolutesten der absoluten Herrscher. Das Schicksal hatte ihm eine unendliche Machtfülle in die Hand gegeben. Er hat diese Macht mit ihrer oft korrumpierenden Wirkung aber niemals mißbraucht. So ist aus ihrem uneingeschränkten Besitz kein Caesarenwahn geworden. Auch darin liegt ein Gutteil seiner historischen Größe.

Bei allem Kokettieren mit dem Tod erstaunt die Hartnäckigkeit, mit der Marc Aurel durchaus irdische Ziele verfolgte. Und sie ist um so verwunderlicher, als ihm die Möglichkeit zur Erlangung dieser Ziele aufgedrängt worden war. Von sich aus hätte er weder Macht noch Einfluß erstrebt. Ein Denker war er ja schon gewesen, noch ehe ihn ein verhängnisvolles Geschick gezwungen hatte, die friedlichen Beschäftigungen einzuschränken, die seiner zarten Gesundheit und seiner empfindsamen Seele am ehesten entsprachen, die Liebe und die Philosophie, um sich der gewaltsamen Sicherung des Reiches zu widmen. Möglicherweise ahnte er, wie vergeblich sein Bemühen war. Wahrscheinlich wäre Rom auch nicht gerettet worden, hätte er in seinem Sohn einen würdigeren Nachfolger, einen eifrigeren Vollstrecker seines Willens gefunden. Die Zeitumstände waren nicht mehr danach.

Daß Rom untergehen würde, hatten andere längst vorhergesehen. Seneca hatte schon hundert Jahre zuvor das Schreckgespenst der »krafterfüllten germanischen Leiber« entworfen und die römischen Tugenden beschworen. Und auch Tacitus hatte erkannt, wer die eigentlichen Feinde Roms waren: »Nicht die Samniten, nicht die Karthager, nicht die Gallier, nicht die Spanier, ja nicht einmal die Parther haben uns so oft herausgefordert wie die Germanen. Gefährlicher noch als alle Macht der Arsakiden ist dieses Volk mit seinem Freiheitswillen.«[12] Es hatte Männer gegeben, die vergeblich die verdorbenen Sitten angeprangert hatten. Freilich war zu Marc Aurels Zeit der Rausch von Roms jüngeren Tagen in dieser Hinsicht verflogen. Hunger, Pest, Krieg und Tod tragen am zuverlässigsten zur Ernüchterung bei. Doch hat auch des Kaisers eigenes Betragen hier sicherlich erziehend gewirkt.

Den Lauf der Geschichte aufhalten konnte er natürlich nicht. Wer aber wollte bezweifeln, daß Rom ohne ihn noch schneller gesunken wäre? Mit letzter Kraft hat er sich gegen den Verfall aufgebäumt und seinen Zeitgenossen noch einmal ein Gefühl von Sicherheit und Geborgenheit gegeben, wenn dieses auch nicht mehr von Dauer sein konnte.

Und das war zweifellos sein größtes Verdienst.

Anmerkungen

Literaturangaben mit Kurztiteln der verwendeten Bücher. Soweit allgemeine Lexika (etwa RE = Paulys Realencyclopädie der classischen Altertumswissenschaft) benutzt oder zitiert wurden, wurde auf die Angabe verzichtet.

Folgende antike Quellen wurden berücksichtigt:
Historia Augusta: Iulius Capitolinus, Vulcacius Gallicanus und Aelius Lampridius in der Übersetzung von Ernst Hohl, Artemis Verlag Zürich–München;
Cassius Dio, Römische Geschichte, aus Zweitliteratur; Zitate weitgehend entnommen A. Birley, Marc Aurel, Verlag C. H. Beck, München 1968
Ammianus Marcellinus, Römische Geschichte, aus Zweitliteratur
Cicero M. Tullius, De civitate
Eusebius, Märtyrerakten
Eutropius
Hieronymus, Sophronius Eusebius
Juvenalis, Decimus Iunius
Lukian
Marcus Aurelius Imperator Augustus: Ton eis heauton (Selbstbetrachtungen) in der Übersetzung von Albert Wittstock, Verlag Philipp Reclam jun., Stuttgart 1979
Martialis, Marcus Valerius
Orosius, Paulus
Pausanias, Beschreibung Griechenlands, München 1979
Plinius d. J., Gaius Plinius Caecilius Secundus, Epistulae
Philostratus, Flavius, Leben der Sophisten
Seneca, Lucius Annaeus, De brevitate vitae
Suetonius Tranquillus, Leben der Cäsaren, München 1972
Tacitus, Publius Cornelius, Annalen, Stuttgart–Essen
Victor, Aurelius, Caesares

Einleitung

1 Marc Aurel, Selbstbetrachtungen, Vorwort S. 8
2 Selbstbetr., 9,29

1. Kapitel

[1] Michael Rostovtzeff, Geschichte der Alten Welt, Rom, Verlag Schibli-Doppler, Rom–Birsfelden–Basel, S. 326
[2] Wilhelm Ziehr, Morgenröte des Abendlandes, Dt. Bücherbund, Stuttgart–Hamburg–München 1981, S. 41
[3] Eutropius, VIII, 4
[4] Edward Gibbon, Verfall und Untergang des Römischen Reiches, Greno-Verlag, Nördlingen 1987, S. 76
[5] Richard Klein, Einleitung zu Marc Aurel, Wissenschaftliche Buchgesellschaft Darmstadt 1979, S. 2
[6] Theodor Birt, Römische Charakterköpfe, Verlag Quelle und Meyer, Leipzig 1913, S. 314
[7] Cassius Dio, Buch LXVII, 1
[8] Alexander Stützer, Das antike Rom, Du Mont Buchverlag, Köln 1979, S. 55 ff.
[9] Tacitus, Annalen II, 7
[10] Rostovtzeff, a. a. O., S. 320
[11] Michael Grant, Roms Cäsaren, Dt. Taschenbuchverlag München 1983, S. 307
[12] Grant, a. a. O., S. 308
[13] Suetonius Tranquillus, Leben der Cäsaren, dtv-Bibliothek, München 1972, Domitian, Kap. 23

2. Kapitel

[1] Rostovtzeff, a. a. O., S. 318
[2] Grant, a. a. O., S. 33
[3] Grant, a. a. O., S. 310 ff.
[4] Vita Antonini Pii, 9,10
[5] Selbstbetr., 3,5
[6] Heinz Kähler, Hadrian und seine Villa bei Tivoli, Verlag Gebr. Mann, Berlin, S. 144
[7] Ferdinand Gregorovius, Geschichte des römischen Kaisers Hadrian und seiner Zeit, Verlag J. H. Bon, Königsberg 1851, S. 82
[8] Vita Antonini Pii, 4,8
[9] Will und Ariel Durant, Kulturgeschichte der Menschheit, Ullstein Verlag, Berlin, Bd. 4, S. 458

3. Kapitel

[1] Theodor Birt, a. a. O., S. 314
[2] Vita Marci, 1,5

[3] Cassius Dio, LXIX, 21,1
[4] Cassius Dio, LXXI, 35, 2–3
[5] Vita Antonini Pii, 1,4
[6] Anthony Birley, Marc Aurel, Kaiser und Philosoph, Verlag C. H. Beck, München 1968, S. 46
[7] Durant, a. a. O., S. 465
[8] Tacitus, Gespräch über die Redner, 28/29
[9] Selbstbetr., 1,3
[10] Selbstbetr., 1,2
[11] Selbstbetr., 1,17
[12] Vita Marci, 4,3

4. Kapitel

[1] Durant, a. a. O., S. 457
[2] Ute Schall, Hadrian – Ein Kaiser für den Frieden, Grabert-Verlag Tübingen 1986, S. 62 mit weiteren Nachweisen
[3] Selbstbetr., 1,6
[4] Birley, a. a. O., S. 61
[5] Birt, a. a. O., S. 319
[6] Vita Marci, 4,3
[7] Selbstbetr., 1,7
[8] Selbstbetr., 1,7
[9] Vita Marci, 4,10
[10] Selbstbetr., 1,17
[11] Vita Marci, 4,6
[12] Vita Marci, 4,10

5. Kapitel

[1] Wilhelm Weber, Rom, Herrschertum und Reich im zweiten Jahrhundert, Verlag W. Kohlhammer, Stuttgart–Berlin 1937, S. 284
[2] Weber, a. a. O., S. 285
[3] Jerome Carcopino, Rom, Leben und Kultur in der Kaiserzeit, Verlag Philipp Reclam jun., Stuttgart 1986, S. 288 ff.
[4] Cassius Dio LIX, 20 aus Birley, a. a. O., S. 75 ff.
[5] Vita Marci, 5,4; 5,3
[6] Selbstbetr., 1,17

6. Kapitel

[1] Ernest Renan, Marc Aurèle et la fin du monde antique, Paris 1895, S. 2
[2] Vita Antonini Pii, 4,8
[3] Vita Antonini Pii, 7,11
[4] Vita Antonini Pii, 2,11
[5] Vita Antonini Pii, 2,11; 13,1
[6] Vita Antonini Pii, 2,2
[7] Selbstbetr., 1,17
[8] Werner Raith, Das verlassene Imperium, Verlag Klaus Wagenbach, Berlin, S. 109
[9] Selbstbetr., 1,17

7. Kapitel

[1] Cassius Dio, LXIX, 2,5
[2] Fronto ad Marcum Caesarum, in: Haines, C. R., The Correspondence of Marcus Cornelius Fronto, I, London–Cambridge 1919, S. 108 ff.
[3] Rostovtzeff, a. a. O., S. 325
[4] Vita Marci, 6,1
[5] Selbstbetr., 5,16
[6] Selbstbetr., 1,17
[7] Selbstbetr., 8,9
[8] Selbstbetr., 1,17
[9] Selbstbetr., 12,23
[10] Selbstbetr., 12,23
[11] Vita Antonini Pii, 6,11
[12] Haines I, 140

8. Kapitel

[1] Vita Marci, 9,10
[2] Alexander Stützer, a. a. O., S. 87
[3] dies und die folgenden Zitate aus Birley, a. a. O., S. 139 ff.
[4] Vita Marci, 11,4
[5] Birley, a. a. O., S. 146
[6] Birley, a. a. O., S. 149
[7] Birley, a. a. O., S. 151
[8] Birley, a. a. O., S. 154

9. Kapitel

[1] Franz Baumgarten, Die hellenistisch-römische Kultur, Verlag B. G. Teubner, Leipzig–Berlin 1913, S. 611
[2] Baumgarten, a. a. O., S. 611
[3] Baumgarten, a. a. O., S. 611
[4] Durant, a. a. O., S. 475
[5] Fronto ad Ant. Imp. 1,2,5 = Haines II, 38: dies und die folgenden Zitate aus Birley, a. a. O., mit leichten Änderungen
[6,7] Fronto ad M. C., 3,12, Haines I, 12 ff.
[8] Fronto ad M. C., 4,3, Haines I, 2 ff.
[9] Fronto ad M. C., 4,3, Haines I, 2 ff.
[10] Fronto ad M. C., 3,12, Haines I, 12 ff.
[11] Fronto ad M. C., 3,10, Haines I, 50
[12] G. Boissier, La Jeunesse de Marc Aurele, Revue des deux Mondes, 1868, S. 674
[13] Richard Mellein, Marc Aurel in Exempla historica, Fischer Taschenbuch, Frankfurt 1985, S. 138

10. Kapitel

[1] Klein, a. a. O., S. 4
[2] Durant, a. a. O., S. 454
[3] Vita Antonini Pii, 7,1
[4] Vita Antonini Pii, 7,5
[5] Durant, a. a. O., S. 456
[6] Stewart Perowne, Hadrian, Verlag C. H. Beck, München 1977, S. 59 ff. mit weiteren Nachweisen
[7] Haines I, 184 ff.
[8] Vita Veri, 2,9
[9] Selbstbetr., 1,17
[10] Nack-Wägner, Das römische Weltreich, Verlag Carl Ueberreuter, Wien, S. 101
[11] Selbstbetr., 1,17
[12] Vita Marci, 6,7

11. Kapitel

[1] Selbstbetr., 10,34
[2] Fronto ad M. C., 5,55, Haines I, 240 ff.
[3] Fronto ad Ant. Pium, Haines I, 236
[4] Vita Antonini Pii, 10,5

[5] Pausanias, Buch VII, 20,6
[6] Cassius Dio, LXX, 3,3
[7] Vita Antonini Pii, 12,4
[8] Vita Antonini Pii, 13,4
[9] Selbstbetr., 6,30

12. Kapitel

[1] Selbstbetr., 6.30
[2] Albert Wittstock in Marc Aurel, Selbstbetrachtungen, Philipp Reclam jun., Stuttgart 1979, S. 3
[3] Selbstbetr., 8,23
[4] Selbstbetr., 4,10
[5] Selbstbetr., 10,4
[6] Stützer, a. a. O., S. 285
[7] Julius Wolf, Die römische Kaiserzeit, Herder-Verlag, Freiburg 1932, S. 137
[8] Ludwig Friedländer, Sittengeschichte Roms, Verlag von S. Hirzel, Leipzig 1890, S. 671
[9] Friedländer, a. a. O., S. 671
[10] Fronto ad M. C. 43, Haines I, 2 ff.
[11] Weber, a. a. O., S. 291

13. Kapitel

[1] Nack-Wägner, a. a. O., S. 45
[2] Durant, a. a. O., S. 458
[3] Vita Marci 15,5
[4] Nack-Wägner, a. a. O., S. 107
[5] Vita Marci, 7,10
[6] Weber, a. a. O., S. 84
[7] Vita Marci, 8,1
[8] Fronto ad Antoninum Imperatorem 4,2, Haines I, 302 ff.
[9] Vita Marci, 19, 2–5
[10] Selbstbetr., 6,12

14. Kapitel

[1] Appian, Hist. Rom., 7
[2] Durant, a. a. O., S. 460
[3] Durant, a. a. O., S. 463

[4] Weber, a. a. O., S. 298
[5] Birley, a. a. O., S. 268
[6] Vita Marci, 8,9
[7] Vita Veri, 5,8
[8] Vita Veri, 7,19
[9] John Morris, Die Datierung der Marc-Aurel-Säule, 1952, in: Marc Aurel, hrsg. von Richard Klein, a. a. O., S. 80
[10] Pierre Lambrechts, Kaiser Marcus und die Thronfolge, 1938, in: Marc Aurel, hrsg. von Richard Klein, a. a. O., S. 37

15. Kapitel

[1] Fronto ad amicos, 1,6, Haines II, 190 ff.
[2] Fronto ad Verum Imperatorem, 2,4, Haines II, 236
[3] Fronto ad Verum Imperatorem, 2,4 Haines II, 232 ff.
[4] Fronto, de nepote amisso, 1,2,4, Haines II, 220 ff.
[5] Selbstbetr., 1,11
[6] Birley, a. a. O., S. 266
[7] Weber, a. a. O., S. 304
[8] Nack-Wägner, a. a. O., S. 192
[9] Birley, a. a. O., S. 268

16. Kapitel

[1] Vita Marci, 20,2
[2] P. Noyen, Marc Aurel, der größte Praktiker der Stoa, 1955, in: Marc Aurel, hrsg. von Richard Klein, a. a. O., S. 105
[3] Cicero, De officiis, I, 17,54
[4] Digesten XXIII, 2,57 a
[5] Vita Marci, 9,7
[6] Weber, a. a. O., S. 346
[7] Carcopino, a. a. O., S. 120
[8] Vita Marci, 10,10
[9] cod. Just., 6,27,2, dig. 40,5,3; 4,2,13
[10] Vita Marci, 22,34
[11] Noyen, a. a. O., S. 111
[12] G. R. Stanton in Marc Aurel, Kaiser und Philosoph, in: Marc Aurel, hrsg. von Richard Klein, a. a. O., S. 361
[13] Vita Marci, 10,18
[14] Weber, a. a. O., S. 343
[15] Birley, a. a. O., S. 252 mit weiteren Nachweisen

17. Kapitel

[1] Weber, a. a. O., S. 343
[2] Vita Marci, 10,1
[3] Vita Marci, 10,1 10,8
[4] Weber, a. a. O., S. 343
[5] Plinius d. J., Ep. 6,19
[6] Weber, a. a. O., S. 341
[7] Vita Marci, 12,5
[8] Selbstbetr., 1,5
[9] Carcopino, a. a. O., S. 303
[10] Cassius Dio, LXXI, 29, 3–4
[11] Vita Marci, 12,12
[12] Selbstbetr., 9,29 nach Übersetzung in Durant, a. a. O.
[13] Vita Marci, 12,2
[14] Reinhard Raffalt, Große Kaiser Roms, Serie Piper, München–Zürich 1986, S. 192
[15] Durant, a. a. O., S. 478
[16] Selbstbetr., 7.70
[17] Fronto ad Antoninum Imperatorem, 1,2,2, Haines II, 35
[18] Durant, a. a. O., S. 459
[19] Carcopino, a. a. O., S. 121
[20] Plinius d. J., Ep., IV, 2,3
[21] Martial, III, 10
[22] Selbstbetr., 9,29

18. Kapitel

[1] Durant, a. a. O., S. 461
[2] James F. Gilliam, Die Pest unter Marc Aurel, 1961, in: Marc Aurel, hrsg. von Richard Klein, a. a. O., S. 160
[3] Durant, a. a. O., S. 460
[4] Vita Marci, 13,4
[5] Lukian, Alexander 36
[6] Vita Marci, 13,6
[7] Vita Marci, 13,2
[8] Vita Marci, Bemerkungen, S. 401
[9] Selbstbetr., 9,2
[10] Vita Marci, 28,4
[11] Lectures of the History of Rome III,2, London 1849, S. 251
[12] Gilliam, a. a. O., S. 160
[13] Ammian, 223,6; 24
[14] Orosius, 7,15,5; 27,7
[15] Gilliam, a. a. O., S. 158

19. Kapitel

[1] Tacitus, Germania 37
[2] Friedrich Behn, Römertum und Völkerwanderung, in: Große Kulturen der Frühzeit, Phaidon-Verlag Stuttgart, S. 48
[3] Behn, a. a. O., S. 49
[4] Vita Marci, 12,13
[5] Birley, S. 269
[6] Weber, S. 306
[7] Vita Marci, 14,2
[8] Vita Marci, 14,6

20. Kapitel

[1] Vita Veri, 9,1
[2] Vita Veri, 11,2
[3] Josef Keil, Kaiser Marcus und die Thronfolge, 1938, in: Marc Aurel, hrsg. von Richard Klein, a. a. O., S. 39
[4] Pierre Lambrechts in Marc Aurel, hrsg. von Richard Klein, a. a. O., S. 25
[5] Vita Ant. Diad., 7,4
[6] Justin I, apol. praef.
[7] Lambrechts, a. a. O., S. 40
[8] Gregorovius, a. a. O.
[9] Lambrechts, a. a. O., S. 41
[10] Selbstbetr., 1,17
[11] Fronto ad Verum Imp., 2,5;2,8, Birley, a. a. O., S. 265

21. Kapitel

[1] Ernst Kornemann, Römische Geschichte. Die Kaiserzeit, Alfred-Kröner-Verlag, Stuttgart, 1939, S. 309
[2] Vita Marci, 21,5
[3] Vita Marci, 17,4

22. Kapitel

[1] Vita Marci, 2,1
[2] Selbstbetr., 8,1
[3] Selbstbetr., 4,3
[4] Selbstbetr., 2,17

[5] Selbstbetr., 4,48
[6] Selbstbetr., 4,41
[7] Selbstbetr., 6,28
[8] Selbstbetr., 9,3
[9] Selbstbetr., 6,31
[10] Thomas W. Africa, Marc Aurels Opiumsucht, 1961, in: Marc Aurel, hrsg. von Richard Klein, a. a. O., S. 135
[11] Cassius Dio, LXXI 6,4

23. Kapitel

[1] Birley, a. a. O., S. 428
[2] Vita Marci, 22,1
[3] Pavel Oliva, Zur Bedeutung der Markomannen-Kriege, 1960, in: Marc Aurel, hrsg. von Richard Klein, a. a. O., S. 119
[4] Vita Marci, 24,5; 27,5
[5] Weber, a. a. O., S. 315
[6] Dio Cassius, LXXI, 2,3; 14,2
[7] Vita Marci, 22,7
[8] Vita Marci, 22,8
[9] Dio Cassius, LXXI 11, 1–5
[10] Pavel Oliva, a. a. O., S. 123
[11] Birley, S. 313

24. Kapitel

[1] Durant, a. a. O., S. 89
[2] Rostovtzeff, a. a. O., S. 173
[3] Schall, a. a. O., S. 340
[4] Weber, a. a. O., S. 337
[5] Perowne, a. a. O., S. 173
[6] Weber, a. a. O., S. 337
[7] Tertullian, Apol. 40,2
[8] Selbstbetr., 8,52
[9] Weber, a. a. O., S. 338
[10] Selbstbetr., 1,7
[11] Eusebius, Hist. eccl. 4,16
[12] Paul Keresztes, Das Christenmassaker von Lugdunum im Jahre 177, 1967, in: Marc Aurel, hrsg. von Richard Klein, a. a. O., S. 261
[13] Paul Keresztes, War Marc Aurel ein Christenverfolger?, 1968, in: Marc Aurel, hrsg. von Richard Klein, a. a. O., S. 255
[14] Keresztes, ebenda, S. 299

[15] Keresztes, ebenda, S. 300
[16] Birley, a. a. O., S. 366
[17] Vita Marci, 24,4
[18] Stanton, a. a. O., S. 352
[19] Cassius Dio, LXXI, 8–10
[20] Gabor Barta, Legende und Wirklichkeit, Das Regenwunder des Marcus Aurelius, 1968, in: Marc Aurel, hrsg. von Richard Klein, a. a. O., S. 348

25. Kapitel

[1] Birley, a. a. O., S. 427
[2] Selbstbetr., 10,10
[3] Weber, a. a. O., S. 324
[4] Gottfried Härtel, Wirtschaftliche und soziale Veränderungen in der Zeit von Marc Aurel bis Septimius Severus, 1965, in: Marc Aurel, hrsg. von Richard Klein, a. a. O., S. 208
[5] Propyläen Weltgeschichte, Bd. 4, Rom, Die römische Welt, hrsg. von Golo Mann und Alfred Heuß, S. 408
[6] S. Fischer-Fabian, Die ersten Deutschen, Dt. Bücherbund, Stuttgart 1975, S. 369
[7] Durant, a. a. O., Bd. 5, S. 230 ff.
[8] Vita Marci, 23,4
[9] Philostrat, Lebensbeschreibung der Sophisten 2,11
[10] Vita Marci, 26,8
[11] Selbstbetr., 6,13
[12] Cassius Dio, LXXI, 343 ff.
[13] Dacre Balsdon, Die Frau in der römischen Antike, Dt. Taschenbuchverlag München 1989, S. 163
[14] Balsdon, a. a. O., S. 114
[15] Selbstbetr., 2,4
[16] Vita Commodi, 2,2

26. Kapitel

[1] Vita Marci, 24,5
[2] Weber, a. a. O., S. 325
[3] Vita Cass., 7,1
[4] Cassius Dio, LXXI 22,3–23,2
[5] Birley, a. a. O., S. 341
[6] dies und alle folgenden Zitate aus Vita Cass., 1,7
[7] 3,4

[8] 1,7
[9] 2,2
[10] 4,7
[11] 12,7
[12] 11,6
[13] 8,2
[14] 8,6
[15] Horaz, Oden 1,17,13

27. Kapitel

[1] Weber, a. a. O., S. 328
[2] Philostrat, Leben der Sophisten, 2,1,12
[3] Vita Marci, 27,3
[4] Weber, a. a. O., S. 327
[5] Vita Marci, 27,9
[6] Selbstbetr., 2,4
[7] Birley, a. a. O., S. 356
[8] Vita Marci, 27,7

28. Kapitel

[1] Ulrich Kahrstedt, Geschichte des griechisch-römischen Altertums, Münchner Verlag, München 1948, S. 486
[2] Durant, a. a. O., Bd. 4, S. 481
[3] Julius Wolf, Die römische Kaiserzeit, Herder Verlagsbuchhandlung, Freiburg 1932, S. 133
[4] Rostovtzeff, a. a. O., S. 326
[5] Carcopino, a. a. O., S. 267
[6] Cassius Dio, LXXII, 21
[7] Vita Commodi, 1,10
[8] Gibbon, a. a. O., S. 81/82
[9] Vita Commodi, 2,6
[10] Keil, a. a. O., S. 58
[11] Raffalt, a. a. O., S. 191

29. Kapitel

[1] Keil, a. a. O., S. 58
[2] Cicero, De civitate I, 39
[3] Otto Seeck, Die Ausrottung der Besten, 1895, in: Der Untergang

des Römischen Reiches, hrsg. von Karl Christ, Wissenschaftliche Buchgesellschaft, Darmstadt 1970, S. 57
[4] Raith, a. a. O., S. 134
[5] Selbstbetr., 4,3
[6] Raith, a. a. O., S. 10
[7] Raith, a. a. O., S. 56
[8] Seneca, De brevitate vitae, VII, 7–9
[9] Durant, a. a. O., Bd. 4, S. 482
[10] A. M. H. Jones, Der Niedergang und Fall des Römischen Reiches, 1955, in: Der Untergang des Römischen Reiches, hrsg. von Karl Christ, a. a. O., S. 331
[11] Montesquieu, Größe und Niedergang Roms, Fischer Taschenbuchverlag, Frankfurt 1980, S. 102
[12] Durant, a. a. O., S. 482
[13] Arnoldo Momigliano, Das Christentum und der Niedergang des Römischen Reiches, 1963, in: Der Untergang des Römischen Reiches, a. a. O., S. 410
[14] Seeck, a. a. O., S. 42
[15] Juvenal, 6. Satire
[16] Knaurs Sittengeschichte der Welt, Von Rom bis zum Rokoko, Zürich 1968, S. 80
[17] Knaurs Sittengeschichte, a. a. O., S. 80
[18] Cyprian an Demetrianus, in: Durant, Bd. 5, a. a. O., S. 230
[19] Raith, a. a. O., S. 15 mit weiteren Nachweisen

30. Kapitel

[1] Cassius Dio, LXIX, 5
[2] Vita Marci, 29,4
[3] Aurelius Victor, de Caes., 16,9–10
[4] Cassius Dio, LXXI, 2–3
[5] Tempel der Bellona: hierzu Stützer, Das antike Rom, S. 138 mit Hinweis auf Filippo Coarelli, Il tempio di Bellona, S. 37–72
[6] Weber, a. a. O., S. 335
[7] Cassius Dio, LXXI, 18,19
[8] Cassius Dio, LXXI, 20,21
[9] Weber, a. a. O., S. 329
[10] epit. de Caes., 16,17
[11] Selbstbetr., 7,18; 12,21; 4,48
[12] Vita Marci, 28
[13] Selbstbetr., 12,36
[14] Selbstbetr., 4,41
[15] Vita Marci, 18,2,3
[16] Pavel Oliva, a. a. O., S. 130

31. Kapitel

1 Montesquieu, a. a. O., S. 102; Theodor Mommsen, Das Weltreich der Cäsaren, Köln 1955, S. 209
2 Selbstbetr., 10,36
3 Vita Marci, 27,7
4 Cassius Dio, LXXI, 36,3
5 Birley, a. a. O., S. 405
6 Kahrstedt, a. a. O., S. 483 ff.
7 Mellein, a. a. O., S. 159 ff
8 Selbstbetr., 4,35; 4,43; 4,33
9 Mellein, a. a. O., S. 161
10 Selbstbetr., 12,36
11 Kindlers Literatur Lexikon 3020
12 Germania 37

PIERRE HADOT
DIE INNERE BURG
1997/98

Das julisch-claudische Kaiserhaus

Cäsar, Gaius Iulius	* 100 v. Chr. in Rom (Subura), ermordet an den Iden des März 44 v. Chr. in Rom, römischer Diktator
Augustus, Gaius Octavius	* 63 v. Chr. in Rom (Palatin), † 14 n. Chr., Enkel von Cäsars Schwester Julia
Tiberius, Claudius Nero	* 42 v. Chr. in Rom (Palatin), † 37 n. Chr., es wird behauptet, Tiberius sei von seinem Nachfolger Gaius (Caligula) ermordet worden (Sueton, Tiberius, 73), Stief- und Adoptivsohn des Augustus, Sohn von dessen Gattin Livia
Caligula, Gaius	* 12 n. Chr. wahrscheinlich in Antium, Süditalien, Großneffe des Tiberius, ermordet 41 n. Chr. von der Prätorianergarde
Claudius, Tiberius Nero Germanicus	* 10 v. Chr. in Lugdunum (Lyon), Onkel des Caligula, † 54 n. Chr., wahrscheinlich von seiner Frau Agrippina vergiftet
Nero, Lucius Domitius Ahenobarbus	* 37 n. Chr. in Antium, Süditalien, Adoptivsohn des Claudius, wurde 68 n. Chr. zum Selbstmord gezwungen, mit ihm starb das julisch-claudische Kaiserhaus aus

Das »unrühmliche« Dreikaiserjahr 69 n. Chr.

Galba, Servius Sulpicius	* um 3 v. Chr., am 15. Jan. 69 von seinem Nachfolger Otho gestürzt und ermordet
Otho, Marcus Salvius	* 32 n. Chr., nahm sich am 16.4.69 das Leben
Vitellius, Aulus	* 15 n. Chr., im September 69 ermordet

Die flavischen Herrscher

Vespasian(us), Titus Flavius	* 9 n. Chr. in Reate, Mittelitalien, † 79 n. Chr., offensichtlich eines natürlichen Todes, römischer Offizier
Titus, Flavius Vespasianus	* 39 n. Chr., Sohn Vespasians, † 81 n. Chr., Todesursache unbekannt, es wird jedoch Ermordung durch seinen Bruder und Nachfolger Domitian vermutet
Domitian(us), Titus Flavius	* 51 n. Chr. in Rom, Sohn Vespasians, Bruder des Titus, fiel 96 n. Chr. einer Palastverschwörung, der auch seine Frau Domitia angehörte, zum Opfer
Nerva, Marcus Cocceius	* 30 n. Chr., römischer Senator, Freund Kaiser Neros, † 98 n. Chr.

Die Adoptivkaiser

Traian(us), Marcus Ulpius	* 53 n. Chr. in Italica, Südspanien, römischer Senator, Adoptivsohn Kaiser Nervas, »Optimus Princeps«, † 117 n. Chr. in Kilikien, unter ihm hatte das Imperium Romanum seine größte Ausdehnung
Hadrian(us), Publius Aelius	* 76 n. Chr. in Italica, Südspanien, entfernter Verwandter Trajans, von diesem wahrscheinlich adoptiert und zum Nachfolger im Prinzipat bestimmt, † 138 n. Chr. in Baiae am Golf von Neapel
Antoninus Pius, Titus Aurelius Fulvus Boionius	* 86 n. Chr. in Lanuvium, Adoptivsohn Kaiser Hadrians, † 160 n. Chr. in Rom

Marc(us) Aurel(ius) Annius Verus Antoninus	* 121 n. Chr. in Rom, Adoptivsohn des Kaisers Antoninus Pius, »Adoptivenkel« Kaiser Hadrians, der »Philosoph auf dem Caesarenthron«, † 180 n. Chr. wahrscheinlich in Vindobona (Wien), mit ihm endet die Reihe der sog. Adoptivkaiser, s. eigene Zeittafel
Verus, Lucius Aelius Aurelius Commodus	* 130 n. Chr. in Rom, auf Hadrians Wunsch von Antoninus Pius adoptiert, Mitregent Marc Aurels † 169 n. Chr. in Altinum, s. a. Zeittafel Marc Aurels
Commodus Antoninus	* 161 n. Chr., 192 n. Chr. vom Athleten Narcissus erwürgt, natürlicher Sohn Marc Aurels, der mit der Bestimmung der Nachfolge seines Sohnes vom bewährten Adoptionsprinzip abwich

Zeittafel zur Biographie Marc Aurels

26.4.121	Marcus Annius Verus wird in Rom geboren
127	Kaiser Hadrian nimmt Marcus Annius Verus in den Ritterstand auf
129	Marcus wird in das Priesterkollegium der Salier aufgenommen
15.12.130	Lucius Ceionius Commodus, der spätere Mitregent Lucius Verus, wird in Rom geboren
134/35	Antoninus (später Pius) ist Prokonsul von Asien; Mündigerklärung Marc Aurels
25.2.138	Kaiser Hadrian adoptiert Antoninus (Pius) mit der Auflage, daß dieser Marcus Annius Verus und Lucius Ceionius Commodus an Sohnes Statt annimmt
10.7.138	Tod Kaiser Hadrians in Baiae am Golf von Neapel; Antoninus besteigt den Thron der Caesaren
Ende 138	Marcus wird mit Antoninus' Tochter Faustina verlobt
139	Antoninus Pius nimmt den Titel »Pater patriae« an
140	Marcus' erstes Konsulat
zwischen Dez. 140 und Juli 141	Tod Kaiserin Faustinas
145	Marcus heiratet Antoninus' Tochter Faustina; zweites Konsulat
154	Lucius Verus wird Konsul
7.3.161	Tod des Kaisers Antoninus Pius Marc Aurel ernennt seinen Adoptivbruder zum Mitregenten

31.8.161	Geburt von Commodus
162	Lucius Verus wird in den Partherkrieg entsandt
163–166	Partherkrieg; Lucius Verus im Osten
166	Marc Aurel nimmt den Titel »Pater patriae« an; Beginn der großen Pestepidemie, Verleihung der Bürgerkrone (corona civica ob cives servatos) an beide Kaiser
12.10.166	Der fünfjährige Commodus wird zum Caesar ernannt
167	Erste Christenverfolgung unter Marc Aurel
168	Aufbruch beider Kaiser in den Markomannenkrieg
Jan. 169	Tod des Mitkaisers Lucius Verus in Altinum
173 oder 174	Regenwunder im sogenannten Quadenkrieg
20.1.175	Commodus wird in das Priesterkollegium aufgenommen
175	Marc Aurel nimmt den Titel »Sarmaticus Maximus« an
175/76	Aufstand des Avidius Cassius; Marc Aurel im Osten
176	Tod Kaiserin Faustinas d. J. in Halala/Taurusgebirge
176	Marc Aurel läßt sich in die Eleusinischen Mysterien einweihen
27.11.176	Commodus wird Imperator
Dez. 176	Gemeinsamer Triumph von Marc Aurel und Commodus
177	Commodus wird Mitinhaber der tribunizischen Gewalt
177	Christenmassaker von Lugdunum (Lyon)
3.8.178	Marcus und Commodus ziehen erneut gegen die nördlichen Barbaren
17.3.180	Tod Marc Aurels wahrscheinlich in Vindobona (Wien)

Bitte beachten Sie
die folgende Seite: